Wang Yangming in a Time of Literary Renaissance

文艺复兴时代的王阳明

李衍柱　编著

人民出版社

2020 年 3 月，在书房中

2018 年 9 月，与夫人林春英在济南黑虎泉

1964 年 7 月，中国人民大学文艺理论研究生班毕业照，前排左六为中国人民大学校长吴玉章先生，后排左六为作者

2007 年 8 月 10 日，参加由山东师范大学齐鲁文化研究中心与哈佛大学燕京学社联合举办的“儒家思孟学派国际学术研讨会”，作《思孟学派与中国美学建设》发言，作者右侧为中国著名学者李学勤先生

2014 年 2 月 28 日，山东师范大学与人民出版社合办的“李衍柱教授《林涛海韵丛话》新书发布暨学术研讨会”与会专家学者合影

2006 年 8 月 1 日，访问美国哈佛大学，在燕京学社社长办公室，与社长杜维明先生合影

与 2003 年毕业的刘蓓博士合影

2010 年 7 月，与当年毕业的硕士博士生合影

（见《四部丛刊·王文成公全书》（隆庆二年刊本），据商务印书馆一九二六年版重印。）

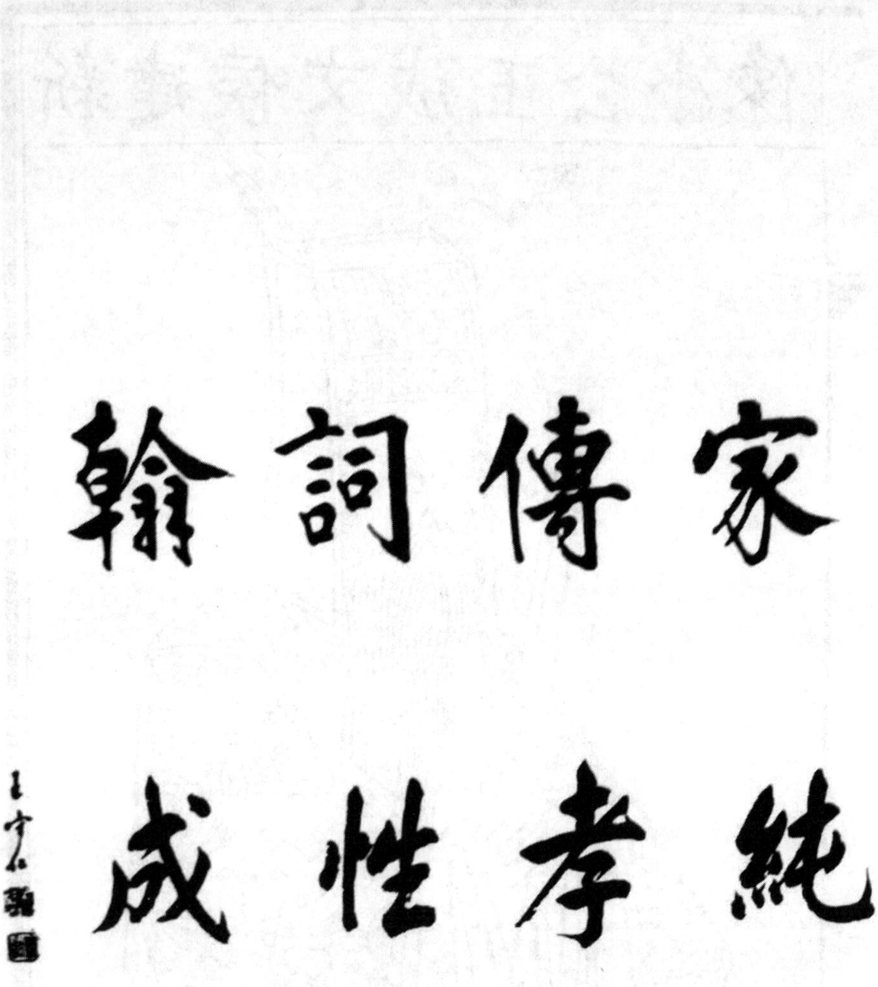

家傳詞翰

純孝性成

王守仁

（见杨德俊主编：《王阳明龙场遗墨》

（见杨德俊主编：《王阳明龙场遗墨》

龍場

王守仁書

（见杨德俊主编：《王阳明龙场遗墨》）

目 录

代序：学习　对话　互动与建构

——李衍柱与束景南的通信

2018年12月29日　李衍柱给束景南的信

束先生：您好！2019年即将来临，衷心祝您在新的一年健康如意幸福！我们虽未见面，您的书我已读过，对您的学识学风甚表钦佩。近年来我对王阳明思想和文艺观，产生浓厚的兴趣，在阅读了《王阳明全集》《王阳明全集补编》和有关文献资料后，深感王阳明不仅是一位伟大的思想家、哲学家、军事家，而且是一位天才的艺术家。为了进一步研究王阳明的美学思想和文艺思想，我从《全集》和《补编》及其他书刊中辑录和整理了一份"王阳明文艺活动大事年表"。由于本人以前对王阳明没有什么研究，整理的年表，难免有错漏不当之处，有些诗文的具体写作年份我也不能确定。因此，特向您请教，诚恳地希望得到您的支持，并提出批评指教，错漏之处予以补正。贵校的博士生张硕，已到山东师大文学院文艺理论教研室任教，我从他那里知道您的邮箱。"王阳明文艺活动年表"，研究生正在帮助打印，打好我可发一份给您。祝新年快乐！

山东师范大学　李衍柱　拜

2018年12月29日

《王阳明文艺活动大事年表》已打出，现发去。

2019 年 1 月 10 日

2019 年 1 月 20 日　束景南给李衍柱的信

李衍柱先生大鉴：大著《活动大事年表》拜读数过，获益良多。深觉先生大著功力深厚，资料齐全，条理清晰，系年精确，不胜仰佩。我也提不出什么意见，只是根据我多年的研究，在一些字误或有疑问处作了一点标注，未必正确，仅供参考。实际有的错误原是我在作《阳明佚文辑考编年》时所犯，我后来在《王阳明年谱长编》时已作了新考。久知先生是文学评论与美学研究的大家，尊仰已久。我想先生如能在此《年表》的基础上，再顺理成章作一部研究王阳明的文学思想与文学创作的大书，正好可充分发挥先生的专长与才华，写出一部开拓创新、超越前人的大著来，嘉惠学林也。耑此，即颂文祺！

束景南拜启

2019 年 1 月 20 日

2020 年 1 月 3 日　李衍柱给束景南的信

束景南先生：您好！

新年伊始，衷心祝您阖家幸福如意！2019 年元月初，您在百忙中抽时间认真阅读了我写的《王阳明文艺活动大事年表》（初稿），正确地指出了“初稿”中十几条错误和不当之处，提出了一些很好的建议，使我受益匪浅；同时，您又推荐给我您的新著四卷本的《王阳明年谱长编》。您在 2019 年 1 月 20 日的复信中，还热情地给予鼓励，从而更加坚定了我从事此项研究的信念。一年来，我一直在反复阅读您的《王阳明年谱长编》，并与《王文成公全书》（隆庆二年刊本）、《王阳明全集补编》《王阳明全集》（新编本）进行对照比较研究，并从北京国家图书馆和山东图书馆借阅到有关王阳明诗文书法的文献和专著，加以综合研究整理出这部修订后的《王阳明文艺活动纪年》。书中我完全同意您关于1504年“山东乡试程文范本”是王阳明亲手撰写的考辨意见，并将有关内容选入本书之中。现我将书稿目录和叙言发去，希望您大体翻翻，提出宝贵意见。致礼，冬安！

李衍柱　拜

2020年1月3日

2020年1月7日　束景南给李衍柱的信

李先生大鉴：寄来的大作《王阳明文艺活动纪年》拜读了，十分高兴。大作综合研究整理修订得更完善完美了，全书条理清晰，纪年一气直下，取舍得当，精要而又全面，详密反映了王阳明一生的文学创作活动。其实在明代，王阳明不仅是一个重要的思想家，而且是一个重要的文学家。但历来人们都是把王阳明当作一个思想家来研究，忽视或很少注意到王阳明的文学创作、文学活动、文学思想。我觉得您是第一个把王阳明当作一个文学家来研究的学者，有开创之功。道路已经开通，相信您在完成这部《王阳明文艺活动纪年》的基础上，一定会进一步写出一部全面系统研究王阳明的文学创作与文学思想的宏大著作来，嘉惠学林！拙著《阳明大传：“心”的救赎之路》已经出版，不日当奉上一部，请先生指正。匆匆奉复，即颂文祺！

束景南敬上

2020年1月7日

2020年6月5日　李衍柱给束景南的信

束先生：您好！近况怎样？甚念。疫情期间，我让研究生从复旦大学出版社购到您的新著《阳明大传："心"的救赎之路》。认真阅读后，甚为您的"求实、求真、求是"的治学精神所感动。您思想解放，以科学的历史主义和文化心态的研究方法，继承和发扬了"乾嘉学派"的优秀传统，摒弃了一些陈腐的旧说，摆脱了惯性思维的偏执，解开和回答了"阳明学"长期未解的迷案、误读、误说与空白，让王阳明这位在世界文艺复兴时代出现在中国的文化巨人全方位地、活灵活现地呈现在广大读者的面前。最近我又购到商务印书馆出的您的另一部大著《朱子大传》，我将好好读读。您的研究为"阳明学""朱子学"奠定了坚实的基础。

近半年来，我在不断地补充、增删和修订我的书稿。书名拟叫"王阳明：开启中国文艺复兴大门的思想家"[①]。全书内容由叙言、上篇和下篇三部分构成。上篇"王阳明：开启中国文艺复兴大门的思想家"是以世界文明史的视角首次提出和概括地论说王阳明在中华文明史上所做出的卓越贡献、深远影响和现实意义；下篇"阳明文艺活动纪年"，是全面研究王阳明的诗学理论与创作实践、探讨王阳明在中华文明发展史上的地位和影响的基础与佐证。现发给您看看。鉴于我对您的学术研究的赞赏，衷心希望您能为本书写个序，以示永恒的纪念。

李衍柱　拜

2020年6月5日

---

① 书名最后定为《文艺复兴时代的王阳明》。本书上篇"王阳明：开启中国文艺复兴大门的思想家"是全书的核心部分，是作者对王阳明在中华文明史上的定位。

2020 年 6 月 7 日　束景南给李衍柱的信

李先生大鉴：寄来大作拜读，不胜钦佩。先生以古稀之年仍孜孜不倦进行学术思想研究，勇于开拓新的研究领域，辛勤耕耘，对自己的著作精益求精，尤令后辈敬仰。大著补充修订已面目一新，无论在资料的梳理、年代的考定、史实的叙述、观点的提炼上都有新的提升。尤其是先生提出王阳明是“开启中国文艺复兴大门的思想家”，我觉得一语中的，给王阳明及其思想做了最好的定位。我在《阳明大传》中说王阳明的思想特点是：“这种心物合一、知行合一的心学体系，实现了双重的思想超越：一是超越了传统儒家士大夫那种狭隘的忧君忧国忧民的思想境界，上升到了忧人忧心忧道的终极人文关怀；二是超越了传统的‘唯心论’（观念论）的视域与主客二元分立的思维方式，上升到了本真的‘存在论’的视域与主客合一的思维方式。”我的这一看法同先生说的“王阳明是开启中国文艺复兴大门的思想家”取得了历史的契合贯通，值得现代人思考。先生请我作序，在下不胜惶恐。先生大著自有其创新价值，开卷即见，后学作序，不免赘语矣。我的看法其实已具写在我给先生的信中，先生在书中已引之，或姑亦可视为我写的“序”吧。

束景南拜启

2020 年 6 月 7 日

2020 年 6 月 8 日　李衍柱给束景南的信

束先生：您好！这两天我考虑还是将 2018 年底以来我们的几次通信放在一起作为代序更好些，总题目可称为：《代序：学习　对话　互动与建构——李衍柱与束景南的通信》。现发去。您看怎样？

李衍柱　拜

2020 年 6 月 8 日

2020 年 6 月 9 日　束景南给李衍柱的信

李先生大鉴：把两人的通信作为代序，这样处理很好，我没有意见。先生大著可以定稿面世了。

束景南敬上

2020 年 6 月 9 日

叙　言

王阳明（1472—1529）一生跨越15世纪至16世纪，处于人类文明发展史上的“文艺复兴”的繁盛高潮时期。他是一个出现在世界东方，与哥白尼、哥伦布、达·芬奇同一时代的文化巨人。他不仅是中国明代的伟大的思想家、哲学家、政治家、军事家、教育家，也是一个知行合一的文学家。他站在时代的潮头，用笔和剑，谱写中华文明的新篇章。

文艺活动是王阳明生命活动不可分割的组成部分。从孩提时代起，他就热爱艺术，在传奇不俗而又崎岖险峻的人生旅途中，他始终与文学艺术相伴，并且留下了鲜明的印迹。他关于“乐是心之本体”“良知是乐之本体”的理念；他对诗歌、音乐、绘画、书法提出的理论主张和创作实践；他在不同时期撰写的诗歌、辞赋、散曲、论、记、书札、祭文、碑刻、题壁等；他对《诗经》，对屈原、李白的评论和他为同时代的著名诗人的作品集写的序跋，等等，都已历史性地融入中华优秀传统文化之中，成为世界文明史上流传至今的宝贵精神财富。

为了全面地学习、研究王阳明的文艺活动及其理论与实践，探讨王阳明在中国文学史、艺术史和世界文明史上的地位与影响，他对不同艺术门类的特点、规律的认识，我们以商务印书馆1926重印版的隆庆二年刊本《王文成公全书》、民主与建设出版社2014年出版的《王阳明全集》、浙江古籍出版社2011年出版的《王阳明全集》（新编本）和上海古籍出版社2016年出版的《王阳明全集补编》、上海古籍出版社2017年出版的《王阳明年谱长编》、复旦大学出版社2020年出版的《阳明大传：“心”的救赎之路》、西泠印社1996年出版的《王阳明法书集》与贵州大学出版社2016年出版的《王阳明龙场遗墨》、河南美术出版社2016年出版的《知行合一：王阳明咏良知手迹》中所载的王阳明的诗文、书法作品为依据，在吸取已有研究成果的基础上，撰写出《文艺复兴时代的王阳明》。但这仅是初步的，王阳明的佚文和遗墨，还需进一步发现收集，有些作品的创作时间尚需细致考辨，有的作品的真伪也有待深入分析。

王阳明从事文艺活动的内容和时间顺序，采用《王文成公全书》和《王阳明全集》卷三十三、三十四、三十五年谱一、二、三和卷三十六、三十七年谱附录一、二和《王阳明年谱长编》提供的线索，同时也参照了钱穆先生的《阳明年谱》、钱明先生的“王守仁大事年表”，并与《王文成公全书》《王阳明全集》《王阳明全集》（新编本）、《王阳明全集补编》《王阳明年谱长编》《阳明大传：“心”的救赎之路》《王阳明法书集》《王阳明龙场遗墨》《王学之源》《知行合一：王阳明咏良知手迹》中辑录的作品、注明的时间相对照，个别有异者，以最新出版的《王阳明年谱长编》提供的作品发表的时间为准。

王阳明在他所处时代的社会生活中从事的文艺活动，与他的深厚的家学渊源、险恶崎岖的政治生涯和征战南北的军旅生活，同步前行，密不可分。他的文艺观与各种文艺创作实践是他以良知、致良知、知行合一为核心的心学体系的有机组成部分，并融入他的心学体系形成的全过程。

文艺活动的主体是文艺家。作家、艺术家的创作理念与评判是非、善恶、美丑的最高标准，与作家、艺术家的宇宙观、价值观、美学观和方法论直接相关的阳明心学体系中的有关论说，都在我们辑录和选择的视野之中。这包括：1. 王阳明有关创作主体艺术家的思想修养、立志、戒傲、养气、立诚、自得等的告诫与论说；2. 他的诗乐观及对“诗言志”“感发兴起”“明镜感应”与“写真传神”说的阐释；3. 在《论书》《示学者》《书怀素自叙帖》《砚铭》等文中提出、表达的中国书法理论和他在不同时期留下来的有代表性的不同书体（楷、草、行书）遗墨；4. 在《观画师作画次韵》《题唐子畏山静日长图玉露文》《题唐子畏画》《题大年画》《题临水幽居图》等诗文中涉及的中国国画论和《自作山水画并题》的题诗与画；5. 在《元声只在你心上求》《阳明九声四气歌法》《训蒙大意示教读刘伯温颂等》《教约》等文献中提出的关于声律、歌唱的特点规律和审美教育功能的论述；6. 有关诗文集叙跋和碑刻中，体现出的审美理想和鉴赏批评的标准、方法等。

艺术作品是构成文艺活动诸要素（世界、艺术家、读者）的中心和标志。我们以王阳明开始步入和从事各种不同的文学艺术创作实践的时间顺序，辑录和选入了经过考辨所保留下来的文学作品（诗、赋、散文、散曲）和论、记、铭、赞、谒、箴、疏等不同文体的代表性作品。据粗略统计，辑录和选入《文艺复兴时代的王阳明》中的四言、五言、律诗、绝句、叙事诗与抒情诗和词等不同形式的诗歌作品七百余首。这些诗中，既有抒情诗，又有叙事诗，既有哲理诗，又有山水诗，生动感人，声情并茂，具有诗人鲜明的创作个性和风格特色。在笔者看来，王阳明可谓是屈原之后最杰出的赋作家之一。他写的《太白楼赋》《游大伾山赋》《时雨赋》《来两山雪图赋》《九华山赋（并序）》《游齐山赋（并序）》《黄楼夜涛赋》《吊屈原赋》《思归轩赋》以及采用赋体写成的《咎言》《告终辞》《祈雨辞》《西湖》(1505 年）等，无不纵闳恣肆、想象奇特丰富、“酌奇而不失其真，玩华而不堕其实”，给读者以美的享受。他撰写的《亲民堂记》《观德亭记》《稽山书院尊经阁记》《何陋轩记》《象祠记》《君子亭记》《玩易窝记》和《矫亭说》《惜阴说》《南冈说》等，意蕴深厚，令人反复把玩体味，从中得到启迪。王阳明对中国传统的文艺理论如《文心雕龙》中论说的诗、骚、赋、赞、论、说、记、铭箴、诔碑、奏启等各种文体的特点规律谙熟于心，并能熟练掌握。王阳明所写的这些不同文体的作品都可以成为后人学习写作的范本。像《黄楼夜涛赋》《来两山雪图赋》《瘗旅文》

《白皓论》《田横论》和散曲《归隐》《恬退》等都值得读者反复阅读、鉴赏和研究。

王阳明承传着以王羲之为代表的优秀书法艺术传统。选入本书的王阳明书法作品有31件。从《王阳明法书集》(计文渊编，西泠印社1996年版)选入《与徐曰仁书》手迹、《登狮子山阅江楼诗贴》《忘归岩题壁》手迹、《夜宿天池月下闻雷次早知山下大雨三首》(其一)手迹、《寄顾惟贤手札》手迹、《纪功碑》手迹6件；从《王阳明龙场遗墨》(杨德俊主编，贵州大学出版社2016年版)选入《家传词翰 纯孝性成》《神骏》《龙场遗墨》《山水画自题》草书题诗与山水画一体手迹、《何陋轩记》手迹、《象祠记》手迹、《骢马归朝诗叙》手迹、《与贵阳书院诸生书》手迹、《再经武云观书林玉玑道士壁》手迹、《与路宾阳书》手迹、《修道说》手迹、《题唐子畏山静日长图玉露文》手迹、《游白鹿洞歌》手迹、《奉寿西冈罗老先生尊丈》手迹、《书四箴赠别白贞夫》手迹、《和大司马白岩乔公诸人送别》手迹、《与郑邦瑞尺牍》17件；从《王阳明年谱长编》中选用了《若耶溪送友诗》的手稿；从《阳明大传:“心”的救赎之路》的附件选用《答罗整庵太宰书》真迹；从《知行合一：王阳明咏良知手迹》中选入《书咏良知说四绝示冯子仁》手迹、《客座私祝》手迹、《寓赣州上海日翁手札》《矫亭说》手迹等4件手迹和现存于美国哈佛大学燕京图书馆的王阳明手书的《题御帐》诗碑拓片；从网上选入阳明撰写的《书佛郎机遗事》手迹。

王阳明在1504年主考山东乡试期间，亲手撰写的“山东乡试程文范本”(共收文20篇，包括13篇经义，1篇论，1篇表，5篇策问)，是王阳明走上“圣贤之学”的重要标志，它已初步显露出正在形成的王阳明心学体系的端倪。这些程文范本，是王阳明早期学习探索的概括总结。文中已明确提出“心学”的概念，并把“情”视为礼乐之“本”。阳明结合对《诗经》具体诗篇的评析，承继和发展了儒家的诗学观。我们从中选入和辑录了《君子慎其所以与人者》《人君之心惟在所养》《策五道》《不遑启居獯狁之故》《孔曼且硕万民是若》五篇。这些文本均收入离王阳明去世仅40年的最早出现的《王文成公全书》（明隆庆二年刊本）卷三十一下的《山东乡试录》（实是出自阳明手笔的“山东乡试程文范本”）。鉴于今人较普遍地误以为此二十篇程文范本非王阳明所作，近年来公开出版的《王阳明全集》《王阳明全集》（新编本），都从《王文成公全书》卷三十一下中将此《山东乡试录》（二十篇）取出，作为“附录”移入卷二十二中。因此，我们特将钱德洪《阳明先生年谱》中记载的“试录皆出先生手笔”和邹守益《王阳明先生图谱》中所写“梓文咸出先生手笔”的文字选入，用以佐证所选的诸篇程文范本，皆出自王阳明的手笔。

王阳明到山东主考乡试，一路游览趵突泉、灵岩寺，谒孔庙、周公庙，登泰山，观日观峰，留有诗咏、碑刻和题壁。在济南趵突泉，我们发现娥英祠碑刻中有王阳明与陈镐的诗碑。此碑刻《王阳明全集》《王阳明全集》（新编本）、《王阳明全集补编》均未提及，只有《王阳明年谱长编 一》第315页中明确标明：“八月初一，与提学副使陈镐游趵突泉，有诗和赵松雪韵。”并在第316页的［按］中说明：“今济南趵突泉泺源堂壁上犹嵌有阳明此诗手迹刻石。”[①]

晚到泺泉次赵松雪韵

泺源特起根虚无，下有鳌窟连蓬壶。绝喜坤灵能尔幻，却愁地脉还时枯。惊湍怒涌喷石窦，流沫下泻翻云湖。月色照衣归独晚，溪边瘦影伴人孤。

余姚　王守仁

（明代哲学家，字伯安，号阳明，浙江余杭人）

---

① 此石刻镶嵌在趵突泉娥英祠殿前东墙门南第二块，高0.4米，宽0.9米。王守仁、陈镐，弘治间典试山东，为主持乡试的主考官。

玉垒璘珣半有无，金声镗鞳拥冰壶。流通渤澥源何远，老尽乾坤势未枯。万点明珠浮泡沫，一川轻浪接平湖。公余徙倚观澜石，四面清风兴不孤。

江东　陈镐　弘治甲子八月吉旦题

（见《天下第一泉——钓突泉》，
中国文联出版社 2000 年版，第 96 页。）

在趵突泉南侧碑廊还竖立着今人刘如璞 1998 年书王守仁诗《趵突泉和赵松雪韵》的石碑，70cm × 134cm 。趵突泉娥英祠诗碑与《王阳明全集》中选入的王阳明的《趵突泉和赵松雪韵》，个别文字有异。王阳明的“主试题壁”诗《晚堂吟》，个别文字与《王阳明年谱长编》中所载的《晚堂吟》也有异。王阳明登泰山写诗多篇，其中《泰山高次王内翰司献韵》（明隆庆二年版的《王文成公全书》中诗题名）影响最大。在（明）汪子卿《泰山志》中称为《泰山高》，《乾隆泰安府志》（二）中明确说王阳明的“泰山高诗碑”，弘治时正书，隆庆二年王简重刻在文庙明伦堂中（诗碑已于清末民初军阀混战中被毁）。2017 年出版的《王阳明年谱长编》，对此诗和此诗的后题与具体写作时间作了考辨确认。我们按时间顺序，呈现了该诗题名变化的实际情况。在实地考察过程中，我们发现了泰山学院泰山研究院周郢先生保存的王阳明手书泰山《题御帐》诗碑拓片，并将其录入本书（该拓片原件现存美国哈佛大学燕京图书馆）。

审美性、群体性与社会性是王阳明从事文艺活动的一个鲜明特点。他的艺术才华和创作潜能，都是在与亲友同行学子们对话，与作家艺术家交往唱和过程中显示出来的。我们注意选入和辑录王阳明从幼年开始所参与、倡导和组织的多种艺术交往活动及其绽放出的绚丽多彩的艺术之花。阳明八岁即学《曲礼》，过目成诵，随父王华在海盐任“子弟师”，住资圣寺，就写出《资圣寺杏花楼》和《寓资圣僧房》两首诗。十一岁，随父迎祖父赴京，舟过金山，长辈与客人酒酣赋诗未成，阳明从旁随口赋出《金山寺》，客欲试其才能，命赋《蔽月山房》，他也随即应答。这是幼童阳明在当时文化名流面前初次展露出他的诗歌才华。1496 年，26 岁的王阳明在家乡余姚，居秘图山王氏故居，结诗社于龙泉寺，与魏翰、韩邦问、陆相、魏朝端等青年诗人相交，写下《雨霁游龙山次五松韵》《雪窗闲卧》等诗篇。王阳明与明代中期驰骋文坛、名扬天下的“前七子”（李梦阳、何景明、康海、王九思、边贡、王廷相、徐祯卿）和“吴中四才子”（唐寅、祝允明、文徵明、徐祯卿）的交往唱和、赋诗欢聚送迎活动和他们在互动中留下的文墨、诗词、题跋等，已经载入史册，我们都注意收集选入和辑录。

作为思想家、教育家的王阳明，在他倡导的幼童启蒙教育活动与聚众收徒讲学过程中，从授课的内容到讲学的形式，无不承载着文学艺术的审美因子。在《传习录》《训蒙大意示教读刘伯颂等》文中，王阳明尖锐地指出：“今人往往以歌诗习礼为不切时务，此皆末俗庸鄙之见，乌足以知古人立教之意哉！”他力主让幼童咏颂诗歌，“以沉潜反复而存其心，抑扬讽诵以宣其志”。在与门人弟子讲学论道活动中，也不时融入一些游艺唱和的内容。为了使授业门人听众有一个优美典雅的环境，1523 年王阳明专门在家乡余姚，建房 50 余间，筑天泉楼，开碧霞山房，凿碧霞池（后称王衙池），池上有天泉桥。讲学时，莘莘学子环阳明室而居，环坐而听，“歌声彻昏旦”。1524 年中秋，王阳明与诸生歌于天泉桥，设席于碧霞池上，赋诗《月夜二首》，高歌“老夫今夜狂歌发，化作钧天满太清”。“天泉论道”生动完美地体现出王阳明文艺活动所具有的教育性、学术性与审美性统一的特点。钱德洪曾在《刻文录叙说》中具体描述了王阳明“天泉论道”的情景：“甲申年，先生居越。中秋月白如洗，乃燕集群弟子于天泉桥上。时在侍者百十人。酒半行，先生命歌诗。诸弟子比音而作，翕然如协金石。少间，能琴者理丝，善箫者吹竹，或投壶聚算，或鼓棹而歌，远近相答。先生顾而乐之，虽即席赋诗，有曰‘铿然舍瑟春风里，点也虽狂得我情’之句。既而曰：‘昔孔门求中行之士不可得，苟求其次，其惟狂者乎？狂者志存古人，一切声利纷华之染，无所累其衷，真有凤凰翔于千仞气象。得是人而裁之，使之克念，日就平日切实，则去道不远矣！予自鸿胪以前，学者用功尚多拘局；自吾揭示良知头脑，渐觉见得此意者多，可与裁矣。'”[①] 我们在编撰本书时，注意按时间顺序辑录王阳明这类将讲学论道与文艺活动融为一体的内容。

在王阳明收授的弟子中，董澐是一位已经成名的诗人。他以 68 岁的高龄，从海宁杖肩其瓢笠诗卷，投奔到正在会稽山中讲学论道的王阳明门下。董澐入门长揖，谦诚地表示："吾非至于夫子之门，则几于虚此生矣。吾将北面夫子而终身焉。"阳明甚为感动，并"与之语连日夜"，伴游唱和，亲自写下《从吾道人记》。在绍兴，董澐每日受教反省，写自省录，阳明一一批示。董澐集为《日省录》。王阳明与董澐的交往、唱和、对话，为同辈和后人观察研究思想家与作家艺术家的关系、同一学门师徒之间的关系树立了典范、提供了范例。王阳明与董澐建立起的平等、真挚的深厚情谊和交往，被传为当时思想界、文艺界的佳话。我们在编选过程中，特意将与此有关的活动和诗文作为个案辑录其中。

在所选的文字中，凡所选的诗文文本，原来文献中有标题的，一律采用原文本的标题；所选文字，原文本中无标题者，依据所选文字的内容，本书作者加上了一个标题，如《"写真传神""明镜感应"》《舒芬问律吕》《元声只在你心上求》《四有之说与四无之说》《与门人论乡愿狂狷》《此心光明，亦复何言？》等。

部分选入本书的诗文文字，由于在王阳明去世后，他的学子们陆续收集与整理的《续传习录》并不完善，有些文字撰写的年代时间尚未考辨清楚，暂时不能确定，一律将其放入文后的补录之中，为了便于查找，注明出处，依次标上符号，融入全书内容。

① 见《王阳明全集》第 4 卷，民主与建设出版社 2014 年版，第 1158 页。

在本书的整理和研究过程中，经浙江大学李咏吟教授的介绍，我与著名王阳明研究专家束景南先生结识，束先生亲自审阅了本书的初稿《王阳明文艺活动大事记》、修订稿《王阳明：开启中国文艺复兴大门的思想家》的序言与目录和调整、增补、校正后的书稿文本文字，前后四次给作者寄来亲笔信，提出了许多中肯的批评意见和宝贵的建议，首肯和赞许书中提出的“王阳明是开启中国文艺复兴大门的思想家”这一中心命题。在此特将束先生与作者的通信作为代序置于全书的最前面，题目为《代序：学习对话　互动与建构——李衍柱与束景南的通信》。

书稿的进一步修订完善，得到杨德俊先生的关照和支持。修订伊始，研究生帮我从网上购到杨德俊先生主编的精装本《王阳明龙场遗墨》（贵州大学出版社 2016 年版），我想与杨先生沟通却颇费工夫，后经贵州民族大学袁愈宗教授多方了解，才使我获得与杨德俊先生的联系方式。我将已完成的《王阳明文艺活动纪年》初稿发给杨先生征求意见。杨先生在百忙中抽时间认真审阅了我的书稿，提出了二十多条宝贵的意见，指出书稿所选诗文和叙述中的时间、地点的错漏、颠倒和缺失之处。杨先生是生活在贵州的王阳明研究专家，他历时三十余年，沿着王阳明的足迹，跑遍二百多个县市的山山水水，亲自考察目睹王阳明的住址、碑刻和墨宝，因此他给出的王阳明到贵州龙场和留下的遗迹等有关意见，具有实证性和学术价值。因此在书稿中，特将杨先生的意见，逐条作为注释加在有关文字的下面，便于读者研究参照。

《文艺复兴时代的王阳明》全书主要由叙言、上篇和下篇三部分构成。上篇“王阳明：开启中国文艺复兴大门的思想家”是从世界文明史的视角，首次提出和概括地论说王阳明在中华文明史上的卓越贡献、深远影响和现实意义；下篇“阳明文艺活动纪年”，是全面研究王阳明的诗学理论与创作实践、探讨王阳明在中华文明发展史上的地位和影响的基础与佐证。

鉴于本人的学识和古典文学修养所限，加以对王阳明的历史文献的阅读研究刚刚开始涉足，因此，本书选入的内容和诗文的篇目、时间等，恐多有失误、失实和错漏等不当之处，敬请海内外专家、学者和广大读者予以批评指正。

上　篇

王阳明：开启中国文艺复兴大门的思想家

王阳明（1472—1529），字伯安，名守仁，学者称阳明先生。1472年（明宪宗成化八年壬辰）9月30日（公元1472年10月31日），生于浙江省绍兴府余姚县。“书圣”王羲之是王阳明的33代先祖。[①] 明嘉靖七年戊子十一月二十九，即公元1529年1月9日卒于江西南安，享年57岁。

王阳明是中国明代的伟大思想家、哲学家、政治家、军事家、教育家，同时又是一位文学家、美学家、书法家。世界著名的日本“阳明学”专家冈田武彦说：王阳明是一位“英明豪迈、文武双全，左手执卷讲学授业，右手抚剑叱咤三军，旷世罕见的大圣人、大豪杰、大儒学家”[②]。

王阳明出现于人类文明史上的一个历史性转折的伟大时代——文艺复兴时代。他生活的明朝，“居中国历史上一个即将转型的关键时代”[③]。王阳明是如何站在时代潮头，继承中国优秀传统文化，创建起一个独具中国特色的心学体系？他对中华民族的伟大复兴作出了何种具有开创性的贡献？与西方文艺复兴时期出现的文化巨人相比较，他的思想体系独特的价值、影响和现实意义又是什么？这些问题正是作者思考和探讨的重点。由于对

① 《王阳明全集》第4卷，民主与建设出版社2014年版，第887页；杜维明：《青年王阳明（1472—1509）：行动中的儒家思想》，朱志方译，生活·读书·新知三联书店2013年版，第1—2页。关于王阳明与王羲之的谱系问题，学界存在不同意见。对此，杜维明先生也明确指出：“阳明到底是不是王羲之的后代，这还是一个悬而未决的问题。”钱明先生经过认真考辨，直言全集中“阳明年谱”及后人所言，“说姚江王氏是从山阴经由上虞达溪迁徙余姚，从而以王羲之为阳明之始祖，这不符合历史事实……王阳明先世出于王导的‘乌衣大房’系至宋代又归属于王言的‘三槐堂’系，自王季从上虞迁徙余姚后，即属‘姚江秘图山派’系。该系脉不仅与王羲之一脉干系甚微，况且亦非从山阴经由上虞迁徙余姚，而是由余杭经由上虞迁徙余姚。故而阳明在《泰和王氏族谱原序》中不提王羲之，还是比较实事求是的。”陆深、戚澜及钱德洪等人所言和记载，“均明显有误，估计是出于为姚江王氏攀附名人、彰显的目的人添加上去的。”参见钱明：《儒学正脉——王守仁传》，浙江人民出版社2006年版，第2—7页。

② ［日］冈田武彦：《王阳明大传——知行合一的心学智慧》上，钱明审校，杨田译，重庆出版社2015年版，第2页。

③ ［美］黄仁宇：《中国大历史》，生活·读书·新知三联书店2009年版，第197页。

王阳明思想的认识和评价，涉及诸多领域的问题，赞扬和反对，历史和现实，众说纷纭，个人谈的一些看法，还需求教于中外的专家学者，并欢迎广大读者批评指正。

一、文艺复兴时代的中国和世界

文艺复兴时代是人类历史由中世纪转入近代文明的过渡时期。文艺复兴起源于意大利，传播、发展、繁盛于西欧诸国，对世界文明史的发展有着深远的影响。时间跨度为14世纪初至17世纪初。“文艺复兴”是一场涉及自然科学、社会科学（哲学、政治学、法学、历史学、教育学）和文学艺术等领域的深刻的思想文化革命运动。恩格斯在《自然辩证法·导言》中说：“这是人类以往从来没有经历过的一次最伟大的、进步的变革，是一个需要巨人并且产生了巨人的时代，那是一些在思维能力、激情和性格方面，在多才多艺和学识渊博方面的巨人。”[①]这些时代的巨人，“而尤其突出的是，他们几乎全都置身于时代运动中，在实际斗争中意气风发，站在这一方面或那一方面进行斗争，有人用舌和笔，有人用剑，有些人则两者并用”[②]。中国文艺的复兴，与明朝中后期中国海外贸易的兴盛、航海业的发展、商业都市的繁荣、资本主义萌芽的出现，有着密切的关系。当时的中国已是世界的大国，“1400年—1600年之间中国的人口从6500万增长到1亿5000万多”[③]。在那个时代，儒教中国似乎代表了欧洲人自认缺失的许多良好的观念。在弗朗斯瓦·魁奈笔下，这个国度是“世上最美、

---

① 《马克思恩格斯选集》第三卷，人民出版社2012年版，第847页。

② 《马克思恩格斯选集》第三卷，人民出版社2012年版，第847页。

③ ［美］魏斐德：《讲述中国历史》上卷，张世耘等译，人民出版社2013年版，第46页。

人口最多、最昌盛的王国”[①]。冈田武彦说：“中国的文艺复兴一般被认为是始于宋代，严格来说，中国真正的文艺复兴始于王阳明。王阳明创立‘良知’说，认为自我和圣人一样，生而伟大，存而无异，这种强调自我的主张正是文艺复兴开始的标志。”[②]

王阳明一生跨越15世纪至16世纪，处于“文艺复兴”的繁盛高潮时期。此时，东西方都出现了一些文化巨人。在西方，自然科学领域的哥白尼（1473—1573）创建“日心说”，给神学体系以致命的打击；航海家哥伦布（1451—1505）发现“新大陆”；麦哲伦（1480—1521）完成绕地球一周的航行，证明地球是圆的；文学领域出现拉伯雷（1495—1553）、莎士比亚（1564—1616）、塞万提斯（1547—1616）；艺术领域出现达·芬奇（1452—1519）、米开朗琪罗（1475—1564）、拉斐尔（1483—1520）、提香（1490—1576）等。在东方神州大地，适应时代发展的需要，同样出现了一些时代巨人。王阳明出生前60多年间，郑和于1405—1433年先后七次率庞大舰队远航亚非诸国，遍访东南亚、印度洋、波斯湾及红海沿岸30多个国家和地区，远达非洲东海岸肯尼亚和伊斯兰圣地麦加，在世界航海史、文化交流史上写下了前无古人的崭新篇章，促进了中国和亚非国家的经济文化交流，成为人类航海史上的伟大创举。中国明史专家吴晗曾说：郑和下西洋，“其规模之大、人数之多、范围之广，那是世界上前所未有的，就是明朝以后也没有。这样大规模的航海，在当时世界历史上也没有过。郑和下西洋比哥伦布发现新大陆早八十七年，比迪亚士发现好望角早八十三年，比奥斯·达·伽马发现新航路早九十三年，比麦哲伦到达菲律宾早一百一十六年。……可以说郑和是历史上最早的、最伟大的、最有成

---

① ［美］魏斐德：《讲述中国历史》上卷，张世耘等译，人民出版社2013年版，第93页。

② ［日］冈田武彦：《王阳明大传——知行合一的心学智慧》上，钱明审校，杨田译，重庆出版社2015年版，第12页。

绩的航海家”[①]。郑和下西洋充分显示出当时中国的综合国力和科学技术所达到的水平。

在王阳明心学体系走向成熟的明朝中后期，在中华文明史上几部影响深远的经典性著作：李时珍的《本草纲目》、朱载堉的《乐律全书》、徐光启的《农政全书》、宋应星的《天工开物》等相继问世。这些具有开创性的论著，在世界医学、乐学、农学等古代科技史上都占有重要地位。文学艺术领域，“最富有生气的作品是小说和戏剧，明代被认为是小说的伟大时代”[②]。吴承恩（约1500—约1582）创作的《西游记》，享誉世界，具有永久性艺术魅力，与莎士比亚、塞万提斯生于同一时代而又逝于同一年的伟大戏剧家汤显祖（1550—1616）创作的《牡丹亭》，在世界各国享有盛誉。

二、《大学》古本的“再生”，进入圣学之门的教典

“文艺复兴”（Renaissannoce）的本义，是“再生”“复活”之意，指希腊罗马古典文艺的再生。“文艺复兴”就是要让古代的优秀传统文化再生、复活、发扬光大。在西方，如恩格斯所说，“拜占庭灭亡时抢救出来的手稿，罗马废墟中发掘出来的古代雕像，在惊讶的西方面前展示了一个新世界——希腊古代；在它的光辉的形象面前，中世纪的幽灵消失了；意大利出现了出人意料的艺术繁荣，这种艺术繁荣好像是古典时代的反照，以后就再也不曾达到过。在意大利、法国、德国都产生了新的文学，即最初的现代文学；英国和西班牙跟着很快进入了自己的古典文学时代”[③]。西方的

① 吴晗:《中国古代史讲座》下册，求实出版社1987年版，第382页。

② [法]勒内·格鲁塞:《伟大的历史》，秦传安译，新世界出版社2008年版，第310页。

③《马克思恩格斯选集》第三卷，人民出版社2012年版，第846页。

文艺复兴深受阿拉伯、印度和中国文化的影响。马可波罗（1254—1324）于1298—1307年间写成的《马可波罗游记》（最初名为《东方见闻录》）激发了哥伦布从西路航海到东方的壮志，从而发现了新大陆。中国的“四大发明”直接影响了西方的航海术、火药制造术、造纸印刷术的革命，促进了欧洲文艺复兴运动的发展。中华民族有着悠久而灿烂的文化传统，中国的文艺复兴就是要融合外来文化的精华进而使中华民族的优秀传统文化恢复新的生机与活力。中国的文艺复兴萌动于宋、明之际，其主要标志是以朱熹、王阳明为代表的儒学的复兴。

1482年，11岁的王阳明向塾师提出一个关乎人生道路的哲理问题：

> 尝问塾师曰：“何谓第一等事？”塾师曰：“惟读书登第耳。”先生疑曰：“登第恐未为第一等事，或读书学圣贤耳。”龙山公闻之笑曰：“汝欲做圣贤耶？”①

读书学圣贤，成为圣贤，是王阳明的人生理想和追求。那么，什么是圣人之学？什么是成圣之路？圣人之学的起点在哪里？成圣之路的第一步从哪里迈出？王阳明生活的时代，圣人之学面对的现实和遇到的问题是什么？在《答顾东桥书》中，王阳明对他所面对的问题做了全面的分析，他说：

> 三代之衰，王道熄而霸术焻；孔、孟既没，圣学晦而邪说横。教者不复以此为教，而学者不复以此为学。霸者之徒，窃取先王之近似者，假之于外，以内济其私己之欲，天下靡然而宗之，圣人之道遂以芜塞。……圣学既远，霸术之传积渍已深，虽在贤知，皆不免于习染，其所以讲明修饰，以求宣畅光复于世者，仅足以增霸者之藩篱，而圣学之门墙遂不复可睹。于是乎有训诂之学，而传之以为名；有记诵之学，而言之以为博；有词章之学，而侈之以为丽。若是者纷纷籍

① 《王阳明全集》第4卷，民主与建设出版社2014年版，第888页。

籍，群起角立于天下，又不知其几家；万径千蹊，莫知所适。世之学者，如入百戏之场，欢谑跳踉，骋奇斗巧，献笑争妍者，四面而竞出，前瞻后盼，应接不遑，而耳目眩瞀，精神恍惑，日夜遨游淹息其间，如病狂丧心之人，莫自知其家业之所归。时君世主亦皆昏迷颠倒于其说，而终身从事于无用之虚文，莫自知其所谓。……圣人之学日远日晦，而功利之习愈趣愈下。其间虽尝瞽惑于佛老，而佛老之说卒亦未能有以胜其功利之心；虽又尝折衷于群儒，而群儒之论终亦未能有以破其功利之见。盖至于今，功利之毒沦浃于人之心髓而习以成性也几千年矣，相矜以知，相轧以势，相争以利，相高以技能，相取以声誉。……呜呼！士生斯世，而尚何以求圣人之学乎！尚何以论圣人之学乎！①

王阳明痛惜和惊叹孔、孟死后，“圣学晦而邪说横。教者不复以此为教，而学者不复以此为学”；圣学之门“不复可睹”，成圣之道“遂以芜塞”；圣人之学，当权者“皆昏迷颠倒于其说”，加上佛老的瞽惑，训诂之学、记诵之学、词章之学风行于世，致使“功利之毒沦浃于人之心髓，而习以成性也几千年矣”。如何使圣人之学“宣扬光复于世”，获得再生和发展，这是历史向王阳明一代学者提出的一个时代发展过程中必须回答和解决的重大课题。

圣人之学再生、光复于世的起点和第一步是恢复圣学所依据的经典文本的本来面貌。王阳明认为，圣学所依据的经典文本是指“通人物，达四海，塞天地，亘古今，无有乎弗具，无有乎弗同，无有乎或变者也，夫是之谓《六经》”②——《易》《书》《诗》《礼》《乐》《春秋》。几千年来，随着“圣学晦而邪说横”，黑白不分、是非颠倒的“乱经”“侮经”“贼经”

① 《王阳明全集》第1卷，民主与建设出版社2014年版，第43—44页。

② 《王阳明全集》第1卷，民主与建设出版社2014年版，第189页。

的现象在学术界普遍存在。“《六经》之学，其不明于世，非一朝一夕之故矣。尚功利，崇邪说，是谓乱经；习训诂，传记诵，没溺于浅闻小见以涂天下之耳目，是谓侮经；侈淫辞，竞诡辩，饰奸心，盗行逐世，垄断而自以为通经，是谓贼经。若是者，是并其所谓记籍者而割裂弃毁之矣，宁复知所以为尊经也乎！”[①] 以朱熹为代表的宋明理学对儒家圣学的经典文本的整理、注释和研究很重视，做出了重大的贡献；同时，我们又看到朱熹的主观与偏颇。他将《中庸》《大学》从《礼记》中分离出来独立成篇，与《论语》《孟子》并称“四书”，自有其贡献和价值，但是他改变经文，将《大学》编章加字。王阳明在贵州龙场悟道的过程中，“证诸《六经》、《四子》”，发现了朱熹对圣学经典文本《大学》编章加字、改变经文的做法，以极大的学术勇气，敢冒天下之大不韪重刻古本《大学》，先后写下《传习录》答徐爱问、《答罗整庵少宰书》《大学问》《大学古本傍释》《大学古本原序》等，明确宣布：

> 《大学》古本乃孔门相传旧本耳。朱子疑其有所脱误，而改正补缉之。在某则谓其本无脱误，悉从其旧而已矣。……且旧本之传数千载矣，今读其文词，既明白而可通；论其功夫，又易简而可入。亦何所按据而断其此段之必在于彼，彼段之必在于此，与此之如何而缺，彼之如何而补？而遂改正补缉之，无乃重于背朱而轻于叛孔已乎？[②]

王阳明通过考辨、研究孔门相传的《大学》古本，并与当时学界奉为经典文本的朱熹的《四书集注》中的《大学章句》仔细加以比较，发现《大学》孔门流传下来的古本并无章句之分，而朱熹则将《大学》分为十章，“前四章统论纲领旨趣，后六章细论条目功夫。其第五章乃明善之要，第六章乃诚身之本”，并认为第五章“盖释格物、致知之义而今亡矣”。自

① 《王阳明全集》第 1 卷，民主与建设出版社 2014 年版，第 189—190 页。
② 《王阳明全集》第 1 卷，民主与建设出版社 2014 年版，第 58 页。

已杜撰填补上104字，作为《大学》的第五章："所谓致知在格物者，言欲致吾之知，在即物而穷其理也。盖人心之灵莫不有知，而天下之物莫不有理，惟於理有未穷，故其知有不尽也。是以《大学》始教，必使学者即凡天下之物，莫不因其已知之理而益穷之，以求至乎其极。至于用力之久，而一旦豁然贯通焉，则众物之表里精粗无不到，而吾心之全体大用无不明矣。此谓物格，此谓知之至也。"① 王阳明认为，朱熹在这里将自己力倡的"格物穷理"的观点塞进《大学》的思想体系之中。王阳明断然否定朱熹"我注六经"的主观臆测，认为《大学》古本中"本无脱误"，理应恢复《大学》的原貌。王阳明特别反对朱熹将《大学》提出的"三纲领"之一的"亲民"改为"新民"，认为必须恢复《大学》古本中的"亲民"。对此，王阳明专门向他的高徒徐爱作了解释：

> 爱问："'在亲民'，朱子谓当作'新民'。后章'作新民'之文似亦有据。先生以为宜从旧本作'亲民'，亦有所据否？"先生曰："'作新民'之'新'是自新之民，与'在新民'之'新'不同，此岂足为据？'作'字却与'亲'字相对，然非'新'字义。下面'治国平天下'处，皆于'新'字无发明，如云'君子贤其贤而亲其亲，小人乐其乐而利其利'；'如保赤子'；'民之所好好之，民之所恶恶之，此之谓民之父母，之类，皆是'亲'字意。'亲民'犹孟子'亲亲仁民'之谓，亲之即仁之也。……又如孔子言'修己以安百姓'，'修己'便是'明明德'，'安百姓'便是'亲民'。说'亲民'便是兼教养意，说'新民'便觉偏了。"②

"亲民"是《大学》中提出和论说的"三纲领""八条目"的核心范畴。它是中华民族政治文明优秀传统的精华，是尧、舜、孔、孟治国理政

① （宋）朱熹：《四书章句集注》，中华书局1983年版，第13、6—7页。

② 《王阳明全集》第1卷，民主与建设出版社2014年版，第1—2页。

理念的出发点和落脚点，是儒学政治哲学的灵魂，也是“阳明学”与“朱子学”根本分界的重要标志之一。王阳明反复阐明“政在亲民”，“亲民”与“明明德”是一回事，二者不可分离。“人者，天地之心也；民者，对己之称也；曰民焉，则三才之道举矣。是故亲吾之父以及人之父，而天下之父子莫不亲矣；亲吾之兄以及人之兄，而天下之兄弟莫不亲矣。君臣也，夫妇也，朋友也，推而至于鸟兽草木也，而皆有以亲之，无非求尽吾心焉以自明其明德也。是之谓明明德于天下，是之谓家齐国治天下平。”而“止于至善”则是“明德亲民之极则也”[①]。《大学》深刻阐明的“三纲领”“八条目”，高度概括地总结了中华文明关于治国理政的经验，揭示出中国政治文明发展的特点和规律，集中体现了儒学的价值观。王阳明的弟子钱德洪在编辑王阳明《文录·大学问》时特意说明：“《大学问 》者，师门之教典也。学者初及门，必先以此意授。使人闻言之下即得此心之知，无出于民彝物则之中，致知之功，不外乎修身治平之内。”[②]学子们只要沿此“成圣之路”践行，即可“直造圣域”。王阳明本人在龙场悟道之后，也是由此跨入了“圣人之学”的大门，走上了“成圣之路”，在弘扬中华文明传统精华的基础上，推进了儒学的复兴，创建起一个影响深远的哲学心学体系。

三、高扬人本主义旗帜，尊重人的个性和价值

文艺复兴时代是人类文明史上出现的第一次思想大解放的时代。西方文明跨出了中世纪黑暗的门槛，重新发现了人，冲破神学的枷锁，高扬人本主义的旗帜，充分肯定人的价值和尊严，把人视为“宇宙的精华”。莎

① 《王阳明全集》第 1 卷，民主与建设出版社 2014 年版，第 186 页。
② 《王阳明全集》第 3 卷，民主与建设出版社 2014 年版，第 712 页。

士比亚在他的名剧《哈姆雷特》中，通过主人公哈姆雷特的口，赞颂：

人类是一件多么了不得的杰作！多么高贵的理性！多么伟大的力量！多么优美的仪表！多么文雅的举动！在行为上多么像一个天使！在智慧上多么像一个天神！宇宙的精华！万物的灵长！[①]

宋明理学的奠基人、“关学”的宗师张载（1020—1077）响亮地提出：“为天地立心，为生民立道，为去圣继绝学，为万世开太平。”[②] 现展现于陕西省关中的横渠书院里的一块碑文，于右任书写的“横渠四句”则是：“为天地立心，为生民立命，为往圣继绝学，为万世开太平。”社会上广为流行的是碑文上书写的“横渠四句”，其含义是一致的，学界多以后者加以阐释和引用。张载的“四句教”，体现了作者的宇宙观、历史观、本体论和价值观，可视为是新儒学复兴的宣言书。它以中国特色的语言，体现出“文艺复兴”的人本主义时代精神。

王阳明高扬中华文明的人本主义旗帜，在张载提出的命题基础上，全面系统地阐发了“为天地立心”的理论，创立了独具中国特色的哲学心学体系。王阳明以更具体明确的语言论说了人是天地之心：

人者，天地万物之心也；心者，天地万物之主也。心即天，言心则天地万物皆举之矣，而又亲切简易。[③]

为什么人能成为宇宙间天地万物之心？王阳明结合天地万物的声、色、味的变化，以全方位的、立体的广阔视野，有说服力地阐明人是天地之心的问题。他说：

吾人与万物混处于天地之中，为天地万物之宰者，非吾身乎？其能以宰乎天地万物者，非吾心乎？心何以能宰天地万物也？天地万物

① 《莎士比亚全集》第 9 卷，朱生豪译，吴兴华校，人民文学出版社 1984 年版，第 49 页。

② 《张载集》，中华书局 1978 年版，第 376 页。

③ 《王阳明全集》第 1 卷，民主与建设出版社 2014 年版，第 159—160 页。

有声矣，而为之辨其声者谁欤？天地万物有色矣，而为之辨其色者谁欤？天地万物有味矣，而为之辨其味者谁欤？天地万物有变化矣，而神明其变化者谁欤？是天地万物之声非声也，由吾心听，斯有声也；天地万物之色非色也，由吾心视，斯有色也；天地万物之味非味也，由吾心尝，斯有味也；天地万物之变化非变化也，由吾心神明之，斯有变化也：然则天地万物也，非吾心则弗灵矣。吾心之灵毁，则声、色、味、变化不得而见矣。声、色、味、变化不可见，则天地万物亦几乎息矣。故曰："人者，天地之心，万物之灵也，所以主宰乎天地万物者也。"①

在王阳明心中没有神学家鼓吹的上帝主宰天地万物的"创世说"，只有人才是天地万物的真正主宰，只有人的心才能体察、辨明天地万物的声、色、味的千变万化。"为天地立心"的"心"，实质上就是主宰天地万物的"人"。这段文字充分说明人在天地之间具有主体性和能动性。

心既是天地万物的主宰，又是具体个人自身肉体的主宰。《大学》中所说的身，是指人的耳、目、口、鼻和四肢。"心者身之主宰，目虽视而所以视者心也，耳虽听而所以听者心也，口与四肢虽言动而所以言动者心也。"② 在与黄一方的对话中，王阳明又称人的心"只是一个灵明"，进一步说明人的心在主宰宇宙万物过程中显示出来的人所特有的主体性："我的灵明，便是天地鬼神的主宰。天没有我的灵明，谁去仰他高？地没有我的灵明，谁去俯他深？鬼神没有我的灵明，谁去辨他吉凶灾祥？天地鬼神万物离却我的灵明，便没有天地鬼神万物了。我的灵明离却天地鬼神万物，亦没有我的灵明。"③

天地万物的"心"是人，而人与天地万物又是一体的。天人合一的宇

① 《王阳明全集》第4卷，民主与建设出版社2014年版，第977页。

② 《王阳明全集》第1卷，民主与建设出版社2014年版，第92页。

③ 《王阳明全集》第1卷，民主与建设出版社2014年版，第96页。

宙观则是王阳明提出的心学的哲学基础。在《传习录》中王阳明反复论说了人与天地万物一体的思想。在《答顾东桥书》中说："夫圣人之心，以天地万物为一体，其视天下之人，无外内远近，凡有血气，皆其昆弟赤子之亲，莫不欲安全而教养之，以遂其万物一体之念。"[①] 在《答聂文蔚》中说："夫人者，天地之心，天地万物，本吾一体者也。生民之困苦荼毒，孰非疾痛之切于吾身者乎？不知吾身之疾痛，无是非之心者也。是非之心，不虑而知，不学而能，所谓良知也。良知之在人心，无间于圣愚，天下古今之所同也。世之君子惟务致其良知，则自能公是非，同好恶，视人犹己，视国犹家，而以天地万物为一体，求天下无治，不可得矣。"[②] 王阳明心学的核心范畴良知，生发出了他对生民疾苦的人文关怀和"无间于圣愚，天下古今之所同"的普遍人性。他所具有的判断是非、美丑、善恶的能力，他的视人犹己、视国犹家的治国平天下的理念，都是源自"天地万物本吾一体"的宇宙观。王阳明晚年在与钱德洪的对话中，更具体生动地阐发了天地万物与人如何通过人的良知相通而融为一体的。他说：

> 人的良知，就是草、木、瓦、石的良知。若草、木、瓦、石无人的良知，不可以为草、木、瓦、石矣。岂惟草、木、瓦、石为然，天地无人的良知，亦不可为天地矣。盖天地万物与人原是一体，其发窍之最精处，是人心一点灵明。风、雨、露、雷、日、月、星、辰、禽、兽、草、木、山、川、土、石，与人原只一体。故五谷禽兽之类，皆可以养人；药石之类，皆可以疗疾：只为同此一气，故能相通耳。[③]

圣人之学，心学也。良知是心之本体。人心与天地一体，上下与天地同流。人有虚灵，方有良知。圣人之学的心和所谈的虚无，与道、佛所谈

---

① 《王阳明全集》第 1 卷，民主与建设出版社 2014 年版，第 42 页。
② 《王阳明全集》第 1 卷，民主与建设出版社 2014 年版，第 61 页。
③ 《王阳明全集》第 1 卷，民主与建设出版社 2014 年版，第 83 页。

有着本质的区别。“但仙家说虚，从养生上来；佛氏说无，从出离生死苦海上来；却于本体上加却这些自意思在，便不是他虚无的本色了，便于本体有障碍。圣人只是还他良知的本色，更不着些子意在。良知之虚，便是天之太虚；良知之无，便是太虚之无形。日、月、风、雷、山、川、民、物，凡有貌相形色，皆在太虚无形中发用流行，未尝作得天的障碍。圣人只是顺其良知之发用，天地万物，俱在我良知的发用流行中，何尝又有一物超于良知之外，能做得障碍？”①

圣人之学吸取佛、道的精华，又超越佛、道。王阳明对佛、道思想十分熟悉，青少年时期还往深山求道访仙。他是入乎其内，超乎其外。悟道之后，特别是在现实生活中孝的问题上，他发现佛、道的不足和自私。在圣人之学中，孝为百事之先。孝也是区别儒学与佛、道的关键所在。佛、道把孝看作是假和空。佛、道出家求仙，追求的是一条弃绝人伦、放弃对亲人的恩爱和责任、舍弃对家国民生情怀的道路。因此，王阳明认为佛、道是“自私其身”，“专于为己”，“无意于天下国家”。1506年，他在一首批判佛、道的神仙养生之道的《赠扬伯》诗中写道：“大道即人心，万古未尝改。长生在求仁，金丹非外待。缪矣三十年，于今吾始悔！”②1527年过常山时写下的《长生》诗，全面抒发了他走上排斥、批判佛、道之路的心路历程：“长生徒有慕，苦乏大药资。名山遍探历，悠悠鬓生丝。微驱一系念，去道日远而。中岁忽有觉，九还乃在兹。非炉亦非鼎，何坎复何离；本无终始究，宁有死生期？彼哉游方士，诡辞反增疑；纷然诸老翁，自传困多歧。乾坤由我在，安用他求为？千圣皆过影，良知乃吾师。”③王阳明以自己的感悟和体认扯下了佛、道神学的光环，为天地立心，以主宰万物的人取代了佛、道宣扬的神，以与天地万物为一体的人性——良知和

---

①《王阳明全集》第1卷，民主与建设出版社2014年版，第82—83页。

②《王阳明全集》第2卷，民主与建设出版社2014年版，第499页。

③《王阳明全集》第3卷，民主与建设出版社2014年版，第583页。

仁爱，取代了神性和兽性，这在当时社会起了巨大的思想解放作用。

朱熹（1130—1200）是宋明理学的集大成者。他编纂注释的《四书集注》成为钦定的科举考试、选拔人才的儒学经典文本。他建立起的庞大的“朱子学”思想体系，对儒学的复兴作出了重大的贡献；同时，不可否认，他所建立的“这幢大厦有点像一座监狱，中国的知识分子只有费尽艰辛才能从中逃出来。因为这一体系的强大力量，我们不该无视它的危险，而且，这些危险非常严重。它把所有思考封装在一个被尼采哲学的‘永恒回归’的远景所限定的机械进化论的封闭圈中，阻塞了任何唯心论的出口，借此，朱熹阻遏了中国思想的涌流，过早地结束了10、11、12世纪的伟大的哲学复兴。朱熹的学说，最终成了一种官方的信条，阻断了进一步思考的道路，把整个官僚阶层投进了实利主义和例行公事中，对13至20世纪之间中国哲学的僵化负有主要责任。”[①] 王阳明学习朱熹的著作，但又不迷信权威。他顶住来自官方和朱子学派的迫害和批判，解放思想，明确向社会宣布：

> 夫道，天下之公道也；学，天下之公学也。非朱子可得而私也，非孔子可得而私也。天下之公也，公言之而已矣。故言之而是，虽异于己，乃益于己也；言之而非，虽同于己，适损于己也。益于己者，己必喜之；损于己者，己必恶之。然则某今日之论，虽或于朱子异，未必非其所喜也。君子之过，如日月之食，其更也，人皆仰之，而小人之过也必文。某虽不肖，固不敢以小人之心事朱子也。[②]

王阳明认为圣人不是“生而有知”的超人，圣人和普通人一样具有七情六欲，并无全知全能的天赋。孔子入太庙，还要“每事问”。金无足赤，人无完人。圣人也并非不犯错误，“夫过者，自大贤所不免，然不害其卒

① ［法］勒内·格鲁塞：《伟大的历史——5000年中央帝国的兴盛》，秦传安译，新世界出版社2008年版，第257—258页。

② 《王阳明全集》第1卷，民主与建设出版社2014年版，第60页。

为大贤者，为其能改也。故不贵于无过，而贵于能改过”[①]。“若尧舜之心自以为无过，即非所以为圣人矣。”[②]王阳明关于“人人皆可成圣”的思想，充分说明人与人之间是平等的，每个人生存于世就有自己作为人的尊严和价值。

中华人民共和国成立后相当一段时间，我国学术界对王阳明所创立的心学思想体系，是以唯物、唯心来划线、定性和定位的，并断定王阳明是主观唯心论的代表人物，他的心学体系在中国哲学史上，不是一种进步趋向，而是一种倒退。这种观点，我认为是对王阳明心学的误读和误判。王阳明所说的“心”与张载提出的“为天地立心”的“心”，一脉相承。如我们前面所论，其最基本的观点是“立人”，即：“人者，天地之心也。”人，不仅是天地万物的主宰，而且也是“鬼神”的主宰。我们牢牢抓住“为天地立心”这个命题，才能拿到真正打开王阳明心学宝库的钥匙。

在明朝中后期，王阳明与西方文艺复兴时代的“巨人”相呼应，把人提到天地鬼神万物的主宰的高度，力倡人人平等、“人人皆可成圣”，肯定人的尊严和价值，冲破封建文化专制主义的精神锁链，敢于对钦定的“朱子学”和 佛、道的神学提出质疑和批判。“毋庸置疑，阳明学开启了中国真正的文艺复兴之路”[③]，在中华文明史上谱写出了崭新的篇章。

四、知行合一：中华文明传统的精华　世界哲学史的转向与创新

知行合一论是王阳明的心学体系的有机组成部分，是“阳明学”中最

① 《王阳明全集》第 3 卷，民主与建设出版社 2014 年版，第 714 页。

② 《王阳明全集》第 1 卷，民主与建设出版社 2014 年版，第 129 页。

③ ［日］冈田武彦：《王阳明大传——知行合一的心学智慧》上，钱明审校，杨田译，重庆出版社 2015 年版，第 13 页。

具原创性和独创性的理论主张。杜维明认为：这是王阳明在他的思想旅途中，“首次提出的划时代的哲学命题：知行合一”[①]。

马克思指出，“任何真正的哲学都是自己时代的精神上的精华……各种外部表现证明，哲学正获得这样的意义，哲学正变成文明的活的灵魂，哲学正在世界化，而世界正在哲学化”[②]。1509年（明正德四年），正值西方文艺复兴蓬勃发展，38岁的王阳明在贵阳龙场首次提出知行合一的理论。这个问题不仅在中国哲学史上是第一次提出，在世界哲学史上也是重大的理论创新。它标志着世界哲学思想由二元论向一元论、由“唯理论”哲学向“实践论”哲学的过渡与转换。关于知行合一论提出的缘起、理论依据与主要观点，《王阳明全集》第1卷、第4卷（民主与建设出版社2014年版）中所载的《传习录》和《年谱一》，都有概括的叙述。从这些历史文献中，我们可以清楚地看出，王阳明提出知行合一的问题并非空穴来风，而是有着鲜明的针对性和现实性。

知与行，即认识和实践的关系，是哲学研究中的一个根本性问题。王阳明认为他所面对的有三种人，持三种态度：一种人是“冥行妄作”，“懵懵然任意去做，全不解思维省察”；一种人是“茫茫然悬空去思索，全不肯着实躬行”；而在社会上处于主导地位的一种人，则认为“必先知而后能行”。这三种人不论是冥行妄作而不思或空思而不行，还是先知而后行，都是割裂知与行的关系。其中影响最大的是钦定的“朱子学”力倡的“先知后行”论。王阳明尖锐地指出，这种在当时广为流行的哲学思潮，“俟知得真时方去行，故遂终身不行，亦遂终身不知”。这种思潮有悖于圣人之学，无益于实现修身、齐家、治国、平天下的社会理想。王阳明贵阳龙场悟道之后，决心救治哲学机体中出现的这种“支离决裂之痛”，正式提

① 杜维明：《青年王阳明：行动中的儒家思想》，朱志方译，生活·读书·新知三联书店2013年版，第13页。

② 《马克思恩格斯全集》第一卷，人民出版社1995年版，第220页。

出“知行合一”论，并以《大学》中说的“如好好色，如恶恶臭”为经典佐证，说明自己承传和弘扬的正是圣学的优秀传统。[①]

王阳明心学体系中知行合一论的丰富内涵及其主要特色，集中到一点，就是突出“论实践之功”[②]，阐明“知行合一”的中心是“行”。正因为如此，王阳明的哲学思想，在日本被认为是“行动哲学”“实践哲学”。“日本民众对阳明学已经形成一种共识，即如果不经世致用，不具体实践，那么就不能称之为阳明学。”[③] 在论说知与行的关系时，王阳明通用的是“行”字。如说：“凡谓之行者，只是着实去做这件事。”“只说一个行，已自有知在。”[④] 在谈到人从事的活动时，则多用“实践”二字。如说：“世之学者，没溺于富贵声利之场，如拘如囚，而莫之省脱。及闻孔子之教，始知一切俗缘皆非性体，乃豁然脱落。但见得此意，不加实践以入于精微，则渐有轻灭世故、阔略伦物之病。虽比世之庸庸琐琐者不同，其为未得于道一也。”[⑤] 王阳明自己明确宣布：“我今说个‘知行合一’，正要人晓得一念发动处，便即是行了。发动处有不善，就将这个不善的念克倒了。需要彻根彻底，不使那一念不善潜伏在胸中。此是我立言宗旨。”[⑥] 王阳明的爱徒在《年谱一》中，特加说明：“先生立教皆经实践。”[⑦] 钱穆将王阳明重“行”与重“实践”看作是一回事，说：

> 他那主张一元论倾向，和那折衷融会的精神，及其确切明显的宗旨，都可以代表明学的一般；而尤其是在他重“行”的一点上，不徒

---

① 参见《王阳明全集》第4卷，民主与建设出版社2014年版，第893—894页。

② 《王阳明全集》第4卷，民主与建设出版社2014年版，第895页。

③ ［日］冈田武彦：《王阳明大传——知行合一的心学智慧》上，钱明审校，杨田译，重庆出版社2015年版，第4页。

④ 《王阳明全集》第1卷，民主与建设出版社2014年版，第4页。

⑤ 《王阳明全集》第4卷，民主与建设出版社2014年版，第940页。

⑥ 《王阳明全集》第1卷，民主与建设出版社2014年版，第75页。

⑦ 《王阳明全集》第4卷，民主与建设出版社2014年版，第895页。

是他为学精神全部所关注，即其学说理论之全部组织上，也集中在这一面。所以阳明说：

尽天下之学，无有不行而可以言学者。

我们此刻也可以套他的话头说：

无有不行而可以知阳明之所谓良知，与其一切所说者。

所以朱子言格物穷理，未免偏重“知”上说，而阳明言格物穷理，则根本脱离不了一“行”字。天理在实践中，良知亦在实践中。天地万物与我一体亦在实践中。不实践，空言说，则到底无是处。[①]

王阳明“知行合一”的“知”指的是良知，而良知则是心之本体；行，即是实践。知与行合一，则将实践上升到本体的地位。“圣贤教人知行，正是要人复本体。”

“知行合一”是一个过程。它是动态地、循环往复螺旋式地向前发展，贯穿在王阳明思想体系的各个环节之中，从而使阳明学成为一个鲜活的有机整体。“知行合一”论的提出，使王阳明在自己的思想体系中，实现了本体论、认识论、价值论与逻辑学的统一，为他正式走上成圣之路指明了方向和道路。

王阳明提出和倡导“知行合一”学说的时间，正是中西方唯理论哲学大行其道、成为世界哲学思潮主流的时代。在中国，朱熹是宋明理学的集大成者。他把宇宙区分为形而上的世界和形而下的世界。形而上世界是超时空的潜存者，无形象可见；形而下世界是有时空的存在者。“故凡可能有之物，无论其是天然的或人为的，在形而上之理世界中，本已具有其理。故形而上之理世界，实已极完全之世界也。”[②] 朱熹认为在未有天地之先，已经先有此“理”。它是超时空的，先于、高于和主宰着现象界的一

① 钱穆：《阳明学述要》新校本，九州出版社 2010 年版，第 76 页。
② 冯友兰：《中国哲学史》下，华东师范大学出版社 2011 年版，第 198 页。

切；同时，它又是统帅人伦道德的“绝对命令”。在他的哲学思想里，有明显的“心理二分”与“知行二分”的二元论倾向。王阳明正是瞄准了朱熹的这一软肋，适应时代的发展，提出和大力倡导他的以实践为中心的“知行合一”论。在西方，英国文艺复兴时期的著名哲学家弗兰西斯·培根（1561—1626）是唯物主义和近代实验科学的鼻祖，是归纳法的创始人。他以自然科学为榜样，极力反对中世纪居于统治地位的诡辩的、迷信的神学哲学体系，提出“知识就是力量”的口号，集中表达出工具理性的力量。被称为“近代哲学之父”的勒内·笛卡尔（1596—1650）是法国著名的哲学家，又是解析几何的创始人。在社会急遽变革的时代，他从哲学方法论上摧毁经院哲学体系的基础。他的《谈方法》《形而上学的沉思》等著作，与培根的《新工具》《伟大的复兴》等著作相呼应，为唯理论哲学提出了新的原理和“游戏规则”。笛卡尔提出的著名口号是“我思故我在”。他说：“我是一个实体，这个实体的全部本质或本性只是思想，它并不需要任何地点以便存在，也不依赖任何物质性的东西：因此这个‘我’，亦即我赖以成为我的那个心灵，是与身体完全不同的，甚至比身体更容易认识，纵然身体并不存在，心灵也仍然不失其为心灵。”[①]“非此即彼”、二元对立是笛卡尔哲学的一大特色。他与儒家经典文本所显示出的“即此即彼”和“既此又彼”的思路不同，“把身心、灵肉、心物、主客、精神/物质、凡俗/神圣等判定为对立、冲突、抗争和矛盾的范畴，从儒家心学的立场来观察，既不合情又不合理，而且也不符合日常生活的具体经验”[②]。在二元对立思维盛行的时代，王阳明在被政治迫害、处于生命危机、十分险恶的生活环境中，龙场悟道，以思想家的理论勇气，创立心学体系，提

① 北京大学哲学系外国哲学史教研室编译：《西方哲学原著选读》上卷，商务印书馆1981年版，第369页。

② 杜维明：《青年王阳明：行动中的儒家思想》，朱志方译，生活·读书·新知三联书店2013年版，第15页。

出良知、致良知、知行合一等一系列新的哲学范畴，从而开启了中国哲学由二元论向一元论、由唯理论哲学向实践论哲学转向的大门，为“哲学已成为世界的哲学，而世界也成为哲学的世界”做出了理论贡献。

王阳明反对将身与心、灵与肉、心与物、心与理、知与行、道心与人心二分的二元论观点，以良知作为他心学体系的逻辑起点。良知是照亮他的心学体系的总光源；良知是天，是渊，与天理融为一体，是宇宙的本体，心的本体；良知是判断是非、善恶、美丑的最高标准；致良知是人人皆可成圣、人人具有良知之心的根本途径；致良知的过程是一个知行合一、循环往复螺旋式上升的过程；知行合一架起了一座由天理良知通向至善的理想境界的桥梁，为成圣之路开辟了一条康庄大道。

知行合一的主体是人，是活生生地出现在宇宙万物中间的人。人的身与心、灵与肉、心与理、知与行怎么能分为二呢。“耳、目、口、鼻、四肢，身也，非心安能视、听、言、动？心欲视、听、言、动，无耳目、口、鼻、四肢亦不能，故无心则无身，无身则无心。但指其充塞处言之谓之身，指其主宰处言之谓之心，指心之发动处谓之意，指意之灵明处谓之知，指意之涉着处谓之物：只是一件。意未有悬空的，必着事物，故欲诚意则随意所在某事而格之，去其人欲而归于天理，则良知之在此事者无蔽而得致矣。此便是诚意的功夫。”[①] 文中说的“致”即是行，指的就是“致良知”。“致良知”和“诚意的功夫”贯穿在“知行合一”的过程中。没有“知行合一”“致良知”的“彻上彻下功夫”，就无法完整理解王阳明的“四句教”宗旨。王阳明谆谆告诫弟子们：“已后与朋友讲学，切不可失了我的宗旨：无善无恶是心之体，有善有恶是意之动，知善知恶是良知，为善去恶是格物，只依我这话头随人指点，自没病痛。此原是彻上彻下功夫。利根之人，世亦难遇，本体功夫，一悟尽透。此颜子、明道所不敢承

① 《王阳明全集》第1卷，民主与建设出版社2014年版，第70—71页。

当，岂可轻易望人！人有习心，不教他在良知上实用为善去恶功夫，只去悬空想个本体，一切事为俱不着实，不过养成一个虚寂。此个病痛不是小小，不可不早说破。”①

圣人之学与知行合一是不可分的。学、问、思、辨、行，圣人之学的每个阶段，都离不开行，都要经历知行合一、循环往复的不断深化过程。“尽天下之学无有不行而可以言学者，则学之始固已即是行矣。笃者，敦实笃厚之意，已行矣，而敦笃其行，不息其功之谓尔。盖学之不能以无疑，则有问，问即学也，即行也；又不能无疑，则有思，思即学也，即行也；又不能无疑，则有辨，辨即学也，即行也；辨既明矣，思既慎矣，问既审矣，学既能矣，又从而不息其功焉，斯之谓笃行，非谓学、问、思、辨之后而始措之于行也。是故以求能其事而言之为学，以求解其惑而言谓之问，以求通其说而言谓之思，以求精其察而言谓之辨，以求履其实而言谓之行。盖析其功而言则有五，合其事而言则一而已。此区区心理合一之体，知行并进之功，所以异于后世之说者，正在于是。”②王阳明针对社会上广为流行的将知行分为“两节事”，专以学、问、思、辨为知，而谓穷理为无行的观点，辩证而又层层递进地论说了学、问、思、辨是如何与行之不可分离，知行合一是如何贯穿于“圣人之学”的全过程，学、问、思、辨、笃行之功与“致良知”是如何通向“至善”的理想境界。这一切，可以看作是王阳明对如何走上读书成圣之路的经验之谈；同时，也是王阳明以哲学家的视角对“圣人之学”的特点、规律和途径的探索与回答。知行合一论的问世，赋予王阳明心学以强大的生命力，从而找到了一条“朱子学”想解决而未解决心与理、理与情、“道心”与“人心”的矛盾与统一问题。这是王阳明在中国哲学史上做出的重大理论贡献。

---

① 《王阳明全集》第1卷，民主与建设出版社2014年版，第91页。

② 《王阳明全集》第1卷，民主与建设出版社2014年版，第35—36页。

在世界哲学史上，唯理论的思想家，不论是笛卡尔还是朱熹，都是以二元对立的思维方式来看待心与理、理与情的关系的。在笛卡尔看来，“理”等于“天赋概念”，人的理性“是由一个真正比我更完满的本性把这个观念放进我心里来的，而且这个本性具有我所能想到的一切完满性，就是说，简单一句话，他就是上帝”[①]。法国新古典主义美学家布瓦洛（1636—1711）用诗体写成的《诗的艺术》，其哲学基础就是笛卡尔的唯理论哲学，他要求作家艺术家：

要爱理性，让你的一切文章

永远只从理性获得价值和光芒[②]。

在布瓦洛看来，理与情二分，二者是矛盾的甚至是对立的。他要求作家牢牢树立理性本位的创作理念，并以此去判断艺术作品的成败得失。在中国，朱熹的理学体系中，“理”必在现象界的人与具体事物之先，“人得于理而后有其性，得于气而后有其形。性为天理，即所谓‘道心’也。因人之有气禀之形而起之情，其‘流至于滥’者，则皆人欲，即所谓‘人心’也。人欲亦称私欲。就其为因人之为具体的人而起之情之流而至于滥者而言，则谓之人欲；就其为因人之为个体而起之情之流而至于滥者而言，则谓之私欲”[③]。冯友兰先生指出“理之离心而独存”与“无心即无理”，是朱熹的理学与王阳明的心学的根本不同之点，这也是二人关于“道心与人心”理解不同的主要理论依据。

朱熹解决道心与人心二分的途径，主要是通过“格物穷理”去实现。王阳明对朱熹提出的“格物穷理”的理论和途径坚决予以批判和否定。对“格物”理解的不同，是区分心与理为二还是心与理为一的关键。王阳明

① 北京大学哲学系外国哲学史教研室编译：《西方哲学原著选读》上卷，商务印书馆 1981 年版，第 375 页。

② 转引自朱光潜：《西方美学史》上卷，人民文学出版社 1979 年版，第 186 页。

③ 冯友兰：《中国哲学史》下，华东师范大学出版社 2011 年版，第 207 页。

以人的身与心为一体的观点为依据，从而得出“合心与理而为一”的结论。他认为“无心则无身，无身则无心”，身与心本来就是一体的。在活生生的人群中，没有心的身与没有身的心的人是不存在的，除非他是一具已死的僵尸。无心则无理，心与理怎么能二分呢！王阳明曾生动地论说了人的“驱壳”与“真己”、耳目口鼻四肢的听视言动与情与理与生的关系。王阳明认为每个人都有“为己之心”，“人须有为己之心，方能克己；能克己，方能成己。……若无汝心，便无耳目口鼻。所谓汝心，亦不专是那一团血肉。若是那一团血肉，如今已死的人，那一团血肉还在，缘何不能视听言动？……这心之本体，原只是个天理，原无非礼，这个便是汝之真己。这个真己，是驱壳的主宰。若无真己，便无驱壳，真是有之即生，无之即死”①。

在唯理论哲学盛行的时代，王阳明在反对身与心、心与理二分的同时，充分肯定情和欲的存在。他的弟子钱德洪问他：“欲”是不是“人心合有的”？王阳明答曰：“喜、怒、哀、惧、爱、恶、欲，谓之七情。七者俱是人心合有的。但要认得良知明白。……不可以云能蔽日，教天不要生云。七情顺其自然之流行，皆是良知之用。”②“欲”是七情之一，是情感不可或缺的因子。在社会生活中，“欲”因时间、地点、条件的不同而不断发展变化。它既可向善的方向发展，也会泛滥成灾、走向恶的深渊。王阳明特引出《老子》第12章中关于“美色令人目盲，美声令人耳聋，美味令人口爽，驰骋田猎令人发狂”的教诲，谆谆告诫弟子们，应认真思量耳如何听，目如何视，口如何言，四肢如何动，要从“本性上过与不及之间”分清和把握好善与恶的界限。“善恶皆天理。谓之恶者非本恶，但与本性上过与不及之间耳。”③

---

①《王阳明全集》第1卷，民主与建设出版社2014年版，第28页。

②《王阳明全集》第1卷，民主与建设出版社2014年版，第86页。

③《王阳明全集》第1卷，民主与建设出版社2014年版，第75页。

钱穆指出："我积年来，总是主张人类一切理论，其关涉人文社会者，其最后来源出发点在心。而我所指述之人心，则并不专限于理智一方面。我毋宁将取近代旧心理学之三分说，把情感、意志与理智同认为是人心中重要之部分。尽管有人主张，人心发展之最高阶层在理智，但人心之最先基础，则必建立在情感上。情感的重要性决不能抹杀。若人心无真情感，情感无真价值，则理智与意志，均将无从运使，也将不见理智所发现与意志所达到之一切真价值所在。"[①] 钱穆关于"人心之最先基础，则必建立在情感上"的观点，我们从1993年出土的郭店楚墓竹简的《性自命出》的文字中，可以得到历史的新佐证。"性自命出"文中说："眚（性）自命出，命自天降。（道）司（始）于青（情），青（情）生于眚（性）。司（始）者近青（情），终者近义。"[②]

道始于情，情生于性。人的心与理的基础是情感。没有情感的生命，只会是一具僵尸或是庙堂上的泥菩萨。李泽厚先生指出："自孔子开始的儒家精神的基本特征便正是以心理的情感原则作为伦理学、世界观、宇宙观的基石。它强调，'仁，天心也'，天地宇宙和人类社会都必须处在情感性的群体人际的和谐关系之中。这是'人道'，也就是'天道'。……体用不二，天人合一，情理交融，主客同构，这就是中国的传统精神，它即是所谓中国的智慧。"[③] 王阳明承继和弘扬了儒学以"仁"为核心的情感原则，进一步提出"乐是心之本体""良知是乐之本体"的理论，在世人面前展现出新儒家追求的最高层次的"真乐"与"天乐"的至善、至美的"天地境界"。但王阳明不是一个乌托邦主义者，他的心学体系始终贯穿着一个"行"字，"知是行之始，行是知之成"。对于如何达到"真乐"的天地

① 钱穆：《中国学术思想史论丛》二，台湾东大图书有限公司1977年版，第325—326页。

② 荆门市博物馆：《郭店楚墓竹简》，文物出版社1998年版，第179页。

③ 李泽厚：《中国古代思想史论》，人民出版社1986年版，第310—311页。

境界，他在提出“乐是心之本体”的同时，强调“仁人之心，以天地万物为一体，䜣合和畅，原无间隔”。因此，必须知行合一，不间断地“时习”和“致良知”，才能克服来自社会的种种可能引起“不乐”因素，以“求复此心之本体也。悦则本体渐复矣”。

王阳明心学体系的创立，“乐是心之本体”与“良知是乐之本体”的提出，标志着理性本位向情感本位的转换。如李泽厚所说，“尽管王阳明个人主观上是为‘破心中贼’以巩固封建秩序，但客观事实上，王学在历史上却成了通向思想解放的进步走道。它成为明中叶以来的浪漫主义的巨大人文思潮（例如表现在文艺领域内）的哲学基础。”①

五、“阳明学”与中华民族的伟大复兴

1529年，王阳明病逝。在中华民族文明史上，一颗明亮的星陨落了。斯人已逝，精神犹存。他用心血创建的哲学心学体系，却永存于中华文明的思想宝库。他留下的理论遗产中那些属于未来的因子，随着时间的推移和时代发展的需要，日益闪耀着灿烂的光辉。

我们面对的每一个伟大的思想家，他的学术贡献，总是与他能否提出前人或同时代人没有提出或没有解决的重大问题紧密联系在一起，他对这些重大问题回答的深广度与创新性，则决定着他的学术地位。

王阳明所处的文艺复兴时代，突出的、首先需要明确回答和解决的问题是：天地万物的本源、中心是神还是人？这是一个本体论问题。在西方，神学家认为上帝创造宇宙万物并主宰着宇宙万物；在中国明朝，虽然笃信天神存在的佛、道还有一定的影响，但禁锢思想界头脑的精神枷锁则是那个脱离了现象界的“天理”。这个“天理”相当于笛卡尔的理性，是

① 李泽厚：《中国古代思想史论》，人民出版社1986年版，第251—252页。

天赋的，上天将它安放到人的心中。它将心与理、理与情、知与行二分，在宋明理学中影响深远的一个口号就是“存天理，灭人欲”。王阳明接过张载的“横渠四句”提出的时代哲学的重大命题，吸取中华文明传统的精华和已有的研究成果，创建出一个具有自己的逻辑起点和范畴概念的心学体系，以当时学术发展可能达到的高度回答了时代提出的重大问题，在中国文艺复兴的道路上作出了承前启后的新贡献：他弘扬圣人之学的优秀传统，使《大学》古本“再生”，“宣扬光复于世”，赋予儒家政治哲学的核心“亲民”以新的生命，摈弃当时学术界普遍存在的黑白不分、是非颠倒的“乱经”“侮经”“贼经”的现象；他的思想高扬中华文明的人本主义旗帜，以广阔的视野，全面系统地阐发了“人者，天地万物之心”的理论，充分肯定人的主体性和能动性，突显人的价值和尊严，摈弃了上帝创世说和上帝主宰天地万物的观点，并与佛、道弃绝人伦、舍弃对家国民生情怀的“虚”与“无”划清界限；强调“无心则无身，无身则无心”，批判唯理论哲学关于身与心、心与理、灵与肉二分对立的观点；他原创性地提出“知行合一”的理论，他“讲知行是从本体上讲的，……阳明虽讲‘知行合一’，但因其针对着从‘知’入手的朱学而发，所以事实上特重在‘行’字。始于‘行’，终于‘行’，而‘知’只是‘行’的一种过程”[①]。他强调“行是知之成”的实践功能，并将实践提升到本体论的地位，以“致良知”——“知行合一”，架起了从纯粹理性（天理）到实践理性（至善）的桥梁，实现了本体论、认识论、价值论、逻辑学的统一；他富有独创性地提出“乐是心之本体”“良知是乐之本体”的理论，展现出新儒家追求的是一种最高层次的“真乐”与“天乐”的至善、至美的“天地境界”，标志着理性本位向情感本位的转换，为中国的文艺复兴和正在涌动的浪漫主义思潮，提供了理论的依据。

① 嵇文甫：《左派王学》，上海三联书店 2014 年版，第 9—10 页。

秦家懿先生说："王阳明的思想伟大处，即是以二化一的'辩证'法所树立的有机体性的哲学。这哲学内的每一概念，都与其他概念相通，但是又不并吞其他概念。"[①] 王阳明心学体系的这一特点，同时也暴露出他提出的范畴概念体系所潜存的二重性和矛盾性。"良知"是王阳明心学体系的核心概念，其他概念"致良知""知行合一"都是以此为前提、为本源，由"良知"这一同心圆扩充生发直至"至善"的天地境界。这种一元的、辩证有机整体性的心学体系，对于克服二元论哲学将身与心、心与理、理与情、知与行二分的弊端，自有其理论的贡献。但若我们进一步追问，"良知"从何而来？它与"致"、与"行"是何种关系？我们就会发现"良知"概念的先验性与神秘性。王阳明说："良知是造化的精灵。这些精灵，生天生地，成鬼成帝，皆从此出，真是与物无对。"[②] "故良知即是天理。思是良知之发用。若是良知发用之思，则所思莫非天理矣。良知发用之思，自然明白简易，良知亦自能知得。若是私意安排之思，自是纷纭劳扰，良知亦自会分别得。"[③] 这里说得很明白，良知就是天理。它是先天的，支配着、制约着人的思维全过程。杨国荣先生指出："王氏的这一看法实际上注意到了主体的省思活动总是在双重意义上处于普遍之理（思维规律）的支配之下（循乎理则明，反之则扰），这种支配作用往往具有必然的、强制的性质：不管主体是否自觉地意识到，他的一切思维活动都永远不可能摆脱这种制约。但是，王阳明把作为正确思维之必要前提的必然之理（思维规律）归结为天赋良知中包含的心之条理，则是一种先验论的偏见。"[④] 良知的先验性，必然具有神秘性。"此'致知'二字，真是千古圣

① 秦家懿：《王阳明》，生活·读书·新知三联书店 2015 年版，第 161 页。

② 《王阳明全集》第 1 卷，民主与建设出版社 2014 年版，第 81 页。

③ 《王阳明全集》第 1 卷，民主与建设出版社 2014 年版，第 56 页。

④ 杨国荣：《王学通论——从王阳明到熊十力》，华东师范大学出版社 2003 年版，第 67—68 页。

传之秘……知来本无知，觉来本无觉，然不知则遂沦埋。”[①]王阳明的初衷是不满朱熹的心与理二分、先知后行而提出良知概念作为自己心学体系的逻辑起点的，然而由于其先验性、神秘性，虽然他一再辩证地说明知行合一不可分，但又不得不说“知是行的主意”“知是行之始”，到头来他又不自觉地重新陷入朱熹的先知后行的怪圈。

马克思指出：“全部社会生活在本质上是**实践的**。凡是把理论引向神秘主义的神秘东西，都能在人的实践中以及对这种实践的理解中得到合理的解决。”[②]提出知行合一、强调实践的功能，这是王阳明在哲学史上做出的重大贡献；由于他对知（良知）的理解存有先验的神秘主义倾向，这就使他不可能科学地阐明知与行的丰富内涵及其辩证关系。

自王阳明创立心学，提出“良知”“致良知”“知行合一”等范畴概念体系500多年来，人们对“阳明学”一直存在着不同的甚至是对立的看法，不仅哲学界、学术界关注“阳明学”，而且一些著名的政治家、革命家也十分重视“阳明学”，特别是他的“知行合一”论。“从16世纪到17世纪后期，他的哲学传遍中国本土，主导着中国知识界。……阳明思想的声音在当代中国和日本仍然有着清澈的回响：孙中山（1866—1925）的行动学说、熊十力（1885—1968）的心灵哲学、毛泽东的实践论，更不用说1970年震撼文学界的三岛由纪夫剖腹自杀的事件，都多少受了阳明思想方式的影响。”[③]青年毛泽东在《伦理学原理》批注中，就称：“孟轲之义内，王守仁之心即理，似均为直觉论。”[④]在《讲堂录》笔记中记载，当年毛泽

① 《王阳明全集》第1卷，民主与建设出版社2014年版，第73页。

② 《马克思恩格斯全集》第一卷，人民出版社2012年版，第135—136页。

③ 杜维明：《青年王阳明（1472—1509）行动中的儒家思想》，朱志方译，生活·读书·新知三联书店2013年版，第1页。

④ 《毛泽东早期文稿（1912年6月—1920年11月）》，湖南人民出版社2008年版，第102页。

东很重视“阳明格物，思笋生之理”[①]的体悟，并说：“陆象山曰：激励奋进，冲决罗网，焚烧荆棘，荡夷污泽，（无非使心底光明）”[②]。王阳明去世前留下的最后一句话即是“此心光明，亦复何言”。青年毛泽东的课堂笔记，显然是赞扬陆、王解放思想、激励奋进、冲决罗网的心学传统。

写于 1937 年的《实践论》中，毛泽东以马克思主义世界观和方法论辨析了中外哲人的不同观点和有价值的研究成果，辩证地论证了认识和实践、知与行、理论与实践的科学内涵及其相互关系。《实践论》的副标题即是：“论认识和实践的关系——知和行的关系。”[③]在《实践论》中，毛泽东批判地吸取了王阳明哲学中的合理成分，肯定王阳明提出的“知行合一”的哲学命题，说：“我们的结论是主观和客观、理论和实践、知和行的具体的历史的统一。”[④]毛泽东赞成王阳明关于人的认识是以五官感觉的直观体认为前提的观点，王阳明说：“食味之美恶必待入口而后知，岂有不待入口而已先知食味之美恶者邪？”[⑤]毛泽东说：“你要知道梨子的滋味，你就得变革梨子，亲口吃一吃。……一切真知都是从直接经验发源的。”[⑥]由于王阳明哲学思想存在着二重性和矛盾性，由于王阳明离开了人的社会性和人的历史性去观察认识问题，不了解认识对于实践、知对于行的依赖关系，未能揭示出知与行的科学内涵。对于如何实现认识和实践、知和行的具体的历史的统一，认识和实践及其特点、规律又是什么，王阳明没有解决，而这正是毛泽东在《实践论》中所要回答的问题。

---

① 《毛泽东早期文稿（1912 年 6 月—1920 年 11 月）》，湖南人民出版社 2008 年版，第 526 页。

② 《毛泽东早期文稿（1912 年 6 月—1920 年 11 月）》，湖南人民出版社 2008 年版，第 535 页。

③ 《毛泽东选集》第一卷，人民出版社 1991 年版，第 282 页。

④ 《毛泽东选集》第一卷，人民出版社 1991 年版，第 296 页。

⑤ 《王阳明全集》第 1 卷，民主与建设出版社 2014 年版，第 32 页。

⑥ 《毛泽东选集》第一卷，人民出版社 1991 年版，第 287—288 页。

列宁说："实践高于（理论的）认识，因为它不仅具有普遍性的品格，而且还具有直接现实性的品格。"[①]实践的观点是认识论的首要的、最基本的观点。人类最基本的实践是物质生产与再生产。"人的认识，主要地依赖于物质的生产活动，逐渐地了解自然的现象、自然的性质、自然的规律性、人和自然的关系；而且经过生产活动，也在各种不同程度上逐渐地认识了人和人的一定的相互关系。"[②]人的社会实践活动不限于生产实践，还包括阶级斗争、科学实验、文学艺术等社会的人所参加的一切领域的活动。王阳明所谈的"行"（实践），主要是道德活动，而又大于道德伦理范围。"所谓'父子有亲，君臣有义，夫妇有别，长幼有序，朋友有信'五者而已。唐、虞、三代之世，教者惟以此为教，而学者惟以此为学。当时之时，人无异见，家无异习，安此者为之圣，勉此者谓之贤，而背此者虽其启明如朱，亦为之不肖。下至闾井、田野，农、工、商、贾之贱，莫不皆有是学，而惟以成其德行为务。……而才能之异或有长于礼乐，长于政教，长于水土播植者，则就成其德。"[③]

人的认识依赖于实践，理论的来源、理论的基础是实践，并在实践中不断地被检验、丰富和发展。实践是检验真理的唯一标准。王阳明说"行是知之成"，这话具有一定的真理性，含有"行"（实践）是检验"知"是否正确、是否达到和完成了"知"所预设的计划的意思；但说"知是行之始"，则颠倒了认识和实践、知和行的关系。毛泽东指出："认识从实践始，经过实践得到了理论的认识，还须再回到实践去。认识的能动作用，不但表现于从感性的认识到理性的认识之能动的飞跃，更重要的还须表现于从理性的认识到革命的实践这一个飞跃。"[④]中西唯理论哲学家，不懂得

① 《列宁全集》第五十五卷，人民出版社 1990 年版，第 183 页。
② 《毛泽东选集》第一卷，人民出版社 1991 年版，第 282—283 页。
③ 《王阳明全集》第 1 卷，民主与建设出版社 2014 年版，第 42 页。
④ 《毛泽东选集》第一卷，人民出版社 1991 年版，第 292 页。

认识的历史性和能动的相互转换的辩证法，因此，“虽然各有片面的真理（对于唯物的唯理论和经验论而言，非指唯心的唯理论和经验论），但在认识论的全体上则都是错误的”[①]。他们没有也不可能揭示和掌握“实践、认识、再实践、再认识，这种形式，循环往复以至无穷”[②]的知行统一的基本规律。

马克思指出：“理论在一个国家实现的程度，总是取决于理论满足这个国家的需要的程度。”[③]时代的巨轮滚滚向前，当今世界已进入了一个互联网的信息时代。具有5000余年优秀传统文化的中国，进入21世纪，已成为世界第二大经济体。在实现中华民族伟大复兴的历史进程中，我们在不断总结实践经验的同时，需要借鉴国外的先进经验，更要重视承继本民族的优秀传统文化血脉，找回它的“根”和“魂”。在500多年前的文艺复兴时代，王阳明创建的心学体系中那些属于未来的因子，他的宇宙观、哲学观、文艺观、价值观和知行合一论，在新时代的中华民族伟大复兴的伟大实践中日益显示出它的生机与活力。

（本文发表于《山东师范大学学报》2017年第6期，
选入本书时内容文字有所增删修订）

① 《毛泽东选集》第一卷，人民出版社1991年版，第291页。
② 《毛泽东选集》第一卷，人民出版社1991年版，第296页。
③ 《马克思恩格斯选集》第一卷，人民出版社2012年版，第11页。

下　篇

阳明文艺活动纪年

1472年（明宪宗成化八年，壬辰），1岁

宪宗成化八年壬辰九月三十日（公元1472年10月31日）[①]，生于浙江省余姚县莫氏楼，名云，莫氏楼后名瑞云楼。五岁时改名王守仁，字伯安。弘治十年由余姚移家绍兴光相坊，筑室阳明洞，遂自号“阳明山人”。

（参见束景南：《王阳明年谱长编》一，
上海古籍出版社2017年版，第4页。）

1477年（明宪宗成化十三年，丁酉），6岁

同叔父王德声，同受父亲王华家教。

（参见束景南：《王阳明年谱长编》一，
上海古籍出版社2017年版，第20页。）

1478年（明宪宗成化十四年，戊戌），7岁

王华携幼童守仁外出任子弟师，随身教守仁读书作诗。

（参见束景南：《王阳明年谱长编》一，
上海古籍出版社2017年版，第21页。）

---

① 王阳明出生的中西时间对照和括号中的公元日期，见陈垣：《中西回史日历》，中华书局1962年版，第744页。又见薛仲三、欧阳颐编：《两千年中西历对照表》，生活·读书·新知三联书店1957年版，第295页；杜维明：《青年王阳明（1472—1509）：行动中的儒家思想》，朱志方译，生活·读书·新知三联书店2013年版，第8页；钱明：《儒学正脉——王守仁传》，浙江人民出版社2006年版，第2、328页。在后两部著作中，杜维明和钱明二位先生，对王阳明出生的中西时间对照和公元日期都已明确标出。

1479 年（明宪宗成化十五年，己亥），8 岁

王华携守仁往海盐任子弟师，守仁寓资圣寺，有诗咏怀。

（见束景南：《王阳明年谱长编》一，
上海古籍出版社 2017 年版，第 22 页。）

资圣寺杏花楼

东风日日杏花开，春雪多情故换胎。素质翻疑同苦李，淡妆新解学寒梅。心成铁石还谁赋？冻合青枝亦任猜。迷却晚来沽酒处，午桥真讶灞桥迴。

（见束景南、查明昊辑编：《王阳明全集补编》，
上海古籍出版社 2016 年版，第 1 页。）

寓资圣僧房

落日平堤海气黄，短亭衰柳舣孤航。鱼虾入市乘潮晚，鼓角收城返棹忙。人世道缘逢郡博，客途归梦借僧房。一年几度频留此，他日重来是故乡。

（见束景南、查明昊辑编：《王阳明全集补编》，
上海古籍出版社 2016 年版，第 1 页。）

1480 年（明宪宗成化十六年，庚子），9 岁

棋落水诗

象棋终日乐悠悠，苦被严亲一旦丢。兵卒堕河皆不救，将军溺水一齐

休。马行千里随波去，象入三川逐浪游。炮响一声天地震，忽然惊起卧龙愁。

（见束景南、查明昊辑编：《王阳明全集补编》，
上海古籍出版社 2016 年版，第 2 页。）

1482 年（明宪宗成化十八年，壬寅），11 岁

金山寺

金山一点大如拳，打破维扬水底天，醉倚妙高台上月，玉箫吹彻洞龙眠。

蔽月山房

山近月远觉月小，便道此山大于月。若人有眼大如天，还见山小月更阔。

（见束景南、查明昊辑编：《王阳明全集补编》，
上海古籍出版社 2016 年版，第 2 页。）

1483 年（明宪宗成化十九年，癸卯），12 岁

尝问塾师曰："何为第一等事？"塾师曰："惟读书登第耳。"先生疑曰："登第恐未为第一等事，或读书学圣贤耳。"

（见《王阳明全集》第 4 卷，
民主与建设出版社 2014 年版，第 888 页。）

1484 年（明宪宗成化二十年，甲辰），13 岁

侍龙山公为考官，入场评卷，高下皆当。

（见《王阳明全集》第 4 卷，
民主与建设出版社 2014 年版，第 1030 页。）

1486 年（明宪宗成化二十二年，丙午），15 岁

出游居庸三关，即慨然有经略四方之志。一日，梦谒伏波将军庙，赋诗曰：

卷甲归来马伏波，早年兵法鬓毛皤。云埋铜柱雷轰折，六字题文尚不磨。

（参见《王阳明全集》第 4 卷，
民主与建设出版社 2014 年版，第 888 页。）

梦谒马伏波庙题辞题诗

铜柱折，交趾灭，拜表归来白如雪。

（见束景南、查明昊辑编：《王阳明全集补编》，
上海古籍出版社 2016 年版，第 2 页。）

1487 年（明宪宗成化二十三年，丁未），16 岁

结束塾馆学业，归余姚。准备参加浙江乡试。

（参见束景南：《王阳明年谱长编》一，
上海古籍出版社 2017 年版，第 60 页。）

1488 年（明孝宗弘治元年，戊申），17 岁

亲迎夫人诸氏于江西洪都（今南昌）①。

诸氏之父养和为江西布政司参议，官署中蓄纸数箧，先生日取学书，比归，数箧皆空，书法大进。先生尝示学者曰："吾始学书，对模古帖，止得字形。后举笔不轻落纸，凝思静虑，拟形于心，久之始通其法。既后读明道先生书曰：'吾作自甚敬，非得要字好，只此是学 。'既非要字好，又何学也？乃知古人随时随事只在心上学，此心精明，字好亦在其中矣。"

（参见《王阳明全集》第 4 卷，

民主与建设出版社 2014 年版，第 888—889 页。）

1489 年（明孝宗弘治二年，己酉），18 岁

书怀素自叙帖

怀素家长沙，幼而事佛。经禅之暇，颇好笔翰。然恨未能远睹前人之奇迹，所见甚浅。遂担笈杖锡，西游上国，谒见当代名公，错综其事。遗编绝简，往往遇之，豁然心胸，略无疑滞。鱼笺绢素，多所尘点，士大夫不以为怪焉。颜刑部书家者流，精极笔法，水镜之辩，许在末行。又以尚书司勋郎卢象、小宗伯张正言曾为歌诗，故叙之曰："开士怀素，僧中之

① 黄绾《阳明先生行状》："年十七，至江西成婚于外舅养和诸公官舍。"钱德洪《阳明先生年谱》："弘治元年戊申，先生十七岁，在越。七月，亲迎夫人诸氏于洪都。"但王阳明亲自撰写的《祭外舅介庵先生文》其中一段记载："公为吏部，主考京师。来视我父，我方儿嬉。公曰尔子，我女妻之。公不我鄙，识我于儿。服公之德，感公之私。悯我中年，而失其慈。慰书我父，教我以时。弘治己酉，公参江西。书来召我，我父曰咨，尔舅有命，尔则敢迟。"弘治己酉是弘治二年（1489），杨德俊先生认为，此段所述应该是弘治二年，王守仁 18 岁，此为一说。

英，气概通疏，性灵豁畅，精心草圣，积有岁时，江岭之间，其名大著。”故吏部侍郎韦公陟，睹其笔力，勖以有成。今礼部侍郎张公谓，赏其不羁，引以游处。兼好事者，同作歌以赞之，动盈卷轴。弘治二年，伯安王守仁临僧怀素书于茶铛书斋。

（见束景南：《王阳明年谱长编》一，
上海古籍出版社 2017 年版，第 65 页。）

十二月，夫人诸氏归余姚。舟至广信，阳明谒娄一斋谅，语宋儒格物之学，谓“圣人必可学而至。”

（参见《王阳明全集》第 4 卷，年谱一，
民主与建设出版社 2014 年版，第 889 页。）

万松窝

隐居何所有？云是万松窝。一径清影合，三冬翠色多。喜无车马迹，射兔麂鹿过。千古陶弘景，高风满浙阿。

（见束景南、查明昊辑编：《王阳明全集补编》，
上海古籍出版社 2016 年版，第 3 页。）

1490 年（明孝宗弘治三年，庚戌），19 岁

明年龙山公以外艰归姚，命从弟冕、阶、宫及妹婿牧相与先生讲析经义。先生日则随众课业，夜则搜取诸经子史读之，多至夜分。四子见其文字日进，尝愧不及，后知之曰：“彼已游心举业外矣，吾何及也！”先生接人故和易善谑，一日悔之，遂端坐省言。四子未信，先生正色曰：“吾昔放逸，今知过矣。”自后四子亦渐敛容。

（见《王阳明全集》第 4 卷，年谱一，
民主与建设出版社 2014 年版，第 889 页。）

1491 年（明孝宗弘治四年，辛亥），20 岁

居秘图山王氏故居，受王华家教。

（参见束景南：《王阳明年谱长编》一，
上海古籍出版社 2017 年版，第 75 页。）

1492 年（明孝宗弘治五年，壬子），21 岁

八月，赴杭参见乡试，中乡举第六名。

（参见束景南：《王阳明年谱长编》一，
上海古籍出版社 2017 年版，第 78 页。）

弘治五年乡试卷　论语

志士仁人一节

〈节选〉

夫所谓志士者，以身负纲常之重，而志虑之高洁，每思有以植天下之大闲；所谓仁人者，以身会天德之全，而心体之光明，必欲有以贞天下之大节。是二人者，固皆事变之所不能惊，而利害之所不能夺，其死与生有不足累者也。是以其祸患之方殷，固有可以避难而求全者矣。然临难自免，则能安其身，而不能安其心，是偷生者之为，而彼有所不屑也。变故之偶值，固有可以侥幸而图存者矣，然存非顺事，则吾身以全，吾仁以丧，是悖德者之事，而彼有所不为也。彼之所为者，惟以理欲无并立之机，而致命遂志以安天下之贞者，虽至死而靡憾；心迹无两全之势，而捐

躯赴难以善天下之道者，虽灭身而无悔。当国家倾覆之余，则致身以驯过涉之患者，其仁也，而彼即趋之而不避，甘之而不辞焉，盖苟可以存吾心之公，将效死以为之，而存之由之不计矣；值颠沛流离之余，则舍身以贻没宁之休者，其仁也，而彼即当之而不慑，视之而如归焉，盖苟可以全吾心之仁，将委身以从之，而死生由之勿恤矣。是其以吾心为重，而以吾身为轻，其慷慨激烈以为成仁之计者，固志士之勇为，而亦仁人之优为也，视诸逡巡畏缩而苟全于一时者，诚何如哉！以存心为生，而以存身为累，其从容就义以明分义之公者，固仁人之所安，而亦志士之所决也，视诸回护隐伏而觊觎于不死者，又何如哉！是知观志士之所为，而天下之无志者可以愧矣；观仁人之所为，而天下之不仁者可以思矣。

（见束景南、查明昊辑编：《王阳明全集补编》，
上海古籍出版社 2016 年版，第 79—80 页。）

弘治五年乡试卷　中庸

诗云“鸢飞戾天”一节

《中庸》即《诗》而言，一理充于两间，发费隐之意也。盖盈天地间皆物也；皆物，则皆道也。即《诗》而观，其殆善言道者，必以物欤？今夫天地间惟理而已矣，理御乎气，而气载于理，固一机之不离也，奈之何人但见物于物，而不能见道于物；见道于道，而不能见无物不在于道也。尝观之《诗》，而得其妙矣，其曰：“鸢飞戾天，鱼跃于渊。”言乎鸢鱼，而意不止于鸢鱼也；即乎天渊，而见不滞于天渊也。为此诗者，其知道乎？盖万物显化醇之迹，吾道溢充周之机，感遇聚散，无非教也，成象效法，莫非命也，际乎上下，皆化育之流行。合乎流行，皆斯理之昭著，自有形而极乎其形，物何多也，含之而愈光者，流动充满，一太和保合而已矣；自有象而极乎其象，物何赜也，藏之而愈显者，弥漫布濩，一性命各正而已矣。物不止于鸢鱼也，举而例之，而物物可知；上下不止于天渊也，扩

而观之，而在在可见。是盖有无间不可遗之物，则有无间不容息之气；有无间不容息之气，则有无间不可乘之理。其天机之察于上下者，固如此乎？

（见束景南、查明昊辑编：《王阳明全集补编》，
上海古籍出版社 2016 年版，第 81 页。）

1493 年（明孝宗弘治六年，癸丑），22 岁

会试下第……同舍有以不第为耻者，先生慰之曰："世以不得第为耻，吾以不得第动心为耻。"识者服之。归余姚，结诗社龙泉山寺。致仕方伯魏瀚平时以雄才自放，与先生登龙山，对弈联诗，有佳句辄为先生得之，乃谢曰："老夫当退数舍。"

（参见《王阳明全集》第 4 卷，年谱一，
民主与建设出版社 2014 年版，第 889 页。）

程守夫墓碑

吾友程守夫……君之父味道公与家君为同年进士，相知甚厚，故吾与君有通家之谊。弘治壬子，又同举于乡，已而又同卒业于北雍，密迩居者四年有余。凡风雪之晨，花月之夕，山水郊园之游，无不与共。盖为时甚久而为迹甚密也，而未尝见君有愤词忤色，情日益笃，礼日以恭。其在家庭，雍雍于于，内外无间。交海内之士，无贵贱少长，咸敬而爱之。虽粗鄙暴悍，遇君未有不薰然而心醉者。当是时，予方驰骛于举业词章，以相矜高为事，虽知爱重君，而未尝知其天资之难得也。

（见束景南：《王阳明年谱长编》一，
上海古籍出版社 2017 年版，第 89 页。）

1494 年（明孝宗弘治七年，甲寅），23 岁

毒热有怀用少陵执热怀李尚书韵寄年兄程守夫吟伯

晓来梅雨望沾凌，坐久红炉天地蒸。幽朔多寒还酷热，清虚无语漫飞昇。此时头羡千茎雪，何处身倚百丈冰？且欲泠然从御寇，海桴吾道未须乘。

（见束景南：《王阳明年谱长编》一，
上海古籍出版社 2017 年版，第 90—91 页。）

1495 年（明孝宗弘治八年，乙卯），24 岁

祭外舅介庵先生文

维弘治八年，岁次乙卯，夏四月甲寅朔，寓金台甥王守仁帅妻诸氏南向泣拜，驰奠于故山东布政使司左参政岳父诸公之灵曰：呜呼痛哉！孰谓我公，而止于斯！公与我父，金石相期。公为吏部，主考京师。来视我父，我方儿嬉。公曰尔子，我女妻之。公不我鄙，识我于儿。服公之德，感公之私。悯我中年，而失其慈。慰书我父，教我以时。弘治己酉，公参江西。书来召我，我父曰咨，尔舅有命，尔则敢迟。甫毕姻好，重艰外罹。公与我父，相继以归。公既服阕，朝请于京。我滥乡举，寻亦北行。见公旅次，公喜曰甥，尔质则美，勿小自盈。南宫下第，我弗我轻。曰利不利，适时之迎。屯蹇屈辱，玉汝于成。拜公之教，夙夜匪宁。从公数月，启我愚盲。我公是任，语我以情。此职良苦，而我适丁。予谓利器，当难则呈。公才虽屈，亦命所令。公曰戏耳，尔言则诚。临行恳恳，教我名节。踯躅都门，抚励而别。孰谓斯行，遽成永诀。呜呼痛哉！别公半载，政誉日彻。士论欢腾，我心则悦。昨岁书云，有事建业。五六月余，音问忽绝。久乃有传，便

道归越。继得叔问，云未起辙。窃怪许时，必值冗结。孰知一疾，而已颓折！西江魏公，讣音来忽。仓剧闻之，惊仆崩裂。以公为人，且素无疾。谓必谗言，公则谁嫉。谓必讹言，讹言易出。魏公之书，二月六日，后我叔问，一旬又七。往返千里，信否叵必。是耶否耶，曷从而悉。醒耶梦耶，万折或一。韩公南来，匐匍往质。韩曰其然，我吊其室。呜呼痛哉！向也或虚，今也则实，孰谓我公，而果然也？天于我公，而乃尔耶？公而且然，况其他耶？公今逝矣，我曷望耶？廷臣佥议，方欲加迁。奏疏将上，而讣忽传。呜呼痛载！今也则然。公身且逝，外物奚言。公之诸子，既壮且贤。谅公之逝，复亦何悬。所不瞑者，二庶髫年。有贤四兄，必克安全。公曾谓予，我兄无嗣，欲遣庶儿，以承其祀。昔也庶一，今遗其二，并以继绝，岂非公意？有孝元兄，能继公志。忍使公心，而有不遂？令人悲号，苏而复蹶。迢迢万里，涯天角地。生为半子，死不能襚，不见其柩，不哭于次，痛绝关山，中心若刺。我实负公，生有余愧。天长地久，其恨曷既！我父泣曰，尔为公婿，宜先驰奠。我未可遽，哀绪万千，实弗能备。临风一号，不知所自。呜呼哀哉！呜呼痛哉！尚飨！

（见束景南：《王阳明年谱长编》一，
上海古籍出版社 2017 年版，第 91—93 页。）

1496 年（明孝宗弘治九年，丙辰），25 岁

十月，南归经济宁（任城），登太白楼，作《太白楼赋》咏怀。

（见束景南：《王阳明年谱长编》一，
上海古籍出版社 2017 年版，第 109 页。）

太白楼赋

岁丙辰之孟冬兮，泛扁舟余南征。凌济川之惊涛兮，览层构乎任城。曰太白之故居兮，俨高风之犹在。蔡侯导余以从陟兮，将放观乎四海。木萧萧而乱下兮，江浩浩而无穷；鲸敖敖而涌海兮，鹏翼翼而承风；月生辉于采石兮，日留景于岳峰；蔽长烟乎天姥兮，渺匡庐之云松。慨昔人之安在兮，吾将上下求索而不可。蹇余虽非白之俦兮，遇季真之知我。羌后人之视今兮，又乌知其不果？吁嗟太白公奚为其居此兮？余奚为其复来？倚穹霄以流盼兮，固千载之一哀！

昔夏桀之颠覆兮，尹退乎莘之野；成汤之立贤兮，乃登庸而伐夏。谓鼎俎其要说兮，维党人之挤诟。曾圣哲之匡时兮，夫焉前枉而直后！当天宝之末代兮，淫好色以信谗。恶来妹喜其猖獗兮，众皆狐媚以贪婪。判独毅而不顾兮，爰命夫以仆妾之役。宁直死以颇颔兮，夫焉患得而局促。开元之绍基兮，亦遑遑其求理。生逢时以就列兮，固云台麟阁而容与。夫何漂泊于天之涯兮？登斯楼乎延伫。信流俗之嫉妒兮，自前世而固然。怀夫子之故都兮，沛余涕之湲湲。庙堂之偃蹇兮，或非情之所好。唯不合于斯世兮，恣沉酣而远眺。

进吾不遇于武丁兮，退吾将颜氏之箪瓢。奚曲蘖其昏迷兮，亦夫子之所逃。管仲之辅纠兮，孔圣与其改行。佐璘而失节兮，始以见道之未明。睹夜郎之有作兮，横逸气以徘徊；亦初心之无他兮，故虽悔而弗摧。吁嗟其谁无过兮，抗直气之为难。轻万乘于褐夫兮，固孟轲之所叹。旷绝代而相感兮，望天宇之漫漫。去夫子其千祀兮，世益隘以周容。媒妇妾以驰骛兮，又从而为之吮痈。贤者化而改度兮，竞规曲以为同。

卒曰：峄山青兮河流泻，风飕飕兮澹平野。凭高楼兮不见，舟楫纷兮楼之下，舟之人兮俨服，亦有庶几夫子之踪者。

（见《王阳明全集》第 2 卷，

民主与建设出版社 2014 年版，第 488—489 页。）

经南都，向朝天宫全真道士尹真人学道，修真空炼形法，自作《口诀》诗以阐“真空炼形法”真诀之秘。

（见束景南：《王阳明年谱长编》一，
上海古籍出版社 2017 年版，第 111 页。）

口诀

闲观物态皆生意，静悟天机入穹冥。道在险夷随地乐，心忘鱼鸟自流行。

（见束景南、查明昊辑编：《王阳明全集补编》，
上海古籍出版社 2016 年版，第 4 页。）

雨霁游龙山次五松韵

晴日须登独秀台，碧山重叠画图开。闲心自与澄江老，逸兴谁还白发来？潮入海门舟乱发，风临松顶鹤双回。夜凭虚阁窥星汉，殊觉诸峰近斗魁。

严光亭子胜云台，雨后高凭远目开。乡里正须吾辈在，湖山不负此公来。江边秋思丹枫尽，霜外缄书白雁回。幽朔会传戈甲散，已闻南檄授渠魁。

（见《王阳明全集》第 3 卷，
民主与建设出版社 2014 年版，第 781 页。）

雪窗闲卧

梦回双阙曙光浮，懒卧茅斋且自由。巷僻料应无客到，景多唯拟作诗酬。千岩积素供开卷，叠嶂回溪好放舟。破虏玉关真细事，未将吾笔遂

轻投。

（见《王阳明全集》第3卷，

民主与建设出版社2014年版，第781页。）

次魏五松荷亭晚兴

入座松阴尽日清，当轩野鹤复时鸣。风光于我能留意，世味酣人未解醒。长拟心神窥物外，休将姓字重乡评。飞腾岂必皆伊吕，归去山田亦可耕。

又

醉后飞觞乱掷梭，起从风竹舞婆娑。疏慵已分投箕颍，事业无劳问保阿。碧水层城来鹤驾，紫云双阙笑金娥。抟风自有天池翼，莫倚蓬蒿斥鷃窠。

（见《王阳明全集》第3卷，

民主与建设出版社2014年版，第782页。）

1497年（明孝宗弘治十年，丁巳），26岁

春晴散步[①]

清晨急雨过林霏，余点烟稍尚滴衣。隔水霞明桃乱吐，沿溪风暖药初肥。物情到底能容懒，世事从前且任非。对眼春光唯自领，如谁歌咏月

① 此诗在束景南的《王阳明年谱长编》一（上海古籍出版社2017年版，第126页）中，标明1497年2月"春晴桃开，行春散步，有诗感怀"。杨德俊先生认为，《春晴散步》是正德四年在龙场龙岗山所作，此为一说。

中归。

又

祇用舞霓裳，岩花自举觞。古崖松半朽，阳谷草长芳。径竹穿风磴，云萝绣石床。孤吟动《梁甫》，何处卧龙冈？

（见《王阳明全集》第 3 卷，
民主与建设出版社 2014 年版，第 781—782 页。）

兰亭次秦行人韵

十里红尘踏浅沙，兰亭何处是吾家？茂林有竹啼残鸟，曲水无觞见落花。野老逢人谈往事，山僧留客荐新茶。临风无限斯文感，回首天章隔紫霞。

（见束景南、查明昊辑编：《王阳明全集补编》，
上海古籍出版社 2016 年版，第 4 页。）

是年先生学兵法。当时边报甚急，朝廷推举将才，莫不遑遽。先生念武举之设，仅得骑射搏击之士，而不能收韬略统驭之才。于是留情武事，凡兵家秘书，莫不精究。每遇宾宴，尝聚果核列阵势为戏。

（见《王阳明全集》第 4 卷，年谱一，
民主与建设出版社 2014 年版，第 890 页。）

1498 年（明孝宗弘治十一年，戊午），27 岁

登秦望山用壁间韵

秦望独出万山雄，萦纡鸟道盘苍空。飞来百道泻碧玉，翠壁千仞削古铜。久雨初晴真可喜，山灵于我岂无以？初拟步入画图中，岂知身在青云里。蓬岛茫茫几万重，此地犹传望祖龙。仙舟一去竟不返，断碑千古原无踪。北望稽山怀禹迹，却叹秦皇为惭色。落日西风结晚愁，归云半掩春湖碧。便欲峰头拂石眠，吊古伤今益黯然。未暇长卿哀二世，且续苏君观海篇。长啸归来景渐促，山鸟山花吟不足。夜深风雨过溪来，小榻寒灯卧僧屋。

（见束景南、查明昊辑编：《王阳明全集补编》，
上海古籍出版社 2016 年版，第 4—5 页。）

登峨嵋归经云门

一年忙里过，几度梦中游。自觉非元亮，何曾得惠休。乱藤溪屋邃，细草石池幽。回首俱陈迹，无劳说故丘。

（见束景南、查明昊辑编：《王阳明全集补编》，
上海古籍出版社 2016 年版，第 5 页。）

留题金粟山

独上高峰纵远观，山云不动万松寒。飞霞泻碧雨初歇，古涧流红春欲阑。佛地移来龙窟小，僧房高借鹤巢宽。飘然便觉离尘世，万里长空振羽翰。

（见束景南、查明昊辑编：《王阳明全集补编》，
上海古籍出版社，2016 年版，第 5 页。）

1499 年（明孝宗弘治十二年，己未），28 岁

举进士出身。是年春会试。举南宫第二人，赐二甲进士出身第七人，观政工部。疏陈边务。

（见《王阳明全集》第 4 卷，年谱一，
民主与建设出版社 2014 年版，第 890 页。）

会试卷　礼记

乐者敦和，率神而从天；礼者别宜，居鬼而从地。故圣人作乐以应天，制礼以配地。

惟礼乐合造化之妙，故圣人成制作之功。盖礼乐与造化相为流通者也，然非圣人为之作，抑何以成参赞之功哉！且礼乐之所以合乎造化者，果何以见之？是故絪缊化醇，此造化自然之和，乃气之伸而为神，天之所以生物者也；乐之为用，则主于和，而发达动荡，有以敦厚其和于亭毒之表，岂不循其气之伸而从天乎？高下散殊，此造化自然之序，乃气之屈而为鬼，地之所以成物者也；礼之为用，则主于序，而裁节限制，有以辨别其宜于磅礴之际，岂不敛其气之屈而从地乎？礼乐之合乎造化如此，故圣人者出，因其自然之和也，而作为之乐，凡五声六律之文，或终始之相生，或清浊之相应者，皆本之，岂徒为观听之美哉，于以应乎造化之和，使阳不至于过亢，而生物之功与天为一矣；因其自然之序也，而制为之礼，凡三千三百之仪，或制度之有等，或名物之有数者，皆法之，岂徒为藻饰之具哉，于以配乎造化之序，使阴不至于过肃，而成物之功与地无间矣。然则圣人制作之功所以参赞乎天地也，一何大哉！抑当究之天地之灵，不外乎阴阳，而鬼神者，阴阳之灵也；圣人之道，不外乎礼乐，而和序者，礼乐之道也。其实则一而二，不知者乃歧而二之。故知阴阳礼乐之

所以为一，则可以识圣人制作之功矣。彼窃天地之灵，渎幽明之分者，盖非所谓鬼神，而亦焉用其所谓礼乐哉！

（见束景南、查明昊辑编：《王阳明全集补编》，
上海古籍出版社 2016 年版，第 83—84 页。）

会试卷 论语

君子中立而不倚

〈节选〉

故中立固难，立而不倚尤难。君子则以一定之守持一定之见，不必有所凭也，而确乎有不可拔之势；不必所恃也，而屹乎有不可动之力。激之而不能使之高，抑之而不能使之卑；前之不能引，后之而不能掣。声色自美耳，吾之中终不为其所眩；货利自靡耳，吾之中终不为其所撼。辨有所不当施，则不倚于辨；智有所不当择，则不倚于智。于所当处也，虽迫之使出，而有所不从；于所当辞也，虽强之使受，而有所不屑。以至于天下之事，莫不皆然。

（见束景南、查明昊辑编：《王阳明全集补编》，
上海古籍出版社 2016 年版，第 84—85 页。）

在京师，学古诗文，与“茶陵派”李东阳和“前七子”李梦阳、何景明等驰骋文坛，开始“上国游”时期。

游大伾山诗

晓披烟雾入青峦，山寺疏钟万木寒。千古河流成沃野，几年沙势自平端。水穿石甲龙鳞动，日绕峰头佛顶宽。宫阙五云天北极，高秋更上九霄看。

大明弘治己未仲秋朔，余姚王守仁。

（见束景南、查明昊辑编：《王阳明全集补编》，

上海古籍出版社2016年版，第7页。）

游大伾山赋

王子游于大伾之麓，二三子从焉。秋雨霁野，寒声在松，经龙居之窈窕，升佛岭之穹窿，天高而景下，木落而山空，感鲁卫之故迹，吊长河之遗踪，倚清秋而远望，寄遐想于飞鸿。于是开觞云石，洒酒危峰，高歌振于岩壑，余响递于悲风。二三子慨然叹息曰："夫子之至于斯也，而仆右之乏，二三子走，偶获供焉，兹山之长存，固夫子之名无穷也；而若走者袭荣枯于朝菌，与蟪蛄而始终，吁嗟乎！亦何异于牛山、岘首之沾胸？"王子曰："嘻！二三子尚未喻于向之与尔感叹而吊悲者乎！当鲁卫之会于兹也，车马玉帛之繁，衣冠文物之盛，其独百倍于吾侪之聚于斯而已耶？而其囿于麋鹿，宅于狐狸也，既已不待今日而知矣，是故盛衰之必然。尔尚未睹夫长河之决龙门，下砥柱，以放于兹乎！吞山吐壑，奔涛万里，固千古之经渎也。而且平为禾黍之野，筑为邑井之墟，吁嗟乎！流者而有湮，峙者岂能无夷，则斯山之不荡为沙尘而化为烟雾者几稀矣！况吾与子集露草而随风叶，曾木石之不可期，奈何忘其飘忽之质而欲较久暂于锱铢者哉！吾姑与子达观于宇宙，可乎？"二三子曰："何如？"王子曰："山河之在天地也，不犹毛发之在吾躯乎？千载之于一元也，不犹一日之在于须臾乎？然则久暂奚容于定执，而小大为可以一隅也。而吾与子固将齐千载于喘息，等山河于一芥，遨游八极之表，而往来造物之外，彼人事之倏然，又乌足为吾人之芥蒂乎？"二三子喜，乃复饮。已而夕阳入于西壁，童仆候于岩阿。忽有歌声自谷而出，曰："高山夷兮，深谷嵯峨。将胼胝是师兮，胡为乎蹉跎？悔可追兮，遑恤其他。"王子曰："夫歌者为吾也。"盖急起而从之，其人已入于烟萝矣。

大明弘治己未重阳，余姚王守仁伯安赋并书。

（见束景南、查明昊辑编：《王阳明全集补编》，

上海古籍出版社 2016 年版，第 86—87 页。）

1500 年（明孝宗弘治十三年，庚申），29 岁

授刑部云南清吏司主事。在刑部，与陈凤梧、潘府等，讲学论文，结成“西翰林”文士群体。

（参见《王阳明年谱长编》一，

上海古籍出版社 2017 年版，第 183—184 页。）

送李贻教归省图诗

九秋旌旆出长安，千里军容马上看。到处临淮惊节制，趋庭莱子得承欢。瞻云渐喜家山近，梦阙还依禁漏寒。闻说闾门高已久，不妨冠盖拥归鞍。

（见束景南、查明昊辑编：《王阳明全集补编》，

上海古籍出版社 2016 年版，第 7 页。）

奉和宗一高韵

懒爱官闲不计升，解嘲还计昔人曾。沉迷簿领今应免，料理诗篇老更能。未许少陵夸吏隐，真同摩诘作禅僧。龙渊且复三冬蛰，鹏翼终当万里腾。

（见束景南、查明昊辑编：《王阳明全集补编》，

上海古籍出版社 2016 年版，第 8 页。）

时雨赋

二泉先生以地官正郎擢按察副使、提辖西江。于时京师方旱，民忧禾黍。先生将行，祖帐而雨，土气苏息，送者皆喜。乐山子举觞而言曰："先生亦知时雨之功乎？群机默动，百花潜融，摧枯僵槁，茀蔚蒙茸，惟草木之日茂，夫焉识其所从？"先生曰："何如？"乐山子曰："升降闭塞，品汇是出。羝羸蹇涩，痿痹扞格。地脉焦焉，罔兹土膏，竭而靡泽。勾者矛者，荚者甲者，茎者萌者，颊者鬣者，陈者期新，屈者期伸。而乃火云崪屼，汤泉沸腾。山灵铄石，沟浍扬尘。田形赭色，涂坼龟文。苗而不秀，槁焉欲焚。于是乎丰隆起而效驾，屏翳辅而推轮。雷伯涣汗而颁号，飞廉行辟而戒申。川英英而吐气，山油油而出云。天昏昏而改色，日霏霏而就曛。风翛翛于苹末，雷殷殷于江渍。初沾濡之脉脉，渐飘洒之纷纷。始霢霂之无迹，终滂沱而有闻。方奋迅而直下，倏横斜以旁巡。徐一一而点注，随浑浑而更新。乍零零而断续，忽冥冥而骤并。将悠悠而远去，复深深而杂陈。当是时也，如渴而饮，如饮而醺，德泽渐于兰蕙，宠渥被于藻芹，光辉发于桃李，滋润洽于松筠，深恩萃于禾黍，余波及于蒿蕢。若醉醒而梦觉，起精矫于邅迍；犹阙里之多士，沾圣化而皆仁。济济翼翼，侃侃訚訚，乐箪瓢于陋巷，咏浴沂于暮春者矣。今夫先生之于西江之士也，不亦其然哉！原体则涵泳诸子，灌注百氏，渟滀仁义，郁蒸经史；言用则应物而动，与时操纵，神变化于晦明，状江河之汹涌，发为文词，雾滃霞摛，赫其声光，雷电翕张。仰之岳立，风云是出；即之川腾，旱暵攸凭。偃风声于万里，望云霓于九天。叹尔来之奚后，怨何地之独先。则夫西江之士，岂必渐渍沐沃，澡涤沉潜，历以寒暑，积之岁年，故将得微涓而已颖发，沾余滴而遂勃然。咏《菁莪》之化育，乐丰芑之生全，扬惊澜于洙泗，起暴涨于伊濂。信斯雨之及时，将与先生比德而丽贤也夫！"先生曰："是何言之易也？昔孔子太和元气，过化存神，不言而喻，固有所谓时雨化之者矣，而予岂其人哉？且子知时雨之功，而曾未睹其患也。乃若大火西流，东作于休，农人相告，谓将有秋，须坚须实，以获以收。尔乃庭商鼓舞，江鹤飞翔；重阴密雾，连月浰茫；凄风苦雨，朝夕淋浪。禾头生耳，黍目就盲。江河溢而泛滥，草木泄而衰黄。功垂成而复败，变丰稔为凶荒。汩泥涂以何救，疸体足其曷防？空呼号于漏室，徒咨怨于颓墙。吁嗟乎，今之以为凶，非昔之以为功者耶？乌乎物理之迴绝，而人情之顿异者耶？是知长以风雨，敛以霜雪，有阴必阳，无寒不热；化不自兴，及时而盛，教无定美，过时必病。故先王之爱民，必仁育而义正，吾诚不敢忘子时雨之规，且虑其过而为霪以生患也。”于是乐山子俯谢不及，避席而起，再拜尽觞，以歌《时雨歌》曰：激湍兮深潭，和煦兮沍寒。雨以润兮，过淫则残。惟先生兮，实如傅霖。为云为霓兮，民望于今。吞吐奎壁兮，分天之章。驾风骑气兮，挟龙以翔。沛江帝之泽兮，载自西方。或雨或旸，一寒一暑。随物顺成兮，吾心何与。风雨霜雪兮，孰非时雨。

刑部主事姚江王守仁书。

（见束景南、查明昊辑编：《王阳明全集补编》，上海古籍出版社 2016 年版，第 89—91 页。）

来两山雪图赋[①]

昔年大雪会稽山，我时放迹游其间。岩岫皆失色，崖壑俱改颜。历高林兮入深峦，银幢宝纛森围圆。长矛利戟白齿齿，骇心慄胆，如穿虎豹之重关。涧溪埋没不可辨，长松之杪，修竹之下，时闻寒溜声潺潺。杳嶂连天，

① 《王阳明全集》卷二十九中所载的《来雨山雪图赋》，应是《来两山雪图赋》，来雨山是来两山之误。据乾隆《萧山县志》卷二十四“人物”之《来两山传》记载：来两山原名来天球，字伯韶，号两山，萧山人。明弘治庚戌进士，授公部主事，调刑部郎，擢山西佥事。

凝华积铅，嵯峨崭削，浩荡无颠。嶙峋眩耀势欲倒；溪回路转，忽然当之，却立仰视不敢前。嵌窦飞瀑，忽然中泻。冰磴崚嶒，上通天罅。枯藤古葛倚岩巅而高挂，如瘦蛟老螭之蟠纠，蜕皮换骨而将化。举手攀援足未定，鳞甲纷纷而乱下。侧足登龙虬，倾耳俯听寒籁之飕飕。陆风蹀躞，直际缥缈，恍惚最高之上头。乃是仙都玉京，中有上帝遨游之三十六瑶宫，傍有玉妃舞婆娑十二层之琼楼，下隔人世知几许，真境倒照见毛发，凡骨高寒难久留。划然长啸，天花坠空，素屏缟障坐不厌，琪林珠树窥玲珑。白鹿来饮涧，骑之下千峰。寡猿怨鹤时一叫，彷佛深谷之底呼其侣，苍茫之外争行鹰阵排天风。鉴湖万顷寒蒙蒙，双袖拂开湖上云，照我须眉忽然皓白成衰翁。手掬湖水洗双眼，回看群山万朵玉芙蓉。草团蒲帐青莎蓬，浩歌夜宿湖水东。梦魂清彻不得寐，乾坤俯仰真在冰壶中。幽朔阴岩地，岁暮常多雪，独无湖山之胜，使我每每对雪长郁结。朝回策马入秋台，高堂大壁寒崔嵬。恍然昔日之湖山，双目惊喜三载又一开。谁能缩地法，此景何来？石田画师我非尔，胸中胡为亦有此？来君神骨清莫比，此景奇绝酷相似。石田此景非尔不能摸，来君来君非尔不可当此图。我尝亲游此景得其趣，为君题诗，非我其谁乎？

（见束景南：《王阳明年谱长编》一，
上海古籍出版社 2017 年版，第 200—202 页。）

1501 年（明孝宗弘治十四年，辛酉），30 岁

春郊赋别引

钱君世恩之将归养也，厚于世恩者皆不忍其去，先行三日，会于天官郎杭世卿之第，以聚别。明日，再会于地官秦国声，与者六人：守仁与秋官徐成之、天官杨名父及世卿之弟进士东卿也。世恩以其归也，以疾告也，皆不至。于是惜别之怀，无所于发，而托之诗，前后共得诗十首。六人者，以世

恩之犹在也，而且再会而不一见，其既去也，又可以几乎？乃相与约为郊饯，必期与世恩一面以别。至日，成之以候旨，东卿以待选，世卿、名父以各有部事，皆势不容出。及饯者，守仁与国声两人而已。世恩既去之明日，复会于守仁，各言所以，相与感叹咨嗟，复成二诗。世卿曰："世恩之行也，终不及一饯。虽发之于诗，而不以致之世恩，吾心有阙也。盍亦章次而将之，何如？"皆曰："诺。"国声得小卷，使世卿书首会之作；国声与名父、东卿分书再会；成之书末会；谓守仁弱也，宜为诸公执笔砚之役以叙。嗟乎！一别之间，而事之参错者凡几。虽吾与世恩复期于来岁之秋，以为必得重聚于此，然又何可以逆定乎？惟是相勉以道义，而相期于德业，没之污涂之中，而质之天日之表，则虽断金石，旷百世，而可以自信其常合。然则未忘于言语之间者，其亦相厚之私欤！考功正郎乔希大闻之，来题其卷端曰："春郊赋别。"给事陈惇贤复为之图。皆曰："吾亦厚于世恩也，聊以致吾私。"

（见束景南：《王阳明年谱长编》一，
上海古籍出版社2017年版，第203页。）

性天卷诗作序

锡之崇安寺，有浮屠净觉者，扁其居曰"性天"。因地官秦君国声而请序于予。予不知净觉，顾国声端人也，而净觉托焉，且尝避所居以延国声诵读其间，此其为人必有可与言者矣。然"性天"既非净觉之所及，而"性"与"天"又孔子之所罕言，子贡之所未闻，则吾亦岂易言哉？吾闻浮屠氏以寂灭为宗，其教务抵于木槁灰死、影绝迹灭之境，以为空幻。则净觉所谓"性天"云者，意如此乎？净觉既已习闻，而复予请焉，其中必有愿也，吾不可复以此而渎告之。姑试与净觉观于天地之间，以求所谓"性"与"天"者而论之。则凡赫然而明，蓬然而生，訇然而惊，油然而兴，凡荡前拥后，迎盼而接眒者，何适而非此也哉？今夫水之生也润以下，木之生也植以上，性也；而莫知其然之妙，水与木不与焉，则天也。激之而使行于山巅之上，而反培其末，是岂水与木之性哉？其奔决而仆夭，固非其天矣。人之生，入而父子、夫妇、兄弟，出而君臣、长幼、朋友，岂非顺其性以全其天而已耶？圣人立之以纪纲，行之以礼乐，使天下之过弗及焉者，皆于是乎取中，曰“此天之所以与我，我之所以为性”云耳。不如是，不足以为人，是谓丧其而失其天。而况于绝父子，屏夫妇，逸而去之耶？吾儒之所谓性与天者，如是而已矣。若曰“性天之流行”云，则吾又何敢躐以亵净觉乎哉？夫知而弗以告，谓之不仁；告之而躐其等，谓之诬；知而不为焉者，谓之惑。吾不敢自陷于诬与不仁。观净觉之所与，与其所以请，亦岂终惑者邪？即以复国声之请，遂书于其卷。

（见束景南：《王阳明年谱长编》一，
上海古籍出版社 2017 年版，第 204—205 页。）

登谯楼

千尺层栏倚碧空，下临溪谷散鸿蒙。祖陵王气蟠龙虎，帝阙重城锁蝃蝀。客思江南惟故国，雁飞天北碍长风。沛歌却忆回銮日，白昼旌旗渡海东。

（见束景南：《王阳明年谱长编》一，
上海古籍出版社 2017 年版，第 211 页。）

化城寺六首

化城高住万山深，楼阁凭空上界侵。天外清秋度明月，人间微雨结浮阴。钵龙降处云生座，岩虎归时风满林。最爱山僧能好事，夜堂灯火伴孤吟。

云里轩窗半上钩，望中千里见江流。高林日出三更晓，幽谷风多六月秋。仙骨自怜何日化，尘缘翻觉此生浮。夜深忽起蓬莱兴，飞上青天十二楼。

云端鼓角落星斗，松顶袈裟散雨花。一百六峰开碧汉，八十四梯踏紫霞。山空仙骨葬金椁，春暖石芝抽玉芽。独挥谈尘拂烟雾，一笑天地真无涯。

化城天上寺，石磴八星躔。云外开丹井，峰头耕石田。月明猿听偈，风静鹤参禅。今日揩双眼，幽怀二十年。

僧屋烟霏外，山深绝世哗。茶分龙井水，饭带石田砂。香细云岚杂，窗高峰影遮。林栖无一事，终日弄丹霞。

突兀开穹阁，氤氲散晓钟。饭遗黄稻粒，花发五钗松。金骨藏灵塔，神光照远峰，微茫竟何是？老衲话遗踪。

（见《王阳明全集》第 2 卷，
民主与建设出版社 2014 年版，第 495—496 页。）

九华山下柯秀才家

苍峰抱层嶂，翠瀑绕双溪。下有幽人宅，萝深客到迷。

（见《王阳明全集》第 2 卷，
民主与建设出版社 2014 年版，第 495 页。）

地藏塔

渡海离乡国，辞荣就苦空。结第双树底，成塔万花中。

（见束景南、查明昊辑编：《王阳明全集补编》，
上海古籍出版社 2016 年版，第 27 页。）

地藏洞访老道[1]

路人岩头别有天，松毛一片自安眠。高谈已散人何处，古洞荒凉散冷烟。

（钱明编校，吴光覆校：《王阳明全集》新编本第5册，浙江古籍出版社2011年版，第1698页。）

和九柏老仙诗

石涧西头千树梅，洞门深锁雪中开。寻常不放凡夫到，珍重唯容道士来。风乱细香笛无韵，夜寒清影衣生苔。于今踏破石桥路，一月须过三十迴。

九柏老仙之作，本不可和，詹炼师必欲得之，遂为走笔，以塞其意，且以彰吾之不度也。弘治辛酉仲冬望日，阳明山人王守仁识。

（见束景南、查明昊辑编：《王阳明全集补编》，上海古籍出版社2016年版，第27页。）

李白祠二首

千古人豪去，空山尚有祠。竹深荒旧径，藓合失残碑。云雨罗文藻，溪泉系梦思。老僧殊未解，犹自索题诗。

谪仙栖隐地，千载尚高风。云散九峰雨，岩飞百丈虹。寺僧传旧事，词客吊遗踪。回首苍茫外，青山感慨中。

（见《王阳明全集》第2卷，民主与建设出版社2014年版，第496页。）

---

① 此诗《王阳明全集》和《王阳明全集补编》均未收，《王阳明全集》新编本第5册，浙江古籍出版社2011年版，第1698页收录此文。

双峰

凌崖望双峰，苍茫竟何在？载拜西北风，为我扫浮霭。

莲花峰[①]

夜静凉飙发，轻云散碧空。玉钩挂新月，露出青芙蓉。

列仙峰

灵峭九万丈，参差生晓寒。仙人招我去，挥手青云端。

云门峰

云门出孤月，秋色坐苍涛。夜久群籁绝，独照宫锦袍。

（见《王阳明全集》第 2 卷，
民主与建设出版社 2014 年版，第 496 页。）

实庵和尚像赞

从来不知光闪闪的气象，也不知圆陀陀的模样。翠竹黄花，说什么蓬莱方丈。看那山里金地藏，好儿孙，又生个实庵和尚。噫！那些儿妙处，丹青莫状。

（见束景南：《王阳明年谱长编》一，
上海古籍出版社 2017 年版，第 219 页。）

① 此诗与《王阳明全集》新编本中《九华杂言》（其三）后两句同，具体为“长风扫浮云，天开翠万重。玉钩挂新月，露出青芙蓉。”见《王阳明全集》新编本第 5 册，浙江古籍出版社 2011 年版，第 1699 页。

1502年（明孝宗弘治十五年，壬戌），31岁

九华山赋①（并序）②

九华为江南奇特之最，而《史记》所录，独无其名，盖马迁足迹之所未至耳。不然，当列诸天台、四明之上，而乃略而不书耶？壬戌正旦，予观九华，尽得其胜，已而有所感遇，遂援笔而赋之。其辞曰：

循长江而南下，指青阳以幽讨。启鸿蒙之神秀，发九华之天巧。非效灵于坤轴，孰构奇于玄造。迁《史》缺而弗录，岂足迹之所未到？白诗鄙夫九子，实兹名之所肇。予将秘密于崔嵬，极玄搜而历考。涉五溪而径入，宿无相之窈窕。访王生于邃谷，掬金沙之情潦。陵风雨乎半霄，登望江而远眺。步千仞之苍壁，俯龙池于深窅。吊谪仙之遗迹，跻化城之缥缈。饮钵盂之朝露，见莲花之孤标。扣云门而望天柱，列仙舞于晴昊。偃双椒之辟门，真人驾阳云而独蹻。翠盖平临乎石照，绮霞掩映乎天姥。二神升于翠微，九子临于积稻。炎熇起于玉甑，烂石碑之文藻。回澄秋于枕月，建少微之星旐。覆瓯承滴翠之余沥，展旗立云外之旌纛。下安禅而步岧峣，览双泉于松梢。逾西洪而憩黄石，悬百丈之灏灏。濑流觞而萦纡，遗石船于涧道。呼白鹤于云峰，钓嘉鱼于龙沼。倚透碧之巇岏，谢尘环之纷扰。攀齐云之巉峭，鉴琉璃之浩渼。沿东阳而西历，餐九节之蒲草。樵人导余以冥搜，排碧云之瑶岛。群峦翳其缪霭，失阴阳之昏晓。垂七布之

① 《王阳明全集》第4卷年表记载《九华山赋》写于1501年，而在《王阳明全集》第2卷中标明《九华山赋》写于壬戌（1502年），《王阳明全集补编》中辑录的《九华山赋并序》，为弘治十五年，1502年。《王阳明年谱长编》作者考证：此赋“作于弘治十五年春正月，盖是阳明游九华山归后深思熟虑写成。”时间应是1502年。

② 《王阳明全集》第19卷，有此赋，但无序，缺“迁《史》缺而弗录”以下一段文字：“岂足迹之所未到？白诗鄙夫九子，实兹名之所肇。予将秘密于崔嵬，极玄搜而历考。”（见束景南《王阳明年谱长编》一，上海古籍出版社2017年版，第214页）我们按束景南先生《王阳明年谱长编》中考辨的文字选入。

沈沈，灵龟隐而复佻。履高僧而屎招贤，开白日之杲杲。试胡茗于春阳，吸垂云之渊湫。凌绣壁而据石屋，何文殊螺髻之蟠纠。梯拱辰而北盼，瞭遗光于拾宝。缁裳迓于黄匏，休圆寂之幽悄。鸟呼春于丛篁，和《云》《韶》之。唤起促余之晨兴，落星河于檐橑。护山嘎其惊飞，怪游人之太早。揽卉木之如擢，被晨晖而争姣。静镵声之剥啄，幽人斸参蕨于冥杳。碧鸡哕于青林，白鹇翻云而失皓。隐捣药于樛萝，挟提壶饼焦而翔绕。凤凰承盂冠以相遗，饮沆瀣之仙醥。羞竹实以嬉翱，集梧枝之袅袅。岚欲雨而霏霏，鸣湿湿于丰葆。躐三游而转青峭，拂天香于茫渺。席弘潭以濯缨，浮桃泻而扬缟。淙澌澌而络莂，饮猨猱之捷狡。睨斧柯而升天还，望会仙于云表。

悯子京之故宅，款知微之碧桃。倏金光之闪映，睫异景于穹坳。弄玄珠于赤水，舞千尺之潜蛟。并花塘而峻极，散香林之回飙。抚浮屠之突兀，泛五钗之翠涛。袭珍芳于绝巘，袅金步之摇摇。莎萝踯躅芬敷而灿耀，幢玉女之妖娇。搴龙须于灵宝，堕钵囊之飘飖。开仙掌之嵚嵌，散清磬之迢迢。披白云而蹑崇寿，见参错之僧寮。日既夕而山冥，挂星辰于巃嵷。宿南台之明月，虎夜啸而罴嗥。鹿麋群游于左右，若将侣幽人之岑寥。回高寒其无寐，闻冰壑之洞箫。溪女厉晴泷而曝朮，杂精苓之春苗。邀予觞以仙液，饭玉粒之琼瑶。溘辞予而远去，飒霞裾之飘飘。复中峰而怅望，或仙踪之可招。乃下见阳陵之蜿蜒，忽有感于子明之宿要。逝予将遗世而独立，采石芝于层霄。虽长处于穷僻，乃永离乎嚣嚣。彼苍黎之缉缉，固吾生之同胞。苟颠连之能济，吾岂靳于一毛。矧狂寇之越獗，王师局而奔劳。吾宁不欲请长缨于阙下，快平生之鬱陶？顾力微而任重，惧覆败于或遭。又出位以图远，将无诮于鶬鹩。嗟有生之迫隘，等灭没于风泡。亦富贵其奚为，犹荣蕣之一朝。旷百世而兴感，蔽雄杰于蓬蒿。吾诚不能同草木而腐朽，又何避乎群喙之呶呶？已矣乎！吾其鞭风霆而骑日月，被九霞之翠袍。抟鹏翼于北溟，钓三山之巨鳌。道昆仑而息驾，听王母之云璈。呼浮丘于子晋，招句曲之三茅。长遨游于碧落，共太虚而逍遥。

“乱曰：蓬壶之邈邈兮，列仙之所逃兮。九华之矫矫兮，吾将于此巢兮。匪尘心之足揽兮，念鞠育之劬劳兮。苟初心之可绍兮，永矢弗挠兮。”

（见束景南：《王阳明年谱长编》一，
上海古籍出版社 2017 年版，第 214—216 页。）

游齐山赋（并序）

齐山在池郡之南五里许，唐齐映尝刺池，亟游其间，后人因以映姓名也。继又以杜牧之诗，遂显名于海内。弘治壬戌正旦，守仁以公事到池，登兹山，以吊二贤之遗迹，则既荒于草莽矣。感慨之余，因拂崖石而以纪岁月云。

适公事之甫暇，乘案牍之余辉。岁亦徂而更始，巾余车其东归。循池阳而延望，见齐山之崔嵬。寒阳惨而尚湿，结浮霭于山扉。振长飙而舒啸，麾彩现于虹霓。千岩豁其开朗，扫群林之霏霏。羲和闯危巅而出候，倒回景于苍矶，蹑晴霞而直上，陵华盖之葳蕤。俯长江之无极，天风飒其飘衣。穷岩洞之幽邃，坐孤亭于翠微。寻遗躅于烟莽，哀壑悄而泉悲。感昔人之安在，菊屡秋而春霏。鸟相呼而出谷，雁流声而北飞。叹人事之倏忽，晞草露于须斯。际遥瞩于云表，见九华之参差。忽黄鹄之孤举，动陵阳之遐思。顾泥土之溷浊，困盐车于枥马。敬长生之可期，吾视弃富贵如砾瓦。吾将旷八极以遨游，登九天而视下。餐朝露而饮沆瀣，攀子明之逸驾。岂尘网之误羁，叹仙质之未化。乱曰：旷视宇宙，漠以广兮。仰瞻却顾，终焉仿兮。吾不能局促以自污兮，复虑其谬以妄兮。已矣乎！君亲不可忘兮，吾安能长驾而独往兮？

（见束景南、查明昊辑编：《王阳明全集补编》，
上海古籍出版社 2016 年版，第 94 页。）

无相寺三首

老僧岩下屋，绕屋皆松竹。朝闻春鸟啼，夜伴岩虎宿。

坐望九华碧，浮云生晓寒。山灵应秘惜，不许俗人看。

静夜闻林雨，山灵似欲留。只愁梯石滑，不得到峰头。

（见《王阳明全集》第2卷，
民主与建设出版社2014年版，第495页。）

夜宿无相寺

春宵卧无相，月照五溪花。掬水洗双眼，披云看九华。岩头金佛国，树杪谪仙家。仿佛闻笙鹤，青天落绛霞。

（见《王阳明全集》第2卷，
民主与建设出版社2014年版，第495页。）

芙蓉阁二首

青山意不尽，还向月中看。明日归城市，风尘又马鞍。岩下云万重，洞口桃千树。终岁无人来，惟许山僧住。

（见《王阳明全集》第2卷，
民主与建设出版社2014年版，第497页。）

题四老围棋图

世外烟霞亦许时，至今风致后人思。却怀刘项当年事，不及山中一著棋。

（见《王阳明全集》第2卷，
民主与建设出版社2014年版，第495页。）

与舫斋书

〈节选〉

言不尽意，继以短词：

别后殊倾渴，青冥隔路歧。径行惧伐木，心事寄庭芝。拔擢能无喜，瞻依未有期。胸中三万卷，应念故人饥。

侍生王守仁顿首，舫斋先生寅长执事。小羊一牵将贺意耳。正月十三日来。

（见束景南、查明昊辑编：《王阳明全集补编》，上海古籍出版社 2016 年版，第 95 页。）

清风楼

远看秋鹤下云皋，压帽青天碍眼高。石底蟠螭吹锦雾，海门孤月送银涛。酒经残雪浑无力，诗倚新春欲放豪。倦赋登楼聊短述，清风曾不媿吾曹。

（见束景南：《王阳明年谱长编》一，上海古籍出版社 2017 年版，第 225 页。）

云岩

岩高及云表，溪环疑磬折。壁立香炉峰，正对黄金阙。钟响天门开，笛吹岩石裂。掀髯发长啸，满空飞玉屑。

（见束景南、查明昊辑编：《王阳明全集补编》，上海古籍出版社 2016 年版，第 27—28 页。）

谪仙楼

揽衣登采石，明月满矶头。天碍乌纱帽，寒生紫绮裘。江流词客恨，风景谪仙楼。安得骑黄鹤，随公八极游。

（见束景南、查明昊辑编：《王阳明全集补编》，
上海古籍出版社 2016 年版，第 28 页。）

游茅山二首

其一

山雾沾衣润，溪风洒面凉。鲜花凝雨碧，松粉落春黄。古剑时闻吼，遗丹尚有光。短才惭宋玉，何敢赋《高唐》。

其二

灵峭九千丈，穷跻亦未难。江山无遁景，天地此奇观。海月迎峰白，溪风振叶寒。夜深凌绝峤，翘首望长安。

（见束景南、查明昊辑编：《王阳明全集补编》，
上海古籍出版社 2016 年版，第 28—29 页。）

蓬莱方丈偶书二首

其一

兴剧夜无寐，中宵问雨晴。水风凉壑骤，岩日映窗明。石窦窥涧黑，云梯上水清。福庭真可住，尘土奈浮生。

其二

仙屋烟飞外，青萝隔世哗。茶分龙井水，饭带玉田砂。香细岚光杂，窗虚峰影遮。空林无一事，尽日卧丹霞。

（见束景南、查明昊辑编：《王阳明全集补编》，
上海古籍出版社 2016 年版，第 29 页。）

游北固山

北固山头偶一行，禅林甘露几时名？枕江左右金焦寺，面无中节铁瓮城。松竹两崖青野兵，人烟万井暗吟情。江南景物应难望，入眼风光处处清。

（见束景南，查明昊辑编：《王阳明全集补编》，上海古籍出版社 2016 年版，第 30 页。）

赠京口三山僧四首

金山赠野闲钦上人

江净如平野，寒波漫绿苔。地穷无客到，天迥有云来。禅榻朝慵起，松关午始开。月明随老鹤，散步妙高台。

题蒲菊钰上人房

禅扉云水上，地迥一尘无。磵有千年菊，盆余九节蒲。湿烟笼细雨，晴露滴苍芜。好汲中泠水，飧香嚼翠腴。

赠雪航上人

身世真如不系舟，浪花深处伴闲鸥。我来亦有山阴兴，银海乘槎上斗牛。

赠甘露寺性空上人

片月海门出，浑如白玉舟。沧波千里晚，风露九天秋。寒影随杯渡，清晖共梗流。底须分彼岸，天地自沉浮。

（见束景南、查明昊辑编：《王阳明全集补编》，上海古籍出版社 2016 年版，第 30—31 页。）

屋舟为京口钱宗玉作

小屋新开傍岛屿，沉浮聊与渔舟同。有时沙鸥飞席上，夜深海月来轩中。醉梦春潮石屏冷，棹歌碧水秋江空。人生何地不疏放，岂必市隐如壶公。

阳明王守仁次。

（见束景南、查明昊辑编：《王阳明全集补编》，上海古籍出版社 2016 年版，第 32 页。）

仰高亭

楼船一别是何年？斜日孤亭思渺然。秋兴绝怜红树晚，闲心併在白鸥前。林僧定久能知客，巢鹤年多亦解禅。莫向病夫询出处，梦魂长绕碧溪烟。

（见束景南、查明昊辑编：《王阳明全集补编》，上海古籍出版社 2016 年版，第 32 页。）

登吴江塔

天深北斗望不见，更蹑丹梯最上层。太华之西目双断，衡山以北栏独凭。渔舟渺渺去欲尽，客子依依愁未胜。夜久月出海风冷，飘然思欲登云鹏。

（见束景南、查明昊辑编：《王阳明全集补编》，上海古籍出版社 2016 年版，第 32 页。）

赠芳上人归三塔

秀水城西久闭关，偶然飞锡出尘寰。调心亦复聊同俗，习定由来不在山。秋晚菱歌湖水阔，月明清磬塔窗闲。毗卢好似嵩山笠，天际仍随日影边。

（见束景南、查明昊辑编：《王阳明全集补编》，
上海古籍出版社2016年版，第33页。）

审山诗

朝登硖石巅，霁色浮高宇。长冈抱回龙，怪石骇奔虎。古刹凌层云，中天立鳌柱。万室涌鱼鳞，晴光动江浒。曲径入藤萝，行行见危堵。寺僧闻客来，袈裟候庭庑。登堂识遗像，画绘衣冠古。乃知顾况宅，今为梵王土。书台空有名，湮埋化烟芜。葛井虽依然，日暮饮牛羖。长松非旧枝，子规啼正苦。古人岂不立，身后杳难睹。悲风振林薄，落木惊秋雨。人生一无成，寂寞知向许？

（见束景南、查明昊辑编：《王阳明全集补编》，
上海古籍出版社2016年版，第33页。）

坐功

春嘘明目夏呵心，秋呬冬吹肺肾宁。四季常呼脾化食，依此法行相火平。

（见束景南、查明昊辑编：《王阳明全集补编》，
上海古籍出版社2016年版，第34页。）

胡公生像记

〈节选〉

弘治十年，胡公孟登以地官副郎谪二兴国。越二年，擢知州事。公既久于其治，乃奸锄利植，而民以太和。又明年壬戌，擢浙之臬司佥事以

去，民既留公不可，则相率像公祀之，以报公德。先学宫之北有叠山祠，以祠宋臣谢君直者，敝矣。卜于左方，撤而新之，其士曰："合祀公像于是。呜呼！吾州自胡元之乱以入于皇朝，虽文风稍振，而陋习未除，士之登名科甲以显于四方者，相望如晨天之星，数不能以一二。盖至于今，遂茫然绝响者，凡几科矣。公斩山购地，以恢学宫，洗垢磨钝，以新士习，然后人知敦礼兴学，而文采蔚然于湖湘之间，荐于乡者，一岁而三人。盖夫子之道大明于兴国，实自公始。公之德惠，固无庸言；而化民成俗，于是为大。祀公于此，其宜哉！"民曰："不可。其为公别立一庙。公之未来也，外苦于盗贼，内残于苛政，鱼课及于滨山之民，输赋者，担负走二百里之外。自公之至，而盗不敢履兴国之界，民离猛虎危鳌之患，而始释戈而安寝，徒仓廪之地，免于跋涉。公之惠泽，吾独于不能出诸口耳。于戏！公有大造于吾民，乃不能别立一庙，而使并食于谢公，于吾心有未足也。"……士曰："公之经历四方也久矣，四方之人其闻公之贤，亦既有年矣。然而屡遭谗嫉，而未畅厥猷，意亦知公深者难矣。公尝令于余姚，以吾人之知公，则其人宜于公为悉。"乃走币数千里而来请于守仁，且告之故。守仁曰：是姚人之愿，不独兴国也。公之去吾姚已二十余年，民之思公如其始去。每有自公而来者，必相兴环聚，问公之起居饮食，及其履历之险与夷，丰采状貌鬓发之苍白与否，退则相传告以为欣戚。以吾姚之思公，知兴国之为是举，亦其情之有不得已也。然公之始去吾姚，既尝有去思之碑以纪公德，今不可以重复其说。如兴国之绩，吾虽闻之甚详，然于其民为远，虽极意揄扬之，恐亦未足矣当其心也。姑述其请记之辞，而诗以系之。公名瀛，河南之罗山人，有文武长才，而方向未用。诗曰："于维胡公，允毅孔直。惟直不挠，以来兴国。惟此兴国，实荒有年。自公之来，辟为良田。寇乘于垣，死课于泽。公曰吁嗟，兹惟予谪。勤尔桑禾，谨尔室家。岁丰时和，民谣以歌。乃筑泮宫，教以礼让。弦诵诗书，溢于里巷。庶民谆谆，庶士彬彬。公亦欣欣，曰惟家人。维公我父，惟公我母。自公之去，夺我恃怙。维公之政，不专于宽。雨旸谁节，时其燠寒。维公文武，亦周于艺。射御工力，展也不器。我拜公像，从我父兄。率我子弟，集于泮宫。愿公永年，于百千祀。公德既溥，公寿曷涘。父兄相谓，毋尔敢望。天子国公，训于四方。”

（见束景南：《王阳明年谱长编》一，

上海古籍出版社 2017 年版，第 246—248 页。）

罗履素诗集序

〈节选〉

履素先生诗一帙，为篇二百有奇，浙大参罗公某以授阳明子某而告之曰：“是吾祖之作也。今诗文之传，皆其崇高显赫者也。吾祖隐于草野，其所存要无愧于古人，然世未有知之者，而所为诗文又皆沦落止是，某将梓而传焉。惧人之以我为僭也，吾子以为奚若?”某曰：“无伤也。孝子仁孙之于其父祖，虽其服玩嗜好之微，犹将谨守而弗忍废，况乎诗文，其精神心术之所寓，有足以发闻于后者哉！夫先祖有美而弗传，是弗仁也，夫孰得而议之！盖昔者夫子之取于诗也，非必其皆有闻于天下，彰彰然明著者而后取之。《沧浪之歌》采之孺子，《萍实》之谣得诸儿童，夫固若是其宽博也。然至于今，其传者不过数语而止，则亦岂必其多之贵哉？今诗文之传则诚富矣，使有删述者而去取之，其合于道也能几？履素之作，吾诚不足以知之，顾亦岂无一言之合于道乎？夫有一言之合于道，是于其世也，亦有一言之训矣，又况其不止于是也，而又奚为其不可以传哉？吾观大参公之治吾浙，宽而不纵，仁而有勇，温文蕴籍，居然稠众之中，固疑其先必有以开之者。乃今观履素之作，而后知其所从来者之远也。世之君子，苟未知大参公之所自，吾请观于履素之作，苟未知履素之贤，吾请观于大参公之贤，无疑矣。然则是集也，固罗氏之文献系焉，其又可以无传乎哉?”大参公起拜曰：“某固将以为罗氏之书也，请遂以吾子之言序之”。

（见《王阳明全集》第3卷，

民主与建设出版社2014年版，第613—614页。）

两浙观风诗序

《两浙观风诗》者，浙之士夫为佥宪陈公而作也。古者天子巡狩而至诸侯之国，则命太师陈诗，以观民风。其后巡狩废而陈诗亡。春秋之时，列国之君大夫相与盟会问遣，犹各赋诗以言己志而相祝颂。今观风之作，盖亦祝颂意也。王者之巡狩，不独陈诗观风而已。其始至方岳之下，则望秩于山川，朝见兹土之诸侯，同律历礼乐制度衣服纳价，以观民之好恶。就见百年者而问得失，赏有功，罚有罪。盖所以布王政而兴治功，其事亦大矣哉！汉之直指、循行，唐、宋之观察、廉访、采访之属，及今之按察，虽皆谓之观风，而其实代天子以行巡狩之事。故观风，王者事也。

陈公起家名进士，自秋官郎擢佥浙臬，执操纵予夺生死荣辱之柄，而代天子观风于一方，其亦荣且重哉！吁，亦难矣！公之始至吾浙，适岁之旱，民不聊生。饥者仰而待哺，悬者呼而望解；病者呻，郁者怨；不得其平者鸣；弱者、强者、蹶者、啮者，梗而蘖者、狡而窃者，乘间投隙，沓至而环起。当是之时而公无以处之，吾见其危且殆也。赖公之才，明知神武，不震不激，抚柔摩剔，以克有济。期月之间，而饥者饱，悬者解，呻者歌，怨者乐，不平者申；蹶者起，啮者驯，蘖者顺，窃者靖；涤荡剖刷而率以无事。于是乎修废举坠，问民之疾苦而休息之，劳农劝学，以兴教化。然后上会稽，登天姥，人雁荡，陟金娥，览观江山之形胜，慨然太息！吊子胥之忠谊，礼严光之高节，希遐躅于隆庞，把流风于仿佛；固亦大丈夫得志行道之一乐哉！然公之始其忧民之忧也，亦既无所不至矣。公唯忧民之忧，是以民亦乐公之乐，而相与欢欣鼓舞以颂公德。然则今日观风之作，岂独见吾人之厚公，抑以见公之厚于吾人也。虽然，公之忧民之忧，其惠泽则既无日而可忘矣；民之乐公之乐，其爱慕亦既与日而俱深矣。以公之才器，天子其能久容于外乎？则公固有时而去也。然则其可乐者能几？而可忧者终谁任之？则夫今日观风之作，又不徒以颂公之厚于吾人，将遂因公而致望于继公者亦如公焉。则公虽去，而所以忧其民者，尚亦永有所托而因以不坠也。

（见《王阳明全集》第 3 卷，

民主与建设出版社 2014 年版，第 614—615 页。）

乡思二首

次韵　答黄舆[①]

百事支离力不禁，一官栖息病相寻。星辰魏阙江湖迥，松竹茆茨岁月深。合倚黄精消白发，由来空谷有余音。曲肱已醒浮云梦，荷蒉休疑击磬心。

独夜残灯梦未成，萧萧窗竹故园声。草深石屋鼪鼯啸，雪静空山猿鹤惊。漫有缄书招旧侣，尚牵缨冕负初情。云溪漠漠春风转，紫菌黄芝又日生。

（见束景南、查明昊辑编：《王阳明全集补编》，

上海古籍出版社 2016 年版，第 338—339 页。）

① 《王阳明全集》第 2 卷，民主与建设出版社 2014 年版，第 546—547 页所载的《冬夜偶书》，即此诗前一首，个别文字有异："一官栖息病相寻"，《全集》中为"一官栖息病相侵"，"合绮黄精消白发"，《全集》中为"欲倚黄精消白发"。《王阳明全集》第 2 卷，民主与建设出版社 2014 年版，第 552—553 页所载的《夜坐偶怀故山》，则是此诗的后一首，个别文字有异："萧萧窗竹故园声"，《全集》中为"萧萧总是故园声"，"紫菌黄芝又日生"，《全集》中为"紫菌黄花又自生"。

1503年（明孝宗弘治十六年，癸亥），32岁

本觉寺

春风吹画舫，载酒入青山。云散晴湖曲，江深绿树湾。寺晚钟韵急，松高鹤梦闲。夕阳摧暮景，老衲闭柴关。

（见束景南、查明昊辑编：《王阳明全集补编》，
上海古籍出版社2016年版，第34页。）

游牛峰寺四首

牛峰今改名浮峰

洞门春霭蔽深松，飞磴缠空转石峰。猛虎踞压如出柙，断螭蟠顶讶悬钟。金城绛阙应无处，翠壁丹书尚有踪。天下名区皆一到，此山殊不厌来重。

萦纡鸟道入云松，下数湖南百二峰。岩犬吠人时出树，山僧迎客自鸣钟。凌飙陟险真扶病，异日探奇是旧踪。欲扣灵关问丹诀，春风萝薜隔重重。

偶寻春寺入层峰，曾到浑疑是梦中。飞鸟去边悬栈道，冯夷宿处有幽宫。溪云晚度千岩雨，海月凉飘万里风。夜拥苍崖卧丹洞，山中亦自有王公。

一卧禅房隔岁心，五峰烟月听猿吟。飞湍映树悬苍玉，香粉吹香落细金。翠壁年多霜藓合，石床春尽雨花深。胜游过眼俱陈迹，珍重新题满竹林。

（见《王阳明全集》第2卷，
民主与建设出版社2014年版，第493页。）

寻春

十里湖光放小舟，谩寻春事及西畴。江鸥意到忽飞去，野老情深只自留。日暮草香含雨气，九峰晴色散溪流。吾侪是处皆行乐，何必兰亭说旧游？

（见《王阳明全集》第2卷，
民主与建设出版社2014年版，第494页。）

西湖醉中漫书

湖光潋滟晴偏好，此语相传信不诬。景中况有佳宾主，世上更无真画图。溪风欲雨吟堤树，春水新添没渚蒲。南北双峰引高兴，醉携青竹不须扶。

（见束景南：《王阳明年谱长编》一，
上海古籍出版社2017年版，第261页。）

圣水寺二首

拂袖风尘尚未能，偷闲殊觉愧山僧。杖藜终拟投三竺，裘马无劳说五陵。

长拟西湖放小舟，春山随意逐春流。烟霞只作鸥凫主，断却纷纷世上愁。

（见束景南、查明昊辑编：《王阳明全集补编》，
上海古籍出版社2016年版，第34页。）

胜果寺

深林容鸟道，古洞隐春萝。天迥闻潮早，江空得月多。冰霜丛草木，

舟楫玩风波。岩下幽栖处，时闻白石歌。

（见束景南、查明昊辑编：《王阳明全集补编》，
上海古籍出版社2016年版，第36页。）

春日宿宝界禅房赋

晴日落霞红蘸水，杖藜扶客眺西津。莺莺唤处青山晓，燕燕飞时绿野春。明月海楼高倚徧，翠峰烟寺远游频。情多谩赋诗囊锦，对镜愁添白发新。

（见束景南、查明昊辑编：《王阳明全集补编》，
上海古籍出版社2016年版，第36页。）

无题道诗

鞁龙节虎往昆仑，揾剖元机孰共论？袖里青萍三尺剑，夜深长啸出天根。天根顶上即昆仑，水满华池石鼎温。一卷《黄庭》真诀秘，不教经液走旁寸。杖挂真形五岳图，德共心迹似冰壶。春来只贯余杭湿，不问蓬莱水满无。

阳明王守仁临书。

（见束景南：《王阳明年谱长编》一，
上海古籍出版社2017年版，第264页。）

平山书院记

平山在鄞陵之北三里，今杭郡守杨君温甫蚤岁尝读书其下。鄞人之举进士者，自温甫之父佥宪公始，而温甫承之。温甫既贵，建以为书院。曰："使吾乡之秀与吾杨氏之子弟诵读其间，翘翘焉相继而兴，以无亡吾先君之泽。"于是其乡多文士，而温甫之子晋，复学成有器识，将绍温甫

而起。盖书院为有力焉。温甫始为秋官郎，予时实为僚佐，相怀甚得也。温甫时时为予言："平山之胜，耸秀奇特，比于峨嵋。望之岩厉壁削，若无所容，而其上乃宽衍平博。有老氏宫焉，殿阁魁杰伟丽，闻于天下。俯览大江，烟云杳霭。暇辄从朋侪往游，其间鸣湍绝壑，拂云千仞之木，阴翳亏蔽。书院当其麓，其高可以眺，其邃可以隐，其芳可以采，其清可以濯，其幽可以栖。吾因而望之以'含远'之楼，蛰之以'寒香'之坞，揭之以'秋芳'之亭，澄之以'洗月'之池，息之以'栖云'之窝。四时交变，风雪晦暝之朝，花月澄芬之夕，光景超忽，千态万状。而吾诵读于其间，盖冥然与世相忘，若将终身焉，而不知其他也。今吾汩没于簿书案牍，思平山之胜，而庶几梦寐焉，何可得耶！"

既而某以病告归阳明，温甫寻亦出守杭郡。钱塘波涛之汹怪，西湖山水之秀丽，天下之言名胜者无过焉。噫！温甫之居是地，当无憾于平山耳矣。今年与温甫相见于杭，而亹亹于平山者犹昔也。吁，亦异矣！岂其沉溺于兹山，果有不能忘情也哉？温甫好学不倦，其为文章，追古人而并之。方其读书于平山也，优游自得，固将发为事业以显于世。及其施诸政事，沛然有余矣，则又益思致力于问学，而其间又自有不暇者。则其眷恋于兹山也，有以哉！温甫既已成己，则不能忘于成物，而建为书院以倡其乡人。处行义之时，则不能忘其隐居之地，而拳拳于求其志者无穷已也。古人有言："成己，仁也；成物，知也。"温甫其仁且知者欤！又曰："隐居以求其志，行义以达其道。吾闻其语矣，未见其人也。"温甫殆其人也，非欤？

温甫属予记，予未尝一至平山，而平山岩岩之气象，斩然壁立而不可犯者，固可想而知，其不异于温甫之为人也。以温甫之语予者记之。

（见《王阳明全集》第 3 卷，
民主与建设出版社 2014 年版，第 651—652 页。）

廷玺公像赞

公讳文玘，字廷玺，号契兰，继业诗书，暗诵即能记忆，少壮入胶庠，赴北闱不售，以明经入礼部试第一，授经历司，升湖广郴州同知。皇帝勑曰：国家设军卫以安民，虽专武职，置幕官以领务，则用文资，寓意实深，任人宜慎。尔大宁前卫经历司经历鲁玘，发身才俊，列职幕僚，综理惟勤，操持罔懈，既书最考，宜示褒恩。兹特进尔阶征仕郎，锡之勑命。夫官不计崇卑，必求其称；事无分难易，务底于成。勉图进修，以俟甄擢，钦哉。弘治十六年五月十五日颁下。

赞曰：而质昭昭，聪明敏慧；而行踽踽，廉隅砥砺；而学渊渊，莫知根蒂；而才翘翘，雅工文艺；而治优优，下民所庇；而后绳绳，弓冶世济。

赐进士及第南京兵部尚书参赞机务兼都察院左都御史王守仁顿首题。

（见钱明编校，吴光覆校：《王阳明全集》新编本第 5 册，

浙江古籍出版社 2011 年版，第 1765 页。）

西湖醉中漫书二首

十年尘海劳魂梦，此日重来眼倍清。好景恨无苏老笔，乞归徒有贺公情。白凫飞处青林晚，翠壁明边返照晴。烂醉湖云宿湖寺，不知山月堕江城。

掩映红妆莫谩猜，隔林知是藕花开。共君醉卧不须到，自有香风拂面来。

（见《王阳明全集》第 2 卷，

民主与建设出版社 2014 年版，第 495 页。）

西湖

灵鹫高林暑气清，天竺石壁雨痕晴。客来湖上逢云起，僧住峰头话月

明。世路久知难直道，此身那得尚虚名！移家早定孤山计，种果支茅却易成。

（见束景南：《王阳明年谱长编》一，
上海古籍出版社 2017 年版，第 268 页。）

山中立秋日偶书

风吹蝉声乱，林卧惊新秋。山池静澄碧，暑气亦已收。青峰出白云，突兀成琼楼。袒裼坐溪石，对之心悠悠。倏忽无定态，变化不可求。浩然发长啸，忽起双白鸥。

（见束景南：《王阳明年谱长编》一，
上海古籍出版社 2017 年版，第 269 页。）

无题

江上月明看不彻，山窗夜半只须开。万松深处无人到，千里空中有鹤来。受此幽居真结托，怜予游迹尚风埃。年来病马秋尤瘦，不向黄金高筑台。

（见束景南、查明昊辑编：《王阳明全集补编》，
上海古籍出版社 2016 年版，第 36 页。）

夜归

夜深归来月正中，满身香带桂花风。流萤数点楼台外，孤雁一声天地空。沽酒唤回茅店梦，狂歌惊起石潭龙。倚栏试看青锋剑，万丈寒光透九重。

（见束景南、查明昊辑编：《王阳明全集补编》，

上海古籍出版社 2016 年版，第 37 页。）

无题诗

青山晴壑小茆檐，明月秋窥细升帘。折得荷花红欲语，净香深处续《华严》。

（见束景南、查明昊辑编：《王阳明全集补编》，
上海古籍出版社 2016 年版，第 37 页。）

夜雨山翁家偶书

山空秋夜静，月明松桧凉。沿溪步月色，溪影摇空苍。山翁隔水语，酒熟呼我尝。褰衣涉溪去，笑引开竹房。

谦言值暮夜，盘餐百无将。露华明橘柚，摘献冰盘香。洗盏对酬酢，浩歌入苍茫。醉拂岩石卧，言归遂相忘。

（见《王阳明全集》第 2 卷，
民主与建设出版社 2014 年版，第 494 页。）

次韵毕方伯写怀之作

孔颜心迹皋夔业，落落乾坤无古今。公自平王怀真气，谁能晚节负初心？猎情老去惊犹在，此乐年来不费寻。矮屋低头真局促，且从峰顶一高吟。

（见束景南：《王阳明年谱长编》一，
上海古籍出版社 2017 年版，第 278 页。）

游牛峰寺又四绝句

翠壁看无厌，山池坐益清。深林落轻叶，不道是秋声。

怪石有千窟，老松多半枝。清风洒岩洞，是我再来时。

人间酷暑避不得，清风都在深山中。池边一坐即三日，忽见岩头碧树红。

两到浮峰兴转剧，醉眠三日不知还。眼前风景色色异，惟有人声似世间。

（见束景南：《王阳明年谱长编》一，
上海古籍出版社 2017 年版，第 279 页。）

曹林庵

好山兼在水云间，如此湖须如此山。素有卜居阳羡兴，此身争是未能闲。

（见束景南、查明昊辑编：《王阳明全集补编》，
上海古籍出版社 2016 年版，第 35 页。）

觉苑寺

独寺澄江滨，双刹青汉表。揽衣试登陟，深林宿惊鸟。老僧丘壑癯，古颜冰雪好。霏霏出幽谈，落落见孤抱。雨霁江气收，天虚月色皓。夜静卧禅关，吾笔梦生草。

（见束景南、查明昊辑编：《王阳明全集补编》，
上海古籍出版社 2016 年版，第 35 页。）

半江先生文集叙

先生与家君龙山先生为同年进士，故守仁辱通家之爱，亦以是为知先生矣。其后告病归阳明，先生方董学，以校士于越。邀宿行台间，得窥其诗稿，皆重复删改，或通篇无遗字。取其傍校士卷翻之，尽卷皆批窜点抹。以为此偶其所属意，则乱抽十数卷，无不然。又见一小册，履历所至，山川风俗，道途之所闻，经史之所疑，无不备录。闻其侍童云："公暇即拂案展帙，焚香静对，或检书已夜分，犹整衿默坐，良久始就卧。"然后知先生平日之所养若是其深，虽于政务猥琐之末，亦皆用心精密若此也。

（见束景南：《王阳明年谱长编》一，

上海古籍出版社 2017 年版，第 282—283 页。）

陈处士墓志铭

〈节选〉

铭曰：嗟惟处士，敦朴厚坚，犹玉在璞，其辉熠然。秉义揭仁，乡之司直。邈矣太丘，其孙孔式。胡溘而逝！其人则亡，德音孔迩。乡人相告，毋或而弛，无宁处士，愧其孙子。回龙之冈，其郁有苍，毋尔刍伐，处士所藏。

（见《王阳明全集》第 3 卷，

民主与建设出版社 2014 年版，第 680 页。）

平乐同知尹公墓志铭

〈节选〉

铭曰：赫赫尹氏，望于宗周，源洙比颍，焞畅厥休。自洛徂越，公启其暗，君子之泽，十世未斩。笃敬忠信，蛮貊以行；一言之烈，雄于九军。岂惟威仪，式其党里；岂惟友睦，笃其昆弟。彼保之阳，维石岩岩，尹公之墓，今人所瞻。

（见《王阳明全集》第3卷，

民主与建设出版社2014年版，第681—682页。）

南镇祷雨文

惟神秉灵毓秀，作镇于南，实与五岳分服而治。维是扬州之域，咸赖神休，以生以养。凡其疾疫灾眚之不时，雨旸寒暑之弗若，无有远近，莫不引颈企足，惟神是望。怨有归，功有底，神固不得而辞也。而况绍兴一郡，又神之宫墙辇毂之下乎？谓宜风雨节而寒暑当，民无疾而五谷昌，特先诸郡以沾神惠。而乃入夏以来，亢阳为虐，连月弗雨，泉源告竭，黍苗荐槁，岁且不登，民将无食。农夫相与咨于野，商贾相与憾于市，行旅相与怨于途，守土之官帅其吏民奔走呼号。维是祈祷告请，亦无不至矣。而犹雨泽未应，旱烈益张，是岂吏之不职而贪墨者众欤？赋敛繁刻而狱讼冤滞欤？祀典有弗修欤？民怨有弗平欤？夫是数者，皆吏之谪，而民何咎之有？夫怒吏之不臧，而移其谪于民，又知神之所不忍也。不然，岂民之冥顽妄作者众，将奢淫暴殄以怒神威，神将罚而惩之欤？夫薄罚以示戒，神之威灵亦即彰矣。百姓震惧忧惶，请罪无所，遂弃而绝之，使无噍类，神之慈仁固应不为若是之甚也！夫民之所赖者神，神之食于兹土，亦非一日矣。今民不得已有求于神，而神无以应之，然则民将何恃？而神亦何以信于民乎？

某生长兹土，犹乡之人也。乡之人以某尝读书学道，缪以为是乡人之杰者，其有得于山川之秀为多，藉之以为吾愚民之不能自达者，通诚于山川之神，其宜有感。夫某非其人也，而冒有其名，人而冒以其名加我，我既不得而辞矣，又何敢独辞其责耶？是以冒昧辄为之请，固知明神亦有所不得而辞也。谨告。

（见《王阳明全集》第3卷，

民主与建设出版社2014年版，第696—697页。）

四皓论

果于隐者，必不出；谓隐而出焉，必其非隐者也。夫隐者为高，则茫然其不返，避世之士，岂屑屑于辞礼之殷勤哉？且知远辱以终身，则必待道而后出，出者既轻，成者又小，举其生平而尽弃之，明哲之士，殆不如此。况斯世君臣之间，一以巧诈相御，子房之计，能保其信然乎？四皓之来，能知其非子房之所为乎？羽翼太子，真四皓也，亦乌足为四皓哉！昔百里奚有自鬻之诬，而其事无可辨者，故孟子以去虞之智辨之。今四皓羽翼之事，而其迹无可稽者，独不可以去汉之智辨之乎？夫汉高草昧之初，群英立功之日也。富贵功名之士，皆忘其洗足骑项之辱，犬豕依人，资其哺啜之余，不计其叱咤之声也。然众人皆愚，而四皓独智；众人皆污，而四皓独清。鹰隼高飞于云汉，虎豹长啸于山林，其颉颃飞腾之气，岂人之所能近哉！智者立身，必保终始；节者自守，死当益锐。四皓世事功名谢之久矣，岂有智于前，而愚于后，决于中年知几之日，而昧于老成练达之时乎？且夫隐见不同，二道而已，固持者则轻瓢洗耳之巢、由，达时者则莘野、南阳之贤士。四皓之隐，其为巢、由乎？抑为伊、葛乎？将为巢、由乎？必终身不出矣；将为伊、葛乎？必三聘而后起矣。一使之呼，承命不暇，上不足以拟莘野之重，中不能为巢、由之高，而下为希利无耻之行。以四皓而为今日之为，则必无前日之智；有前日之智，则必无今日之为。况辞礼之使，主之者吕氏淫后，使之者吕氏奸人，特假太子虚名以致之，此尤其汗颜不屑者也。其言曰："陛下轻士嫚骂，臣等义不辱。今太子仁孝爱士，天下莫不愿为太子死。"斯言诚出四皓之口，则嫚骂之君犹存也，四皓胡为而来也哉？若果为太子仁孝而出，则必事之终身也，四皓胡为而去也哉？夫山林之乐，四皓固甘心快意，傲尘俗之奔走，笑斯人之自贱矣，乃肯以白首残年驱趋道路，为人定一传位之子，而身履乎已甚之恶者乎？鲁有两生，商山有四皓，同世同志者也，两生不行，吾意四皓亦不出也。盖实大者，声必宏；守大者，用必远。两生之不仕汉，其志盖不在小；四皓以四十年遁世之人，一旦欣然听命，则天下亦相与骇异，期有非常之事业矣，以一定太子而出，以一定太子而归，寂寂乎且将何以答天下之望，绝史传之诋议邪？然则四皓果不至乎？羽翼果何人乎？曰：有之，而恐非真四皓也，乃子房为之也。夫四皓遁世已久，形容状貌人皆不识之矣，故子房与吕泽劫计之时，阴与筹度，取他人之须眉皓白者，伟其衣冠，以诬乎高帝，此又不可知也。良、平之属，平昔所携以事君者，何莫而非奇功巧计，彼岂顾其欺君之罪哉？况是时高帝之惑已深，吕氏之情又急，何以明其计之不出此也？天下之事，成于宽裕者常公，出于锐计者常诈，用诈而为之劫者，此又子房用计之挟也。其曰“天下莫不愿为太子死。”是良以挟高帝者也。其即偶语之时，挟以谋反之言之意乎？大抵四皓与汉本无休戚，谚曰：“绮季皓首以逃嬴。”则自秦时已遁去，其名固未尝入汉家之版籍也。视太子之易否，越人之肥瘠也，亦何恩何德而听命之不暇也？且商山既为遯世之地，其去中国甚远也，一使才遣，四皓即至，未必如此往来之速；况建本之谋，固非远人所主之议，而趋出之后，又无拂袂归山之迹乎？噫！以四皓之智，则必不至；以子房之计，又未信然也。但斯说虽先儒已言，而逆诈非君子之事，自汉至此，千四百年，作汉史者已不能为之别白，则后生小子安敢造此事端乎？昔曹操将死，言及分香卖履之微，独不及禅后之事，而司马公有以识其贻罪于子之言于千载之下，则事固有惑于一时之见，而不足以逃万世之推测者矣，是斯说也，亦未必无取也。否则，四皓之不屈者，亦终与无耻诸人一律耳，天下尚何足高，后世尚何足取哉！（四皓羽翼太子，事非可疑，亦无可罪也。若其负可疑之诬，受可罪之责，九泉之下，将不瞑目矣。故敢以一隙之见，求正于明达君子。）

（见束景南：《王阳明年谱长编》一，
上海古籍出版社 2017 年版，第 295—297 页。）

1504年（明孝宗弘治十七年，甲子），33岁

姑苏吴氏海天楼次邝尹韵

晴雪吹寒春事浓，江楼三月尚残冬。青山暗逐回廊转，碧海真成捷径通。风暖檐牙双燕剧，云深帘幕万花重。倚阑天北疑回首，想象丹梯下六龙。

（见束景南：《王阳明年谱长编》一，
上海古籍出版社2017年版，第299页。）

石门晚泊

风雨石门晚，停舟问旧游。烂花春欲尽，惆怅绕溪头。

（见束景南、查明昊辑编：《王阳明全集补编》，
上海古籍出版社2016年版，第39页。）

别友诗

千里来游小洞天，春风无计挽归船。柳花缭乱飞寒白，何异山阴雪后天。

□年来访予阳明洞天，其归也，赋首尾韵，以见别意。弘治甲子四月朔，阳明山人王守仁书。

（见束景南、查明昊辑编：《王阳明全集补编》，
上海古籍出版社2016年版，第39页。）

若耶溪送友诗

若耶溪上雨初歇，若耶溪边船欲发。杨枝袅袅风乍晴，杨花漫漫如

雪白。湖山满眼不可将，画手凭谁写清绝？金樽绿酒照玄发，送君题作沙头别。长风破浪下吴越，飞帆夜渡钱塘月。遥指扶桑向溟渤，翠水金城见丹阙。绛气扶疏藏兀突，中有清虚广寒窟。冷光莹射精魂慑，云楼万丈凌风蹑。玉宫桂树秋正馥，最上高枝堪手折。携向彤墀献天子，金匮琅函贮芳烈。

内兄诸用冕惟奇，负艺，不平于公道者久矣。今年将赴南都试，予别之耶溪之上，固知其高捷北辕，不久当会于都下，然而缱绻之情自有不容已也。越山农邹鲁英为写耶溪别意，予因诗以送之，属冗不及长歌。俟其对榻垣南草堂，尚当为君和《鹿鸣》之歌也。弘治甲子又四月望，阳明山人王守仁书于西清轩。垣南草堂，予都下寓舍也。

（见束景南、查明昊辑编：《王阳明全集补编》，上海古籍出版社 2016 年版，第 40 页。）

《若耶溪送友诗》手迹

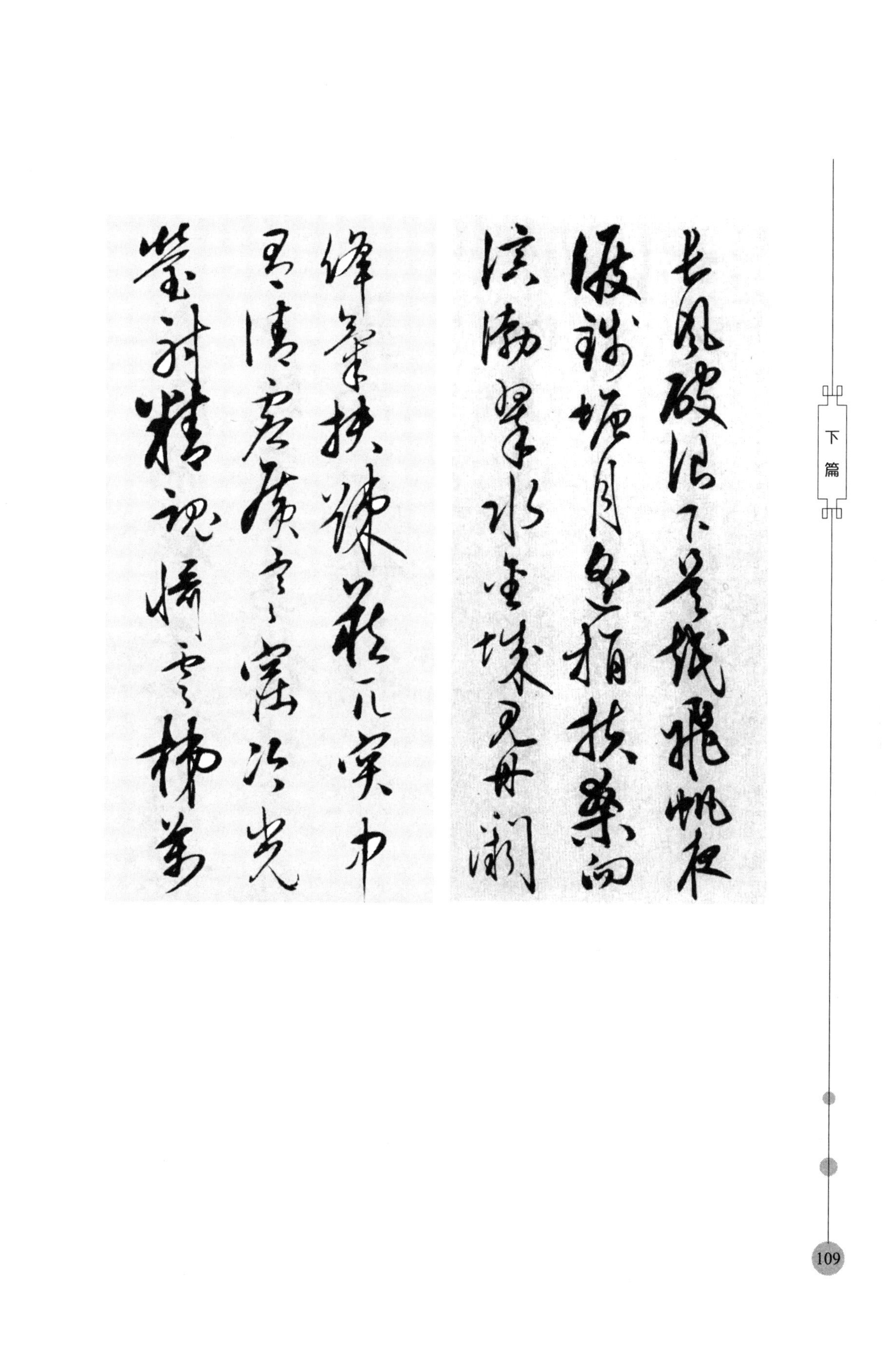

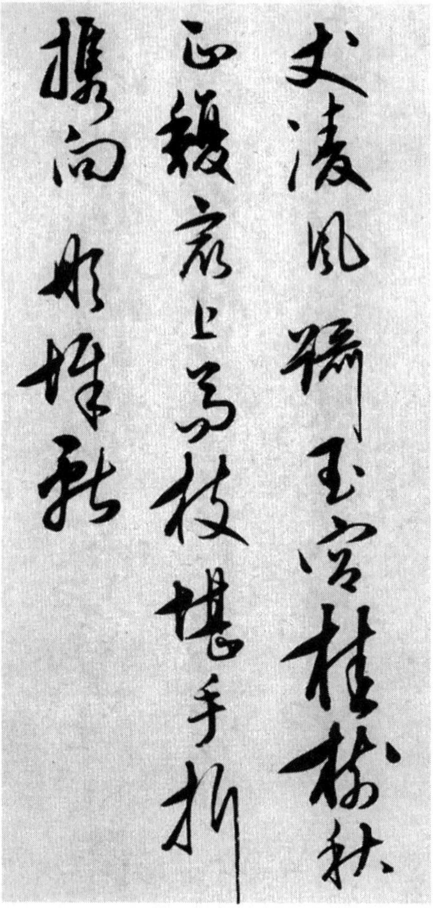

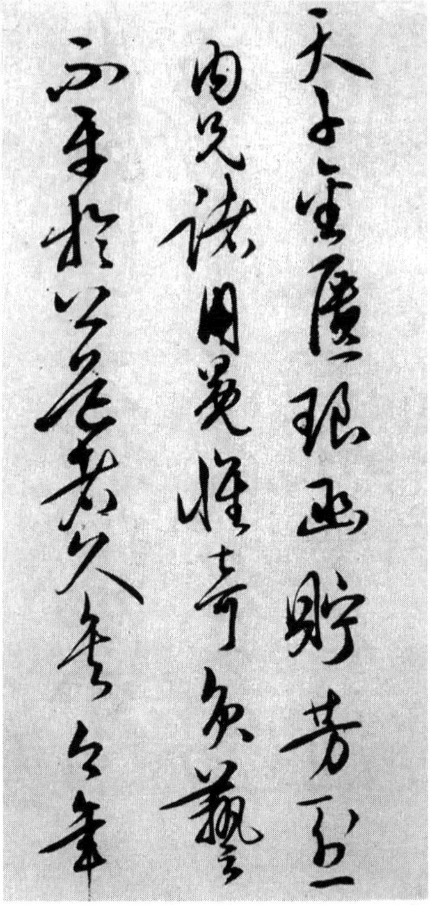

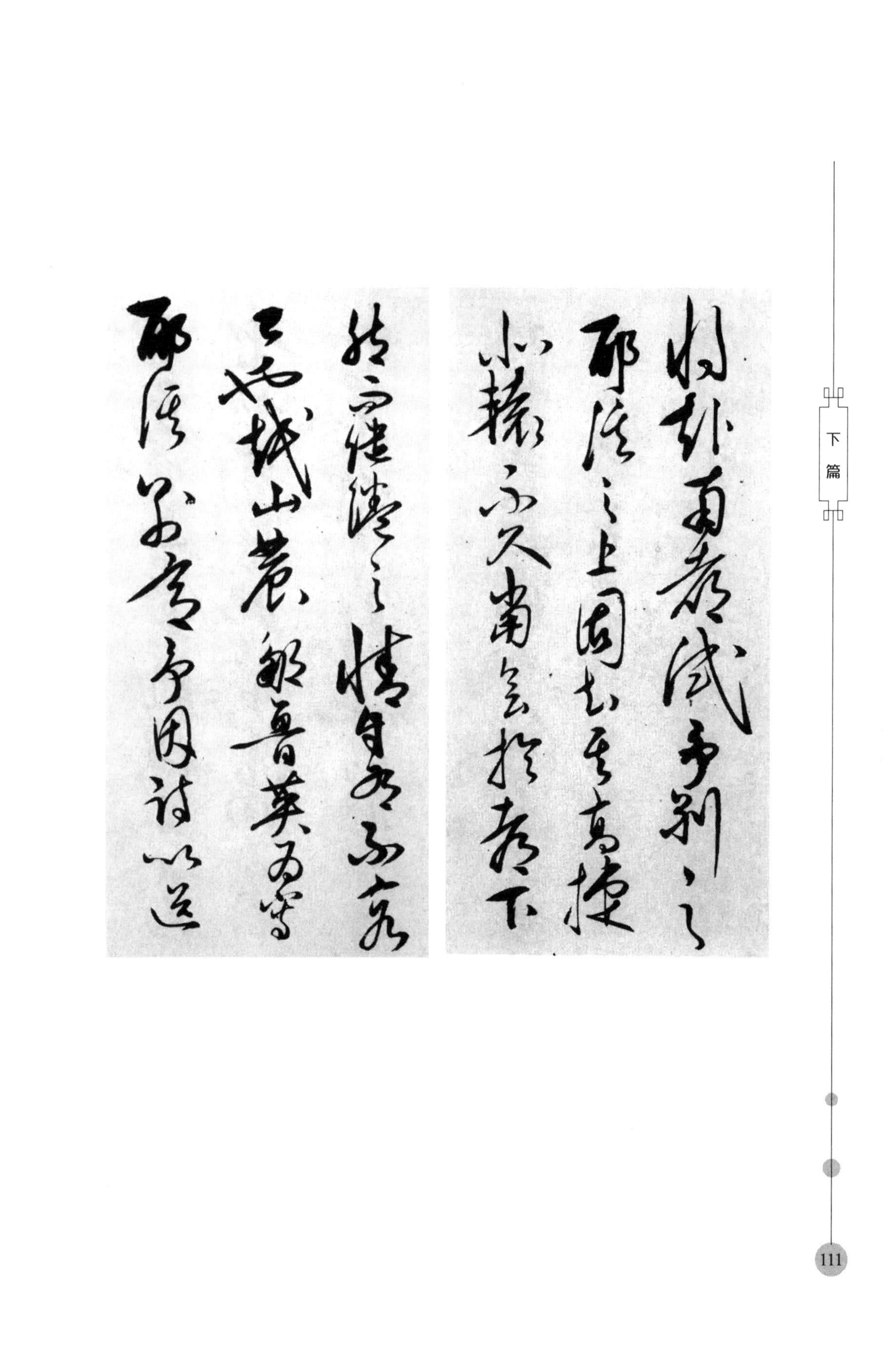

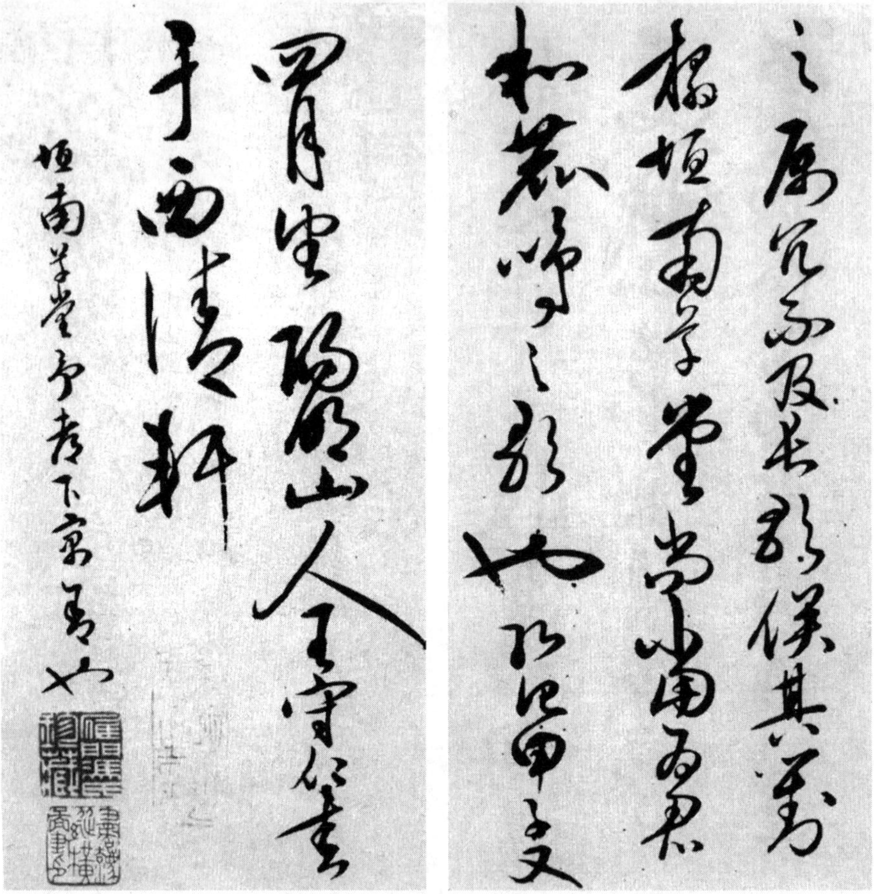

（见束景南：《王阳明年谱长编》一，

上海古籍出版社 2017 年版，卷首 2—3 页。）

钱德洪《阳明先生年谱》：巡按山东监察御史陆偁聘主乡试，试录皆出先生手笔。其策问议国朝礼乐之制：老、佛害道，由于圣学不明；纲纪不振，由于名器太滥。用人太急，求效太速。及分封、清戎、御夷、息讼，皆有成法。录出，人占先生经世之学。

（见《王阳明全集》第4卷，年谱一，
民主与建设出版社2014年版，第891页。）

邹守益《王阳明先生图谱》：夏，山东聘主考试，梓文咸出先生手笔，展胸中素蕴，一洗陈言虚套之习。五策举可措诸用，海内传以为式。

《王文成公全书》（隆庆二年刊本）卷三十一下山东乡试录。[①]

（见束景南：《王阳明年谱长编》一，
上海古籍出版社2017年版，第302页。）

君子慎其所以与人者

君子之所谨者，交接之道也。夫君子之与人交接，必有其道矣，于此而不谨，乌能以无失哉！记礼器者，其旨若曰："观礼乐而知夫治乱之由。"故君子必慎夫交接之具。君子之与人交接也，不有礼乎？而礼岂必玉帛之交错？凡事得其序者皆是也。礼之得失，人之得失所由见，是礼在所当慎矣。不有乐乎？而乐岂必钟鼓之铿锵？凡物得其和者皆是也，乐之邪正，人之邪正所从著，是乐在所当慎矣。君子于和序之德，固尝慎之于

① 此山东乡试录，收文20篇，实是出自阳明手笔的主考山东乡试所做的程文范本，《四部丛刊·王文成公全书》（隆庆二年刊本）卷三十一下《山东乡试录》，并未列入附录。详见束景南在《王阳明年谱长编》（上海古籍出版社2017年版，第302—304页）中的考辨。

幽独之地，而于接人之际，又和序之德所从见也，其能以无慎乎？君子于礼乐之道，固尝谨之于制作之大，而于与人之时，亦礼乐之道所由寓也，其可以不谨乎？故其与人交接也，一举动之微，若可忽矣，而必兢兢焉常致其检束，务有以比于礼而比于乐；其与人酬酢也，一语默之细，若可易矣，而必业业焉恒存夫戒谨，务有以得其序而得其和。所与者乡邦之贱士，而其笑语卒获，肃然大宾，是接也，况其所与之尊贵乎？所对者闾阎之匹夫，而其威仪卒度，严乎大祭，是承也，况其所对之严惮乎？君子之慎其所以与人者如此，此其所以动容周旋，必中夫礼乐，而无失色于人也欤！抑论礼乐者，与人交接之具；慎独者，与人交接之本也。君子戒慎于不睹不闻，省察于莫见莫显，使其存于中者，无非中正和乐之道，故其接于物者，自无过与不及之差。昔之君子，乃有朝会聘享之时，至于失礼而不自觉者，由其无慎独之功，是以阳欲掩之，而卒不可掩焉耳。故君子而欲慎其所以与人，必先慎独而后可。

（见《王阳明全集》第3卷，
民主与建设出版社2014年版，第624—625页。）

人君之心惟在所养

人君之心，顾其所以养之者何如耳？养之以善，则进于高明，而心日以智；养之以恶，则流于污下，而心日以愚。故夫人君之所以养其心者，不可以不慎也。天下之物，未有不得其养而能生者，虽草木之微，亦必有雨露之滋，寒暖之剂，而后得以遂其畅茂条达。而况于人君之心，天地民物之主也，礼乐刑政教化之所自出也，非至公无以绝天下之私，非至正无以息天下之邪，非至善无以化天下之恶。而非其心之智焉，则又无以察其公私之异，识其邪正之归，辩其善恶之分。而君心之智否，则固系于其所以养之者也，而可以不慎乎哉？君心之智，在于君子之养之以善也；君心之愚，在于小人之养之以恶也。然而君子小人之分，亦难乎其为辩矣。“人心惟危，道心惟微”，尧、舜之相授受而所以丁宁反覆者，亦维以是；则夫人君之心，亦难乎其为养矣。而人君一身，所以投间抵隙而攻之者，环于四面，则夫君心之养，固又难乎其无间矣。是故必有匡直辅翼之道，而后能以养其心；必有洞察机微之明，而后能以养其心；必有笃确精专之诚，而后能以养其心。斯固公私之所由异，邪正之所从分，善恶之所自判，而君心智愚之关也。世之人君，孰不欲其心之公乎？然而每失之于邪也；孰不欲其心之善乎？然而每失之于恶也。是何也？无君子之养也。养之以君子，而不能不间之以小人也，则亦无惑乎其心之不智矣。昔者太甲颠覆典刑，而卒能处仁迁义，为有商之令主，则以有伊尹之圣以养之；成王孺子襁褓，而卒能只勤于德，为成周之盛王，则以有周公之圣以养之。桀、纣之心，夫岂不知仁义之为美，而卒不免于荒淫败度，则其所以养之者，恶来、飞帘之徒也。呜呼！是亦可以知所养矣。人虽至愚也，亦宁无善心之萌？虽其贤智也，亦宁无恶心之萌？于其善心之萌也，而有贤人君子扩充培植于其间，则善将无所不至，而心日以智矣；于其恶心之萌也，而有小夫憸人引诱逢迎于其侧，则恶亦无所不至，而心日以愚矣。故夫人君而不欲其心之智焉，斯已矣；苟欲其心之智，则贤人君子之养，固不可一日而缺也。何则？人君之心，不公则私，不正则邪，不善则恶，不贤人君子之是与，则小夫憸人之是狎，固未有漠然中立而两无所在者。一失其所养，则流于私，而心之智荡矣；入于邪，而心之智惑矣；溺于恶，而心之智亡矣。而何能免于庸患之归乎？夫惟有贤人君子以为之养，则义理之学，足以克其私心也；刚大之气，足以消其邪心也；正直之论，足以去其恶心也。扩其公而使之日益大，扶其正而使之日益强，作其善而使之日益新，夫是之谓匡直辅翼之道，而所以养其心者有所赖。然而柔媚者近于纯良，而凶憸者类于刚直，故士有正而见斥，人有憸而获进，而卒无以得其匡直辅翼之资，于是乎慎择而明辨，必使居于前后左右者无非贤人君子，而不得有所混淆于其间，夫是之谓洞察几微之明，而所以养其心者无所惑。然而梗直者难从，而谄谀者易入也；拂忤者难合，而阿顺者易亲也；则是君子之养未几，而小人之养已随；养之以善者方退，而养之以恶者已入。故夫人君之于贤士君子，必信之笃，而小人不得以间；任之专，而邪佞不得以阻。并心悉虑，惟匡直辅翼之是资焉，夫是之谓笃确专一之诚。而所以养其心者，不至于有鸿鹄之分，不至于有一暴十寒之间，夫然后起居动息，无非贤士君子之与处，而所谓养之以善矣。夫然后私者克而心无不公矣，邪者消而心无不正矣，恶者去而心无不善矣。公则无不明，正则无不达，善则无不通，而心无不智矣。夫然后可以绝天下之私，可以息天下之邪，可以化天下之恶，可以兴礼乐，修教化，而为天地民物之主矣。而此何莫而不在于其所养邪！何莫而不在于养之以善邪！人君之心，惟在所养，范氏之说，盖谓养君心者言也，而愚之论，则以为非人君有洞察之明、专一之诚，则虽有贤士君子之善养，亦无从而效之，而犹未及于人君之所以自养也。然必人君自养其心，而后能有洞察之明，专一之诚以资夫人。而其所以自养者，固非他人之所能与矣，使其勉强于大庭昭晰之时，有放纵于幽独得肆之地，则虽有贤人君子，终亦无如之何者，是以人君尤贵于自养也。若夫自养之功，则惟在于存养省察，而其要又不外乎持敬而已。愚也请以是为今日献。

（见《王阳明全集》第 3 卷，

民主与建设出版社 2014 年版，第 625—627 页。）

策五道

〈节选〉

问：王者功成作乐，治定制礼，故功大者乐备，治遍者礼具，而五帝不沿乐，三王不袭礼也。自汉而下，礼乐日衰，既不能祖述宪章，以复三代之旧制，则亦不过苟且因循，以承近世之陋习而已。盖有位无德，固宜其然也。惟我太祖、太宗，以圣人在天子之位，故其制作之隆，卓然千古，诚有不相沿袭者，独其广大渊微，有非世儒所能测识耳。夫合九庙而同堂，其有仿于古乎？一郊社而并祭，其有见于经乎？声容之为备，而郊祭之舞，去干戚以为容；雅颂之为美，而燕享之乐，属教坊以司颂。是皆三代所未闻而创为之者。然而治化之隆，超然于三代之上，则其间固宜自有考诸三王而不谬者，而非圣人其孰能知之？夫鲁，吾夫子之乡，而先王之礼乐在焉。夫子之言曰："吾学周礼，今用之，吾从周。"斯固鲁人之所世守也。诸士子必能明言之。

圣人之制礼乐，非直为观美而已也；固将因人情以为之节文，而因以移风易俗也。夫礼乐之说，亦多端矣，而其大意，不过因人情以为之节文。是以礼乐之制，虽有古今之异，而礼乐之情，则无古今之殊。《传》曰："知礼乐之情者能作，识礼乐之文者能述。作者之谓圣，述者之谓明。故夫钟鼓管磬、羽籥干戚者，乐之器也；屈伸俯仰、缀兆舒疾者，乐之文也；簠簋俎豆、制度文章者，礼之器也；升降上下、周旋裼袭者，礼之文也。"夫所谓礼乐之情者，岂徒在于钟鼓、干戚、簠簋、制度之间而已邪？岂徒在于屈伸、缀兆、升降、周旋之间而已邪？后世之言礼乐者，不本其情，而致详于形器之末，是以论明堂，则惑于吕氏《考工》之说；议郊庙，而局于郑氏、王肃之学。钟吕纷争于秬黍，而尺度牵泥于周天，纷纷藉藉，卒无一定之见，而礼乐亦因愈以废坠。是岂知礼乐之大端，不过因人情而为之节文者乎？《传》曰："礼也者，义之实也，协诸义而协则礼，虽先王未之有，可以义起也。"孟子曰："今之乐，犹古之乐也"今夫行礼于此，而有以即夫人心之安焉，作乐于此，而使闻之者欣欣然有喜色焉，则虽义起之礼，世俗之乐，其亦何异于古乎？使夫行礼于此，而有以大拂乎人之情，作乐于此，而闻之者疾首蹙额而相告也，则虽折旋周礼，而戛击《咸》《韶》，其亦何补于治乎？即是说而充之，则执事之所以下询者，虽九庙异制可也，合而同堂亦可也，郊社异地可也，一而并祭亦可也。

（见《王阳明全集》第 3 卷，
民主与建设出版社 2014 年版，第 628—629 页。）

天下之患，莫大于风俗之颓靡而不觉。夫风俗之颓靡而不觉也，譬之潦水之赴壑，浸淫泛滥，其始若无所患，而既其末也，奔驰溃决，忽焉不终朝而就竭。是以甲兵虽强，土地虽广，财赋虽盛，边境虽宁，而天下之治，终不可为，则风俗之颓靡，实有以致之。古之善治天下者，未尝不以风俗为首务，武王胜殷，未及下车，而封黄帝、尧、舜之后。下车而封王子比干之墓，释箕子之囚，式商容之闾。当是时也，拯溺救焚之政，未暇悉布，而先汲汲于为是者，诚以天下风俗之所关，而将以作兴其笃厚忠贞之气也。故周之富强不如秦，广大不如汉，而延世至于八百年者，岂非风俗之美致然欤！今天下之风俗，则诚有可虑者，而莫能明言之，何者？西汉之末，其风俗失之懦；东汉之末，其风俗失之激。晋失之虚，唐失之靡，是皆有可言者也。若夫今之风俗，谓之懦，则复类于悍也；谓之激，则复类于同也；谓之虚，则复类于琐也；谓之靡，则复类于鄙也。是皆有可虑之实，而无可状之名者也。生固亦有见焉，而又有所未敢言也。

（见《王阳明全集》第 3 卷，
民主与建设出版社 2014 年版，第 634 页。）

不遑启居玁狁之故[①]

戍者自言劳之未息，由患之未息也。夫玁狁之患，不可以不备，则戍役之劳，自有所不免矣。王者于遣戍之时，而代为之言若此，所谓“叙其情而风之以义”者欤！此诗之意，盖谓人固有不能忘之情，然亦有不容已

① “不遑启居，玁狁之故”，见《诗经 · 小雅》之《采薇》。

之义。彼休息之乐，吾岂独无其情乎？启居之安，吾宁独无其念乎？诚以王命出戍，则此身既已属之军旅，而势不容于自便耳，是以局促行伍之间，奔走风尘之下。师出以律，而号令之严其敢违？军法有常，而更代之期何敢后？则吾虽有休息之情，而固所不暇矣；虽怀启居之念，而亦所不遑矣。然此岂上人之故欲困我乎？岂吾君之必欲劳我乎？诚以玁狁猾夏，则是举本以卫夫生灵，而义不容于自已耳。彼其侵扰疆场之患虽亦靡常，而凭陵中国之心实不可长。使或得肆猖獗，则腥膻之忧，岂独在于廊庙？如其乘间窃发，则涂炭之苦，遂将及于吾民。是我之不遑休息者，无非保乂室家，而玁狁之是备也；我之不暇启居者，无非靖安中国，而外寇之是防也。吁！叙其勤苦悲伤之情，而风以敌忾勤王之义，周王以是而遣戍役，此其所以劳而不怨也欤！大抵人君之为国，好战则亡，忘战则危，故用兵虽非先王之得已，而即戎之训亦有所不敢后也。观此诗之遣戍，不独以见周王重于役民，悯恻哀怜不容已之至情，而亦可以见周之防御玁狁于平日者，盖亦无所不至。故玁狁之在三代，终不得以大肆其荼毒。后世无事则懈弛，有事则张皇，戎之不靖也，有由然哉！

（见《王阳明全集》第3卷，

民主与建设出版社2014年版，第621—622页。）

孔曼且硕万民是若①

新庙制以顺人心，诗人之颂鲁侯也。夫人君之举动，当以民心为心也，鲁侯修庙而有以顺乎民焉，诗人得不颂而美之乎？鲁人美僖公之修庙而作是诗及此，谓夫我公之修庙也，材木尽来、甫之良，经画殚奚斯之虑。意以卑宫之俭，可以自奉，而非致孝乎鬼神，则新庙之作，虽甚曼

① “孔曼且硕，万民是若”，见《诗经·鲁颂》之《閟宫》。

焉，亦所宜矣。茅茨之陋，可以自处，而非敬事其先祖，则新庙之修，虽甚硕焉，亦非过矣。是以向之卑者，今焉增之使高，而体制极其巍峨，盖斯革斯飞，孔曼而长也；向之隘者，今焉拓之使广，而规模极其弘远，盖闲如奕如，且硕而大也。然庙制之极美者，岂独以竭我公之孝思？实所以从万民之仰望。盖以周公皇祖，德洽下民，而庙之弗称，固其所愿改作也，今之孔曼，亦惟民之所欲是从耳。泽流后世，而庙之弗缉，固其所愿修治也。今之孔硕，亦惟吾民之所愿是顺耳。是以向之有憾于弗称者，今皆翕然而快睹，莫不以为庙之曼者宜也，非过也；向之致怨于弗缉者，今皆欣然而满望，莫不以为庙之硕者，非过也，宜也。吁！庙制修于上，而民心顺于下，则其举事之善，于此可见，而鲁公之贤，亦可想矣。抑考鲁之先君，自伯禽以下，所以怀养其民人者，无非仁爱忠厚之道，而周公之功德，尤有以衣被而渐渍之，是以其民久而不忘，虽一庙之修，亦必本其先世之泽而颂祷焉。降及秦、汉干戈之际，尚能不废弦诵，守礼义，为主死节，而汉高不敢加兵。圣人之泽，其远矣哉！

（见《王阳明全集》第3卷，
民主与建设出版社2014年版，第622页。）

黄楼夜涛赋

朱君朝章将复黄楼，为予言其故。夜泊彭城之下，子瞻呼予曰：“吾将与子听黄楼之夜涛乎？”觉则梦也。感子瞻之事，作《黄楼夜涛赋》。

子瞻与客宴于黄楼之上。已而客散日夕，暝色横楼，明月未出。乃隐几而坐，嗒焉以息。忽有大声起于穹窿，徐而察之，乃在西山之麓。倏焉改听，又似夹河之曲，或隐或隆，若断若逢，若揖让而乐进，歘掀舞以相雄。触孤愤于厓石，驾逸气于长风。尔乃乍阖复辟，既横且纵，摐摐沨沨，汹汹瀜瀜，若风雨骤至，林壑崩奔，振长平之屋瓦，舞泰山之乔松。咽悲吟于下浦，激高响于遥空。恍不知其所止，而忽已过于吕梁之东矣。

子瞻曰："噫嘻异哉！是何声之壮且悲也？其乌江之兵，散而东下，感帐中之悲歌，慷慨激烈，吞声饮泣，怒战未已，愤气决臆，倒戈曳戟，纷纷籍籍，狂奔疾走，呼号相及，而复会于彭城之侧者乎？其赤帝之子，威加海内，思归故乡，千乘万骑，雾奔云从，车辙轰霆，旌旗蔽空，击万夫之鼓，撞千石之钟，唱《大风》之歌，按节翱翔而将返于沛宫者乎？"于是慨然长噫，欠伸起立，使童子启户冯栏而望之。则烟光已散，河影垂虹，帆樯泊于洲渚，夜气起于郊垌，而明月固已出于芒砀之峰矣。

子瞻曰："噫嘻！予固疑其为涛声也。夫风水之遭于顽洞之滨而为是也，兹非南郭子綦之所谓天籁者乎？而其谁倡之乎？其谁和之乎？其谁听之乎？当其滔天浴日，湮谷崩山，横奔四溃，茫然东翻，以与吾城之争于尺寸间也。吾方计穷力屈，气索神惫，懔孤城之岌岌，觊须臾之未坏，山颓于目懵，霆击于耳聩，而岂复知所谓天籁者乎？及其水退城完，河流就道，脱鱼腹而出涂泥，乃与二三子徘徊兹楼之上而听之也。然后见其汪洋涵浴，涌涌汩汩，彭湃掀簸，震荡泽渤，吁者为竽，喷者为篪，作止疾徐，钟磬柷敔，奏文以始，乱武以居。呶者嗃者，嚣者嗥者，翕而同者，绎而从者，而啁啁者，而嘐嘐者，盖吾俯而听之，则若奏箫咸于洞庭，仰而闻焉，又若张钧天于广野，是盖有无之相激，其殆造物者将以写千古之不平，而用以荡吾胸中之壹郁者乎？而吾亦胡为而不乐也？"

客曰："子瞻之言过矣。方其奔腾漂荡而以厄子之孤城也，固有莫之为而为者，而岂水之能为之乎？及其安流顺道，风水相激，而为是天籁也，亦有莫之为而为者，而岂水之能为之乎，夫水亦何心之有哉？而子乃欲据其所有者以为欢，而追其既往者以为戚，是岂达人之大观，将不得为上士之妙识矣。"

子瞻展然而笑曰："客之言是也。"乃作歌曰："涛之兴兮，吾闻其声兮。涛之息兮，吾泯其迹兮。吾将乘一气以游于鸿蒙兮，夫孰知其所极兮。”弘治甲子七月，书于百步洪之养浩轩。

（见《王阳明全集》第 3 卷，

民主与建设出版社 2014 年版，第 778—780 页。）

七月中旬，至济南府，主山东乡试。

八月初一，与提学副使陈镐游趵突泉，有诗和赵松雪韵。

（见束景南：《王阳明年谱长编》一，

上海古籍出版社 2017 年版，第 313、315 页。）

晚到泺泉次赵松雪韵（娥英祠碑刻）

泺源特起根虚无，下有鳌窟连蓬壶。绝喜坤灵能尔幻，却愁地脉还时枯。惊湍怒涌喷石窦，流沫下泻翻云湖。月色照衣归独晚，溪边瘦影伴人孤。

余姚　王守仁（明代哲学家，字伯安，号阳明，浙江余杭人）

玉垒璘珣半有无，金声镗鞳拥冰壶。流通渤澥源何远，老尽乾坤势未枯。万点明珠浮泡沫，一川轻浪接平湖。公余徙倚观澜石，四面清风兴不孤。

江东　陈镐　弘治甲子八月吉旦题

（此石刻镶嵌在娥英祠殿前东墙门南第二块，高 0.4 米，宽 0.9 米。王守仁、陈镐，弘治间典试山东，为主持乡试的主考官。见《天下第一泉——趵突泉》，中国文联出版社 2000 年版，第 96 页。）

趵突泉和赵松雪韵[①]

泺水特起根虚无，下有鳌窟连蓬壶。绝喜坤灵能尔幻，却愁地脉还时

① 此诗与济南趵突泉娥英祠碑刻上的同一诗题目不同，碑刻上的题目是《晚到泺泉次赵松雪韵》，诗的首句中的“泺源”为“泺水”。

枯。惊湍怒涌喷石窦，流沫下泻翻云湖。月色照水归独晚，溪边瘦影伴人孤。

（见束景南、查明昊辑编：《王阳明全集补编》，
上海古籍出版社 2016 年版，第 41 页。）

五日，文衡堂夜坐，有诗感怀，题于堂壁，并呈提督学政袁文华。

晚堂吟①

晚堂孤坐漫沉沉，数尽寒更落叶深。高栋月明对燕语，古阶霜细或虫吟。校评正恐非吾所，报答徒能尽此心。赖有胜游堪自解，秋风华岳得高寻。

予谬以校文至此，假馆济南道，夜坐偶书壁间，兼呈道主袁先生请教。弘治甲子仲秋五日，余姚王守仁书。

（见束景南：《王阳明年谱长编》一，
上海古籍出版社 2017 年版，第 316—317 页。）

九月十七日，主考山东乡试试毕，题文衡堂壁。

文衡堂试事毕书壁

棘闱秋锁动经旬，事了惊看白发新。造作曾无酣蚁句，支离莫作画蛇人。寸丝拟得长才补，五色兼愁过眼频。袖手虚堂听明发，此中豪杰定谁真？

① 《历城县志正续合编》（济南出版社 2007 年版）记载此诗的文字有两处与《王阳明年谱长编》一中的文字有异：“晚云孤坐漫沉沉”应是“晚堂孤坐漫沉沉”；“较评正恐非吾力”应是“校评正恐非吾所”。

白发谩书一绝

诸君以予白发之句，试观予鬓，果见一丝，予作诗实未尝知也。谩书一绝识之。

忽然相见尚非时，岂亦殷勤效一丝？总使皓然吾不恨，此心还有尔能知。

（见束景南：《王阳明年谱长编》一，
上海古籍出版社2017年版，第318页。）

山东乡试录序

〈节选〉

山东，古齐、鲁、宋、卫之地，而吾夫子之乡也。尝读夫子《家语》，其门人高弟，大抵皆出于齐、鲁、宋、卫之叶，固愿一至其地，以观其山川之灵秀奇特，将必有如古人者生其间，而吾无从得之也。今年为弘治甲子，天下当复大比。山东巡按监察御史陆偁辈以礼与币来请守仁为考试官。故事，司考校者惟务得人，初不限以职任。其后三四十年来，始皆一用学职，遂致应名取具，事归外帘，而糊名易书之意微。自顷言者颇以为不便，大臣上其议。天子曰："然，其如故事。"于是聘礼考校，尽如国初之旧，而守仁得以部属来典试事于兹土，虽非其人，宁不自庆其遭际！又况夫子之乡，固其平日所愿一至焉者，而乃得以尽观其所谓贤士者之文而考校之，岂非平生之大幸欤！虽然，亦窃有大惧焉。夫委重于考校，将以求才也。求才而心有不尽，是不忠也。心之尽矣，而真才之弗得，是弗明也。不忠之责，吾知尽吾心尔矣；不明之罪，吾终且奈何哉！盖昔者夫子之时，及门之士尝三千矣，身通六艺者七十余人。其尤卓然而显者，德行言语则有颜、闵、予、赐之徒，政事文学则有由、求、游、夏之属。今所取士，其始拔自提学副使陈某者盖三千有奇，而得千有四百，既而试之，得七十有五人焉。呜呼！是三千有奇者，皆其夫子乡人之后进而获游于门墙者乎？是七十有五人者，其皆身通六艺者乎？夫今之山东，犹古之山东也，虽今之不逮于古，顾亦宁无一二人如昔贤者？而今之所取苟不与焉，岂非司考校者不明之罪欤？虽然，某于诸士亦愿有言者。夫有其人而弗取，是诚司考校者不明之罪矣。司考校者以是求之，以是取之，而诸士之中苟无其人焉以应其求，以不负其所取，是亦诸士者之耻也。虽然，予岂敢谓果无其人哉！夫子尝曰："鲁无君子者，斯焉取斯！"颜渊曰："舜何？人也；予何？人也。有为者亦若是。"夫为夫子之乡人，苟未能如昔人焉，而不耻不若，又不知所以自勉，是自暴自弃也，其名曰不肖。夫不肖之与不明，其相去何远乎？然则司考校者之与诸士，亦均有责焉耳矣。嗟夫！司考校者之责，自今不能以无惧，而不可以有为矣。若夫诸士之责，其不听者犹可以自勉，而又惧其或以自画也。诸士无亦曰吾其勖哉，无使司考校者终不免于不明也。斯无愧于是举，无愧于夫子之乡人也矣。

（见《王阳明全集》第 3 卷，

民主与建设出版社 2014 年版，第 615—616 页。）

游灵岩次苏颖滨韵[①]

客途亦幽寻，窈窱穿谷底。尘土填胸臆，到此乃一洗。仰视剑戟锋，巑岏颖如泚。俯窥岩龙窟，匍伏首若稽。异境固灵秘，兹游实天启。梵语过岩壑，簷牙相角觝。山僧出延客，经营设酒醴。导引入云雾，峻陟历堂陛。石田惟种椒，晚炊仍有米。临灯坐小轩，矮榻便倦体。清幽感畴昔，

① 《王阳明全集》第 3 卷，民主与建设出版社 2014 年版，第 783—784 页，此诗的题目为《雪岩次苏颖滨韵》，文字也有异，本书所采用《王阳明全集补编》中的诗文，题目是《游灵岩次苏颖滨韵》。

陈李两兄弟。侵晨访遗迹，碑碣多荒荠。

（见束景南、查明昊辑编:《王阳明全集补编》，
上海古籍出版社 2016 年版，第 340 页。）

谒周公庙

守仁祗奉朝命，主考山东乡试，因得谒元圣周公庙。谨书诗一首，以寓敬仰之意云尔。时弘治甲子九月九日。

我来谒周公，嗒焉默不语。归去展陈篇，《诗》《书》说向汝。

（见束景南、查明昊辑编:《王阳明全集补编》，
上海古籍出版社 2016 年版，第 40—41 页。）

九月中旬，北上往游泰山，登日观峰。

登泰山五首

晓登泰山道，行行入烟霏。阳光散岩壑，秋容淡相辉。云梯挂青壁，仰见蛛丝微。长风吹海色，飘飖送天衣。峰顶动笙乐，青童两相依。振衣将往从，凌云忽高飞。挥手若相待，丹霞闪余晖。凡躯无健羽，怅望未能归。

二

天门何崔嵬，下见青云浮。泱漭绝人世，迥豁高天秋。暝色从地起，夜宿天上楼。天鸡鸣半夜，日出东海头。隐约蓬壶树，缥缈扶桑洲。浩歌落青冥，遗响入沧流。唐虞变楚汉，灭没如风沤。藐矣鹤山仙，秦皇岂堪求？金砂费日月，颓颜竟难留。吾意在庞古，泠然驭凉飔。相期广成子，太虚显遨游。枯槁向岩谷，黄绮不足俦。

三

穷厓不可极，飞步凌烟虹。危泉泻石道，空影垂云松。千峰互攒簇，掩映青芙蓉。高台倚巉削，倾侧临崆峒。失足堕烟雾，碎骨颠厓中。下愚竟难晓，摧折纷相从。吾方坐日观，披云笑天风。赤水问轩后，苍梧叫重瞳。隐隐落天语，阊阖开玲珑。去去勿复道，浊世将焉穷！

四

尘网苦羁縻，富贵真露草！不如骑白鹿，东游入蓬岛。朝登太山望，洪涛隔缥缈。阳辉出海云，来作天门晓。遥见碧霞君，翩翩起员峤。玉女紫鸾笙，双吹入晴昊。举首望不及，下拜风浩浩。掷我《玉虚篇》，读之殊未了；傍有长眉翁，一一能指道。从此炼金砂，人间迹如扫。

五

我才不救时，匡扶志空大。置我有无间，缓急非所赖。孤坐万峰颠，嗒然遗下块。已矣复何求？至精谅斯在。淡泊非虚杳，洒脱无蒂芥。世人闻予言，不笑即吁怪；吾亦不强语，惟复笑相待。鲁叟不可作，此意聊自快。

（见《王阳明全集》第 2 卷，
民主与建设出版社 2014 年版，第 497—498 页。）

游泰山

飞湍下云窟，千尺泻高寒。昨向山中见，真如画里看。松风吹短鬓，霜气肃群峦。好记相从地，秋深十八盘。

（见《王阳明全集》第 3 卷，
民主与建设出版社 2014 年版，第 783 页。）

十六日，作《泰山高》，刻石立碑。

泰山高次王内翰司献韵[①]

欧生诚楚人，但识庐山高。庐山之高犹可计寻丈，若夫泰山，仰视恍惚，吾不知其尚在青天之下乎？其已直出青天上？我欲仿拟试作《泰山高》，但恐培塿之见未能测识高大，笔底难具状。扶舆磅礴元气钟，突兀半遮天地东；南衡北恒西泰华，俯视伛偻谁争雄？人寰茫昧乍隐见，雷雨初解开鸿蒙。绣壁丹梯，烟霏霭霸；海日初涌，照耀苍翠。平麓远抱沧海湾，日观正与扶桑对。听涛声之下泻，知百川之东会。天门石扇，豁然中开；幽崖邃谷，襞积隐埋。中有遁世之流，龟潜雌伏，餐霞吸秀于其间，往往怪谲多仙才。上有百丈之飞湍，悬空络石穿云而直下，其源疑自青天来。岩头肤寸出烟雾，须臾滂沱遍九垓。古来登封，七十二主；后来相效，纷纷如雨；玉检金函无不为，只今埋没知何许？但见白云犹复起，封中断碑无字，天外日月磨；刚风飞尘过眼倏，超忽飘荡，岂复有遗踪！天空翠华远，落日辞千峰。鲁郊获麟，岐阳会凤；明堂既毁，闷宫兴颂。宣尼曳杖，逍遥一去不复来，幽泉呜咽而含悲，群峦拱揖如相送。俯仰宇宙，千载相望，堕山乔岳，尚被其光，峻极配天，无敢颉颃。嗟予瞻眺门墙外，何能仿佛窥室堂？也来攀附摄遗迹，三千之下，不知亦许再拜占末行。吁嗟乎！泰山之高，其高不可极。半壁回首，此身不觉已在东斗傍。

（见《王阳明全集》第 2 卷，
民主与建设出版社 2014 年版，第 498—499 页。）

① 此文在《王阳明全集补编》中，题目为《泰山高诗碑》(弘治十七年，1504 年)。文后题有：“弘治十七年甲子九月既望，余姚阳明山人王守仁识。”注明“诗碑见孙星衍《泰山石刻记》、汪子卿《泰山志》卷三、乾隆《泰山县志》卷九。”个别文字也有异，如将全集中“培塿”换为“丘垤”，“襞积”换为“聚积”，“半壁回首”换为“忽然回首”。断句亦有异。(见《王阳明全集补编》第 339—340 页。)

御帐坪

危构云烟上，凭高一望空。断碑存汉字，老树袭秦封。路入天衢畔，身当宇宙中。短诗殊草草，聊以记吾踪。

（见束景南、查明昊辑编：《王阳明全集补编》，

上海古籍出版社 2016 年版，第 42 页。）

《题御帐》手迹[①]

（《题御帐》诗碑拓片，原件现存于美国哈佛大学燕京图书馆。）

① 《题御帐》诗碑原存于环咏亭东壁，随着 1930 年亭毁，诗碑也被毁坏。

陈直夫南宫像赞

夫子称史鱼曰："直哉！邦有道如矢，邦无道如矢。"谓祝鮀、宋朝曰："非斯人，难免乎今之世矣。"予尝三复而悲之。直道之难行，而谄谀之易合也，岂一日哉！鱼之直，信乎后世，其在当时，不若朝与鮀之易容也，悲夫！吾越直夫陈先生，严毅端洁，其正言直气，放荡佞谀之士，嫉视若雠。彼宁无知之，卒于己非便也。故先生举进士不久，辄致仕而归，屡荐复起，又不久辄退，以是也哉！然天下之言直者，必先生与焉。始予拜先生于钱清江上，欢然甚得。先生奚取于予？殆空谷之足音也。世日趋于下，先生而在，虽执鞭之事，吾亦为之。今既没矣，其子子钦以先生南宫图像请识一言。先生常尘视轩冕，岂一第之为荣！闻之子钦，盖初第时有以相遗者，受而存之。先生没，子钦始装潢，将藏诸庙，则又为子者宜尔也。诗曰：有服襜襜，有冠翼翼，在彼周行，其容孔式。秉笏端弁，中温且栗。既醉以酒，既饱以德。彼何人斯？邦之司直。邦之司直，宜公宜孤。既来既徂，为冠为模。孰久其道，众听且孚。如江如河，其趋弥污。邦之司直，今也则亡！

（见束景南：《王阳明年谱长编》一，

上海古籍出版社 2017 年版，第 334—335 页。）

1505 年（明孝宗弘治十八年，乙丑），34 岁

是年先生门人始进，专志授徒讲学。首倡身心之学，使人先立必为圣人之志。与湛若水一见定交，共以倡明圣学为事。

（见《王阳明全集》第 4 卷，年谱一，

民主与建设出版社 2014 年版，第 891 页。）

正月，龙霓由刑部员外郎出任浙江按察佥事，阳明与李梦阳、何景明、边贡、顾璘、杭淮等二十二人聚文会相送，由吴伟作画，各人题赠诗，罗玘作序。

（见束景南：《王阳明年谱长编》一，
上海古籍出版社 2017 年版，第 336 页。）

西湖①

我所思兮山之阿，下连浩荡兮湖之波。层峦复巘，周遭而环合。云木际天兮，拥千峰之嵯峨。送君之迈兮，我心悠悠。桂之楫兮兰之舟，箫鼓激兮哀中流。湖水春兮山月秋，湖云漠漠兮山风飕飕。苏之堤兮逋之宅，复有忠魂兮山之侧。桂树团团兮空山夕，猿冥冥兮啸青壁。旷怀人兮水涯甘，目惝恍兮断秋魄。君之游兮，双旗奕奕。水鹤翩翩兮，鸥凫泽泽。君来何暮兮，去何毋疾；我心则悦兮，毋使我亟。送君之迈兮，欲往无翼。雁流声而南去兮，渺春江之脉脉。

阳明王守仁。

（见束景南、查明昊辑编：《王阳明全集补编》，
上海古籍出版社 2016 年版，第 42 页。）

鸿泥集序

《鸿泥集》十有三卷、《燕居集》八卷，半闲龙先生之作也。其子佥事宪君致仁将刻诸梓，而属其序于守仁曰："斯将来之事也，然吾家君老矣，

① 钱明发表于《浙江学刊》2002 年第 6 期上的《王阳明佚诗汇编及考释》中有关于本诗的说明：王阳明手迹纸本，上海博物馆藏，同上。据计文渊考证，该诗是弘治十八年王阳明为吴小仙（名伟，1459—1508）画《文会赠言图》而作的题画诗，题为《西湖》。

及见其言之传焉，庶以悦其心。吾子以为是传乎？”守仁曰：“是非所论也。孝子之事亲也，求悦其心志耳目，惟无可致力，无弗尽焉。况其言语文辞，精神之所存，非独意玩手泽之余，其得而忽也。既思永其年，又思永其名，笃爱无已也。将务悦其亲，宁是之与论乎？”君曰：“虽然，吾子言之。”守仁曰：“是乃所以自尽者。夫必其弗传也，斯几于不仁；必其传之也，斯几于不知。其传也，属之己；其传之弗传之也，属之人。姑务其属之己也已。”君曰：“虽然，吾子必言之。”守仁曰：“绘事之诗，不入于《风》《雅》；《孺子》之歌，见称于孔、孟。然则古之人其可传而弗传者多矣，不冀传而传之者有矣。抑传与不传之间乎？昔马谈之史，其传也迁成之；班彪之文，其传也固述之。卫武公老矣，而有抑之戒，盖有道矣。夫子删《诗》，列之《大雅》，以训于世。吾闻先生年八十，而博学匪懈，不忘乎警惕，又尝数述《六经》、宋儒之绪论。其于道也，有闻矣；其于言也，足训矣。致仁又尊显而张大之，将益兴起乎道德，而发挥乎事业，若泉之达，其放诸海，不可限而量。是集也，其殆有传乎？”致仁起拜曰：“是足以为家君寿矣。霓也，敢忘吾子之规？”遂书之为叙。

（见束景南：《王阳明年谱长编》一，
上海古籍出版社 2017 年版，第 342—343 页。）

观画师作画次韵①

晓日明华屋，晴窗闲卷牍。试拈枯笔事游戏，巧心妙思回长毂。貌出寒林鸦万头，泼尽金壶墨千斛。从容点染不经意，欻忽轩腾骇神速。写情

① 此诗在束景南、查明昊辑编的《王阳明全集补编》，上海古籍出版社 2016 年版，第 43 页中，题目为《古诗》，文字相同，本书采用束景南所著《阳明大传：“心”的救赎之路》中的题目与诗文，《王阳明全集补编》中的题记：“即席阳明山人王守仁次韵”，保留。《阳明大传：“心”的救赎之路》中无题记。

适兴各有得，岂必校书向天禄？怪石昂藏文变虎，古树叉牙角解鹿。飞鸣相从各以族，翻舞斜阳如背暴。平原萧萧新落木，归霞掩映随孤鹜。高行拂暝挟长风，剧势抟风卷微霂。开合低昂整复乱，宛若八阵列鱼腹。出奇邀险倏变化，无穷何止三百六。独往耻为腐鼠争，疾击时同秋隼逐。画师精妙乃如此，天机飞动疑可掬。秋堂华烛光闪煜，展示还嫌双眼肉。俗手环观徒欢羡，摹做安能步一蹴。嗟哉用心虽小技，犹胜饱食终日无归宿。

即席阳明山人王守仁次韵。

（见束景南：《阳明大传：“心”的救赎之路》上，复旦大学出版社 2020 年版，第 244 页。）

书扇赠扬伯[①]

扬伯慕伯阳，伯阳竟安在？大道即吾心，万古未尝改。长生在求仁，金丹非外待。缪矣三十年，于今吾始悔。

诸扬伯有希仙之意，吾将进之于道也。于其归，书扇为别。阳明山人伯安识。

（见束景南、查明昊辑编：《王阳明全集补编》，上海古籍出版社 2016 年版，第 340—341 页。）

对菊联句序

职方南署之前，有菊数本，阅岁既槁。李君贻教为正郎。于是天子亮闇，西北方多事，自夏徂秋，荒顿窘戚，菊发其故丛，高及于垣。署花盛

① 在《王阳明全集》第 2 卷，第 499 页，此诗的题目是《赠阳伯》，《王阳明全集补编》中，将该诗题目改为：《书扇赠扬伯》（弘治十八年，1505 年），将全集中诗的首句“阳伯即伯阳”，根据王阳明的手迹改为“扬伯慕伯阳”，并补加上诗后的题记：“诸扬伯有希仙之意，吾将进之于道也。于其归，书扇为别。阳明山人伯安识。”

开且衰，而贻教尚未之知也。一日，守仁与黄明甫过贻教语，开轩而望，始见焉。计其时，重阳之节既去之旬有五日。相与感时物之变衰，叹人事之超忽，发为歌诗，遂成联句。郁然而忧深，悄然而情隐，虽故托辞于觞咏，而沉痛惋悒，终有异乎昔之举酒花前，剧饮酣歌，陶然而乐者矣。古之人谓菊为花之隐逸，则菊固惟涧谷岩洞村圃篱落之是宜。而以植之簿书案牍之间，殆亦昔之所谓“吏而隐者”欤？守仁性僻而野，尝思鹿豕木石之群。贻教与明甫，虽各惟利器处剧任，而飘然每有烟霞林壑之想。以是人对是菊，又当是地，呜呼！固宜其重有感也已！

（见束景南：《王阳明年谱长编》一，
上海古籍出版社 2017 年版，第 353—354 页。）

忆诸弟

久别龙山云，时梦龙山雨。觉来枕簟凉，诸弟在何许？终年走风尘，何似山中住。百岁如转蓬，拂衣从此去。

寄舅

老舅近何如？心性老不改。世故恼情怀，光阴不相待。借问同辈中，乡邻几人在？从今且为乐，旧事无劳晦！

送人东归

五泄佳山水，平生思一游。送子东归省，莼鲈况复秋。幽探须及壮，世事苦悠悠。来岁春风里，长安忆故丘。

（见《王阳明全集》第 2 卷，
民主与建设出版社 2014 年版，第 499 页。）

寄西湖友

予有西湖梦，西湖亦梦予。三年成阔别，近事竟何如？况有诸贤在，他时终卜庐。但恐吾归日，君还轩冕拘。

故山

鉴水终年碧，云山尽日闲。故山不可到，幽梦每相关。雾豹言长隐，云龙欲共攀。缘知丹壑意，未胜紫宸班。

忆鉴湖友

长见人来说，扁舟每独游。春风梅市晚，月色鉴湖秋。空有烟霞好，犹为尘世留。自今当勇往，先与报江鸥。

（见《王阳明全集》第 2 卷，

民主与建设出版社 2014 年版，第 499 —500 页。）

天涯思归[1]

趋庭恋阙心俱似，将父勤王事□违。使节已从青汉下，亲庐休望白云飞。秋深峡口猿啼急，岁晚衡阳雁影稀。邻里过逢如话我，天涯无日不思归。

□□行，名父作诗送，予亦次韵。阳明守仁书。

（见束景南、查明昊辑编：《王阳明全集补编》，

上海古籍出版社 2016 年版，第 41 页。）

---

① 此诗在《王阳明年谱长编》一，上海古籍出版社 2017 年版中，确定时间为“弘治十八年，1505 年”，《王阳明全集补编》中为“弘治十七年，1504 年”，这里我们以《王阳明年谱长编》为准。

书明道延平语跋

明道先生曰："人于外物奉身者，事事要好，只有自家一个身与心却不要好；苟得外物好时，却不知道自家身与心已自先不好了也。"延平先生曰："默坐澄心，体认天理。若于此有得，思过半矣。"

右程、李二先生之言，予尝书之座右。南濠都君每过，辄诵其言之善，持此纸索予书。予不能书，然有志身心之学，此为朋友者所大愿也，敢不承命？阳明山人余姚王守仁书。

（见束景南：《王阳明年谱长编》一，
上海古籍出版社 2017 年版，第 357 页。）

1506 年（明武宗正德元年，丙寅），35 岁

武宗初政，宦官刘瑾窃权，腐败枉法。将谏官戴铣等以抗诏罪逮捕入狱。阳明首抗疏救之。疏入，亦下诏狱。已而廷杖四十，既绝复苏。寻谪贵州龙场驿驿丞。

（参见《王阳明全集》第 4 卷，年谱一，
民主与建设出版社 2014 年版，第 892 页。）

五星砚铭

五气五行，五常五府。化育纪纲，无不惟五。石涵五星，上应天数。其质既坚，其方合矩。蕴藉英华，包涵今古。

正德春王正月，王守仁识。

（见束景南、查明昊辑编：《王阳明全集补编》，
上海古籍出版社 2016 年版，第 101 页。）

跋赵文敏乐志论

元代法书，推赵文敏公为第一。闻公学书十年，不下楼。观此《乐志论》，书法精妙，洵堪为宝。

正德元年八月，阳明山人王守仁识。

（见束景南、查明昊辑编：《王阳明全集补编》，上海古籍出版社 2016 年版，第 101 页。）

题大年画

大年为宋宗室，而耽于绘事，山水之重峦叠翠，靡不摹仿入神。此册尤见精妙，展卷如谿山在目，万籁触耳，令人娱心悦志，终日亡倦者也。核毕，因识数语。

王守仁。

（见束景南、查明昊辑编：《王阳明全集补编》，上海古籍出版社 2016 年版，第 101—102 页。）

题临水幽居图

秋日淡云影，松风生画阴。幽人□絜想，宁有书与琴。

阳明山人。

（见束景南、查明昊辑编：《王阳明全集补编》，上海古籍出版社 2016 年版，第 43—44 页。）

题赵千里画

赵千里，宋人，善丹青人物山水，为李昭道一派，精工之极，并有士气。即或后人仿之者，得其功而不得其雅，得其色而不得其神。今观是卷，作九孝图，人物纤细，树石精严，可谓文秀沈雄，骨力天成。宋之诸名家，常让其独步矣。展玩竟日，不忍去手，因赘数语于卷后。

阳明山人王守仁识。

（见束景南、查明昊辑编：《王阳明全集补编》，上海古籍出版社 2016 年版，第 102 页。）

山水画自题

安得素林甘泉间，构一草舍，以老他乡，无怀、葛天之民，求之不远。盖学问之道，随处即是，惟宜读书以先之。

丙寅正月七日，为籽余年先生，守仁学。

（见束景南、查明昊辑编：《王阳明全集补编》，上海古籍出版社 2016 年版，第 103 页。）

《山水画自题》手迹

（见杨德俊主编：《王阳明龙场遗墨》，

贵州大学出版社 2016 年版，第 232 页。）

论书

凡悬针布居右，垂露笔居左。闲似惊蛇出草，潦如美美出闺。横则贵乎清轻，竖不妨于重浊镂金。桓玄书如快马入阵，随人屈曲，作字（岂）须文谱？范怀约真书有分，草书无功，故知非易。书之法以用笔为上，而结字亦须用功；虽有用笔，亦当□□字势。其雄秀之气，出于天然。王守仁。

（见束景南、查明昊辑编：《王阳明全集补编》，
上海古籍出版社 2016 年版，第 102—103 页。）

忆龙泉山

我爱龙泉寺，寺僧颇疏野。尽日坐井栏，有时卧松下。一夕别山云，三年走车马。愧杀岩下泉，朝夕自清泻。

（见束景南：《王阳明年谱长编》一，
上海古籍出版社 2017 年版，第 374 页。）

咎言

正德丙寅冬十一月，守仁以罪下锦衣狱。省愆内讼，时有所述。既出，而录之。

何玄夜之漫漫兮，悄予怀之独结。严霜下而增寒兮，皦明月之在隙。风呶呶以憎木兮，鸟惊呼而未息。魂营营以惝恍兮，目窅窅其焉极！懔寒飙之中人兮，杳不知其所自。夜展转而九起兮，沾予襟之如泗。胡定省之弗遑兮，岂荼甘之如荠？怀前哲之耿光兮，耻周容以为比。何天高之冥冥兮，孰察予之衷？予匪戚于累囚兮，牿匪予之为恫。沛洪波之浩浩兮，造云阪之蒙蒙；税予驾其安止兮，终予去此其焉从？孰瘿瘰之在颈兮，谓累足之何伤？熏目而弗顾兮，惟盲者以为常。孔训之服膺兮，恶讦以为直。辞婉娈期巷遇兮，岂

予言之未力？皇天之无私兮，鉴予庸之靡他！宁保身之弗知兮，膺斧锧之谓何。蒙出位之为愆兮，信愚忠者而蹈亟。苟圣明之有裨兮，虽九死其焉恤！

乱曰：予年将中，岁月遒兮！深谷崆峒，逝息游兮；飘然凌风，八极周兮。孰乐之同，不均忧兮。匪修名崇仁之求兮，出处时从天命何忧兮！

（见《王阳明全集》第2卷，

民主与建设出版社2014年版，第492页。）

不寐

天寒岁云暮，冰雪关河迥。幽室魍魉生，不寐知夜永。惊风起林木，骤若波浪汹。我心良匪石，讵为戚欣动！滔滔眼前事，逝者去相踵。厓穷犹可陟，水深犹可泳。焉知非日月，胡为乱予衷？深谷自逶迤，烟霞日悠永。匡时在贤达，归哉盍耕垅！

有室七章

有室如簴，周之崇墉。窒如穴处，无秋无冬！

耿彼屋漏，天光入之。瞻彼日月，何嗟及之！

倏晦倏明，凄其以风。倏雨倏雪，当昼而蒙。

夜何其矣，靡星靡粲。岂无白日？寤寐永叹！心之忧矣，匪家匪室。或其启矣，殒予匪恤。

氤氲其埃，日之光矣，渊渊其鼓，明既昌矣。

朝既式矣，日既夕矣。悠悠我思，曷其极矣！

（见《王阳明全集》第2卷，

民主与建设出版社2014年版，第500页。）

读易

囚居亦何事？省愆惧安饱。瞑坐玩羲《易》，洗心见微奥。乃知先天翁，画画有至教。包蒙戒为寇，童牿事宜早；蹇蹇匪为节，虩虩未违道。《遯》四获我心，《蛊》上庸自保。俯仰天地间，触目俱浩浩。箪瓢有余乐，此意良匪矫。幽哉阳明麓，可以忘吾老。

（见《王阳明全集》第2卷，

民主与建设出版社2014年版，第500—501页。）

岁暮

兀坐经旬成木石，忽惊岁暮还思乡。高檐白日不到地，深夜黠鼠时登床。峰头霁雪开草阁，瀑下古松闲石房。溪鹤洞猿尔无恙，春江归棹吾相将。

见月

屋罅见明月，还见地上霜。客子夜中起，旁皇涕沾裳。匪为严霜苦，悲此明月光。月光如流水，徘徊照高堂。胡为此幽室，奄忽逾飞扬？逝者不可及，来者犹可望。盈虚有天运，叹息何能忘！

（见《王阳明全集》第2卷，

民主与建设出版社2014年版，第501页。）

天涯

天涯岁暮冰霜结，永巷人稀罔象游。长夜星辰瞻阁道，晓天钟鼓隔云楼。思家有泪仍多病，报主无能合远投。留得升平双眼在，且应蓑笠卧沧洲。

屋罅月

幽室不知年，夜长昼苦短。但见屋罅月，清光自亏满。佳人宴清夜，繁丝激哀管；朱阁出浮云，高歌正凄婉。宁知幽室妇，中夜独愁叹！良人事游侠，经岁去不返。来归在何时？年华忽将晚。萧条念宗祀，泪下长如霰。

（见《王阳明全集》第 2 卷，
民主与建设出版社 2014 年版，第 501 页。）

别友狱中

居常念朋旧，簿领成阔绝，嗟我二三友，胡然此簪盍！累累囹圄间，讲诵未能辍。桎梏敢忘罪？至道良足悦。所恨精诚眇，尚口徒自蹶。天王本明圣，旋已但中热。行藏未可期，明当与君别。愿言无诡随，努力从前哲！

（见《王阳明全集》第 2 卷，
民主与建设出版社 2014 年版，第 501—502 页。）

1507 年（明武宗正德二年，丁卯），36 岁

赠刘秋佩

骨鲠英风海外知，况于青史万年垂。紫雾四塞麟惊去，红日重光凤落仪。天夺忠良谁可问，神为雷电鬼难知。莫邪亘古无终秘，屈轶何时到玉墀？

又赠刘秋佩

检点同年三百辈，大都碌碌在风尘。西川若也无秋佩，谁作乾坤不劳人？

（见束景南、查明昊辑编：《王阳明全集补编》，
上海古籍出版社 2016 年版，第 44 页。）

武夷次壁间韵[①]

肩舆飞度万峰云，回首沧波月下闻。海上真为沧水使，山中又遇武夷君。溪流九曲初谙路，精舍千年始及门。归去高堂慰垂白，细探更拟在春分。

（见《王阳明全集》第 2 卷，
民主与建设出版社 2014 年版，第 507 页。）

答汪抑之三首

去国心已恫，别子意弥恻。伊迩怨昕夕，况兹万里隔！恋恋歧路间，执手何能默？子有昆弟居，而我远亲侧；回思菽水欢，羡子何由得！知子

---

① 杨德俊先生查相关资料考证，王阳明正德十六年（1521）春节居住南昌，正月初五，作《禁约释罪自新军民告示》，之后到玉山，临近元宵节，作《玉山东岳庙遇旧识严星士》，诗中有“肩舆欲到妨多事，鼓枻重来会有云”。肩舆即轿子，鼓枻即划桨泛舟。这时他是都察院右副都御史，乘坐轿子，平定宁王之乱后，其他事情平息，心情高兴，春节期间在这里与民同乐，泛舟游玩。阳明到广信（上饶）过元宵节，作《广信元夕蒋太守舟中夜话》诗。然后返铅山，武夷山的一部分就在铅山，铅山到九曲溪仅有 200 多里路程，骑马一天多时间就到了。王阳明游览九曲溪、天游阁、武夷精舍等，作《武夷次壁间韵》诗。董天工撰《武夷山志》卷之五《一曲上》，载有王梓撰《重建王文成公祠记》，记中也说王阳明“平宸濠还，然为闽上游经，书者甚悉”。此为一说。

念我深，夙夜敢忘惕！良心忠信资，蛮貊非我戚。

北风春尚号，浮云正南驰。风云一相失，各在天一涯。客子怀往路，起视明星稀。驱车赴长阪，迢迢入岚霏。旅宿苍山底，雾雨昏朝弥。间关不足道，嗟此白日微。切磋此良友，愿言毋心违！

闻子赋茆屋，来归在何年？索居间楚越，连峰郁参天。缅怀岩中隐，磴道穷扳缘。江云动苍壁，山月流澄川。朝采石上芝，暮漱松间泉。鹅湖有前约，鹿洞多遗篇。寄子春鸿书，待我秋江船。

（见《王阳明全集》第2卷，
民主与建设出版社2014年版，第502页。）

阳明子之南也其友湛元明歌九章以赠崔子钟和之以五诗于是阳明子作八咏以答之

君莫歌九章，歌以伤我心。微言破寥寂，重以离别吟。别离悲尚浅，言微感逾深。瓦缶易谐俗，谁辨黄钟音？

其二

君莫歌五诗，歌之增离忧。岂无良朋侣？洵乐相遨游。譬彼桃与李，不为仓囷谋。君莫忘五诗，忘之我焉求？

其三

洙泗流浸微，伊洛仅如线；后来三四公，瑕瑜未相掩。嗟予不量力，跛鳖期致远。屡兴还屡仆，惴息几不免。道逢同心人，秉节倡予敢；力争毫厘间，万里或可勉。风波忽相失，言之泪徒泫。

其四

此心还此理，宁论己与人！千古一嘘吸，谁为叹离群？浩浩天地内，何物非同春！相思辄奋励，无为俗所分。但使心无间，万里如相亲；不见宴游交，征逐胥以沦？

其五

器道不可离，二之即非性。孔圣欲无言，下学从泛应。君子勤小物，蕴蓄乃成行。我诵穷索篇，于子既闻命；如何圜中士，空谷以为静？

其六

静虚非虚寂，中有未发中。中有亦何有？无之即成空。无欲见真体，忘助皆非功。至哉玄化机，非子孰与穷！

其七

忆与美人别，赠我青琅函。受之不敢发，焚香始开缄；讽诵意弥远，期我濂洛间。道远恐莫致，庶几终不惭。

其八

忆与美人别，惠我云锦裳。锦裳不足贵，遗我冰雪肠。寸肠亦何遗？誓言终不渝。珍重美人意，深秋以为期。

（见《王阳明全集》第2卷，
民主与建设出版社2014年版，第502—503页。）

忆昔答乔白岩因寄储柴墟三首

忆昔与君约，玩《易》探玄微。君行赴西岳，经年始来归。方将事穷索，忽复当远辞。相去万里余，后会安可期？问我长生诀，惑也吾谁欺！盈亏消息间，至哉天地机。圣狂天渊隔，失得分毫厘。

其二

毫厘何所辨？惟在公与私。公私何所辨？天动与人为。遗体岂不贵？践形乃无亏。愿君崇德性，问学刊支离。无为气所役，毋为物所疑；恬淡自无欲，精专绝交驰。博弈亦何事，好之甘若饴？吟咏有性情，丧志非所宜。非君爱忠告，斯语容见嗤；试问柴墟子，吾言亦何如？

其三

柴墟吾所爱，春阳溢鬓眉；白岩吾所爱，慎默长如愚。二君廊庙器，予亦山泉姿。度量较齿德，长者皆吾师。置我五人末，庶亦忘崇卑。迢迢万里别，心事两不疑。北风送南雁，慰我长相思。

（见《王阳明全集》第 2 卷，

民主与建设出版社 2014 年版，第 504 页。）

一日怀抑之也抑之之赠既尝答以三诗意若有歉焉是以赋也

一日复一日，去子日以远。惠我金石言，沉郁未能展。人生各有际，道谊尤所眷。尝嗤儿女悲，忧来仍不免。缅怀沧洲期，聊以慰迟晚。

其二

迟晚不足叹，人命各有常。相去忽万里，河山郁苍苍。中夜不能寐，起视江月光。中情良自抑，美人难自忘。

其三

美人隔江水，佛仿若可睹。风吹蒹葭雪，飘荡知何处？美人有瑶瑟，清奏含太古。高楼明月夜，惆怅为谁鼓？

（见《王阳明全集》第 2 卷，

民主与建设出版社 2014 年版，第 504—505 页。）

梦与抑之昆季语湛崔皆在焉觉而有感因记以诗三首

梦与故人语，语我以相思。才为旬日别，宛若三秋期。令弟坐我侧，屈指如有为。须臾湛君至，崔子行相随。肴醑旋罗列，语笑如平时。纵言及微奥，会意忘其辞。觉来复何有？起坐空嗟咨！

其二

起坐忆所梦，默溯犹历历。初谈自有形，继论人无极。元极生往来，往来万化出；万化无停机，往来何时息！来者胡为信？往者胡为屈？微哉屈信问，子午当其屈。非子尽精微，此理谁与测？何当衡庐间，相携玩羲《易》。

其三

衡庐曾有约，相携尚无时。去事多翻覆，来踪岂前知？斜月满虚牖，树影何参差；林风正萧瑟，惊鹊无宁枝。邈彼二三子，怒焉劳我思。

（见《王阳明全集》第2卷，
民主与建设出版社2014年版，第505页。）

因雨和杜韵

晚堂疏雨暗柴门，忽入残荷泻石盆。万里沧江生白发，几人灯火坐黄昏？客途最觉秋先到，荒径惟怜菊尚存。却忆故园耕钓处，短蓑长笛下江村。

（见《王阳明全集》第2卷，
民主与建设出版社2014年版，第505页。）

赴谪次北新关喜见诸弟

扁舟风雨泊江关，兄弟相看梦寐间。已分天涯成死别，宁知意外得生还！投荒自识君恩远，多病心便吏事闲。携汝耕樵应有日，好移茅屋傍云山。

（见《王阳明全集》第2卷，
民主与建设出版社2014年版，第505—506页。）

南屏

溪风漠漠南屏路，春服初成病眼开。花竹日新僧已老，湖山如旧我重来。层楼雨急青林迥，古殿云晴碧嶂回。独有幽禽解相信，双飞时下读书台。

卧病静慈写怀

卧病空山春复夏，山中幽事最能知。雨晴阶下泉声急，夜静松间月色迟。把卷有时眠白石，解缨随意濯清漪。吴山越峤俱堪老，正奈燕云系远思！

移居胜果寺二首

江上俱知山色好，峰回始见寺门开。半空虚阁有云住，六月深松无暑来。病肺正思移枕簟，洗心兼得远尘埃。富春咫尺烟涛外，时倚层霞望钓台。

病余岩阁坐朝曛，异景相新得未闻。日脚倒明千顷雾，雨声高度万峰云。越山阵水当吴峤，江月随潮上海门。便欲携书从此老，不教猿鹤更移文。

忆别

忆别江干风雪阴，艰难岁月两侵寻。重看骨肉情何限，况复斯文约旧深。贤圣可期先立志，尘凡未脱谩言心。移家便住烟霞壑，绿水青山长对吟。

（见《王阳明全集》第 2 卷，

民主与建设出版社 2014 年版，第 506 页。）

云龙山次乔宇韵

几度舟人指石冈，东西长是客途忙。百年风物初经眼，三月烟花正向阳。芒砀汉云春寂寞，黄楼楚调晚凄凉。惟余放鹤亭前草，还与游人藉醉觞。

（见束景南、查明昊辑编：《王阳明全集补编》，
上海古籍出版社 2016 年版，第 44 页。）

题吴五峰大参甘棠遗爱卷五峰衡山人

遵彼江浒，樛木阴阴，亦有松柏，郁其相参。彼行者徒，或驰以驱，秣橐荷畚，伛偻蘧除。昔也炎暑，道暍无所；今也蒸炽，有如室处。阴阴樛木，实获我心。赫赫吴公，仁惠忠谌。惟此樛木，吴公所植。匪公之德，曷休以息？公行田野，褐盖朱轮，茇于柳下，劳此农人。薰风自南，吹彼柔肄，悠悠旆旌，披拂摇曳。民曰公来，盍往迎之。壶浆车下，实慰我思。我思何极，公勿我去，天子之命，盍终我庇。公曰尔民，尔孝尔弟，食耕饮凿，以游以戏。民曰我公，我植我培，有若兹树，翌其余枚。嗟我庶民，勿剪勿伐，勿愧甘棠，公我召伯。

（见束景南、查明昊辑编：《王阳明全集补编》，
上海古籍出版社 2016 年版，第 45 页。）

套数·归隐[①]

［南仙吕入双调步步娇］宦海茫茫京尘渺，碌碌何时了。风掀浪又高，覆辙翻舟，是非颠倒。算来平步上青霄，不如早泛江东棹。

---

① 杨德俊先生认为，这是王阳明在龙场与当地少数民族群众饮酒时所作。此为一说。

［沉醉东风］乱纷纷鸦鸣鹊噪，恶狠狠豺狼当道，冗费竭民膏，怎忍见人离散，举疾首蹙额相告。簪笏满朝，干戈载道，等闲间把山河动摇。

［忒忒令］平白地生出祸苗，逆天理那循公道。因此上把功名委弃如蒿草。本待要竭忠尽孝，只恐怕狡兔死，走狗烹，做了韩信的下梢。

［好姐姐］尔曹，难与我共朝，真和假那分白皂。他把孽冤自造，到头终有报。设圈套，饶君总使机关巧，天网恢恢不可逃。

［喜庆子］算留侯其实见高，把一身名节自保。随着赤松子学道，也免得赴云阳市曹。

［双蝴蝶］待学，陶彭泽懒折腰；待学，载西施范蠡逃；待学，张孟谈辞朝；待学，七里滩子陵垂钓；待学，陆龟蒙笔床茶灶；待学，东陵侯把名利抛。

［园林好］脱下了团花战袍，解下了龙泉宝刀，卸下了朝簪乌帽。布袍上系麻绦，把渔鼓简儿敲。

［川拨棹］深山坳，悄没个闲人来聒噪，跨青溪独木为桥，跨青溪独木为桥。小小的茅庵盖着，种青松与碧桃，采山花与药苗。

［锦衣香］府库充，何足道；禄位高，何足较，从今耳畔清闲，不闻宣召。芦花被暖度良宵。三竿日上，睡觉伸腰，对邻翁野老，饮三杯浊酒村醪，醉了还歌笑。齁齁睡倒，不图富贵，只求安饱。

［浆水令］赏春时花藤小轿，纳凉时红莲短棹。稻登场鸡豚蟹螯，雪霜寒纯棉布袍。四时佳景恣欢笑，也强如羽扇番营，玉佩趋朝。溪堪钓，山可樵，人间自有蓬莱岛。何须用、何须用楼船彩轿？山林下、山林下尽可逍遥。

［尾声］从来得失知多少，总上心来转一遭。把门儿闭了，只许诗人带月敲。

（见束景南、查明昊辑编：《王阳明全集补编》，

上海古籍出版社 2016 年版，第 45—47 页。）

游海诗[①]

予，余姚王守仁也。以罪南谪，道钱塘，以病且暑，寓居江头之胜果寺。一日，有二校排闼而入，直抵予卧内，挟予而行。有二人出自某山蒙茸中，其来甚速，若将尾予者。既及，执二校，二校即挺二刃厉声曰："今日之事，非彼即我，势不两生。吾奉吾主命，行万余里，至谪所不获，乃今得见于此，尚可少贷以不毕吾事耶?"二人请曰："王公今之大贤，令死刃下，不亦难乎!"二校曰："诺。"即出绳丈余，令予自缢。二人又请曰："以缢与刃，其惨一也。令自溺江死，何如?"二校曰："是则可耳。"将予锁江头空室中。予从窗谓二人曰："予今夕固决死，为我报家人知之。"二人曰："使公无手笔，恐无所取信。"予告无以作书。二人则从窗隙与我纸笔。予为诗二首、《告终辞》一章授之，以为家信。

其一

学道无闻岁月虚，天乎至此欲何如?生曾许国惭无补，死不忘亲恨有余。自信孤忠悬日月，岂论遗骨葬江鱼。百年臣子悲何极，日夜潮声泣子胥。

其二

敢将世道一身担，显彼天刑万死甘。满腹文章方有用，百年臣子独无惭。涓流裨海今真见，片雪填沟旧齿谈。昔代衣冠谁上品?状元门第好奇男。

二人，一姓沈，一姓殷，俱住江头，必报吾家，必报吾家。

① 《游海诗》所述阳明游海遇仙的故事，"皆阳明所自造之子虚乌有之说也"。(见束景南著:《王阳明年谱长编》一，上海古籍出版社 2017 年版，第 421 页。)

告终辞[1]

皇天茫茫，降殃之无凭兮，窅莫知其所自。予诚何绝于幽明兮，羌无门而往诉。臣得罪于君兮，无所逃于天地。固党人之为此兮，予将致命而遂志。委身而事主兮，夫焉吾之可有？殉声色以求容兮，非前修之所守。吾岂不知直道之殒躯兮，庶予心之不忘。定予志讵朝夕兮，孰沛颠而有亡。上穹林之杳杳兮，下深谷之冥冥。白刃奚其相向兮，盼予视若飘风。内精诚以渊静兮，神气泊而冲容。固神明之有知兮，起壮士于蒙茸。奋前持以相格兮，曰孰为事刃于忠贞？景冉冉以将夕兮，下释予之颓宫。曰受命以相及兮，非故于子之为攻。不自尽以免予兮，夕余将浮水于江。呜呼噫嘻！予诚愧于明哲保身兮，岂效匹夫而自经。终不免于鸱夷兮，固将遡江涛而上征。已矣乎！畴昔之夕予梦坐于两楹兮，忽二伻来予觌，曰予伍君三闾之仆兮，跽陈辞而加璧，启缄书若有睹兮，恍神交于千载。曰世浊而不可居兮，子奚不来游于溟海？郁予怀之恍怆兮，怀故都之拳拳。将夷险惟命之从兮，孰君亲而忍捐？呜呼噫嘻！命苟至于斯，亦余心之所安也。固昼夜以为常兮，予非死之为难也。沮隐壁之岑岑兮，猿猱若授予长条。飑结螭于圮垣兮，山鬼吊于岩敫。云冥冥而昼晦兮，长风怒而江号。颓阳倏其西匿兮，行将赴于江涛。呜呼噫嘻！一死其何至兮，念层闱之重伤也。予死之奄然兮，伤吾亲之长也。羌吾君之明圣兮，亦臣死之宜然。臣诚有憾于君兮，痛谗贼之谀便。构其辞以相说兮，变黑白而燠寒。假游之窃辟兮，君言察彼之为残。死而有知兮，逝将诉于帝廷。去谗而远佞兮，何幽之不赞于明。昔高宗之在殷兮，赉良弼以中兴。申甫生而屏翰兮，致周宣于康成。帝何以投谗于有北兮，焉启君之衷。扬列祖之鸿庥兮，永配天于无穷。臣死且不朽兮，随江流而朝宗。呜呼噫嘻！大化屈

① 杨德俊先生认为，此辞并非王阳明所作。不能将文学艺术中的虚构故事看作史实。此为一说。

伸兮，升降飞扬。感神气之风霆兮，溘予将反乎帝乡。骖玉虬之蜿蜒兮，凤凰翼而翱翔。从灵均与伍胥兮，彭咸御而相将。经申徒之故宅兮，历重华之陟方。降大壑之茫茫兮，登裂缺而翘予。怀故都之无时兮，振长风而远去。已矣乎！上为列星兮，下为江河。山岳兴云兮，雨泽滂沱。风霆流形兮，品物咸和。固正气之所存兮，岂邪秽而同科。将予骑箕尾而从傅说兮，凌日月之巍峨。启帝阙而簸清风兮，扫六合之烦苛。乱曰：予童颛知罔知兮，恣狂愚以冥行。悔中道而改辙兮，亦伥伥其焉明。忽正途之有觉兮，策予马而遥征。搜荆其独往兮，忘予力之不任。天之丧斯文兮，不畀予于有闻。矢此心之无谖兮，毙予将求于孔之门。呜呼！已矣乎，复奚言！予耳兮予目，予手兮予足，澄予心兮，肃雍以穆，反乎大化兮，游清虚之寥廓。

阳明公入水，沈玉、殷计报。

（见束景南、查明昊辑编：《王阳明全集补编》，
上海古籍出版社 2016 年版，第 47—50 页。）

中和堂主赠诗

十五年前始识荆，此来消息最先闻。君将性命轻毫发，谁把纲常重一分？寰海已知夸令德，皇天终不丧斯文。武夷山下经行处，好对青尊醉夕醺。

（见束景南、查明昊辑编：《王阳明全集补编》，
上海古籍出版社 2016 年版，第 50 页。）

大中祥符禅寺

飘泊新从海上至，偶经江寺聊一游。老僧见客频问姓，行子避人还掉头。山水于吾成痼疾，险夷过眼真蜉蝣。为报同年张郡伯，烟江此去理渔舟。

（见束景南、查明昊辑编：《王阳明全集补编》，
上海古籍出版社 2016 年版，第 51 页。）

舍利寺

经行舍利寺，登眺几徘徊。峡转滩声急，雨晴江雾开。颠危知往事，飘泊长诗才。一段沧州兴，沙鸥莫浪猜。

（见束景南、查明昊辑编：《王阳明全集补编》，
上海古籍出版社 2016 年版，第 51 页。）

题兰溪圣寿教寺壁

兰溪山水地，卜筑趁云岑。况复径行日，方多避地心。潭沉秋色静，山晚市烟深。更有枫山老，时堪杖履寻。

（见束景南、查明昊辑编：《王阳明全集补编》，
上海古籍出版社 2016 年版，第 51 页。）

登蜈矶次草泉心刘石门韵二首

中流片石倚孤雄，下有冯夷百尺宫。滟滪西蟠浑失地，长江东去正无穷。徒闻吴女埋香玉，惟见沙鸥乱雪风。往事凄微何足问，永安宫阙草莱中。

江上孤臣一片心，几经漂没水痕深。极怜撑住即从古，正恐崩颓或自今。藓蚀秋螺残老翠，螅鸣春雨落空音。好携双鹤矶头坐，明月中宵一朗吟。

（见束景南：《王阳明年谱长编》一，
上海古籍出版社 2017 年版，第 433 页。）

别三子序

〈节选〉

故凡有志之士，必求之于师友。无师友之助者，志之弗立弗求者也。自予始知学，即求师于天下，而莫予诲也；求友于天下，而与予者寡矣；又求同志之士，二三子之外，邈乎其寥寥也。殆予之志有未立邪？盖自近年而又得蔡希颜、朱守忠于山阴之白洋，得徐曰仁于余姚之马堰。曰仁，予妹婿也。希颜之深潜，守忠之明敏，曰仁之温恭，皆予所不逮。三子者，徒以一日之长视予以先辈，予亦居之而弗辞。非能有加也，姑欲假三子者而为之证，遂忘其非有也。而三子者，亦姑欲假予而存师友之饩羊，不谓其不可也。当是之时，其相与也，亦渺乎难哉！予有归隐之图，方将与三子就云霞，依泉石，追濂、洛之遗风，求孔、颜之真趣，洒然而乐，超然而游，忽焉而忘吾之老也。

……三子行矣，遂使举进士，任职就列，吾知其能也，然而非所欲也。使遂不进而归，咏歌优游有日，吾知其乐也，然而未可必也。天将降大任于是人，必先违其所乐而投之于其所不欲，所以衡心拂虑而增其所不能。是玉之成也，其在兹行欤！

（见《王阳明全集》第 1 卷，

民主与建设出版社 2014 年版，第 168—169 页。）

于公祠享堂柱铭

千古痛钱塘，并楚国孤臣，白马江边，怒卷千堆雪浪；两朝冤少保，同岳家父子，夕阳亭里，心伤两地风波。

（见束景南、查明昊辑编：《王阳明全集补编》，

上海古籍出版社 2016 年版，第 104 页。）

于忠肃像赞

尝考于公之释褐也，初授御史，而汉庶人服罪，伸大义也；及抚江右，而平反民冤狱，释无辜也；再抚山西，而拯水旱雨灾，恤民生也；后抚河南，而令百弊剔劘，清时政也；英宗北狩，而力言不可，保圣躬也；众劾王振，而扶掖廷喧，肃朝仪也；募义三营，而民夫附集，御不虞也；群议南迁，而恸哭止之，重国本也；移民发粟，而六军坚守，防外撼也；击虏凯旋，而力辞晋秩，惧盈满也；奉迎上皇，而大位安定，正君统也；戢平群盗，而成功不居，身殉国也；力逊辞第，而庐室萧然，励清节也；被诬受戮，而天心震怒，昭公道也；追谥肃愍，而庙食百世，表忠贞也。呜呼！公有姬旦、诸葛武侯之经济勋劳，而踵伍子胥、岳武穆杀身亡家之祸，神人之所公愤也，卒至两地专祠，四忠并列，子孙荫袭，天悯人钦，冥冥中所以报公者，岂其微哉！

阳明王守仁题。

（见束景南、查明昊辑编：《王阳明全集补编》，上海古籍出版社 2016 年版，第 104—105 页。）

田横论

知死之为义，而不权衡乎义，勇有余而智不足者也。天下未尝有不可处之事，吾心未尝有不可权之理。死生利害撄于吾前，吾惟权之于义，则从达可否自有一定之则，生亦不为害仁，死亦不为伤勇。古人沈晦以免祸，杀身以成仁，其顾瞻筹度之顷，见之亦审矣，而后为之；不然，奚苟焉于一日之便，而取公论不韪之讥乎？吾观田横之不肯事汉，致五百人之皆死，固尝悯其事之有可矜，亦尝惜其死之有未善也。天下之利害，莫大于死生，驱之生则乐而前，驱之死则怖而后，此人之情也。世有不重其死而轻其生者，岂其情之独异于人乎？此其中必有大过人者。田横之士皆死义，其何能为人之所不肯为，而一时烈丈夫之多哉？虽然，横之死则勇也，而智则浅矣。吾为横计，虽不死可也。死于汉争衡之日可也，为夷齐王烛之死可也，而横也盍亦权衡于心乎？不死于可为之时，而死于不可为之时；不死于不得已之地，而死于得已之地。方郦生之说下齐也，在有志者必不听，横既是其言而从之，其心已甘为汉屈矣。及历下之败，乃心归彭越，越之德孰与汉王？其势位孰与汉王？横以势不能为，尚含耻而归之，又岂有雄于汉之心乎？既无雄于汉之心，既挈郡于关中，称藩于汉阙，汉必有以遇之，横于此可以不死。横必以死为安，当汉与齐之结乎盟，则二国为兄弟也，而汉又袭之，是负信义于天下矣！齐之力既无如之何，独不可执信义之词，与之较曲直乎？其曲在汉，其直在齐，横于是而命一介之士，达咫尺之书，以申其盟，以彰汉之罪于天下，以正仗义敢死之秋，横于斯可以死也。及项羽既屠，横虑有腐肉之惨，乃率其徒属居海岛。是时汉虽招之，而我固拒之，汉亦未必有加兵之举，横于是可以得已也。奈何一闻其召，即不远千里而来，是其来也意不在王，则在于侯；不在于侯，则在于脱斧钺之危耳。不然，将何为哉？使横而信有不臣之节，则终身而已矣，何觊觎乎王侯之业而不为夷齐之逃？使横而信有轻生之心，则守正以俟死而已矣，何寒心于白刃之锋而不为王烛之勇？使横而信以汉王之心必不我免，当汉使之临，即自处以不踸可也，又何乘传至洛阳而后决哉？是时不可死，而横则死之；时可以死，而横则不死。事不可已，而横则已之；事可以已，而横则不已。智者故如是乎？吾知横之死，不在于今，而已兆于历下之败矣。大抵事不可近虑，以近虑而虑之，未有不覆其事者。当齐与汉角峙，严于自卫，犹惧失之，夫何郦生一言之后，即肆为酣畅之乐，而撤其纪律之备，此正以近虑虑之者。然则卫信之袭破，乃横之所以自取，而非郦生之罪矣，何至怒烹之邪？不知郦生可宥而汉不可忘，使以怒郦生者怒汉，则汉将慑于齐而未敢动，未可知也。抑是时横之谋固疏矣，五百人岂将不在邪？何无一人之虑及于此也。一人言之，五百人皆是之，则横亦未必无是心也；五百人不言，而横又甘受其挫。此横之事一去，而五百人所以不免也。在五百人则失于不言，在横则失于不智矣。故田横之不肯事汉，孰若直拒于郦生一言之余？诣首洛阳，孰若守身于海岛之外？与其五百人皆杀而无补于齐，又何如郦之一烹而有功于汉乎？然则其死也，皆失于前而困于后，徒知慕义，而不知义之轻重者也。吾于横何惜哉？虽然，一人不屈，而五百人相率以蹈之，横盖深有以感之也，吾于横乎有取。

（见束景南：《王阳明年谱长编》一，
上海古籍出版社 2017 年版，第 443—445 页。）

1508 年（明武宗正德三年，戊辰），37 岁

春，至龙场。“龙场在贵州西北万山丛棘中，蛇虺魍魉，蛊毒瘴疠，与居夷人鴃舌难语，可通语者，皆中土亡命。旧无居，始教之范土架木以居。时瑾憾未已，自计得失荣辱皆能超脱，惟生死一念尚觉未化，乃为石墩自誓曰：‘吾惟俟命而已！’日夜端居澄默，以求静一；久之，胸中洒洒。而从者皆病，自析薪取水作糜饲之；又恐其怀抑郁，则与歌诗；又不悦，复调越曲，杂以诙笑，始能忘其为疾病夷狄患难也。因念：‘圣人处此，更有何道？’忽中夜大悟格物致知之旨，寤寐中若有人语之者，不觉呼跃，从者皆惊。始知圣人之道，吾性自足，向之求理于事物者误也。乃以默记《五经》之言证之，莫不吻合，因著《五经臆说》。居久，夷人亦日来亲狎。以所居湫湿，乃伐木构龙冈书院及寅宾堂、何陋轩、君子亭、

玩易窝以居之。”①

（见《王阳明全集》第4卷，年谱一，

民主与建设出版社2014年版，第892—893页。）

草萍驿次林见素韵奉寄

山行风雪瘦能当，会喜江花照野航。本与宦途成懒散，颇因诗景受闲

① 杨德俊先生认为，王阳明到达龙场的时间应为正德二年。

湖南多部《府志》和《县志》《流寓》中，记有王阳明第一次经湖南时间，如嘉庆《沅江县志》卷二十七，嘉庆《常德府志》卷四十四，光绪《桃源县志》卷十，乾隆《辰州府志》卷三十九，同治《武陵县志》卷四十一，同治《沅陵县志》卷四十八的《流寓》中，都记载王阳明是正德二年丁卯过湖南各地。湖南的朱汉民、邓洪波、梁颂成教授，在他们编著的书以及醴陵县《渌江书院历史文化陈列》中，都记载王阳明是正德二年经过湖南的。钱明教授考证阳明先生的《过靖兴寺》和《游靖兴寺》诗，是正德二年在醴陵县所作。王阳明在长沙拜谒朱熹和张栻祠，作《朱张祠书怀示同游》诗，钱明也考证为正德二年所作。

据《年谱》中载，正德“三年戊辰，先生三十七岁，在贵阳。春，至龙场。”这里“春”是模糊概念。阳明最早的弟子徐爱在《传习录上》有：“不知先生居夷三载，处困养静，精一之功固已超入圣域。”在与萧惠、黄以方、王嘉秀等的问答中，阳明先生说：“及在夷中三年，颇见得此意思乃知天下之物本无可格者。”“其后居夷三载，始见圣人端绪，悔错用功二十年。”在《与王纯甫》信中有：“及谪贵州三年，百难备尝。”贬谪期满，阳明到庐陵过溆浦作《过江门崖》诗中有“三年谪宦沮蛮氛，天放扁舟下楚云”。在长沙作《鹅羊山》诗中有“福地相传楚水阿，三年春色两经过”。在醴陵作《泗州寺》诗中有“渌水西头泗洲寺，经过转眼又三年”。很多处阳明先生都说在贵州时间是三年，如果当事人记的都不对，别人记的怎么可能准确呢？所以阳明在龙场时间应是三年。

阳明先生在龙岗书院的得意门生陈文学作《何陋轩歌》中有“明公肯为考厥成，吾侪小人力任磋。阳明翁此居三年，覆载吾土天地大”之句。陈文学是亲历者，所记应更精准。嘉靖十三年（1534），贵州巡抚王杏撰《新建阳明书院记》中有：“正德丁卯，阳明王先生建言忤逆瑾，谪贵州龙场驿。”也说阳明正德二年到龙场，其记述来自龙岗书院亲传弟子叶梧等，肯定比钱德洪所记更真实。以上足以证明王阳明是正德二年到龙场，如果没有在龙场居住三年，阳明先生和徐爱、陈文学等不会说“居夷三载”“在夷中三年”“困于龙场三年”“阳明翁此居三年”的。总之，《年谱》中说阳明先生是正德三年春到龙场，仅此一说，无其他资料来佐证，为孤证。之后说阳明正德三年春到龙场者，只是沿袭《年谱》的说法而已。此为一说。

忙。乡心草色春同远，客鬓松梢晚更苍，料得烟霞终有分，未须连夜梦溪堂。

（见《王阳明全集》第 2 卷，
民主与建设出版社 2014 年版，第 507 页。）

玉山东岳庙遇旧识严星士

忆昨东归亭下路，数峰箫管隔秋云。肩舆欲到妨多事，鼓枻重来会有云。春夜绝怜灯节近，溪声最好月中闻。行藏无用君平卜，请看沙边鸥鹭群。

（见《王阳明全集》第 4 卷，
民主与建设出版社 2014 年版，第 507 页。）

广信元夕蒋太守舟中夜话

楼台灯火水西东，箫鼓星桥渡碧空。何处忽谈尘世外？百年惟此月明中。客途孤寂浑常事，远地相求见古风。别后新诗如不惜，衡南今亦有飞鸿。

（见《王阳明全集》第 2 卷，
民主与建设出版社 2014 年版，第 507 页。）

夜泊石亭寺用韵呈陈娄诸公因寄储柴墟都宪及乔白岩太常诸友

廿年不到石亭寺，惟有西山只旧青。白拂挂墙僧已去，红阑照水客重经。沙村远树凝春望，江雨孤篷入夜听。何处故人还笑语？东风啼鸟梦初醒。

怅望沙头成久坐，江洲春树何青青。烟霞故国虚梦想，风雨客途真惯经！白璧屡投终自信，朱弦一绝好谁听？扁舟心事沧浪旧，从与渔人笑独醒。

（见《王阳明全集》第2卷，
民主与建设出版社2014年版，第507页。）

过分宜望铃冈庙

共传峰顶树，古庙有灵神。楚俗多尊鬼，巫言解惑人。望禋存旧典，捍御及斯民。世事浑如此，题诗感慨新！

杂诗三首

危栈断我前，猛虎尾我后；倒崖落我左，绝壑临我右。我足复荆榛，雨雪更纷骤。邈然思古人，无闷聊自有。无闷虽足珍，警惕忘尔守。君观真宰意，匪薄亦良厚。

其二

青山清我目，流水静我耳；琴瑟在我御，经书满我几。措足践坦道，悦心有妙理。顽冥非所惩，贤达何靡靡！乾乾怀往训，敢忘惜分晷？悠哉天地内，不知老将至。

其三

羊肠亦坦道，太虚何阴晴？灯窗玩古《易》，欣然获我情。起舞还再拜，圣训垂明明；拜舞讵逾节？顿忘乐所形。敛衽复端坐，玄思窥沉溟。寒根固生意，息灰抱阳精。冲漠际无极，列宿罗青冥。夜深向晦息，始闻风雨声。

（见《王阳明全集》第2卷，
民主与建设出版社2014年版，第508页。）

袁州府宜春台四绝

宜春台上还春望，山水南来眼未尝。却笑韩公亦多事，更从南浦羡滕王。

台名何事只宜春？山色无时不可人。不用烟花费妆点，尽教刊落尽嶙峋。

持修江藻拜祠前，正是春风欲暮天。童冠尽多归咏兴，城南兼说有温泉。

古庙香灯几许年？增修还费大官钱。至今楚地多风雨，犹道山神驾铁船。

（见《王阳明全集》第2卷，

民主与建设出版社2014年版，第508—509页。）

夜宿宣风馆

山石崎岖古辙痕，沙溪马渡水犹浑。夕阳归鸟投深麓，烟火行人望远村。天际浮云生白发，林间孤月坐黄昏。越南冀北俱千里，正恐春愁入夜魂。

萍乡道中谒濂溪祠

木偶相沿恐未真，清辉亦复凛衣巾。簿书曾屑乘田吏，俎豆犹存畏垒民。碧水苍山俱过化，光风霁月自传神。千年私淑心丧后，下拜春祠荐渚蘋。

宿萍乡武云观

晓行山径树高低，雨后春泥没马蹄。翠色绝云开远嶂，寒声隔竹隐晴溪。已闻南去艰舟楫，漫忆东归沮杖藜。夜宿仙家见明月，清光还似鉴湖西。

（见《王阳明全集》第 2 卷，
民主与建设出版社 2014 年版，第 509 页。）

靖兴寺

隔水不见寺，但闻清磬来。已指峰头路，始瞻云外台。洞天藏日月，潭窟隐风雷。欲询兴废迹，荒碣满蒿莱。

（见束景南:《王阳明年谱长编》一，
上海古籍出版社 2017 年版，第 451 页。）

龙潭

老树千里惟鹤住，深潭百尺有龙蟠。僧居却在云深处，别作人间境界看。

（见束景南:《王阳明年谱长编》一，
上海古籍出版社 2017 年版，第 452 页。）

望赫羲台

隔江岳麓悬情久，雷雨潇湘日夜来。安得轻风扫微霭，振衣直上赫羲台。

（见束景南、查明昊辑编:《王阳明全集补编》，
上海古籍出版社 2016 年版，第 52 页。）

赠龙以昭隐君

长沙有翁号颐真，乡人共称避世士。自言龙逢之后嗣，早岁工文颇求仕。中年忽慕伯夷风，脱弃功名如敝屣。似翁含章良可贞，或从王事应有子。

（见束景南、查明昊辑编：《王阳明全集补编》，
上海古籍出版社 2016 年版，第 53 页。）

醴陵道中风雨夜宿泗州寺次韵

风雨偏从险道尝，深泥没马陷车箱。虚传鸟路通巴蜀，岂必羊肠在太行！远渡渐看连暝色，晚霞会喜见朝阳。水南昏黑投僧寺，还理羲编坐夜长。

长沙答周生

旅倦憩江观，病齿废谈诵。之子特相求，礼殚意弥重。自言绝学余，有志莫与共；手持一编书，披历见肝衷；近希小范踪，远为贾生恸；兵符及射艺，方技靡不综。我方惩创后，见之色亦动。子诚仁者心，所言亦屡中；愿子且求志，蕴蓄事涵泳。孔圣固惶惶，与点乐归咏；回也王佐才，闭户避邻哄。知子信美才，大构中梁栋；未当匠石求，滋植务培壅。愧子勤绻意，何以相规讽？养心在寡欲，操存舍即纵。岳麓何森森，遗址自南宋；江山足游息，贤迹尚堪踵。何当谢病来，士气多沉勇。

（见《王阳明全集》第 2 卷，
民主与建设出版社 2014 年版，第 509—510 页。）

陟湘于迈岳麓是尊仰止先哲因怀友生丽泽兴感伐木寄言二首

客行长沙道，山川郁绸缪。西探指岳麓，凌晨渡湘流；逾冈复陟巘，吊古还寻幽。林壑有余采，昔贤此藏修；我来实仰止，匪伊事盘游。衡云闲晓望，洞野浮春洲。怀我二三友，《伐木》增离忧。何当此来聚？道谊日相求。

其二

林间憩白石，好风亦时来。春阳熙百物，欣然得予怀。缅思两夫子，此地得徘徊。当年靡童冠，旷代登堂阶。高情讵今昔，物色遗吾侪。顾谓二三子，取瑟为我谐。我弹尔为歌，尔舞我与偕。吾道有至乐，富贵真浮埃！若时乘大化，勿愧点与回。陟冈采松柏，将以遗所思；勿采松柏枝，两贤昔所依。缘峰践台石，将以望所期；勿践台上石，两贤昔所跻。两贤去邈矣，我友何相违？吾斯未能信，役役空尔疲。胡不此簪盍，丽泽相遨嬉？渴饮松下泉，饥餐石上芝。偃仰绝余念，迁客难久稽。洞庭春浪阔，浮云隔九疑。江洲满芳草，目极令人悲。已矣从此去，奚必兹山为！恋系乃从欲，安土惟随时。晚闻冀有得，此外吾何知！

（见《王阳明全集》第2卷，

民主与建设出版社2014年版，第510页。）

游岳麓书事

醴陵西来涉湘水，信宿江城沮风雨。不独病齿畏风湿，泥潦侵途绝行旅。人言岳麓最形胜，隔水溟蒙隐云雾；赵侯需晴邀我游，故人徐陈各传语；周生好事屡来速，森森雨脚何由住！晓来阴翳稍披拂，便携周生涉江去。戒令休遣府中知，徒尔劳人更妨务。橘洲僧寺浮江流，鸣钟出延立沙际。停桡一至答其情，三洲连绵亦佳处。行云散漫浮日色，是时峰峦益开霁。乱流荡桨济倏忽，系楫江边老檀树。岸行里许入麓口，周生道予勤指顾。柳溪梅堤存仿佛，道林林壑独如故。赤沙想像虚田中，西屿倾颓今冢墓。道乡荒趾留突兀，赫曦远望石如鼓。殿堂释菜礼从宜，下拜朱张息游地。凿石开山面势改，双峰辟阙见江渚；闻是吴君所规画，此举良是反遭忌。九仞谁亏一篑功，叹息遗基独延伫！浮屠观阁摩青霄，盘踞名区遍寰宇；其徒素为儒所摈，以此方之反多愧。爱礼思存告朔羊，况此实作匪文具。人云赵侯意颇深，隐忍调停旋修举；昨来风雨破栋脊，方遣圬人补残敝。予闻此语心稍慰，野人蔬蕨亦罗置；欣然一酌才举杯，津夫走报郡侯至。此行隐迹何由闻？遣骑候访自吾寓；潜来鄙意正为此，仓卒行庖益劳费。整冠出迓见两盖，乃知王君亦同御。肴羞层叠丝竹繁，避席兴辞恳莫拒。多仪劣薄非所承，乐阕觞周日将暮。黄堂吏散君请先，病夫沾醉须少憩。入舟暝色渐微茫，却喜顺流还易渡。严城灯火人已稀，小巷曲折忘归路。仙宫酣倦成熟寐，晓闻檐声复如注。昨游偶遂实天假，信知行乐皆有数。涉躐差偿夙好心，尚有名山敢多慕！齿角盈亏分则然，行李虽淹吾不恶。

（见《王阳明全集》第 2 卷，

民主与建设出版社 2014 年版，第 510—511 页。）

次韵答赵太守王推官

诘朝事虔谒，玄居宿斋沐。积霖喜新霁，风日散清燠。兰桡渡芳渚，半涉见水陆；溪山俨新宇，雷雨荒大麓。皇皇弦诵区，斯文昔炳郁；兴废尚屯疑，使我怀悱懊。近闻牧守贤，经营亟乘屋。方舟为予来，飞盖遥肃肃。花絮媚晚筵，韶景正柔淑。浴沂谅同情，及兹授春服。令德倡高词，混珠愧鱼目！努力崇修名，迂疏自岩谷。

（见《王阳明全集》第 2 卷，

民主与建设出版社 2014 年版，第 511 页。）

南游三首

元明与予有衡岳、罗浮之期，赋《南游》，申约也。

南游何迢迢，苍山亦南驰。如何衡阳雁，不见燕台书？莫歌澧蒲曲，莫吊湘君祠。苍梧烟雨绝，从谁问九疑？

九疑不可问，罗浮如可攀。遥拜罗浮云，奠以双琼环。渺渺洞庭波，东逝何时还？生人不努力，草木同衰残。

洞庭何渺茫，横岳何崔嵬！风飘回雁雪，美人归未归？我有紫瑜佩，留挂芙蓉台。下有蛟龙峡，往往兴云雷。

（见束景南：《王阳明年谱长编》一，
上海古籍出版社2017年版，第456页。）

澹然子序

澹然子四易其号：其始曰凝秀，次曰完斋，又次曰友葵，最后为澹然子。阳明子南迁，过于潇湘之上，而语之故，且属诗焉，诗而序之。其言曰：“人，天地之心而五行之秀也。凝则形而生，散则游而变。道之不凝，虽生犹变。反身而诚，而道凝矣。故首之以‘凝秀’。道凝于己，是为率性；率性而人道全，斯之谓完，故次之以‘完斋’。完斋者，尽己之性也。尽己之性，而后能尽人之性，尽万物之性，至于草木，至矣。葵，草木之微者也，故次之以‘友葵’。友葵，同于物也。内尽于己，而外同乎物，则一矣。一则吻然而天游，混然而神化，同归而殊途，一致而百虑。天下何思何虑矣，故次之以‘澹然子’终焉。”或曰：“阳明子之言伦矣，而非澹然子之意也；澹然子之意玄矣，而非阳明子之言也。”阳明子闻之曰：“其然，岂其然乎？”书之以质于澹然子。澹然子，世所谓滇南赵先生者也。诗曰：

两端妙阖辟，五连无留停。藐然覆载内，真精谅斯凝。鸡犬一驰放，散失随飘零。惺惺日收敛，致曲乃明诚。

明诚为无忝，无忝斯全归。深渊春冰薄，千钧一丝微。肤发尚如此，天命焉可违？参乎吾与尔，免矣幸无亏。

人物各有禀，理同气乃殊。曰殊非有二，一本分澄淤。志气塞天地，万物皆吾躯。炯炯倾阳性，葵也吾友于。

孰葵孰为予，友之尚为二。大化岂容心，翳我亦何意？悠哉澹然子，乘化自来去。澹然非冥然，勿忘还勿助。

（见束景南：《王阳明年谱长编》一，

上海古籍出版社2017年版，第456—457页。）

吊屈平赋[①]

正德丙寅，某以罪谪贵阳，取道沅、湘，感屈原之事，为文而吊之。其词曰：

山黯惨兮江夜波，风飕飕兮木落森柯。汎中流兮焉泊？湛椒醑兮吊湘累。云冥冥兮月星蔽晦，冰崚嶒兮霰又下。累之宫兮安在？怅无见兮愁予。高岸兮嵚崎，纷纠错兮樛枝。下深渊兮不恻，穴澒洞兮蛟螭。山岑兮无极，空谷谽谺兮迥寥寂。猿啾啾兮吟雨，熊罴嗥兮虎交迹。念累之穷兮焉托处？四山无人兮骇狐鼠；魑魅游兮群跳啸，瞰出入兮为累奸宄。嫉累正直兮反诋为殃，昵比上官兮子兰为臧。幽丛薄兮畴侣，怀故都兮增伤。望九疑兮参差，就重华兮陈辞。沮积雪兮涧道绝，洞庭渺藐兮天路迷。要彭咸兮江潭，召申屠兮使骖。娥鼓瑟兮冯夷舞，聊遨游兮湘之浦。乘回波兮泊兰渚，眷故都兮独延伫。君不还兮郢为墟，心壹郁兮欲谁语？郢为墟兮函崤亦焚，谗鬼逋戮兮快不酬冤。历千载兮耿忠愊，君可复兮排帝阍。

① 据杨德俊先生考辨，此赋应作于丁卯年，丙寅年阳明在北京。此为一说。

望遁迹兮渭阳，箕罹囚兮其佯以狂。艰贞兮晦明，怀若人兮将予退藏。宗国沦兮摧腑肝，忠愤激兮中道难。勉低回兮不忍，溘自沈兮心所安。雄之谀兮谗喙，众狂稚兮谓累扬。已为魍为魅兮为谗腠妾，累视若鼠兮佞颡有泚。累忽举兮云中龙，菸晻霭兮飘风。横四海兮倏忽，驷玉虬兮上冲。降望兮大壑，山川萧条兮济寥廓。逝远去兮无穷，怀故都兮蜷局。

乱曰：日西夕兮沅湘流，楚山嵯峨兮无冬秋。累不见兮涕泗，世愈隘兮孰知我忧！

（见束景南：《王阳明年谱长编》一，

上海古籍出版社 2017 年版，第 458—459 页。）

天心湖阻泊既济书事[①]

挂席下长沙，瞬息百余里。舟人共扬眉，予独忧其驶。日暮入沅江，抵石舟果圮。补敝诘朝发，冲风遂龃龉。暝泊后江湖，萧条旁罾垒。月黑波涛惊，蛟鼍互睥睨。翼午风益厉，狼狈收断汜。天心数里间，三日但遥指。甚雨迅雷电，作势殊未已。溟溟云雾中，四望渺涯涘。篙桨不得施，丁夫尽嗟噫。淋漓念同胞，吾宁忍暴使？馇粥且倾橐，苦甘吾与尔。众意在必济，粮绝亦均死。凭陵向高浪，吾亦讵容止。虎怒安可撄？志同稍足倚；且令并岸行，试涉湖滨沚。收舵幸无事，风雨亦浸弛。逡巡缘沚湄，迤逦就风势。新涨翼回湍，倏忽逝如矢。夜入武阳江，渔村稳堪舣。籴市谋晚炊，且为众人喜。江醪信漓浊，聊复荡胸滓。济险在需时，徼幸岂常理？尔辈勿轻生，偶然非可恃！

（见《王阳明全集》第 2 卷，

民主与建设出版社 2014 年版，第 511—512 页。）

① 杨德俊先生认为，此诗应为正德二年所作。此为一说。

栖霞山①

宛宛南明水，回旋抱此山。解鞍夷曲磴，策杖列禅关。薄雾侵衣湿，孤云入座闲。少留心已寂，不信在乌蛮。

（见束景南、查明昊辑编：《王阳明全集补编》，上海古籍出版社 2016 年版，第 54 页。）

吊易忠节公墓

金石心肝熊豹姿，煌煌大节系人思。长风撼树声悲壮，仿佛当年骂贼时。

（见束景南、查明昊辑编：《王阳明全集补编》，上海古籍出版社 2016 年版，第 53 页。）

晚泊沅江②

古洞何年隐七仙，仙踪欲扣竟茫然。惟余洞口桃花树，笑倚东风自岁年。

（见束景南、查明昊辑编：《王阳明全集补编》，上海古籍出版社 2016 年版，第 53 页。）

去妇叹五首

楚人有问于新娶而去其妇者。其妇无所归，去之山间独居，怀缱不忘，终无他适。予闻其事而悲之，为作《去妇叹》。

---

① 杨德俊先生认为，此诗是在贵阳所作。此为一说。

② 杨德俊先生认为，此诗当为正德二年所作。此为一说。

委身奉箕帚，中道成弃捐。苍蝇间白璧，君心亦何愆！独嗟贫家女，素质难为妍。命薄良自喟，敢忘君子贤？春华不再艳，颓魄无重圆。新欢莫终恃，令仪慎周还。

依违出门去，欲行复迟迟。邻妪尽出别，强语含辛悲。陋质容有缪，放逐理则宜；姑老藉相慰，缺乏多所资。妾行长已矣，会面当无时！

妾命如草芥，君身比琅玕。奈何以妾故，废食怀愤冤？无为伤姑意，燕尔且为欢；中厨存宿旨，为姑备朝餐。畜育意千绪，仓卒徒悲酸。伊迩望门屏，盍从新人言。夫意已如此，妾还当谁颜！

去矣勿复道，已去还踌躇。鸡鸣尚闻响，犬恋犹相随。感此摧肝肺，泪下不可挥。冈回行渐远，日落群鸟飞。群鸟各有托，孤妾去何之？

空谷多凄风，树木何潇森！浣衣涧冰合，采苓山雪深。离居寄岩穴，忧思托鸣琴。朝弹别鹤操，暮弹孤鸿吟。弹苦思弥切，巑岏隔云岑。君聪甚明哲，何因闻此音？

罗旧驿[①]

客行日日万峰头，山水南来亦胜游。布谷鸟啼村雨暗，刺桐花暝石溪幽。蛮烟喜过青杨瘴，乡思愁经芳杜洲。身在夜郎家万里，五云天北是神州。

（见《王阳明全集》第2卷，
民主与建设出版社2014年版，第512页。）

沅水驿

辰阳南望接沅州，碧树林中古驿楼。远客日怜风土异，空山惟见瘴云

① 杨德俊先生认为，此诗为正德二年“芒种”时节所作。此为一说。

浮。耶溪有信从谁问？楚水无情只自流。却幸此身如野鹤，人间随地可淹留。

（见《王阳明全集》第 2 卷，
民主与建设出版社 2014 年版，第 512—513 页。）

钟鼓洞①

见说水南多异迹，岩头时有鼓钟声。空遗石壁千年在，未信金砂九转成。远地星辰瞻北极，春山明月坐更深。年来夷险还忘却，始信羊肠路亦平。

平溪馆次王文济韵

山城寥落闭黄昏，灯火人家隔水村。清世独便吾职易，穷途还赖此心存。蛮烟瘴雾承相往，翠壁丹崖好共论。畎亩投闲终有日，小臣何以答君恩？

清平卫即事

积雨山途喜乍晴，暖云浮动水花明。故园日与青春远，敝缊凉思白苎轻。烟际卉衣窥绝栈，时土苗方仇杀。峰头戍角隐孤城。华夷节制严冠履，漫说殊方列省卿。

七盘

鸟道萦纡下七盘，古藤苍木峡声寒。境多奇绝非吾土，时可淹留是谪

① 杨德俊先生认为，此诗为正德五年所作。此为一说。

官。犹记边峰传羽檄，近闻苗俗化衣冠。投簪实有居夷志，垂白难承菽水欢。

兴隆卫书壁

山城高下见楼台，野戍参差暮角摧。贵竹路从峰顶入，夜郎人自日边来。莺花夹道惊春老，雉堞连云向晚开。尺素屡题还屡掷，衡南那有雁飞回？

（见《王阳明全集》第2卷，
民主与建设出版社2014年版，第513页。）

初至龙场无所止结草庵居之[①]

草庵不及肩，旅倦体方适。开棘自成篱，土阶漫无级；迎风亦萧疏，漏雨易补缉。灵濑响朝湍，深林凝暮色。群獠环聚讯，语庞意颇质。鹿豕且同游，兹类犹人属。污樽映瓦豆，尽醉不知夕。缅怀黄唐化，略称茅茨迹。

（见《王阳明全集》第2卷，
民主与建设出版社2014年版，第513—514页。）

始得东洞遂改为阳明小洞天

群峭会龙场，戟雉四环集。迩觏有遗观，远览颇未给。寻溪涉深林，涉巘下层隰。东峰丛石秀，独往凌日夕。崖穹洞萝偃，苔滑径路涩。月照石门开，风飘客衣入。依窥嵌窦玄，俯聆暗泉急。惬意恋青夜，会景忘旅邑。熠熠岩鹘翻，凄凄草虫泣。点咏怀沂朋，孔叹阻陈楫。踌躇且归休，

① 杨德俊先生认为，此诗为正德二年秋所作。此为一说。

勿使霜露及。

（见束景南：《王阳明年谱长编》一，

上海古籍出版社2017年版，第466页。）

移居阳明小洞天[①]

古洞闷荒僻，虚设疑相待。披莱历风磴，移居快幽垲。营炊就岩窦，放榻依石垒。穹窒旋薰塞，夷坎仍扫洒。卷帙漫堆列，樽壶动光彩。夷居信何陋，恬淡意方在。岂不桑梓怀？素位聊无悔。

童仆自相语，洞居颇不恶。人力免结构，天巧谢雕凿。清泉傍厨落，翠雾还成幕。我辈日嬉偃，主人自愉乐。虽无棨戟荣，且远尘嚣聒。但恐霜雪凝，云深衣絮薄。

我闻莞尔笑，周虑愧尔言。上古处巢窟，抔饮皆污樽。冱极阳内伏，古穴多冬暄。豹隐文始泽，龙蛰身乃存。岂无数尺榱，轻裘吾不温。邈矣箪瓢子，此心期与论。

谪居绝粮请学于农将田南山永言寄怀

谪居屡在陈，从者有愠见。山荒聊可田，钱镈还易办。夷俗多火耕，仿习亦颇便。及兹春未深，数亩犹足佃。岂徒实口腹？且以理荒宴。遗穗及鸟雀，贫寡发余羡。出耒在明晨，山寒易霜霰。

（见《王阳明全集》第2卷，

民主与建设出版社2014年版，第514页。）

---

① 此诗在《王阳明全集》第2卷，民主与建设出版社2014年版，第514页，题为《始得东洞遂改为阳明小洞天三首》，“今存《居夷集》（嘉靖三年丘养浩叙刊、韩柱、徐珊校订，上海图书馆藏）中，此三诗题作《移居阳明小洞天》”。（见束景南：《王阳明年谱长编》一，上海古籍出版社2017年版，第466页。）

采蕨

采蕨西山下，扳援陟崔嵬。游子望乡国，泪下心如摧。浮云塞长空，颓阳不可回。南归断舟楫，北望多风埃。已矣供子职，勿更贻亲哀！

（见《王阳明全集》第 2 卷，

民主与建设出版社 2014 年版，第 514 页。）

猗猗

猗猗涧边竹，青青岩畔松。直干历冰雪，密叶留清风。自期永相托，云壑无违踪。如何两分植，憔悴叹西东。人事多翻覆，有如道上蓬。惟应岁寒意，随处还当同。

南溟

南溟有瑞鸟，东海有灵禽；飞游集上苑，结侣珍树林；愿言饰羽仪，共舞箫韶音。风云忽中变，一失难相寻。瑞鸟既遭縻，灵禽投荒岑；天衢雨雪积，江汉虞罗侵。哀哀鸣索侣，病翼飞未任。群鸟亦千百，谁当会其心？南岳有竹实，丹溜青松阴；何时共栖息？永托云泉深。

溪水

溪石何落落，溪水何泠泠。坐石弄溪水，欣然濯我缨。溪水清见底，照我白发生。年华若流水，一去无回停。悠悠百年内，吾道终何成！

（见《王阳明全集》第 2 卷，

民主与建设出版社 2014 年版，第 514 页。）

观稼

下田既宜稌，高田亦宜稷。种蔬须土疏，种蓣须土湿。寒多不实秀，暑多有螟螣。去草不厌频，耘禾不厌密。物理既可玩，化机还默识。即是参赞功，毋为轻稼穑。

（见束景南：《王阳明年谱长编》一，
上海古籍出版社 2017 年版，第 467 页。）

龙冈新构

诸夷以予穴居颇阴湿，请构小庐。欣然趋事，不月而成。诸生闻之，亦皆来集，请名龙冈书院，其轩曰“何陋”。

谪居聊假息，荒秽亦须治。凿巘薙林条，小构自成趣。开窗入远峰，架扉出深树。墟寨俯逶迤，竹木互蒙翳。畦蔬稍溉锄，花药颇杂莳。宴适岂专予，来者得同憩。轮奂非致美，毋令易倾敝。

营茅乘田隙，洽旬始苟完。初心待风雨，落成还美观。锄荒既开径，拓樊亦理园。低檐避松偃，疏土行竹根。勿剪墙下棘，束列因可藩；莫撷林间萝，蒙笼覆云轩。素缺农圃学，因兹得深论。毋为轻鄙事，吾道固斯存。

（见《王阳明全集》第 2 卷，
民主与建设出版社 2014 年版，第 515 页。）

诸生来

简滞动罹咎，废幽得幸免。夷居虽异俗，野朴意所眷。思亲独疚心，疾忧庸自遣。门生颇群集，樽斝亦时展。讲习性所乐，记问复怀靦。林行或沿涧，洞游还陟巘。月榭坐鸣琴，云窗卧披卷。澹泊生道真，旷达匪荒宴。岂必鹿门栖，自得乃高践。

西园

方园不盈亩，蔬卉颇成列。分溪免翁灌，补篱防豕鏑。芜草稍焚薙，清雨夜来歇。濯濯新叶敷，荧荧夜花发。放锄息重阴，旧书漫披阅。倦枕竹下石，醒望松间月。起来步闲谣，晚酌檐下设。尽醉即草铺，忘与邻翁别。

水滨洞

送远憩岨谷，濯缨俯清流。沿溪涉危石，曲洞藏深幽。花静馥常闷，溜暗光亦浮。平生泉石好，所遇成淹留。好鸟忽双下，鲦鱼亦群游。坐久尘虑息，澹然与道谋。

山石

山石犹有理，山木犹有枝。人生非木石，别久宁无思！愁来步前庭，仰视行云驰；行云随长风，飘飘去何之？行云有时定，游子无还期。高梁始归燕，题鴂已先悲。有生岂不苦，逝者长若斯！已矣复何事？商山行采芝。

（见《王阳明全集》第 2 卷，

民主与建设出版社 2014 年版，第 516 页。）

无寐二首

烟灯暧无寐，忧思坐长往。寒风振乔林，叶落闻窗响。起窥庭月光，山空游罔象。怀人阻积雪，崖冰几千丈。

穷厓多杂树，上与青冥连。穿云下飞瀑，谁能识其源？但闻清猿啸，时见皓鹤翻。中有避世士，冥寂栖其巅。繁予亦同调，路绝难攀缘。

（见《王阳明全集》第2卷，

民主与建设出版社2014年版，第516页。）

诸生夜坐

谪居澹虚寂，眇然怀同游。日入山气夕，孤亭俯平畴。草际见数骑，取径如相求；渐近识颜面，隔树停鸣驺；投辔雁鹜进，携榼各有羞；分席夜堂坐，绛蜡清樽浮；鸣琴复散帙，壶矢交觥筹。夜弄溪上月，晓陟林间丘。村翁或招饮，洞客偕探幽。讲习有真乐，谈笑无俗流。缅怀风沂兴，千载相为谋。

艾草次胡少参韵

薙草莫薙兰，兰有芬芳姿。况生幽谷底，不碍君稻畦。艾之亦何益？徒令香气衰。荆棘生满道，出刺伤人肌；持刀忌触手，睆视不敢挥。薙草须薙棘，勿为棘所欺。

（见《王阳明全集》第2卷，

民主与建设出版社2014年版，第517页。）

凤雏次韵答胡少参

凤雏生高压，风雨摧其翼。养疴深林中，百鸟惊辟易。虞人视为妖，举网争弹弋。此本王者瑞，惜哉谁能识！吾方哀其穷，胡忍复相亟？鸱枭据丛林，驱鸟恣搏食。嗟尔独何心？枭凤如白黑。

鹦鹉和胡韵

鹦鹉生陇西，群飞恣鸣游。何意虞罗及？充贡来中州。金绦縻华屋，云泉谢林丘。能言实阶祸，吞声亦何求！主人有隐寇，窃发闻其谋。感君惠养德，一语思所酬。惧君不见察，杀身反为尤。

诸生

人生多离别，佳会难再遇。如何百里来，三宿便辞去？有琴不肯弹，有酒不肯御。远陟见深情，宁予有弗顾？洞云还自栖，溪月谁同步？不念南寺时，寒江雪将暮？不记西园日，桃花夹川路？相去倏几月，秋风落高树。富贵犹尘沙，浮名亦飞絮。嗟我二三子，吾道有真趣。胡不携书来，茆堂好同住！

（见《王阳明全集》第 2 卷，
民主与建设出版社 2014 年版，第 517 页。）

游来仙洞早发道中

霜风清木叶，秋意生萧疏。冲星策晓骑，幽事将有徂。股虫乱飞掷，道狭草露濡；倾暑特晨发，征夫已先途。淅米石间溜，炊火岩中庐。烟峰上初日，林鸟相嘤呼。意欣物情适，战胜癯色腴。行乐信宇宙，富贵非吾图！

别友

幽寻意方结，奈此世累牵。凌晨驱马别，持杯且为传。相求苦非远，山路多风烟。所贵明哲士，秉道非苟全。去矣崇令德，吾亦行归田。

赠黄太守澍

岁晏乡思切，客久亲旧疏。卧疴闭空院，忽来故人车。入门辨眉宇，喜定还惊吁。远行亦安适，符竹膺新除。荒郡号难理，况兹征索余！君才素通敏，窘剧宜有纡。蛮乡虽瘴毒，逐客犹安居。经济非复事，时还理残书。山泉足游憩，鹿麋能友予。澹然穹壤内，容膝皆吾庐。惟营垂白念，旦夕怀归图。君行勉三事，吾计终五湖。

寄友用韵

怀人坐沉夜，帷灯暖幽光。耿耿积烦绪，忽忽如有忘。玄景逝不处，朱炎化微凉。相彼谷中葛，重阴殒衰黄。感此游客子，经年未还乡。伊人不在目，丝竹徒满堂，天深雁书杳，梦短关塞长。情好矢无斁，愿言觊终偿。惠我金石编，徽音激宫商。驰辉不可即，式尔增予伤！馨香袭肝膂，聊用心中藏。

秋夜

树暝栖翼喧，萤飞夜堂静。遥穹出晴月，低檐入峰影。窅然坐幽独，怵尔抱深警。年徂道无闻，心违迹未屏。萧瑟中林秋，云凝松桂冷。山泉岂无适？离人怀故境。安得驾云鸿，高飞越南景！

（见《王阳明全集》第 2 卷，
民主与建设出版社 2014 年版，第 518 页。）

采薪二首

朝采山上荆，暮采谷中栗。深谷多凄风，霜露沾衣湿。采薪勿辞辛，昨来断薪拾。晚归阴壑底，抱瓮还自汲。薪水良独劳，不愧食吾力！

倚担青厓际，历斧厓下石。持斧起环顾，长松百余尺。徘徊不忍挥，俯略涧边棘。同行笑吾馁，尔斧安用厉？快意岂不能？物材各有适。可以相天子，众稚讵足识！

龙冈漫兴五首

投荒万里入炎州，却喜官卑得自由。心在夷居何有陋？身虽吏隐未忘忧。春山卉服时相问，雪寨蓝舆每独游。拟把犁锄从许子，谩将弦诵止言游。

旅况萧条寄草堂，虚檐落日自生凉。芳春已共烟花尽，孟夏俄惊草木长。绝壁千寻凌杳霭，深压六月宿冰霜。人间不有宣尼叟，谁信申韩未是刚？

路僻官卑病益闲，空林惟听鸟间关。地无医药凭书卷，身处蛮夷亦故山。用世谩怀伊尹耻，思家独切老莱斑。梦魂兼喜无余事，只在耶溪舜水湾。

卧龙一去忘消息，千古龙冈漫有名。草屋何人方管乐，桑间无耳听《咸英》。江沙漠漠遗云鸟，草木萧萧动甲兵。好共鹿门庞处士，相期采药入青冥。

归与吾道在沧浪，颜氏何曾击柝忙？枉尺已非贤者事，斫轮徒有古人方。白云晚忆归岩洞，苍藓春应遍石床。寄语峰头双白鹤，野夫终不久龙场。

答毛拙庵见招书院

野夫病卧成疏懒，书卷长抛旧学荒。岂有威仪堪法象？实惭文檄过称扬。移居正拟投医肆，虚席仍烦避讲堂。范我定应无所获，空令多士笑王良。

（见《王阳明全集》第 2 卷，

民主与建设出版社 2014 年版，第 519 页。）

老桧

老桧斜生古驿傍，客来系马解衣裳。托根非所还怜汝，直干不挠终异常。风雪凛然存节概，刮摩聊尔见文章。何当移植山林下，偃蹇从渠拂汉苍。

却巫

卧病空山无药石，相传土俗事神巫。吾行久矣将焉祷？众议纷然反见迂。积习片言容未解，舆情三月或应孚。也知伯有能为厉，自笑孙侨非丈夫。

（见《王阳明全集》第2卷，
民主与建设出版社2014年版，第520页。）

过天生桥

水光如练落长松，云际天桥隐白虹。辽鹤不来华表烂，仙人一去石桥空。徒闻鹊驾横秋夕，谩说秦鞭到海东。移放长江还济险，可怜虚却万山中。

（见《王阳明全集》第2卷，
民主与建设出版社2014年版，第520页。）

冬至

客床无寐听潜雷，珍重初阳夜半回。天地未尝生意息，冰霜不耐鬓毛催。春添衮线谁能补？岁晚心丹自动灰。料得重闱强健在，早看消息报窗梅。

（见《王阳明全集》第2卷，
民主与建设出版社2014年版，第526页。）

雪夜

天涯久客岁侵寻，茆屋新开枫树林。渐惯省言因病齿，屡经多难解安心。犹怜未系苍生望，且得闲为白石吟。乘兴最堪风雪夜，小舟何日返山阴？

（见《王阳明全集》第 2 卷，
民主与建设出版社 2014 年版，第 521 页。）

山途二首

上山见日下山阴，阴欲开时日欲沉。晚景无多伤远道，朝阳莫更沮云岑。人归暝市分渔火，客舍空林依暮禽。世事验来还自领，古人先已得吾心。

南北驱驰任板舆，谪乡何地是安居？家家细雨残灯后，处处荒原野烧余。江树欲迷游子望，朔云长断故人书。茂陵多病终萧散，何事相如赋《子虚》。

（见《王阳明全集》第 2 卷，
民主与建设出版社 2014 年版，第 523 页。）

白云

白云冉冉出晴峰，客路无心处处逢。已逐肩舆度青壁，还随孤鹤下苍松。此身愧尔长多系，他日从龙谩托踪。断鹭残鸦飞欲尽，故山回首意重重。

（见《王阳明全集》第 2 卷，
民主与建设出版社 2014 年版，第 523—524 页。）

寄徐掌教

徐稚今安在？空梁榻久悬。北门倾盖日，东鲁校文年。岁月成超忽，风云易变迁。新诗劳寄我，不愧《鸟鸣》篇。

（见《王阳明全集》第2卷，
民主与建设出版社2014年版，第524页。）

书庭蕉

檐前蕉叶绿成林，长夏全无暑气侵。但得雨声连夜静，不妨月色半床阴。新诗旧叶题将满，老芰疏梧根共深。莫笑郑人谈讼鹿，至今醒梦两难寻。

（见《王阳明全集》第2卷，
民主与建设出版社2014年版，第524页。）

送张宪长左迁滇南大参次韵

世味知公最饱谙，百年清德亦何惭！柏台藩省官非左，江汉滇池道益南。绝域烟花怜我远，今宵风月好谁谈？交游若问居夷事，为说山泉颇自堪。

（见《王阳明全集》第2卷，
民主与建设出版社2014年版，第524页。）

观傀儡次韵

处处相逢是戏场，何须傀儡夜登堂？繁华过眼三更促，名利牵人一线长。稚子自应争诧说，矮人亦复浪悲伤。本来面目还谁识？且向樽前学楚狂。

（见《王阳明全集》第2卷，
民主与建设出版社2014年版，第525页。）

即席次王文济少参韵二首

摇落休教感客途，南来秋兴未全孤。肝肠已自成金石，齿发从渠变柳蒲。倾倒酒杯金谷罚，逼真词格《辋川图》。谪乡莫道贫消骨，犹有新诗了旧逋。

此身未拟泣穷途，随处翻飞野鹤孤。霜冷几枝存晚菊，溪春两度见新蒲。荆西寇盗纡筹策，湘北流移入画图。莫怪当筵倍凄切，诛求满地促官逋。

（见《王阳明全集》第 2 卷，

民主与建设出版社 2014 年版，第 525 页。）

套数·恬退

［南仙吕甘州歌］归来未晚，两扇门儿，虽设常关。无萦无绊，直睡到晓日三竿。情知广寒无桂攀，不如向绿野前边学种兰。从人笑，贫似丹，黄金难买此身闲，村庄学，一味懒。清风明月不须钱。

［前腔］携筇傍水边，叹人生翻覆，一似波澜。不贪不爱，只守着暗中流年。虀盐岁月一日一两飡，茅舍疏篱三四间。田园少，心底宽，从来不会皱眉端。居颜巷，人到罕，闭门终日枕书眠。

［解三酲犯］把黄粮懒炊香饭，恁教他恣游邯郸，假饶位至三公显，怎如我埜人闲。朝思暮想人情一似掌样翻，试听得狂士接舆歌未阑，连云栈，乱石滩，烟波名利大家难，收冯铗，筑傅版，尽教三箭定天山。

［前腔］叹浮生总成虚幻，又何须苦自熬煎。今朝快乐今朝宴，明日事且休管。无心老翁一任蓬松两鬓斑。直吃到绿酒床头磁瓮干。妻随唱，子戏斑，弟酬兄劝共团圞。兴和废，长共短，梅花窗外冷相看。

［尾声］叹目前机关汉，色声香味任他瞒，长笑一声天地宽。

（见束景南、查明昊辑编：《王阳明全集补编》，

上海古籍出版社 2016 年版，第 54—55 页。）

答文鸣提学

〈节选〉

夫学而为人，虽日讲于仁义道德，亦为外化物，于身心无与也。苟知为己矣，寝食笑言，焉往而非学？譬如木之植根，水之浚源，其畅茂疏达，当日异而月不同。曾子所谓“诚意”，子思所谓“致中和”，孟了所谓“求放心”，皆此矣。此仆之为文鸣喜而不寐，非为文鸣喜，为吾道喜也。愿亦勉之，使吾侪得有所矜式，幸甚，幸甚！病齿兼虚下，留长沙八日。大风雨绝往来，间稍霁，则独与周生金者渡橘州，登岳麓。尝有三诗奉怀文鸣与成之、懋贞，录上请正。又有一长诗，稿留周生处，今已记忆不全，兼亦无益之谈，不足呈也。南去俦类益寡，丽泽之思，“惄如调饥”，便问无吝教言。秋深得遂归图，岳麓、五峰之间，倘能一会，甚善。公且豫存之意，果尔，当先时奉告也。

（见束景南、查明昊辑编：《王阳明全集补编》，
上海古籍出版社2016年版，第108页。）

士穷见节义论

〈节选〉

论曰：君子之正气，其亦不幸而有所激也。夫君子以正气自持，而顾肯以表表自见哉？吾以表表自见，而天下已有不可救之患。是故君子之不得已也，其亦不幸而适遭其穷，则必不忍泯然自晦，而正气之所激，盖有抑之必伸，炼之必刚，守之愈坚，作之愈高，而始有所谓全大节，仗大义，落落奇伟，以高出品汇俦伍之上矣。此岂依形而立，恃势而行，待生而存，随死而亡者耶？且夫正气流行磅礴，是犹在天为星辰，在地为河岳，而在人则为功业、为节义，何者？盖处顺而达，则正气舒，而为功为业；处逆而穷，则正气激，而为节为义。是理之常者，无足怪也。今夫长江万里，汪洋汗漫，浩然而东也，卒遇逆折之冲，而后有撼空摧山之势，

震动而不可御，岂非激之使然也？...... 孟子曰：“我善养吾浩然之气。”故弱者养之，以至于刚；慊者养之，以至于充也。不幸适遭其穷，而当吾道之厄，则前之不可伸也，后之不可追也，左之不可援也，右之不可顾也。抑之则生，扬之则死，呼吸之间，而死生存亡系矣，其时亦岌岌矣。君子于此，将依阿以为同也，将沉晦以为愚也，畴昔所养，何为而乃为此也？是故君子之不得已也。是故窜身可也，碎首可也，溅血可也，可生可死，可存可亡，而此气不可夺也。

（见束景南、查明昊辑编：《王阳明全集补编》，
上海古籍出版社 2016 年版，第 110—111 页。）

明封孺人詹母越氏墓志铭[①]

〈节选〉

铭曰：母也惟慈，妻也惟顺。呜呼孺人，顺慈以训。生也惟从，死也惟同。城西之衬，归于其宫。

（见束景南、查明昊辑编：《王阳明全集补编》，
上海古籍出版社 2016 年版，第 113 页。）

何陋轩记[②]

昔孔子欲居九夷，人以为陋。孔子曰：“君子居之，何陋之有？”守仁以罪谪龙场。龙场，古夷蔡之外，于今为要绥，而习类尚因其故。人皆以

① 杨德俊先生认为，此墓志铭写作时间是正德二年；写作地点在今贵州贵阳市。此墓碑于 1955 年在贵阳城西出土，现收藏在贵州省博物馆。嘉靖十四年，贵州都司经历赵昌龄与龙岗书院弟子陈文学和叶梧刊刻《新刊阳明先生文录续编》卷二《墓志》有载全文。此为一说。

② 杨德俊先生认为，此文写作时间为正德三年；写作地点在今贵阳市修文县龙场镇龙岗山。此为一说。

予自上国往，将陋其地，弗能居也。而予处之旬月，安而乐之，求其所谓甚陋者而莫得。独其结题鸟言，山栖羝服，无轩裳宫室之观、文仪揖让之缛，然此犹淳庞质素之遗焉。盖古之时，法制未备，则有然矣，不得以为陋也。夫爱憎面背，乱白黝，浚奸穷黠，外良而中螫，诸夏盖不免焉。若是而彬郁其容，宋甫鲁掖，折旋矩矮，将无为陋乎？夷之人乃不能此。其好言恶詈，直情率遂，则有矣。世徒以其言辞物采之眇而陋之，吾不谓然也。始予至，无室以止，处于丛棘之间，则郁也。迁于东峰，就石穴而居之，又阴以湿。龙场之民，老稚日来视予，喜不予陋，益孚比。予尝圃于丛棘之后，民谓予之乐也，相与伐木阁之材，就其地为轩以居予。予因而翳之以桧竹，莳之以卉药。列堂阶，辨室奥，琴编图史，讲诵游适之道略具。学士之来游者，亦稍稍而集，于是人之及吾轩者，若观于通都焉，而予亦忘予之居夷也，因轩扁曰“何陋”，以信孔子之言。嗟夫！诸夏之盛，其典章礼乐，历圣修而传之，夷不能有也，则谓之陋固宜。于后蔑道德而专法令，搜抉钩絷之术穷，而狡匿谲诈，无所不至，浑朴尽矣。夷之民方若未琢之璞，未绳之木，虽粗砺顽梗，而椎斧尚有施也，安可以陋之？斯孔子所谓“欲居”也欤？虽然，典章文物则亦胡可以无讲？今夷之俗，崇巫而事鬼，渎礼而任情，不巾不笄，卒未免于陋之名，则亦不讲于是耳。然此无损于其质也。诚有君子而居焉，其化之也盖易。而予非其人也，记之以俟来者。

弟守仁谪居龙场，久而乐之，聊寄此以慰舜功年丈远怀。

（见束景南、查明昊辑编：《王阳明全集补编》，上海古籍出版社 2016 年版，第 342—343 页。）

《何陋轩记》手迹

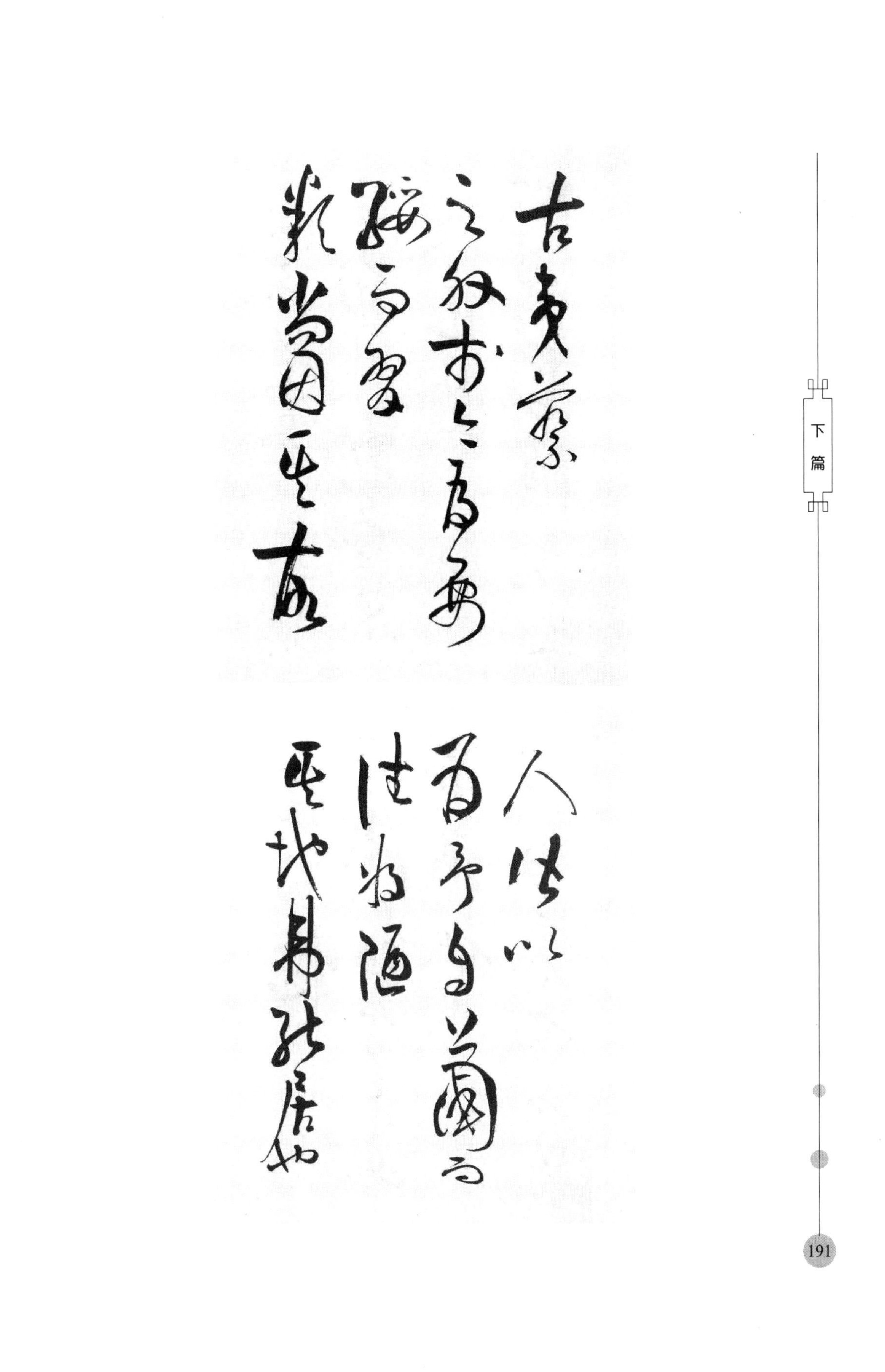

下篇

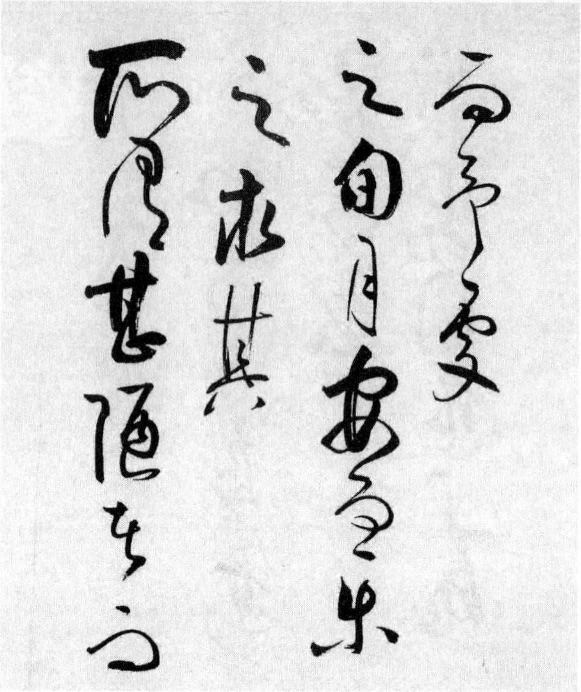

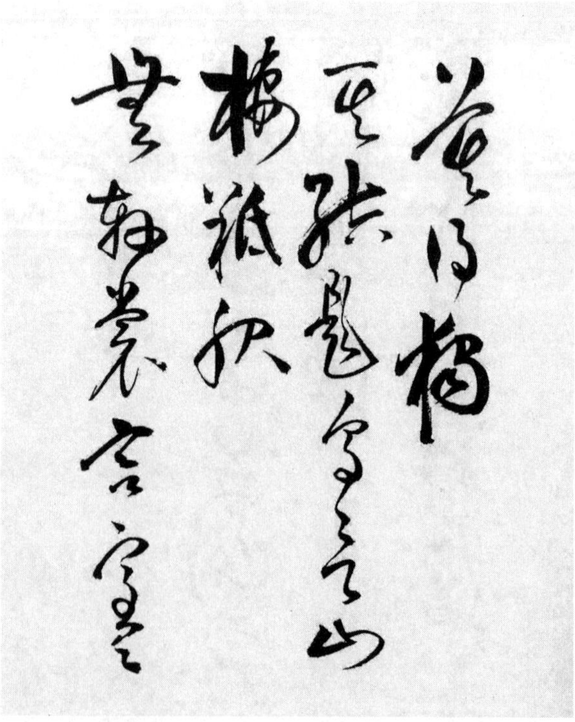

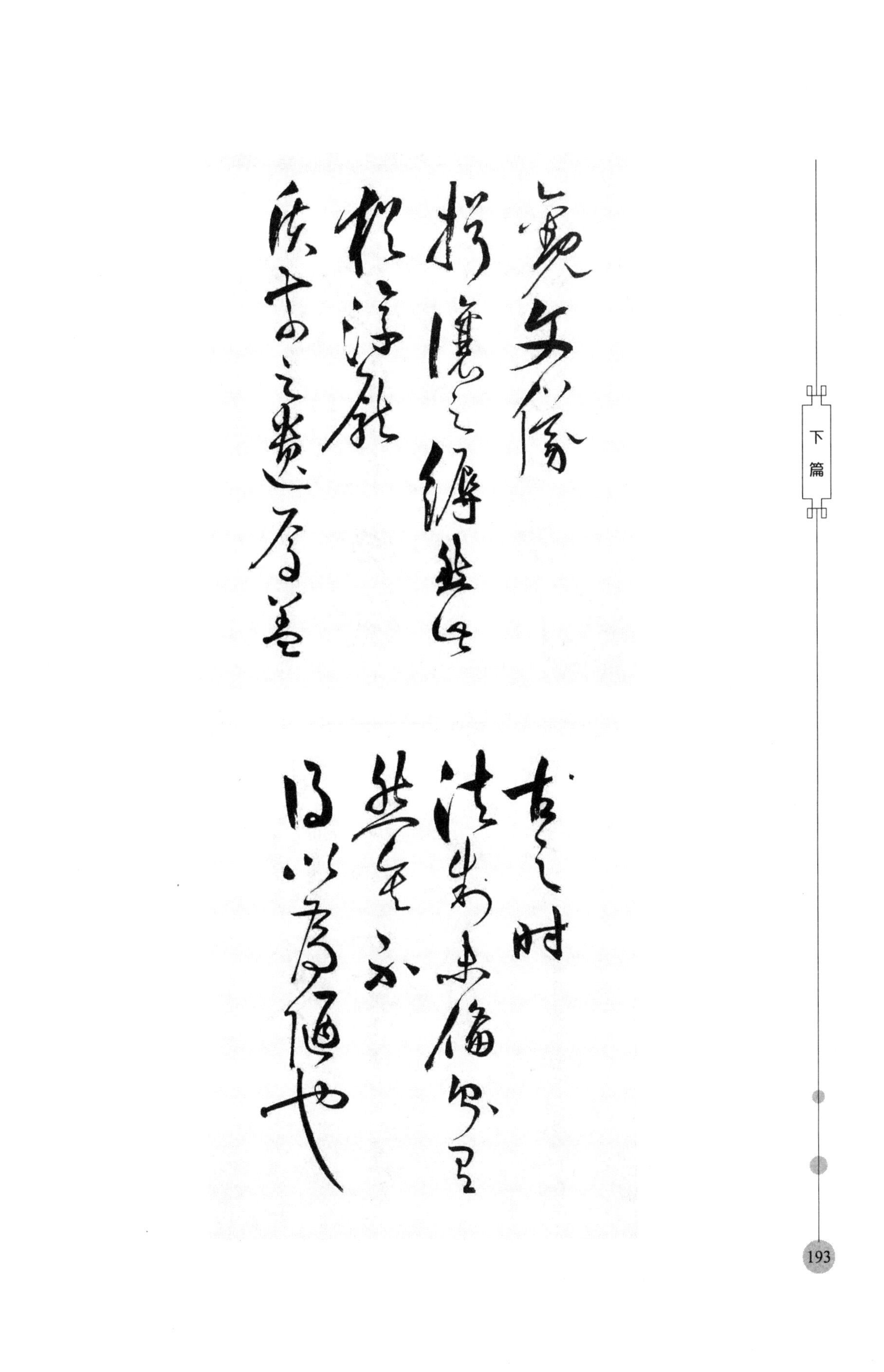

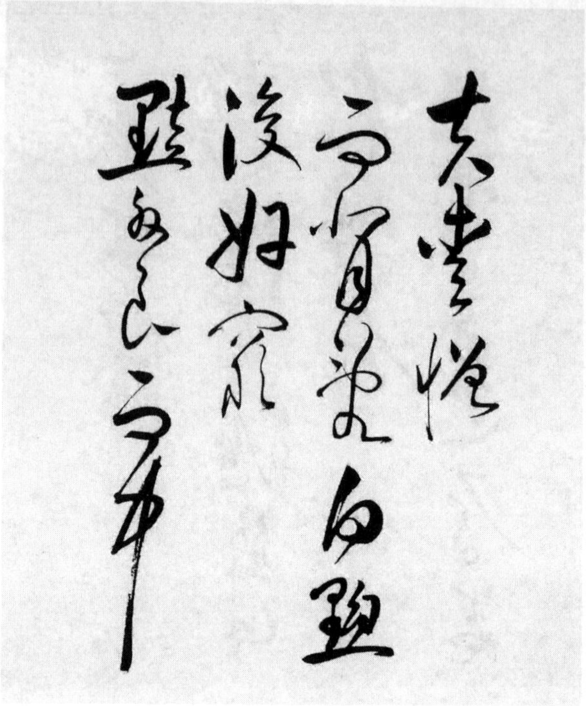

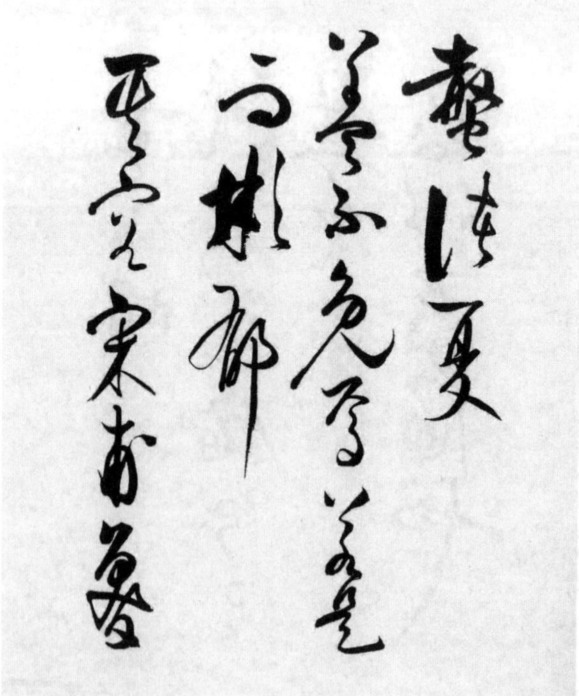

拈折花
雖疑將以當酒
手書之
人乃不能以無好

言之畢
其情豪邁哉
其氣出
況以之錄物象

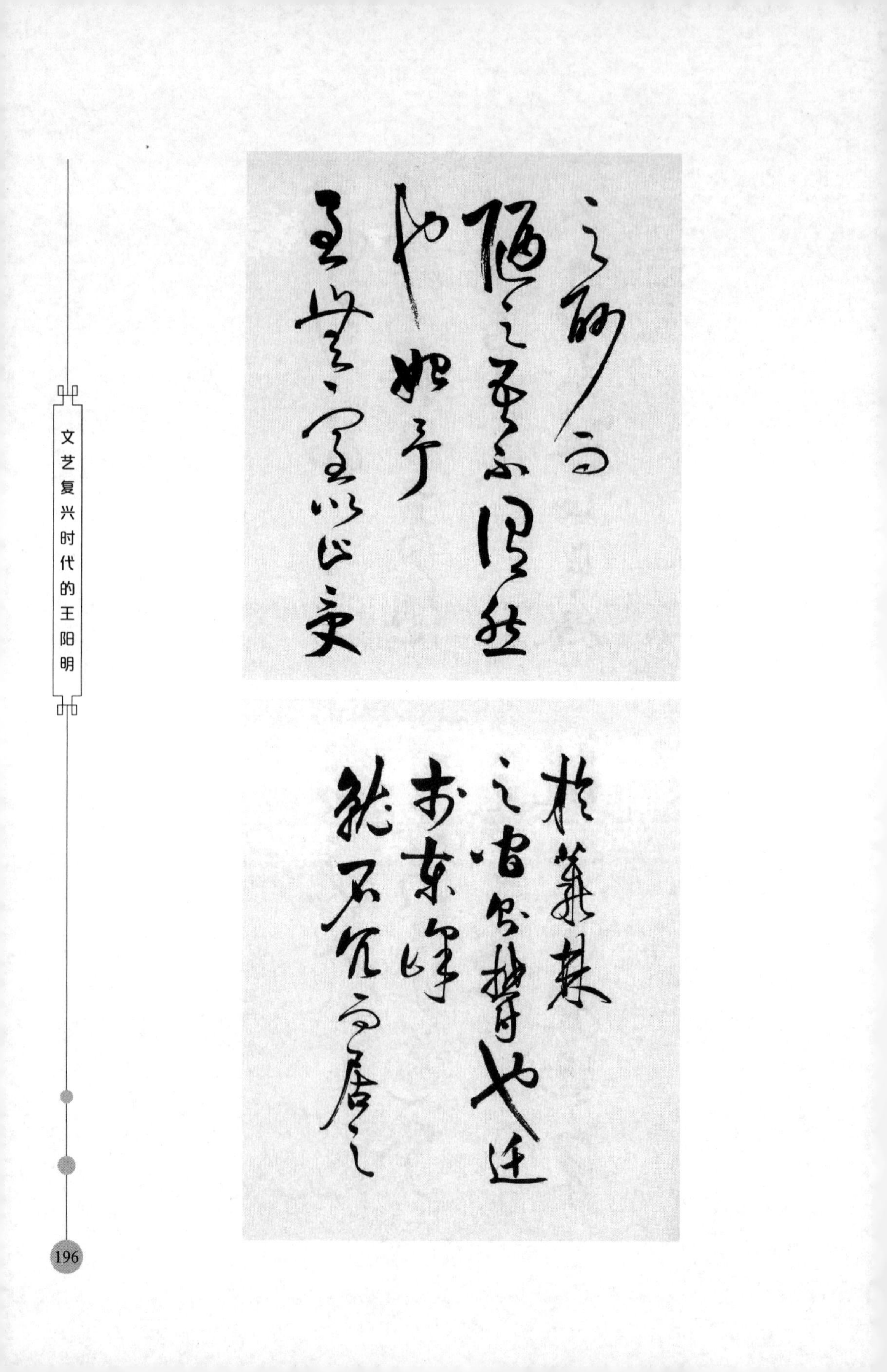

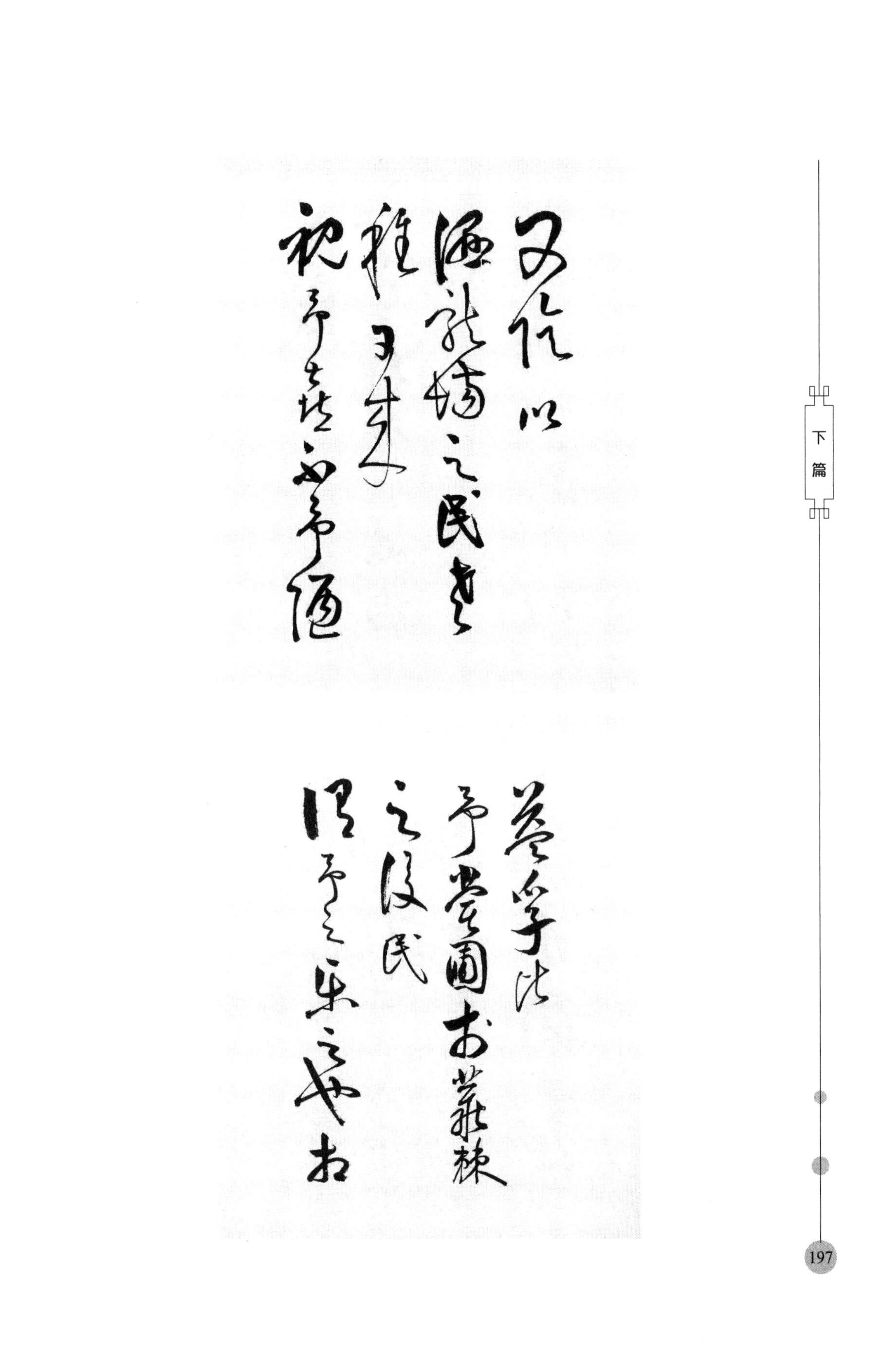

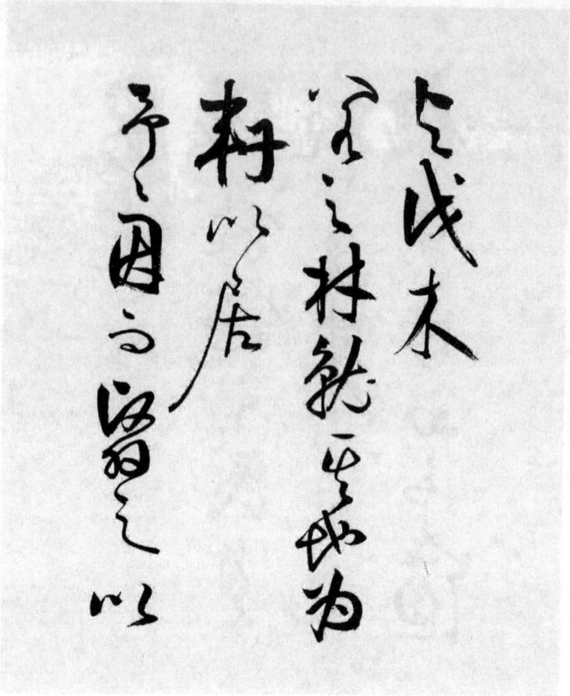

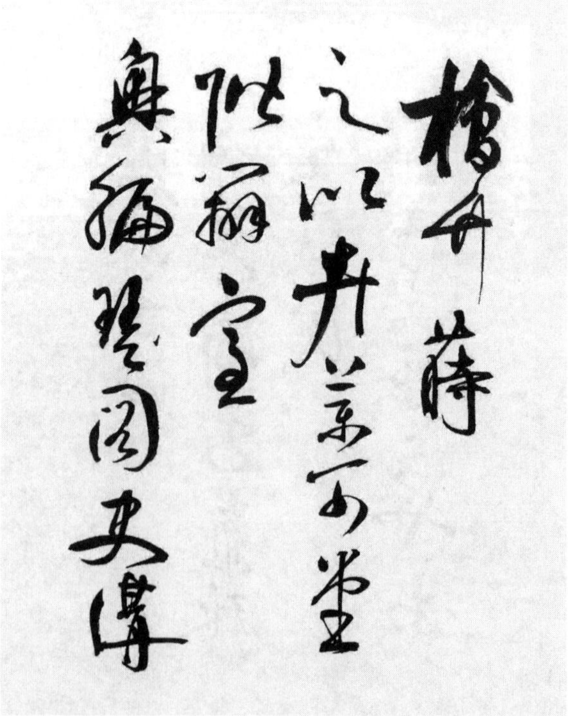

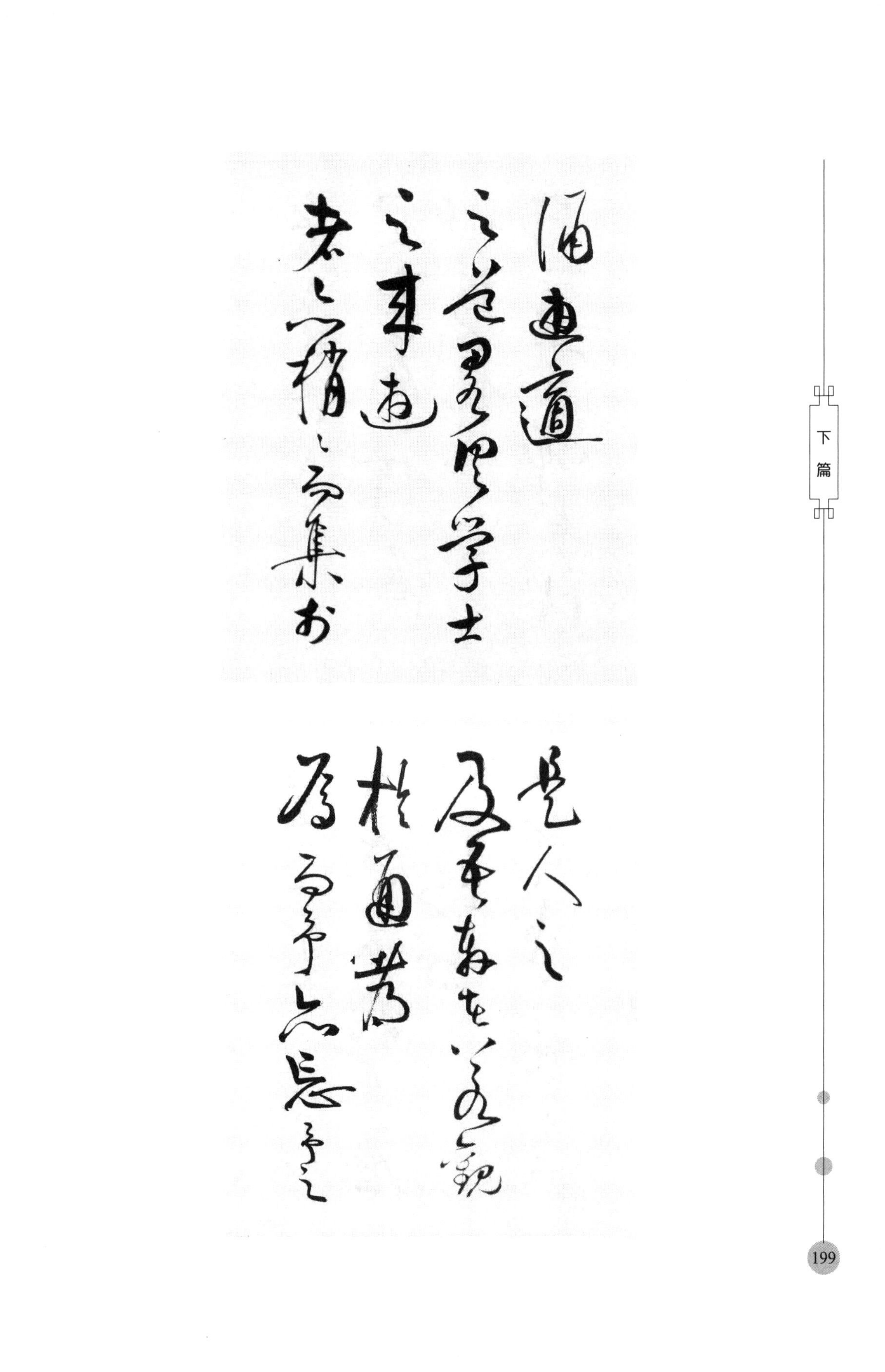

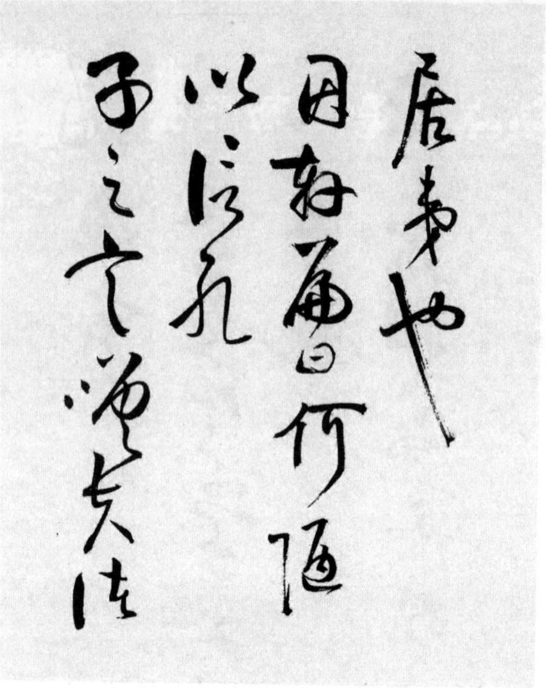

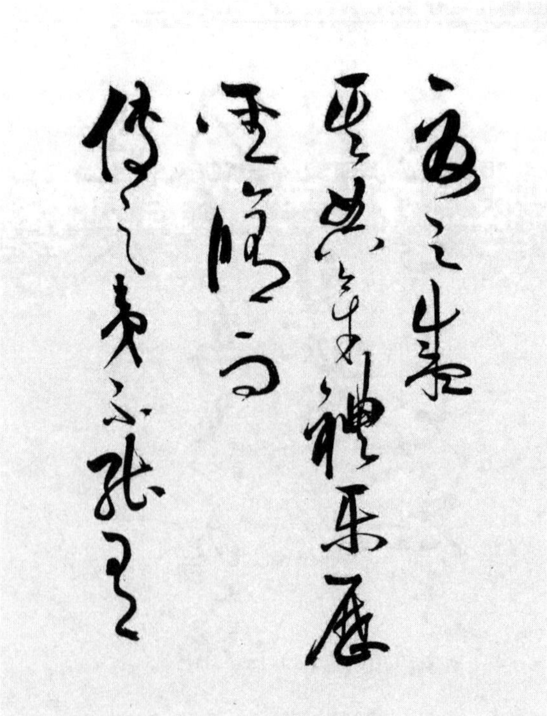

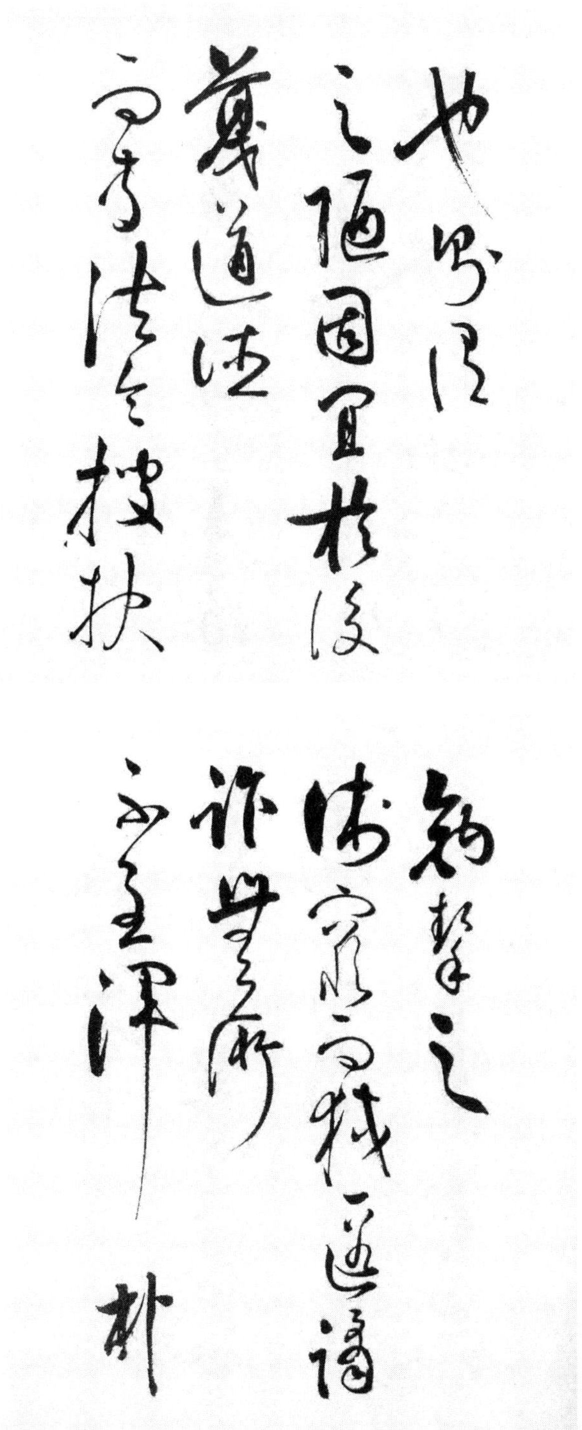

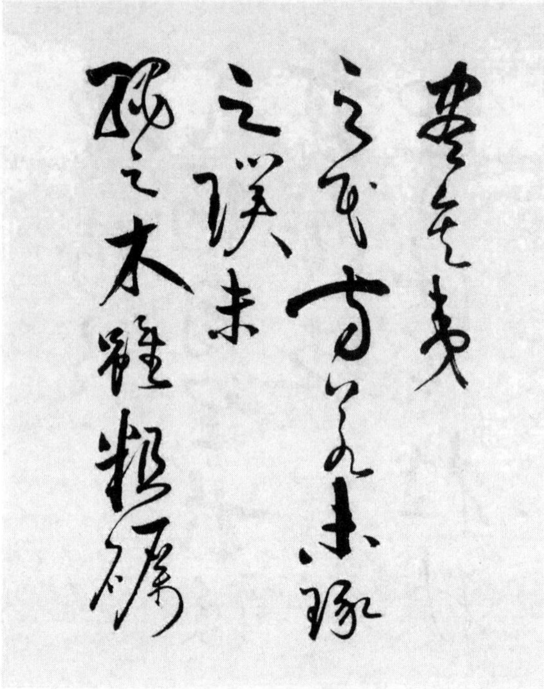

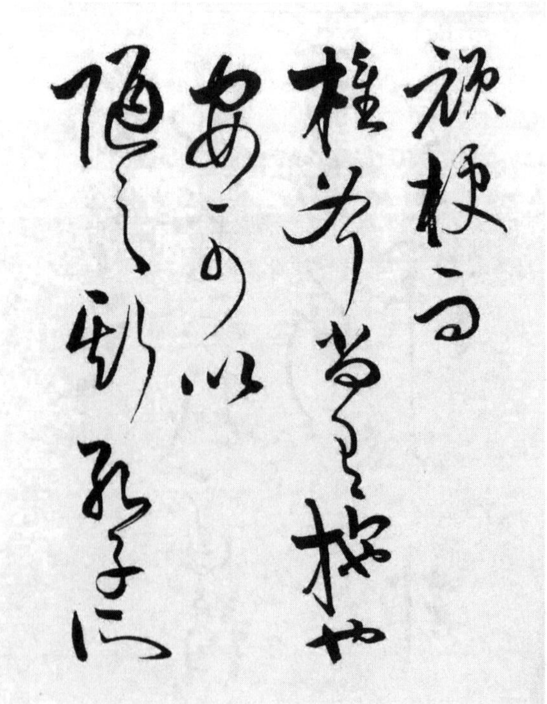

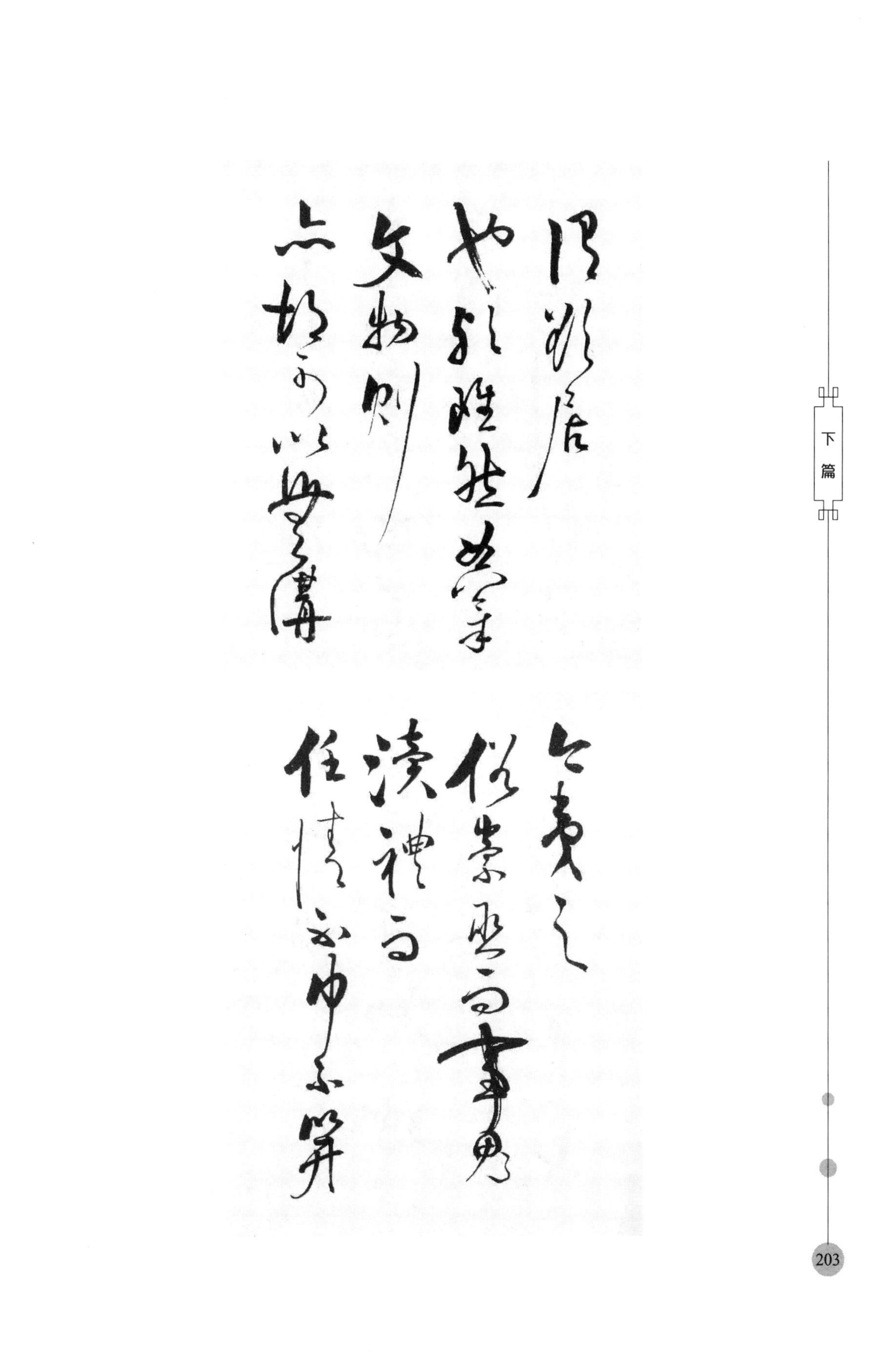

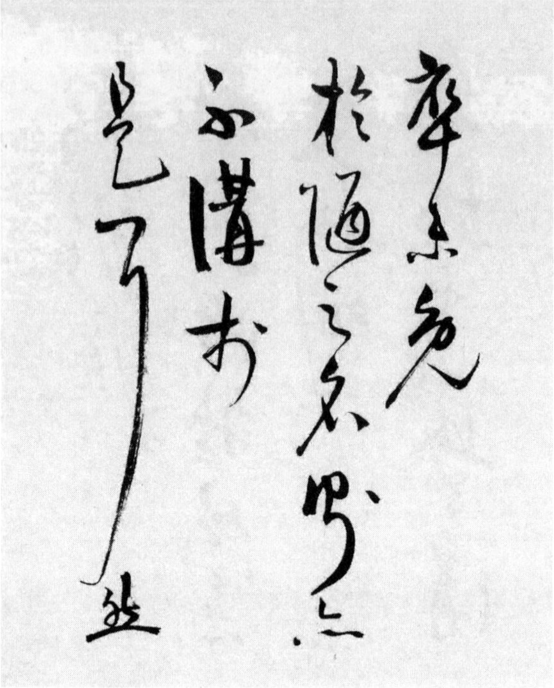

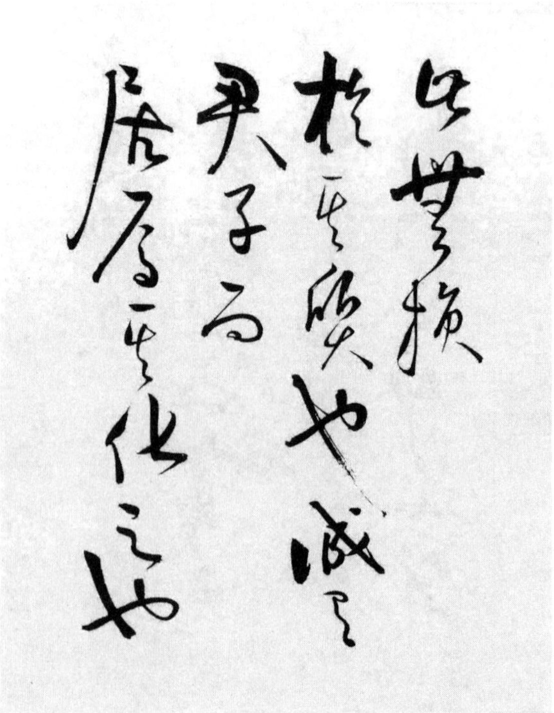

遷善而
從非正人
也誰能
以修其君

夫安仁猶居
[illegible]場以爲樂
之所寓也以
慰

（日本东京国立博物馆藏，见计文渊编：《王阳明法书集》（3—1—3），西泠印社 1996 年版，选自杨德俊主编：《王阳明龙场遗墨》，贵州大学出版社 2016 年版，第 10—42 页。）

君子亭记

阳明子既为何陋轩，复因轩之前营，驾楹为亭，环植以竹，而名之曰“君子”。曰：“竹有君子之道四焉：中虚而静，通而有间，有君子之德；外节而直，贯四时而柯叶无所改，有君子之操；应蛰而出，遇伏而隐，雨雪晦明无所不宜，有君子之时；清风时至，玉声珊然，中采齐而协《肆夏》，揖逊俯仰，若洙泗群贤之交集，风止籁静，挺然特立，不挠不屈，若虞廷群后，端冕正笏而列于堂陛之侧，有君子之容。竹有是四者，而以‘君子’名，不愧于其名；吾亭有竹焉，而因以竹名名，不愧于吾亭。”门人曰：“夫子盖自道也。吾见夫子之居是亭也，持敬以直内，静虚而若愚，非君子之德乎？遇屯而不慑，处困而能亨，非君子之操乎？昔也行于朝，今也行于夷，顺应物而能当，虽守方而弗拘，非君子之时乎？其交翼翼，其处雍雍，意适而匪懈，气和而能恭，非君子之容乎？夫子盖谦于自名也，而假之竹。虽然，亦有所不容隐也。夫子之名其轩曰‘何陋’，则固以自居矣。”阳明子曰：“嘻！小子之言过矣，而又弗及。夫是四者何有于我哉？抑学而未能，则可云尔耳。昔者夫子不云乎，‘汝为君子儒，无为小人儒’，吾之名亭也，则以竹也。人而嫌以君子自名也，将为小人之归矣，而可乎？小子识之！”

（见《王阳明全集》第3卷，

民主与建设出版社2014年版，第653页。）

远俗亭记

宪副毛公应奎，名其退食之所曰“远俗”。阳明子为之记曰：

俗习与古道为消长。尘嚣溷浊之既远，则必高明清旷之是宅矣，此“远俗”之所由名也。然公以提学为职，又兼理夫狱讼军赋，则彼举业辞章，俗儒之学也；簿书期会，俗吏之务也，二者皆公不免焉。舍所事而曰“吾以远俗”，俗未远而旷官之责近矣。君子之行也，不远于微近纤曲，而盛德存焉，广业著焉。是故诵其诗，读其书，求古圣贤之心，以蓄其德而达诸用，则不远于举业辞章，而可以得古人之学，是远俗也已。公以处之，明以决之，宽以居之，恕以行之，则不远于簿书期会，而可以得古人之政，是远俗也已。苟其心之凡鄙猥琐，而待闲散疏放之是托，以为“远俗”，其如远俗何哉！昔人有言：“事之无害于义者，从俗可也。”君子岂轻于绝俗哉？然必曰无害于义，则其从之也，为不苟矣。是故苟同于俗以为通者，固非君子之行；必远于俗以求异者，尤非君子之心。

（见《王阳明全集》第3卷，

民主与建设出版社2014年版，第654页。）

宾阳堂记

传之堂东向曰："宾阳"，取《尧典》"寅宾出日"之义，志向也。宾日，义之职而传冒焉，传职宾宾，羲以宾宾之寅而宾日，传以宾日之寅而宾宾也。不曰日乃阳之属，为日、为元、为善、为吉、为亨治；其于人也，为君子，其义广矣备矣。内君子而外小人，为泰。曰："宾自外而内之传，将以宾君子而内之也。传以宾君子，而容有小人焉，则如之何？"曰："吾知以君子而宾之耳。吾以君子而宾之也，宾其甘为小人乎哉？"为宾日之歌，日出而歌之，宾至而歌之。歌曰：日出东方，再拜稽首，人曰予狂。匪日之寅，吾其怠荒；东方日出，稽首再拜，人曰予憃。匪日之爱，吾其荒怠。其翳其曀，其日惟霁；其昫其雾，其日惟雨。勿忭其昫，条焉以雾；勿谓终翳，或时其曀。曀其光矣，其光熙熙，与尔偕作，与尔偕宜；条其雾矣，或时以熙，或时以熙，孰知我悲！

（见束景南：《王阳明年谱长编》一，
上海古籍出版社 2017 年版，第 473 页。）

教条示龙场诸生

诸生相从，于此甚盛。恐无能为助也，以四事相规，聊以答诸生之意：一曰立志，二曰勤学，三曰改过，四曰责善。其慎听毋忽！

立志

志不立，天下无可成之事，虽百工技艺，未有不本于志者。今学者旷废隳惰，玩岁愒时，而百无所成，皆由于志之未立耳。故立志而圣，则圣矣；立志而贤，则贤矣。志不立，如无舵之舟，无衔之马，漂荡奔逸，终亦何所底乎？昔人有言，使为善而父母怒之，兄弟怨之，宗族乡党贱恶之，如此不为善可也；为善则父母爱之，兄弟悦之，宗族乡党敬信之，何苦而不为善为君子？使为恶而父母爱之，兄弟悦之，宗族乡党敬信之，如此而为恶可也；为恶则父母怒之，兄弟怨之，宗族乡党贱恶之，何苦而必为恶为小人？诸生念此，亦可以知所立志矣。

勤学

已立志为君子，自当从事于学。凡学之不勤，必其志之尚未笃也。从吾游者，不以聪慧警捷为高，而以勤确谦抑为上。诸生试观侪辈之中，苟有虚而为盈，无而为有，讳己之不能，忌人之有善，自矜自是，大言欺人者，使其人资禀虽甚超迈，侪辈之中，有弗疾恶之者乎？有弗鄙贱之者乎？彼固将以欺人，人果遂为所欺，有弗窃笑之者乎？苟有谦默自持，无能自处，笃志力行，勤学好问，称人之善，而咎己之失，从人之长，而明己之短，忠信乐易，表里一致者，使其人资禀虽甚鲁钝，侪辈之中，有弗称慕之者乎？彼固以无能自处，而不求上人，人果遂以彼为无能，有弗敬尚之者乎？诸生观此，亦可以知所从事于学矣。

改过

夫过者，自大贤所不免，然不害其卒为大贤者，为其能改也。故不贵于无过，而贵于能改过。诸生自思平日亦有缺于廉耻忠信之行者乎？亦有薄于孝友之道，陷于狡诈偷刻之习者乎？诸生殆不至于此。不幸或有之，皆其不知而误蹈，素无师友之讲习规饬也。诸生试内省，万一有近于是者，固亦不可以不痛自悔咎。然亦不当以此自歉，遂馁于改过从善之心。但能一旦脱然洗涤旧染，虽昔为寇盗，今日不害为君子矣。若曰吾昔已如此，今虽改过而从善，将人不信我，且无赎于前过，反怀羞涩凝沮，而甘心于污浊终焉，则吾亦绝望尔矣。

责善

责善，朋友之道，然须忠告而善道之。悉其忠爱，致其婉曲，使彼闻之而可从，绎之而可改，有所感而无所怒，乃为善耳。若先暴白其过恶，痛毁极诋，使无所容，彼将发起愧耻愤恨之心，虽欲降以相从，而势有所不能，是激之而使为恶矣。故凡讦人之短，攻发人之阴私以沽直者，皆不可以言责善。

虽然，我以是而施于人不可也，人以是而加诸我，凡攻我之失者皆我师也，安可以不乐受而心感之乎？某于道未有所得，其学卤莽耳。谬为诸生相从于此，每终夜以思，恶且未免，况于过乎？人谓事师无犯无隐，而遂谓师无可谏，非也。谏师之道，直不至于犯，而婉不至于隐耳。使吾而是也，因得以明其是；吾而非也，因得以去其非；盖教学相长也。诸生责善，当自吾始。

（见《王阳明全集》第3卷，
民主与建设出版社2014年版，第713—714页。）

象祠记[①]

灵博之山有象祠焉，其下诸苗夷之居者，咸神而事之。宣慰安君因诸苗夷之请，新其祠屋，而请记于予。予曰："毁之乎，其新之也？"曰："新之。""新之也，何居乎？"曰："斯祠之肇也，盖莫知其原。然吾诸蛮夷之居是者，自吾父吾祖溯曾高而上，皆尊奉而禋祀焉，举之而不敢废也。"予曰："胡然乎？有庳之祠，唐之人盖尝毁之。象之道，以为子则不孝，以为弟则傲。斥于唐而犹存于今，毁于有庳而犹盛于兹土也，胡然乎？我知之矣，君子之爱若人也，推及于其屋之乌，而况于圣人之弟乎哉？然则祀者为舜，非为象也。意象之死，其在干羽既格之后乎？不然，古之骜桀者岂少哉？而象之祠独延于世，吾于是盖有以见舜德之至，入人之深，而流泽之远且久也。象之不仁，盖其始焉尔，又乌知其终之不见化于舜也？《书》不云乎，'克谐以孝，烝烝乂，不格奸'，'瞽瞍亦允若'，则已化而为慈父。象犹不弟，不可以为谐。进治于善，则不至于恶；不抵

① 此文是王阳明于1508年在贵州龙场时应贵州宣慰使安桂荣所请而写。象祠在今贵州黔西县境内的灵博山上。因年久失修，安氏重新修复，请王阳明写了这篇《象祠记》。手迹纸本30.9cm×700cm，现藏台北故宫博物院。杨德俊先生考证，此文具体写作地点在今贵阳市修文县龙场镇龙岗山，此为一说。

于奸，则必入于善。信乎，象盖已化于舜矣！孟子曰：‘天子使吏治其国，象不得以有为也。’斯盖舜爱象之深而虑之详，所以扶持辅导之者之周也。不然，周公之圣，而管、蔡不免焉。斯可以见象之既化于舜，故能任贤使能而安于其位，泽加于其民，既死而人怀之也。诸侯之卿，命于天子，盖周官之制，其殆仿于舜之封象欤？吾于是盖有以信人性之善，天下无不可化之人也。然则唐人之毁之也，据象之始也；今之诸夷之奉之也，承象之终也。斯义也，吾将以表于世，使知人之不善，虽若象焉，犹可以改。而君子之修德，及其至也，虽若象之不仁，而犹可以化之也。”

（见《王阳明全集》第3卷，
民主与建设出版社2014年版，第654—655页。）

《象祠记》手迹

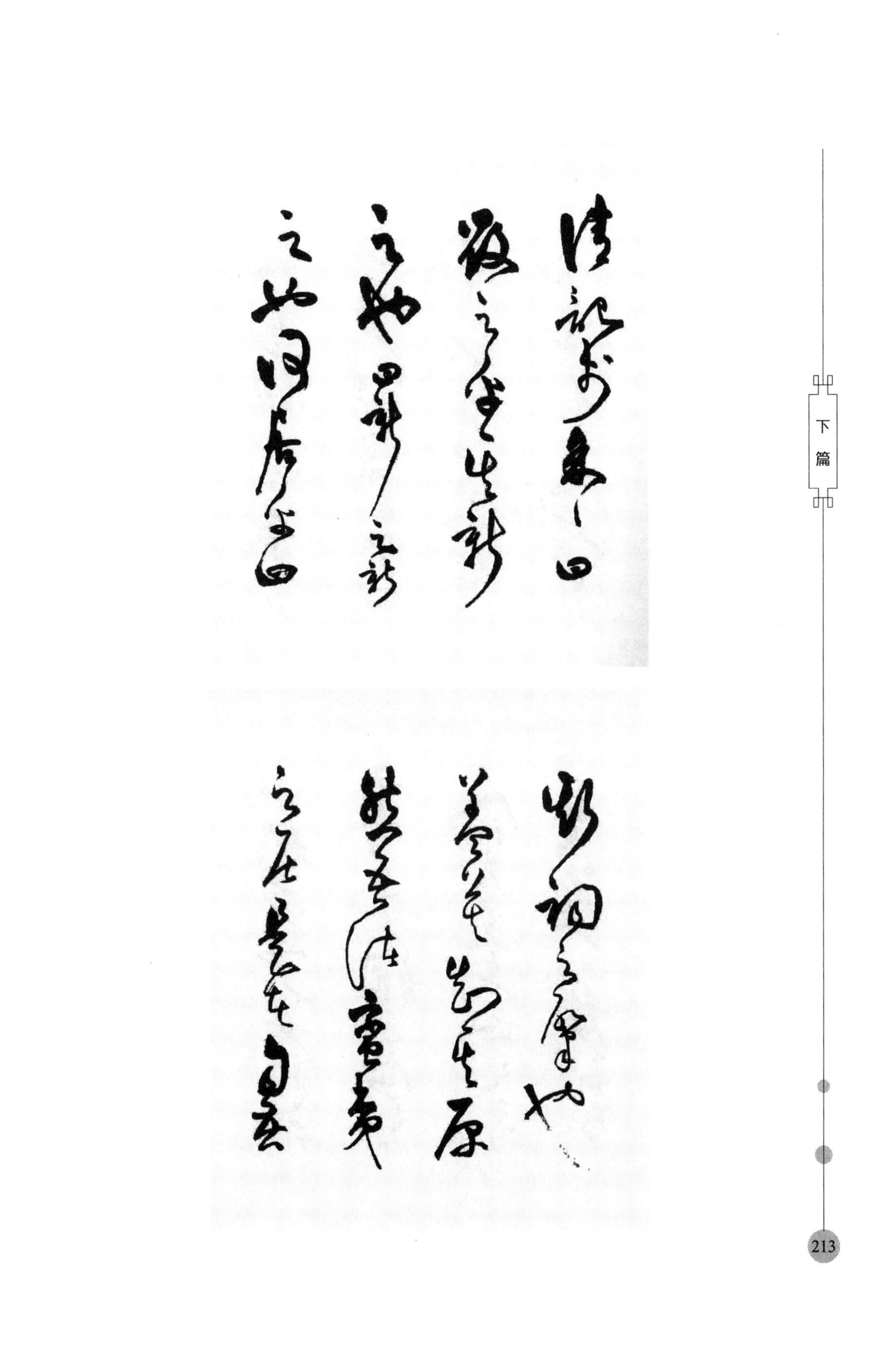

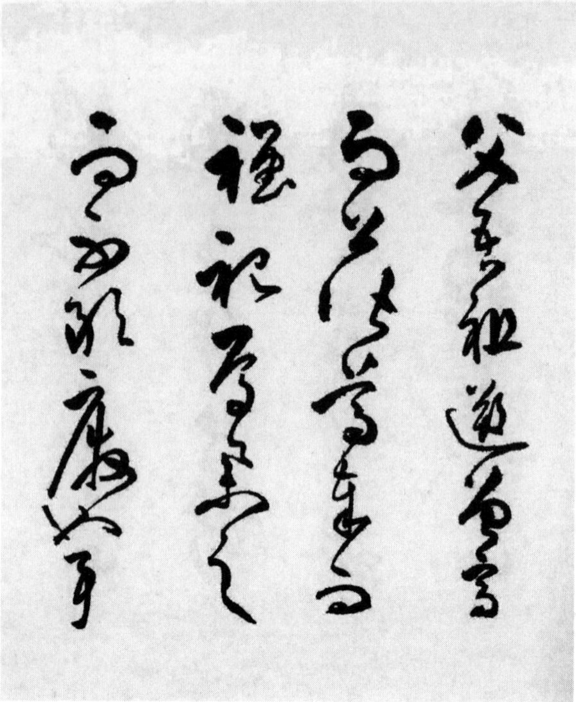

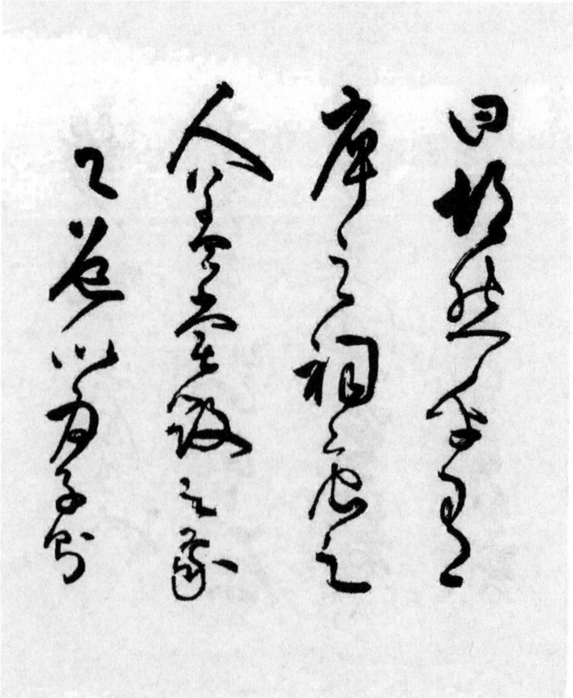

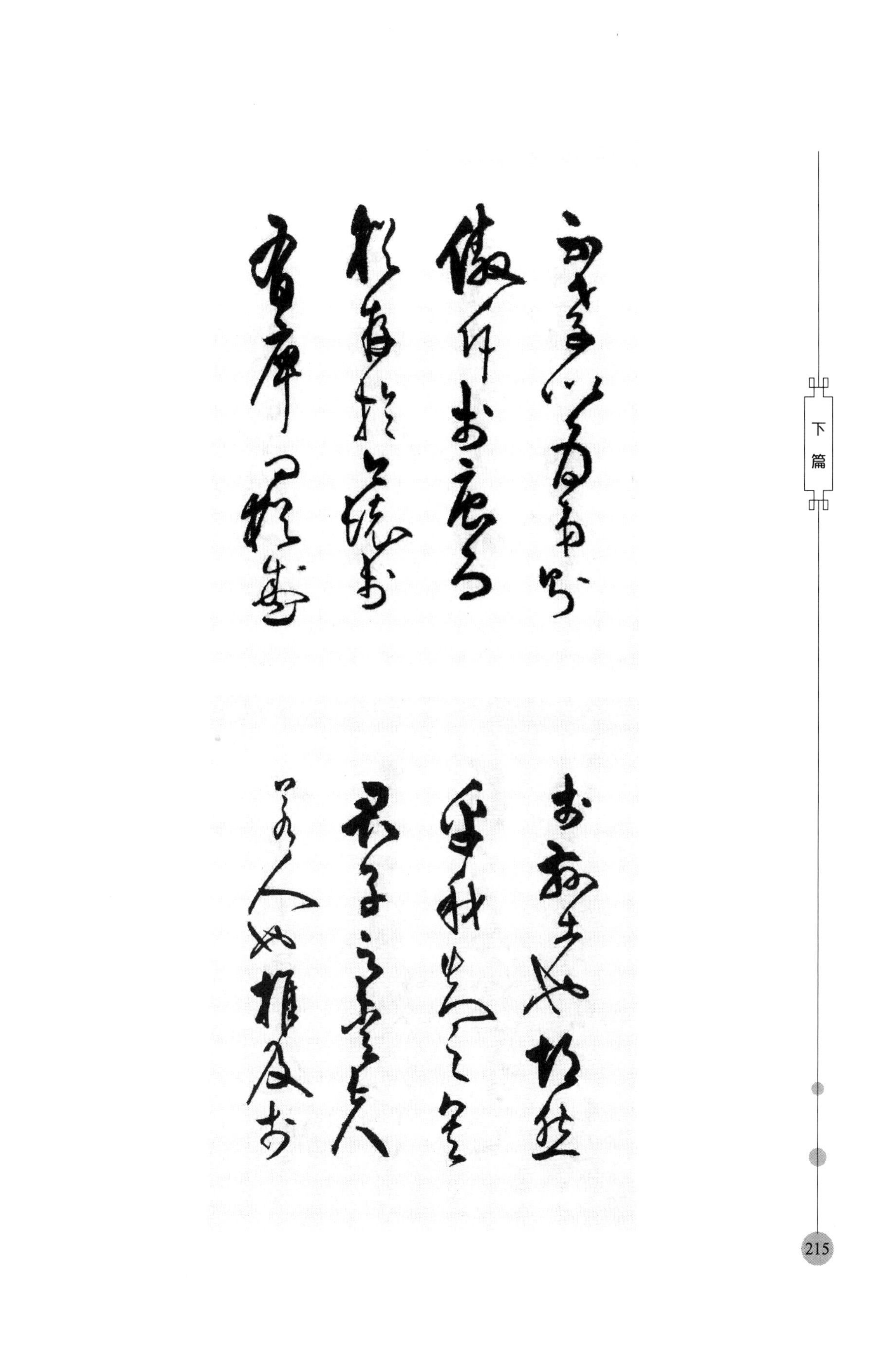

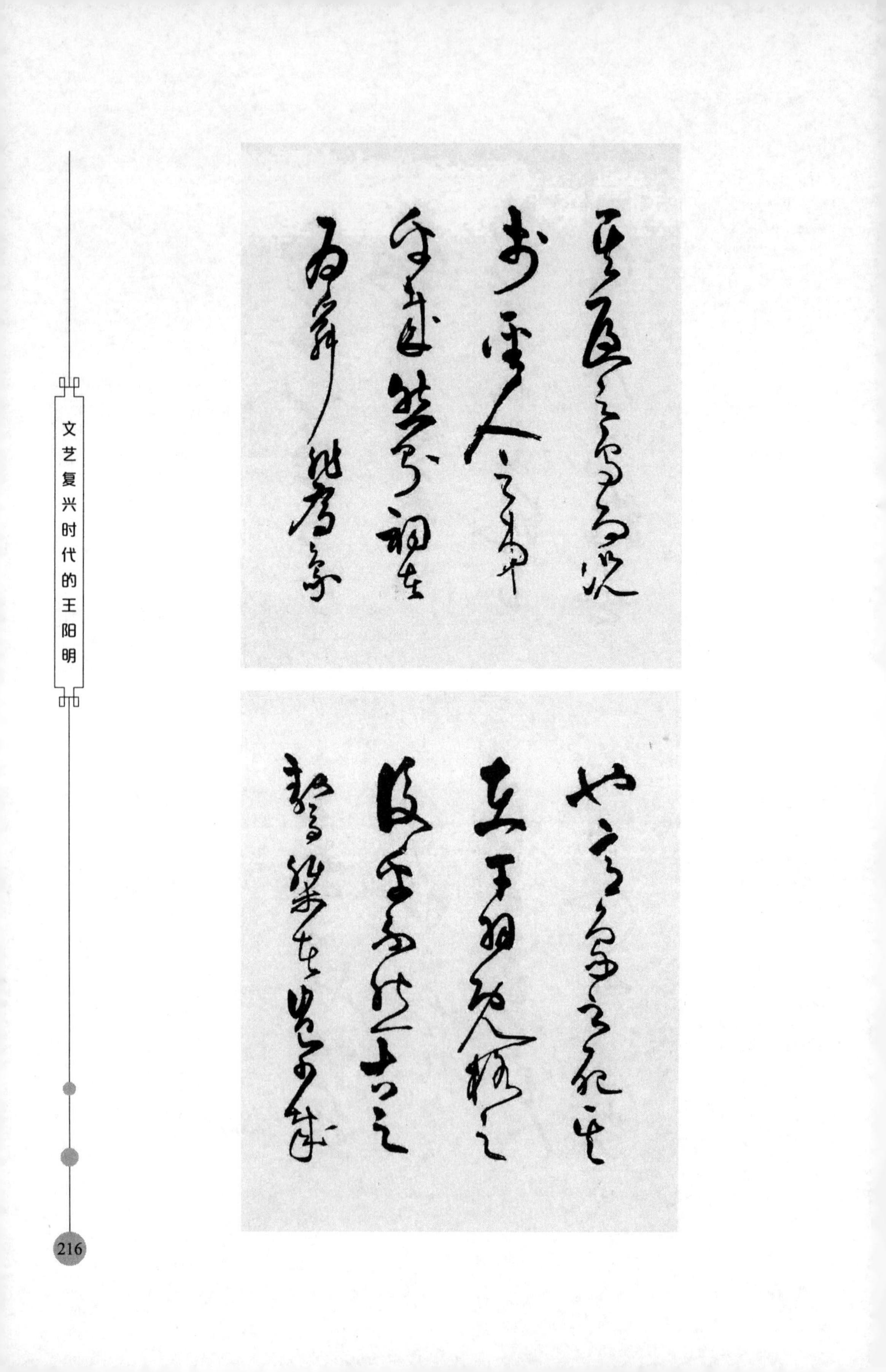

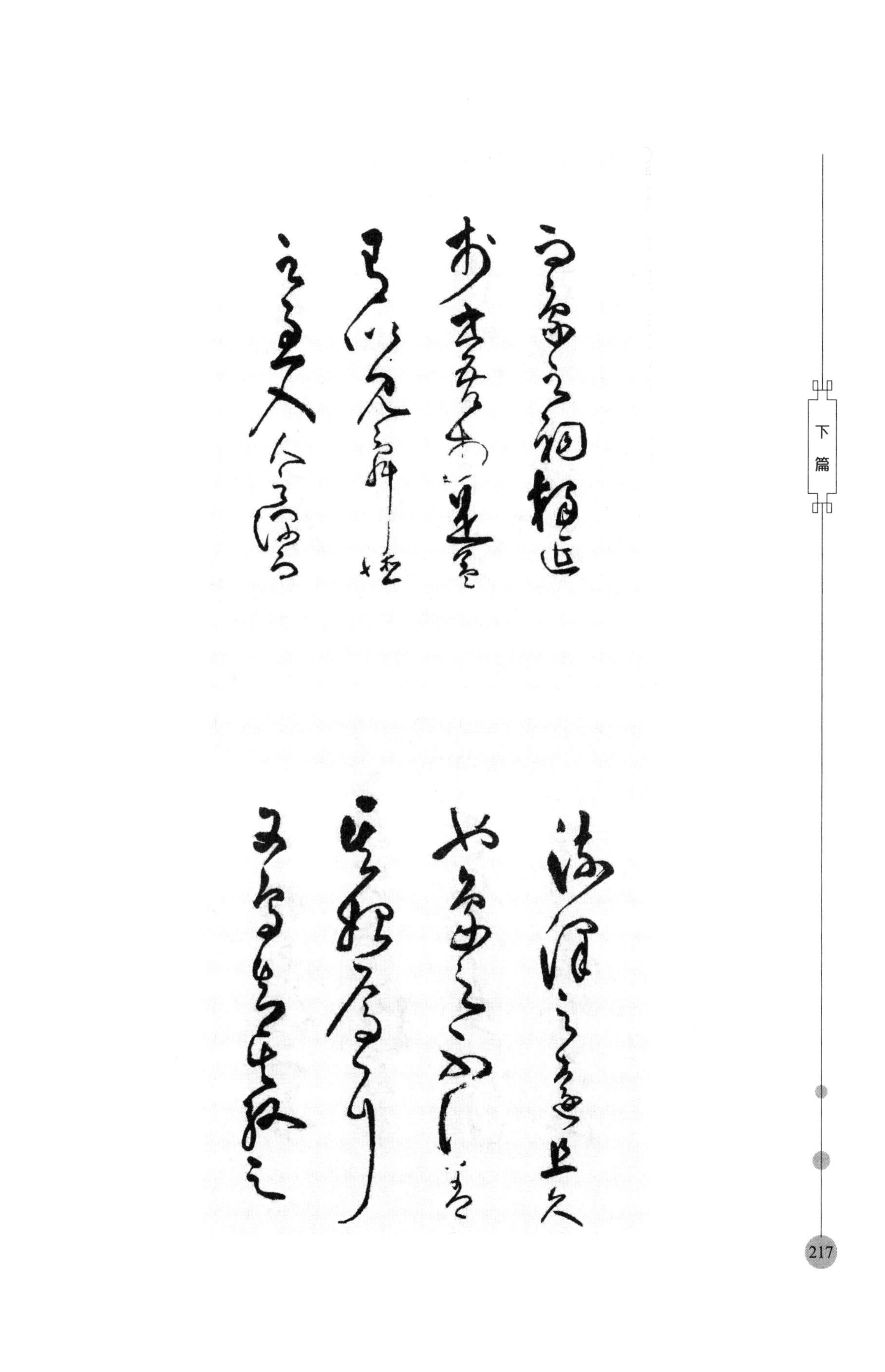

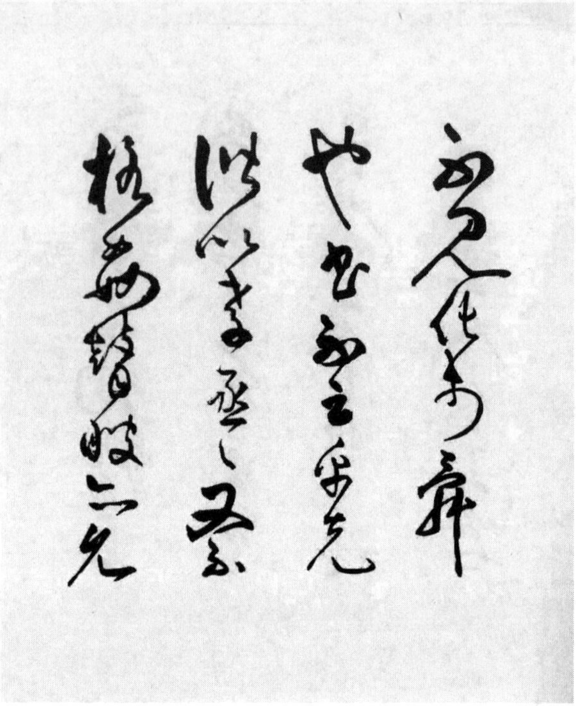

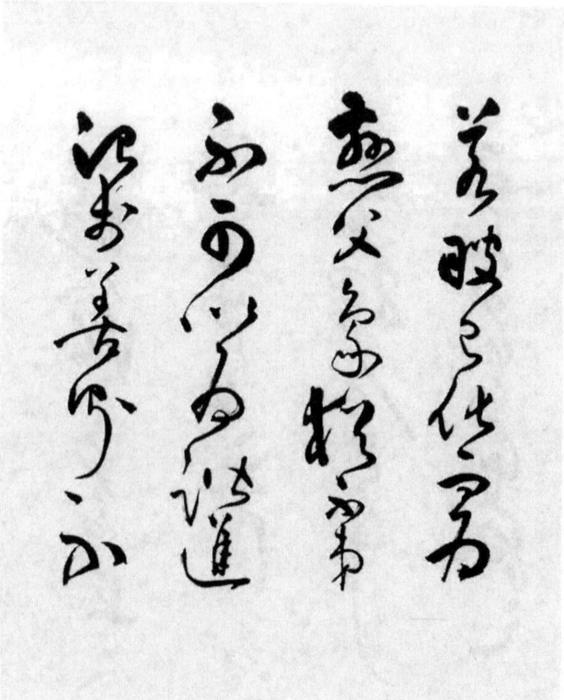

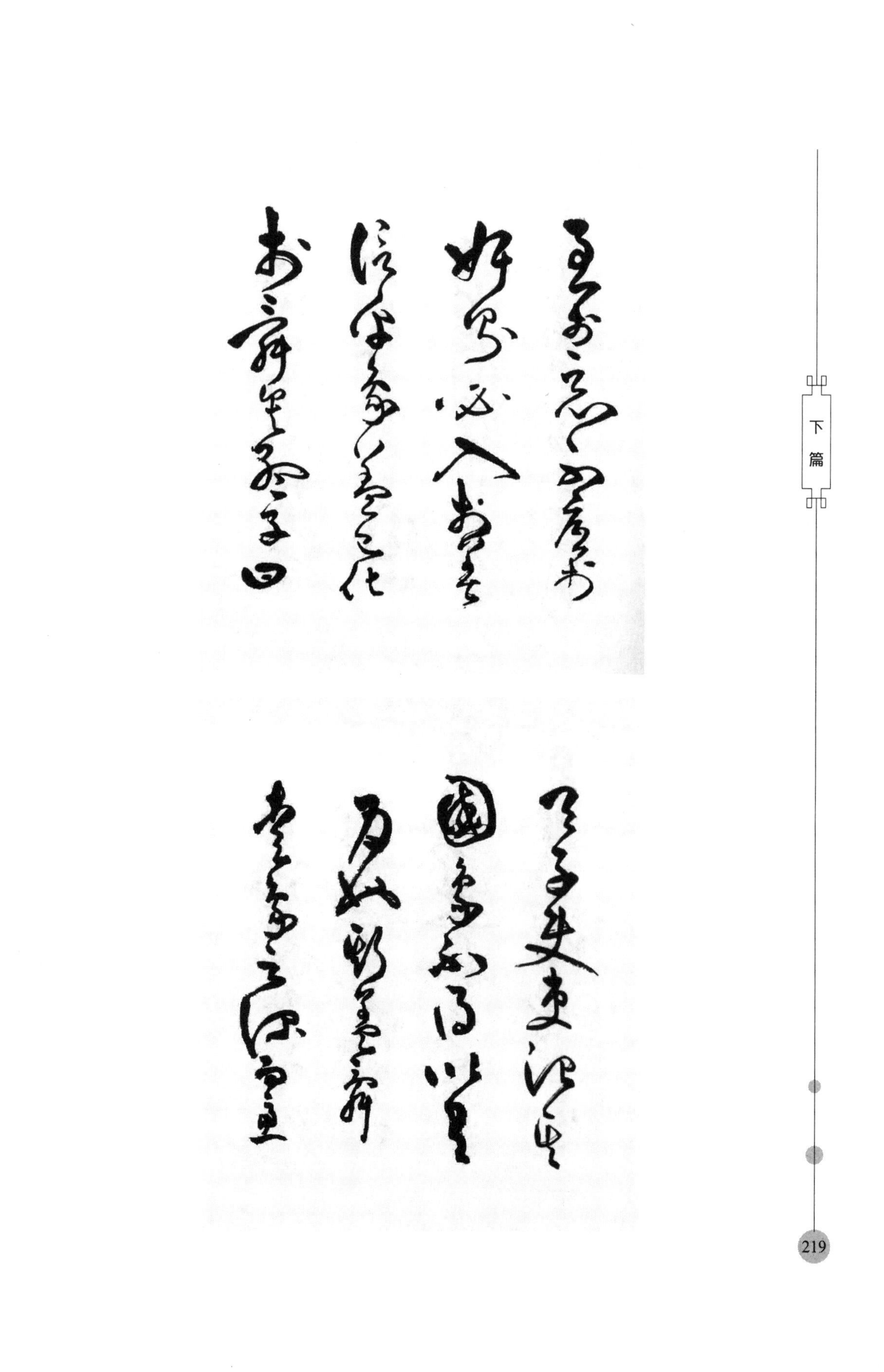

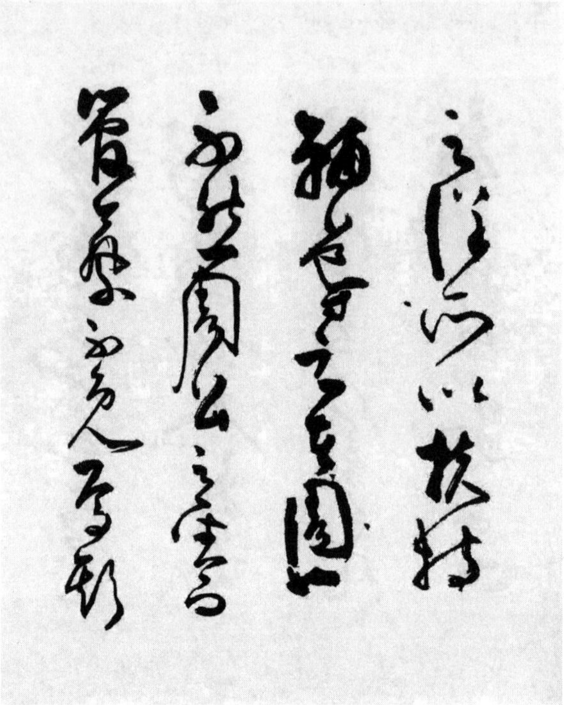

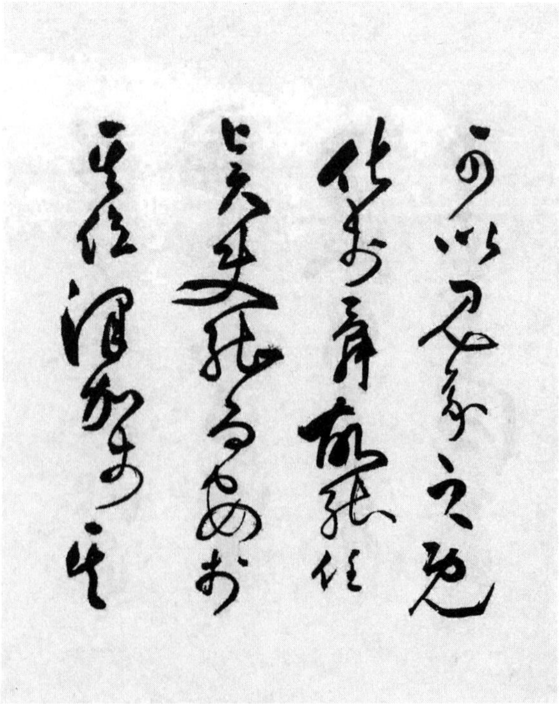

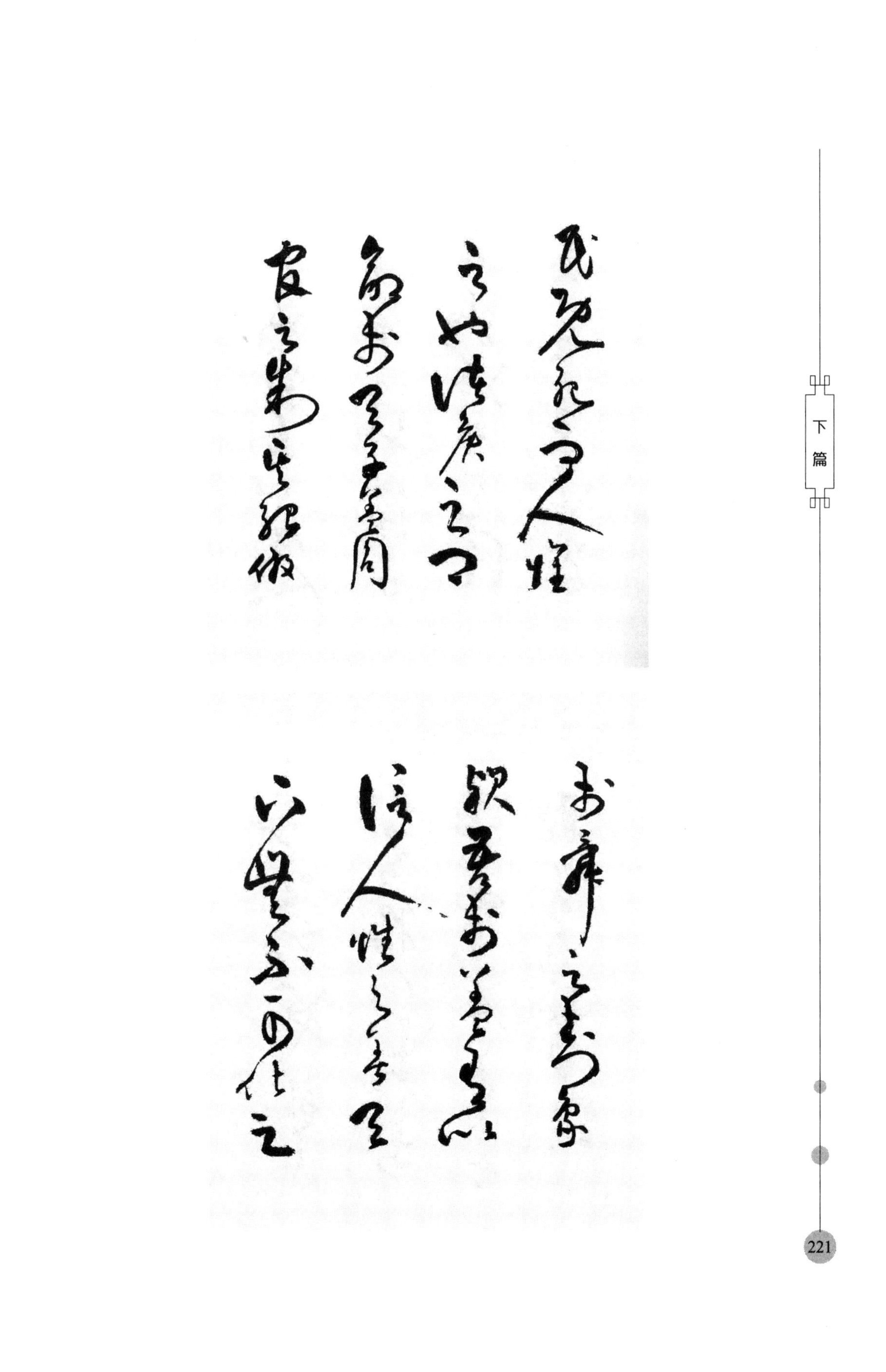

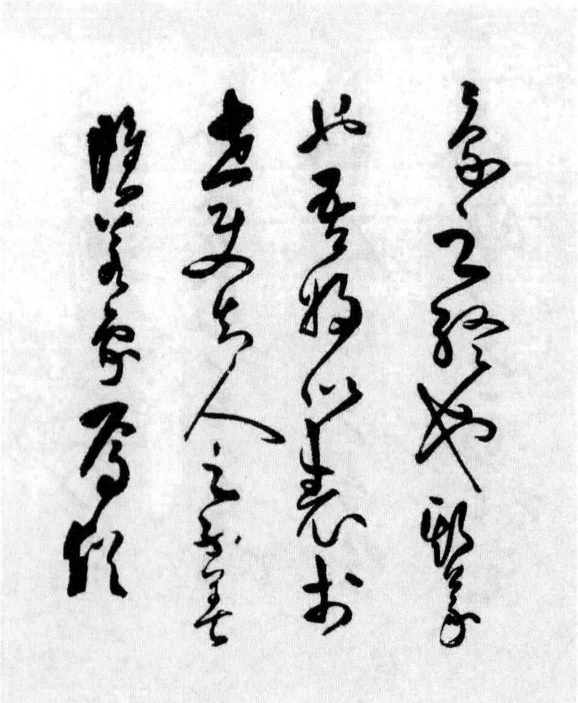

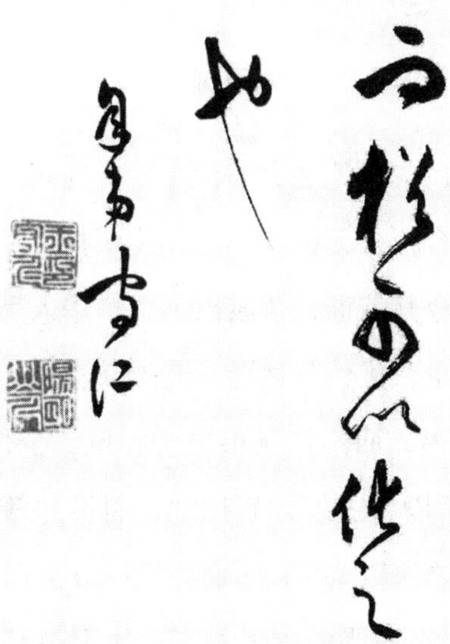

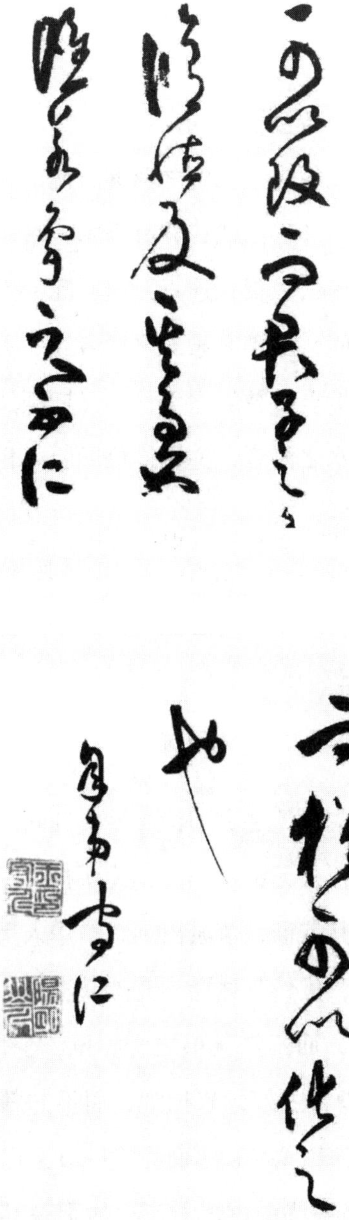

（选自杨德俊主编：《王阳明龙场遗墨》，

贵州大学出版社 2016 年版，第 47—70 页。）

重修月谭寺建公馆记[①]

〈节选〉

隆兴之南有岩曰月潭，壁立千仞，檐垂数百尺。其上澒洞玲珑，浮者若云霞，亘者若虹霓；豁若楼殿门阙，悬若鼓钟编磬；檐幢缨络，若抟风之鹏，翻集翔鹄；螭虺之纠蟠，猱猊之骇攫。谲奇变幻，不可具状。而其下澄潭邃谷。不测之洞，环秘回伏；乔林秀木，垂荫蔽亏；鸣瀑清溪，停洄引映。天下之山，萃于云、贵；连亘万里，际天无极。行旅之往来，日攀缘下上于穷崖绝壑之间，虽雅有泉石之癖者，一入云、贵之途，莫不困踣烦厌，非复夙好。而惟至于兹岩之下，则又皆洒然开豁，心洗目醒；虽庸俦俗侣，素不知有山水之游者，亦皆徘徊顾盼，相与延恋而不忍去。则兹岩之胜，盖不言可知矣。

（见《王阳明全集》第 3 卷，

民主与建设出版社 2014 年版，第 656 页。）

玩易窝记

阳明子之居夷也，穴山麓之窝而读《易》其间。始其未得也，仰而思焉，俯而疑焉，函六合，入无微，茫乎其无所指，孑乎其若株。其或得之也，沛兮其若决，瞭兮其若彻，菹淤出焉，精华入焉，若有相者而莫知其所以然。其得而玩之也，优然其休焉，充然其喜焉，油然其春生焉。精粗一，外内翕，视险若夷，而不知其夷之为阨也。于是阳明子抚几而叹曰："嗟乎！此古之君子所以甘囚奴，忘拘幽，而不知其老之将至也夫！吾知所以终吾身矣。"名其窝曰"玩易"，而为之说曰：

夫《易》，三才之道备焉。古之君子，居则观其象而玩其辞，动则观

① 杨德俊先生考证，此文应为正德四年（1509）冬所作，正德四年是"己巳"年。此为一说。

其变而玩其占。观象玩辞，三才之体立矣；观变玩占，三才之用行矣。体立，故存而神；用行，故动而化。神，故知周万物而无方；化，故范围天地而无迹。无方，则象辞基焉；无迹，则变占生焉。是故君子洗心而退藏于密，斋戒以神明其德也。盖昔者夫子尝韦编三绝焉。呜呼！假我数十年以学《易》，其亦可以无大过已夫！

（见《王阳明全集》第3卷，民主与建设出版社2014年版，第657—658页。）

答毛宪副

昨承遣人喻以祸福利害，且令勉赴太府请谢，此非道谊深情，决不至此，感激之至，言无所容！但差人至龙场陵侮，此自差人挟势擅威，非太府使之也。龙场诸夷与之争斗，此自诸夷愤愠不平，亦非某使之也。然则太府固未尝辱某，某亦未尝傲太府，何所得罪而遽请谢乎？跪拜之礼，亦小官常分，不足以为辱，然亦不当无故而行之。不当行而行，与当行而不行，其为取辱一也。废逐小臣，所守以待死者，忠信礼义而已，又弃此而不守，祸莫大焉！凡祸福利害之说，某亦尝讲之。君子以忠信为利，礼义为福。苟忠信礼义之不存，虽禄之万钟，爵以侯王之贵，君子犹谓之祸与害；如其忠信礼义之所在，虽剖心碎首，君子利而行之，自以为福也，况于流离窜逐之微乎？某之居此，盖瘴疠蛊毒之与处，魑魅魍魉之与游，日有三死焉。然而居之泰然，未尝以动其中者，诚知生死之有命，不以一朝之患而忘其终身之忧也。太府苟欲加害，而在我诚有以取之，则不可谓无憾；使吾无有以取之而横罹焉，则亦瘴疠而已尔，蛊毒而已尔，魑魅魍魉而已尔，吾岂以是动吾心哉！执事之喻，虽有所不敢承，然因是而益知所以自励，不敢苟有所隳堕，则某也受教多矣，敢不顿首以谢！

（见《王阳明全集》第3卷，民主与建设出版社2014年版，第587页。）

龙场生问答

龙场生问于阳明子曰："夫子之言于朝侣也，爱不忘乎君也。今者谴于是，而汲汲于求去，殆有所渝乎？"阳明子曰："吾今则有间矣。今吾又病，是以欲去也。"龙场生曰："夫子之以病也，则吾既闻命矣；敢问其所以有间，何谓也？昔为其贵而今为其贱，昔处于内而今处于外欤？夫乘田、委吏，孔子尝为之矣。"阳明子曰："非是之谓也。君子之仕也以行道。不以道而仕者，窃也。今吾不得为行道矣。虽古之有禄仕，未尝奸其职也。曰牛羊茁壮，会计当也，今吾不无愧焉。夫禄仕，为贫也，而吾有先世之田，力耕足以供朝夕，子且以吾为道乎？以吾为贫乎？"龙场生曰："夫子之来也，谴也，非仕也。子于父母，惟命之从；臣之于君，同也。不曰事之如一，而可以拂之，无乃为不恭乎？"阳明子曰："吾之来也，谴也，非仕也；吾之谴也，乃仕也，非役也。役者以力，仕者以道；力可屈也，道不可屈也。吾万里而至，以承谴也，然犹有职守焉。不得其职而去，非以谴也。君犹父母，事之如一，固也。不曰就养有方乎？惟命之从而不以道，是妾妇之顺，非所以为恭也。"龙场生曰："圣人不敢忘天下，贤者而皆去，君谁与为国矣！"曰："贤者则忘天下乎？夫出溺于波涛者，没人之能也，陆者冒焉，而胥溺矣。吾惧于胥溺也。"龙场生曰："吾闻贤者之有益于人也，惟所用，无择于小大焉。若是亦有所不利欤？"曰："贤者之用于世也，行其义而已。义无不宜，无不利也。不得其宜，虽有广业，君子不谓之利也。且吾闻之，人各有能有不能，惟圣人而后无不能也。吾犹未得为贤也，而子责我以圣人之事，固非其拟矣。"曰："夫子不屑于用也；夫子而苟屑于用，兰蕙荣于堂阶，而芬馨被于几席。萑苇之刈，可以覆垣；草木之微，则亦有然者，而况贤者乎？"阳明子曰："兰蕙荣于堂阶也，而后于芬馨被于几席；萑苇也，而后刈可以覆垣。今子将刈兰蕙而责之以覆垣之用，子为爱之耶？抑为害之耶？"

（见束景南：《王阳明年谱长编》一，上海古籍出版社 2017 年版，第 475—476 页。）

试诸生有作

醉后相看眼倍明，绝怜诗骨逼人清。菁莪见辱真惭我，胶漆常存底用盟？沧海浮云悲绝域，碧山秋月动新情。忧时谩作中宵坐，共听萧萧落木声。

（见束景南：《王阳明年谱长编》一，上海古籍出版社 2017 年版，第 488 页。）

题施总兵所翁龙

君不见，所翁所画龙，虽画两目不点瞳。曾闻弟子误落笔，实时雷雨飞腾空。运精入神夺元化，浅夫未识徒惊诧。操舵移山律回阳，世间不独所翁画。高堂四壁生风云，黑雷柴电日昼昏。山崩谷陷屋瓦震，雨声如泻长平军。头角峥嵘几千丈，倏忽神灵露乾象。小臣正抱乌号思，一堕胡髯不可上。视久眩定凝心神，生绡漠漠开嶙峋。乃知所翁遗笔迹，当年为写苍龙真。只今旱剧枯原野，万国苍生望霑洒。凭谁拈笔点双睛，一作甘霖遍天下！

（见束景南：《王阳明年谱长编》一，上海古籍出版社 2017 年版，第 492 页。）

南霁云祠

死矣中丞莫谩疑，孤城援绝久知危。贺兰未灭空遗恨，南八如生定有为。风雨长廊嘶铁马，松杉阴雾卷灵旗。英魂千载知何处？岁岁边人赛旅祠。

（见束景南：《王阳明年谱长编》一，上海古籍出版社 2017 年版，第 493 页。）

重刊《文章轨范》序

宋谢枋得氏取古文之有资于场屋者，自汉迄宋，凡六十有九篇，标揭其篇章句字之法，名之曰《文章轨范》。盖古文之奥不止于是，是独为举业者设耳。世之学者传习已久，而贵阳之士独未之多见。侍御王君汝楫于按历之暇，手录其所记忆，求善本而校是之；谋诸方伯郭公辈，相与捐俸廪之资，锓之梓，将以嘉惠贵阳之士。曰："枋得为宋忠臣，固以举业进者，是吾微有训焉。"属守仁叙一言于简首。

夫自百家之言兴，而后有《六经》；自举业之习起，而后有所谓古文。古文之去《六经》远矣，由古文而举业，又加远焉。士君子有志圣贤之学，而专求之于举业，何啻千里！然中世以是取士，士虽有圣贤之学，尧舜其君之志，不以是进，终不大行于天下。盖士之始相见也必以贽，故举业者，士君子求见于君之羔雉耳。羔雉之弗饰，是谓无礼；无礼，无所庸于交际矣。故夫求工于举业而不事于古，作弗可工也；弗工于举业而求于幸进，是伪饰羔雉以罔其君也。虽然，羔雉饰矣，而无恭敬之实焉，其如羔雉何哉！是故饰羔雉者，非以求媚于主，致吾诚焉耳；工举业者，非以要利于君，致吾诚焉耳。世徒见夫由科第而进者，类多徇私媒利，无事君之实，而遂归咎于举业。不知方其业举之时，惟欲钓声利，弋身家之腴，以苟一旦之得，而初未尝有其诚也。邹孟氏曰："恭敬者，币之未将者也。"伊川曰："自洒扫应对，可以至圣人。"夫知恭敬之实在于饰羔雉之前，则知尧舜其君之心，不在于习举业之后矣；知洒扫应对之可以进于圣人，则知举业之可以达于伊傅周召矣。吾惧贵阳之士谓二公之为是举，徒以资其希宠禄之筌蹄也，则二公之志荒矣，于是乎言。

（见《王阳明全集》第 3 卷，
民主与建设出版社 2014 年版，第 641 页。）

恩寿双庆诗后序

正德丙寅，丹徒沙隐王公寿七十，配孺人严六十有九。其年，天子以厥子侍御君贵，封公监察御史，配为孺人。在朝之彦，咸为歌诗侈上之德，以祝公寿，美侍御君之贤。又明年，侍御君奉命巡按贵阳，以王事之靡盬，将厥父母之弗遑也，载是册以俱。每陟屺岵，望飞云，徘徊瞻恋，喟然而兴叹，黯然而长思，则取是册而披之，而微讽之，而长歌咏叹之，以舒其怀，见其志。虽身在万里，固若称觞膝下，闻《诗》、《礼》而趋于庭也。大夫士之有事于贵阳者，自都宪王公而下，复相与歌而和之，联为巨帙，属守仁叙于其后。

夫孝子之于亲，固有不必捧觞戏彩以为寿，不必柔滑旨甘以为养，不必候起居奔走扶携以为劳者。非子之心谓不必如是也，子之心愿如是，而亲以为不必如是，必如彼而后吾之心始乐也。子必为是不为彼以拂其情，而曰："吾以为孝，其得为养志乎？孝莫大乎养志。"亲之愿于其子者曰："弘乃德，远乃犹。嘻嘻旦夕，孰与名垂简册，以显我于无尽？饮食口体，孰与泽被生民，以张我之能施？服劳奔走，孰与比迹夔、皋，以明我之能教？"非必亲之愿于其子者咸若是也，亲以是愿其子，而子弗能焉，弗可得而愿也。子能之，而亲弗以愿其子焉，弗可得而能也。以是愿其子者，贤父母也；以是承于其父母者，贤子也。二者恒百不一遇焉，其庸可冀乎？侍御君之在朝，则忠爱达于上；其巡按于兹也，则德威敷于下。凡其宣布思惠，摩赤子，起其疾而乳哺之者，孰非公与孺人之慈！凡其慑大奸使不得肆，祛大弊使不复作，爬梳调服，抚诸夷而纳之夏，以免天子一方之顾虑者，孰非侍御君之孝！而凡若此者，亦孰非侍御君之所以寿于公与孺人之寿哉！公孺人之贤，靳太史之《序》详矣。其所以修其身，教其家，诚可谓有是父有是子。是诗之作，不为虚与谀，故为序之云尔。

（见《王阳明全集》第 3 卷，

民主与建设出版社 2014 年版，第 640 页。）

五经臆说序

得鱼而忘筌，醪尽而糟粕弃之。鱼醪之未得，而曰是筌与糟粕也，鱼与醪终不可得矣。《五经》，圣人之学具焉。然自其已闻者而言之，其于道也，亦筌与糟粕耳。窃尝怪夫世之儒者求鱼于筌，而谓糟粕之为醪也。夫谓糟粕之为醪，犹近也，糟粕之中而醪存。求鱼于筌，则筌与鱼远矣。

龙场居南夷万山中，书卷不可携，日坐石穴，默记旧所读书而录之。意有所得，辄为之训释。期有七月而《五经》之旨略遍，名之曰《臆说》。盖不必尽合于先贤，聊写其胸臆之见，而因以娱情养性焉耳。则吾之为是，固又忘鱼而钓，寄兴于曲蘖，而非诚旨于味者矣。呜呼！观吾之说而不得其心，以为是亦筌与糟粕也，从而求鱼与醪焉，则失之矣。

夫说凡四十六卷，《经》各十，而《礼》之说尚多缺，仅六卷云。

（见《王阳明全集》第 3 卷，
民主与建设出版社 2014 年版，第 641–642 页。）

气候图序

大总兵怀柔伯施公命绘工为《七十二候图》，遣使以币走龙场，属守仁叙一言于其间。守仁谓使者曰：“此公临政之本也，善端之发也，戒心之萌也。”使者曰：“何以知之？”守仁曰：“人之情必有所不敢忽也，而后著于其念；必有所不敢忘也，而后存于其心。著于其念，存于其心，而后见之于颜色言论，志之于弓矢几杖盘盂剑席，绘之于图画，而日省之其心。是故思驰骋者，爱观夫射猎游田之物；甘逸乐者，喜亲夫博局燕饮之具。公之见于图绘者，不于彼而于此，吾是以知其为善端之发也，吾是以知其为戒心之萌也。其殆警惕夫人为而谨修其政令也欤？其殆致察乎气运，而奉若夫天道也欤？夫警惕者，万善之本，而众美之基也。公克念于是，其可以为贤乎！由是因人事以达于天道，因一月之候以观夫世运会元，以探万物之幽赜，而穷天地之始终，皆于是乎始。吾是以喜闻而乐道之，为之叙而不辞也。”

（见束景南：《王阳明年谱长编》一，上海古籍出版社2017年版，第500—501页。）

论元年春王正月

〈节选〉

圣人之言明白简实，而学者每求之于艰深隐奥，是以为论愈详，而其意益晦。《春秋》书“元年春王正月”，盖仲尼作经始笔也。以予观之，亦何有于可疑？而世儒之为说者，或以为周虽建子而不改月，或以为周改月而不改时；其最为有据而为世所宗者，则以夫子尝欲行夏之时，此以夏时冠周月，盖见诸行事之实也。纷纷之论，至不可胜举，遂使圣人明易简实之训，反为千古不决之疑。嗟夫！圣人亦人耳，岂独其言之有远于人情乎哉？而儒者以为是圣人之言，而必求之于不可窥测之地，则已过矣。夫圣人之示人无隐，若日月之垂象于天，非有变怪恍惚，有目者之所睹；而及其至也，巧历有所不能计，精于理者有弗能尽知也，如是而已矣。若世儒之论，是后世任情用智，拂理乱常者之为，而谓圣人为之耶？……曰：“如子之言，则冬可以为春乎？”曰：“何谓而不可？阳生于子而极于巳午，阴生于午而极于亥子。阳生而春始，尽于寅，而犹夏之春也；阴生而秋始，尽于申，而犹夏之秋也。自一阳之复，以极于六阳之乾，而为春夏；自一阴之姤，以极于六阴之坤，而为秋冬。此文王之所演，而周公之所系，武王、周公，其论之审矣。若夫仲尼夏时之论，则以其关于人事者，比之建子为尤切，而非谓其为不可也。启之征有扈，曰‘怠弃三正’，则三正之用，在夏而已然，非始于周而后有矣。”曰：“夏时冠周月，此安定之论，而程子亦尝云尔。曾谓程子之贤而不及是也，何哉？”曰：“非谓其知之不及也。程子盖泥于《论语》‘行夏之时’之言，求其说而不得，从而为之辞，盖推求圣言之过耳。夫《论语》者，夫子议道之书；而《春秋》者，鲁国纪事之史。议道自夫子，则不可以不尽；纪事在鲁国，则不可以不实；道并行而不相悖者也。且周虽建子，而不改时与月，则固夏时矣，而夫子又何以行夏之时云乎？程子之云，盖亦推求圣言之过耳，庸何伤？夫子尝曰：'君子不以人废言'，使程子而犹在也，其殆不废予言矣！"

（见束景南：《王阳明年谱长编》一，上海古籍出版社 2017 年版，第 504—507 页。）

蜀府伴读曹先生墓志铭

〈节选〉

铭曰：于维斯人，此士之方。彼藩之良，渊塞孔将。不宁维藩，可以相邻。靡曰其下，厥闻既起；靡曰其逝，其仪孔迩。我行其野，我践其里。其耇若稺，其昆若嗣。于维斯人，不愧铭只。

（见束景南、查明昊辑编：《王阳明全集补编》，上海古籍出版社 2016 年版，第 115 页。）

1509 年（明武宗正德四年，己巳），38 岁

在贵阳龙场。提学副使席书聘阳明主贵阳书院[①]，始论知行合一。曰："圣贤教人知行，正是要人复本体，故《大学》指出真知行以示人曰：'如好好色，如恶恶臭。'夫见好色属知，好好色属行。只见色时已是好矣，非见后而始立心去好也。闻恶臭属知，恶恶臭属行；只闻臭时，已是恶矣，非闻后而始立心去恶也。又如称某人知孝，某人知弟，必其人已曾行孝行弟，方可称他知孝知弟：此便是知行之本体。"爱曰："古人分知行为

① 杨德俊先生认为，此处的"贵阳书院"应为"文明书院"。此为一说。

二，恐是要人用工有分晓否？”先生曰：“此正失却古人宗旨。某尝说知是行之主意，行实知之功夫；知是行之始，行实知之成；已可理会矣。古人立言所以分知行为二者，缘世间有一种人，懵懵然任意去做，全不解思惟省察，是之为冥行妄作，所以必说知而后行无缪。又有一种人，茫茫然悬空去思索，全不肯着实躬行，是之为揣摸影响，所以必说行而后知始真。此是古人不得已之教，若见得时，一言足矣。今人却以为必先知然后能行，且讲习讨论以求知，俟知得真时方去行，故遂终身不行，亦遂终身不知。某今说知行合一，使学者自求本体，庶无支离决裂之痛。”

（见《王阳明全集》第4卷，年谱一，
民主与建设出版社2014年版，第893—894页。）

来仙洞

古洞春寒客到稀，绿苔荒径草霏霏。书悬绝壁留僧偈，花发层萝绣佛衣。壶榼远从童冠集，杖藜随处宦情微。石门遥锁阳明鹤，应笑山人久不归。

（见《王阳明全集》第2卷，
民主与建设出版社2014年版，第521页。）

白云堂

白云僧舍市桥东，别院迴廊小径通。岁古檐松存独干，春还庭竹发新丛。晴窗暗映群峰雪，清梵长飘高阁风。迁客从来甘寂寞，青鞋时过月明中。

（见束景南：《王阳明年谱长编》二，
上海古籍出版社2017年版，第513页。）

元夕二首

故园今夕是元宵，独向蛮村坐寂寥。赖有遗经堪作伴，喜无车马过相邀。春还草阁梅先动，月满虚庭雪未消。堂上花灯诸弟集，重闱应念一身遥。

去年今日卧燕台，铜鼓中宵隐地雷。月傍苑楼灯彩淡，风传阁道马蹄回。炎荒万里频回首，羌笛三更谩自哀。尚忆先朝多乐事，孝皇曾为两宫开。

（见《王阳明全集》第 2 卷，

民主与建设出版社 2014 年版，第 521 页。）

木阁道中雪

瘦马支离缘绝壁，连峰窗窕入层云。山村树暝惊鸦阵，涧道雪深逢鹿群。冻合衡茅炊火断，望迷孤戍暮笳闻。正思讲习诸贤在，绛蜡清醅坐夜分。

（见《王阳明全集》第 2 卷，

民主与建设出版社 2014 年版，第 522 页。）

元夕木阁山火

荒村灯夕偶逢晴，野烧峰头处处明。内苑但知鳌作岭，九门空说火为城。天应为我开奇观，地有兹山不世情。却恐炎威被松柏，休教玉石遂同赪！

（见《王阳明全集》第 2 卷，

民主与建设出版社 2014 年版，第 522—523 页。）

元夕雪用苏韵二首

林间暮雪定归鸦，山外铃声报使车。玉盏春光传柏叶，夜堂银烛乱檐花。萧条音信愁边雁，迢递关河梦里家。何日扁舟还旧隐，一蓑江上把鱼叉。

寒威入夜益廉纤，酒瓮炉床亦戒严。久客渐怜衣有结，蛮居长叹食无盐。饥豺正尔群当路，冻雀从渠自宿檐。阴极阳回知不远，兰芽行见发春尖。

（见《王阳明全集》第 2 卷，
民主与建设出版社 2014 年版，第 522 页。）

家僮作纸灯

寥落荒村灯事赊，蛮奴试巧剪春纱。花枝绰约含轻雾，月色玲珑映绮霞。取办不徒酬令节，赏心兼是惜年华。如何京国王侯第，一盏中人产十家！

（见《王阳明全集》第 2 卷，
民主与建设出版社 2014 年版，第 521 页。）

晓霁用前韵书怀二首

双阙钟声起万鸦，禁城月色满朝车。竟谁诗咏东曹桧？正忆梅开西寺花。此日天涯伤逐客，何年江上却还家？曾无一字堪驱使，谩有虚名拟八叉。

涧草岩花欲斗纤，溪风林雪故争严。连歧尽说还宜麦，煮海何曾见作盐。路断暂冷无过客，病余兼喜曝晴檐。谪居亦自多清绝，门外群峰玉笋尖。

（见《王阳明全集》第 2 卷，
民主与建设出版社 2014 年版，第 522 页。）

次韵陆佥宪元日喜晴

城里夕阳城外雪，相将十里异阴晴。也知造物曾何意？底是人心苦未平！柏府楼台衔倒景，茆茨松竹泻寒声。布衾莫谩愁僵卧，积素还多达曙明。

（见《王阳明全集》第2卷，
民主与建设出版社2014年版，第522页。）

次韵陆文顺佥宪

春王正月十七日，薄暮甚雨雷电风。卷我茅堂岂足念，伤兹岁事难为功。金縢秋日亦已异，鲁史冬月将无同。老臣正忧元气泄，中夜起坐心忡忡。

次韵陆佥宪病起见寄

一赋《归来》不愿余，文园多病滞相如。篱边竹笋春应满，洞口桃花红自舒。荷蒉有心还击磬，周公无梦欲删《书》。云间宪伯能相慰，尺素长题问谪居。

（见束景南：《王阳明年谱长编》二，
上海古籍出版社2017年版，第514页。）

太子桥

乍寒乍暖早春天，随意寻芳到水边。树里茅亭藏小景，竹间石溜引清泉。汀花照日犹含雨，岸柳垂阴渐满川。欲把桥名寻野老，凄凉空说建文年。

（见束景南：《王阳明年谱长编》二，
上海古籍出版社2017年版，第515页。）

再试诸生

草堂深酌坐寒更，蜡炬烟消落绛英。旅况最怜文作会，客心聊喜困还亨。春回马帐惭桃李，花满田家忆紫荆。世事浮云堪一笑，百年持此竟何成？

再试诸生用唐韵

天涯犹未隔年回，何处严光有钓台？樽酒可怜人独远，封书空有雁飞来。渐惊雪色头颅改，莫漫风情笑口开。遥想阳明旧诗石，春来自应长莓苔。

（见束景南：《王阳明年谱长编》二，
上海古籍出版社 2017 年版，第 515 页。）

春晴

林下春晴风渐和，高岩残雪已无多。游丝冉冉花枝静，青壁迢迢白鸟过。忽向山中怀旧侣，几从洞口梦烟萝。客衣尘土终须换，好与湖边长芰荷。

（见《王阳明全集》第 2 卷，
民主与建设出版社 2014 年版，第 520 页。）

夜寒

檐际重阴覆夜寒，石炉松火坐更残。穷荒正讶乡书绝，险路仍愁归梦难。仙侣春风怀越峤，钓船明月负严滩。未因谪宦伤憔悴，客鬓还羞镜里看。

（见《王阳明全集》第 2 卷，
民主与建设出版社 2014 年版，第 525—526 页。）

村南

花事纷纷春欲酣，杖藜随步过村南。田翁开野教新犊，溪女分流浴种蚕。稚犬吠人依密槿，闲凫照影立晴潭。偶逢江客传乡信，归卧枫堂梦石龛。

（见《王阳明全集》第 2 卷，
民主与建设出版社 2014 年版，第 523 页。）

夜宿汪氏园

小阁藏身一斗方，夜深虚白自生光。梁间来下徐生榻，座上惭无荀令香。驿树雨声翻屋瓦，龙池月色浸书床。他年贵竹传异事，应说阳明旧草堂。

春行

冬尽西归满山雪，春初复来花满山。白鸥乱浴清溪上，黄鸟双飞绿树间。物色变迁随转眼，人生岂得长朱颜！好将吾道从吾党，归把渔竿东海湾。

（见《王阳明全集》第 2 卷，
民主与建设出版社 2014 年版，第 523 页。）

陆广晓发

初日曈曈似晓霞，雨痕新霁渡头沙。溪深几曲云藏峡，树老千年雪作花。白鸟去边回驿路，青崖缺处见人家。遍行奇胜才经此，江上无劳羡九华。

（见《王阳明全集》第 2 卷，
民主与建设出版社 2014 年版，第 520—521 页。）

答刘美之见寄次韵

休疑迁客迹全贫，犹有沙鸥日见亲。勋业已辞沧海梦，烟花多负故园春。百年长恐终无补，万里宁期尚得身。念我不劳伤鬓雪，知君亦欲拂衣尘。

（见《王阳明全集》第 2 卷，
民主与建设出版社 2014 年版，第 524 页。）

次韵胡少参见过

旅管小酌典春裘，佳客真惭尽日留。长怪岭云迷楚望，忽闻吴语破乡愁。镜湖自昔堪归老，杞国何人独抱忧？莫讶临花倍惆怅，赏心原不在枝头。

与胡少参小集

细雨初晴蠛蠓飞，小亭花竹晚凉微。后期客到停杯久，远道春来得信稀。翰墨多凭消旅况，道心无赖入禅机。何时喜遂风泉赏，甘作山中一白衣。

再用前韵赋鹦鹉

低垂犹忆陇西飞，金锁长羁念力微。只为能言离土远，可怜折翼叹群稀。春林羞比黄鹂巧，晴渚思忘百鸟机。千古正平名正赋，风尘谁与惜毛衣？

（见束景南：《王阳明年谱长编》二，
上海古籍出版社 2017 年版，第 516 页。）

春日花间偶集示门生

闲来聊与二三子，单夹初成行暮春。改课讲题非我事，研几悟道是何人？阶前细草雨还碧，檐下小桃晴更新。坐起咏歌俱实学，毫厘须遣认教真。

（见束景南：《王阳明年谱长编》二，
上海古籍出版社 2017 年版，第 516—517 页。）

夏日游阳明小洞天喜诸生偕集偶用唐韵

古洞闲来日日游，山中宰相胜封侯。绝粮每日嗟尼父，愠见还时有仲由。云里高厓微入暑，石间寒溜已含秋。他年故国怀诸友，魂梦还须到水头。

（见束景南：《王阳明年谱长编》二，
上海古籍出版社 2017 年版，第 519 页。）

龙冈谩书[①]

子规昼啼蛮日荒，柴扉寂寂春茫茫。北山之薇应笑汝，汝胡局促淹他方？彩凰葳蕤临紫苍，予亦鼓棹还沧浪。只今已在由求下，颜闵高风安可望。

（见束景南、查明昊辑编：《王阳明全集补编》，
上海古籍出版社 2016 年版，第 55 页。）

寓贵诗

村村兴社学，处处有书声。

（见束景南、查明昊辑编：《王阳明全集补编》，
上海古籍出版社 2016 年版，第 56 页。）

① 杨德俊先生认为，此诗应作于正德三年。此为一说。

骢马归朝诗叙

正德戊辰正月，古润王公汝楫以监察御史奉命来按贵阳，明年五月及代，当归朝于京师。在部之民暨屯戍之士，下逮诸种苗夷闻之，咸奔走相谓曰："呜呼！公之未来也，吾农而弗得耕，商而弗得市，戍役无期而弗能有吾家，刓剥无艺而弗能保吾父母妻子，吾死且无日矣！自公之至，而吾始复吾业，得吾家，安吾父母妻子之养。盖为生未几耳，而公又将舍我而去，吾其复归于死乎！"乃相与奔告于其长吏，曰："为我请于朝，留公以庇我。"其长吏曰："呜呼！其独尔乎哉！公之未来也，吾舍吾职而征敛以奉上，禄之不得食，而称贷以足之；自公之至，而吾始复为吾官，事事而食禄；今又舍我而去，吾将有请焉而限于职，留焉而势所不得行也。吾与尔且奈何哉！"则又相率而议于学校之士，曰："斯其公论之所自出，而可以言请也；斯其无官守之嫌，而可以情留之也。"学校之士曰："呜呼！其独尔乎哉！吾束吾简编，而不获窥者两年矣；自公之至，而吾始得以诵吾诗，读吾书。当公之未至，吾父老苦于追求，吾稚弱疲于奔役，吾日奔走救疗于其间而不暇，而奚暇及吾业？吾身之弗能免，而况能庇吾家乎？况能望其作兴振励，开导而训诲如公今日之为乎？今公之去，吾惟无以致吾力而庸吾情，有如可得以请而留也，亦何靳而弗为乎？"其长者顾少者而言曰："呜呼！理之无可屈，而卒以不伸者，局于时也；情之不可已，而终于不行者，泥于势也。夫留公以庇吾一省者，情之极也，而于理亦安所不得中？然而度之时势之间，则公之不可以为我留者三，我之不可以留公者五，吾今不欲尽言之，吾党之处此亦不可无审也。"众皆默然良久，乃皆曰："然则奈何乎？不可以吾人之故而累公矣；其得遂以公之故而已吾情乎？吾情之不能伸矣，其独不得以声之诗歌而少舒乎？"其长者曰："是亦无所益于公，而徒尔呶呶为也。虽然，必无已焉。宣吾之情而因以直夫理，扬今之美盛而遂以讽于将来，则是举也，殆亦庶乎其可哉。"乃相与求贤士大夫之在贵阳者诗歌之，而演之为卷，卷成而来请于阳明居士，曰：“斯盖德之光也，情之所由章也，理之所以不亡也。吾士人之愿，诸大夫之所憾也，先生一言而叙之。”居士曰：“吾以言得罪于此，言又何为乎？”学校之士为之请不置，因次叙其语于卷而归之。卷之端题曰：“骢马归朝”者，盖留之不得，而遂以送之也。

正德己巳五月既望，阳明居士王守仁书。

（见束景南、查明昊辑编：《王阳明全集补编》，上海古籍出版社 2016 年版，第 115—117 页。）

《骢马归朝诗叙》手迹

骢马归朝诗叙

正德戊辰正月古润王公汝梅以监
察御史奉
命来按贵阳明年五月及代当归
朝于京师在部之民暨已成之士
下逮诸种苗夷闻之咸奔走相谓

曰呜呼公之未来也吾农而弗得耕
商而弗得市戍役辍期而弗能有吾
家刈剥无艺而弗能保吾父母妻
子吾死且无日矣自公之至而吾始复
吾业得吾家安吾父母妻子之养盖
为生未几耳而公又将舍我而去吾

其復歸於死乎乃相與奔告於兵
長吏曰爲我請于
朝留公以庇我其長吏曰嗚呼其獨
不乎哉公之來未也吾今其職而公欲
以奉上祿之不足食而構訟以之之自
公之至而吾始復之於官事之云云祿今

又舍我而去吾將有請焉而限於職
百焉而勢所不得行也吾與之且奈
何哉則又相率而議於學校之士曰斯
其公論之所自出而可以言請也斯其
無官守之嫌而可以情留之也學校之
士曰嗚呼其獨不乎哉吾東吾前編

而不獲窺者卅年矣自公之來而去如
得以誦其詩讀其書當公之未至
吾父老苦於追求吾輩轉疲於奔
役吾日奔走救療於其間而不暇而
奚暇及其業吾身之弗能免而觀能
啟吾家子觀能望其作興振勵間

導而訓誨如公今日之篤乎余公之去也
惟無以報吾力而庸吾情者於乎何以請
而留已矣何靳乎弗篤乎其長者胡也
者而言曰嗚呼理之無可原而卒以不
伸者局於時也情之不可已而終以不行
者泥於勢也大留之以慰吾一省者情

之極也而於理亦要所不同乎然而度之時勢之間則公之不可以為我留者三我之不可以留公者五昔今不欲盡言之者懼之深此亦不可以為當也般皆甚歉良久延皆曰然則柰何乎不可以吾人之故而累公矣其請

遂以公之故而已吾情乎吾情之不能伸矣其獨不得以寄之詩歌而少舒乎其長者曰是亦無所益於公而徒亦嘅嘅為也雖然亦無已焉宜者之情而因以直夫理揚今之美徵而遂以諷於將來則亦卑也殆亦庶乎其可代

乃相與求賢士大夫之在貴陽者
詩歌之而讚之爲卷卷成而來請于
陽明居士曰斯義德之光也情之所由
章也理之所以不已也吾士人之類諸
大夫之所憾也先生一一而叙之吾士曰
吾吾以言得罪於此言又何爲乎舉校

之士爲之請不責因次叙其詩於卷
而歸之卷之端程田驄良協朝者不
留之不得而遂以送之也 正德己巳
月既望陽明居士王守仁書

（见杨德俊主编：《王阳明龙场遗墨》，贵州大学出版社2016年版，第71—80页。）

夏日登易氏万卷楼用唐韵

高楼六月自生寒，沓嶂回峰拥碧阑。久客已忘非故土，此身兼喜是闲官。幽花傍晚烟初暝，深树新晴雨未干。极目海天家万里，风尘关塞欲归难。

（见束景南：《王阳明年谱长编》二，
上海古籍出版社 2017 年版，第 523 页。）

次韵送陆文顺佥宪

贵阳东望楚山平，无奈天涯又送行。杯酒豫期倾盖日，封书烦慰倚门情。心驰魏阙星辰迥，路绕乡山草木荣。京国交游零落尽，空将秋月寄猿声。

（见束景南：《王阳明年谱长编》二，
上海古籍出版社 2017 年版，第 523—524 页。）

瘗旅文[①]

维正德四年秋月三日，有吏目云自京来者，不知其名氏。携一子一仆，将之任，过龙场，投宿土苗家。予从篱落间望见之，阴雨昏黑，欲就问讯北来事，不果。明早遣人觇之，已行矣。薄午有人自蜈蚣坡来，云一老人死坡下，傍两人哭之哀。予曰："此必吏目死矣。伤哉！"薄暮复有人来，云："城下死者二人，傍一人坐叹。"询其状，则其子又死矣。明日复有人来，云："见坡下积尸三焉。"则其仆又死矣。呜呼伤哉！念其暴骨无

① 杨德俊先生考证，此诗为正德四年（1509）秋所作，正德四年是"己巳"年，此为一说。束景南《王阳明年谱长编》二，上海古籍出版社 2017 年版，第 525 页称：王阳明在正德四年"八月，自贵阳归龙场驿，暴毙于野，为作祭文掩埋"。

主，将二童子持畚锸，往瘗之，二童子有难色然。予曰："嘻！吾与尔犹彼也！"二童悯然涕下，请往。就其傍山麓为三坎埋之，又以只鸡饭三盂，嗟吁涕洟而告之，曰：

呜呼伤哉！繄何人？繄何人？吾龙场驿丞余姚王守仁也。吾与尔皆中土之产，吾不知尔郡邑，尔乌为乎来为兹山之鬼乎？古者重去其乡，游宦不逾千里。吾以窜逐而来此，宜也，尔亦何辜乎？闻尔官，吏目耳，俸不能五斗，尔率妻子躬耕，可有也，乌为乎以五斗而易尔七尺之躯？又不足，而益以尔子与仆乎？呜呼伤哉！尔诚恋兹五斗而来，则宜欣然就道，乌为乎吾昨望见尔容蹙然，盖不任其忧者？夫冲冒雾露，扳援崖壁，行万峰之顶，饥渴劳顿，筋骨疲惫，而又瘴疠侵其外，忧郁攻其中，其能以无死乎？吾固知尔之必死，然不谓若是其速，又不谓尔子尔仆亦遽尔奄忽也，皆尔自取，谓之何哉！吾念尔三骨之无依而来瘗尔，乃使吾有无穷之怆也。呜呼痛哉！纵不尔瘗，幽崖之狐成群，阴壑之虺如车轮，亦必能葬尔于腹，不致久暴露尔。尔既已无知，然吾何能为心乎？自吾去父母乡国而来此，二年矣，历瘴毒而苟能自全，以吾未尝一日之戚戚也。今悲伤若此，是吾为尔者重而自为者轻也。吾不宜复为尔悲矣，吾为尔歌，尔听之。歌曰：

连峰际天兮，飞鸟不通；游子怀乡兮，莫知西东。莫知西东兮，维天则同。异域殊方兮，环海之中；达观随寓兮，奚必予宫？魂兮魂兮，无悲以恫！

又歌以慰之，曰：

与尔皆乡土之离兮，蛮之人言语不相知兮。性命不可期，吾苟死于兹兮，率尔子仆来从予兮。吾与尔遨以嬉兮，骖紫彪而乘文螭兮，登望故乡而嘘唏兮！吾苟获生归兮，尔子尔仆尚尔随兮，无以无侣悲兮。道傍之冢累累兮，多中土之流离兮，相与呼啸而徘徊兮。飧风饮露，无尔饥兮；朝友麋鹿，暮猿与栖兮。尔安尔居兮，无为厉于兹墟兮！

（见《王阳明全集》第3卷，
民主与建设出版社2014年版，第697—698页。）

徐都宪同游南庵次韵[①]

岩寺藏春长不夏，江花映日艳于桃。山阴入户川光暮，林影浮空暑气高。树老岂能知岁月，溪清真可鉴秋毫。但逢佳景须行乐，莫遣风霜著鬓毛。

（见《王阳明全集》第 2 卷，
民主与建设出版社 2014 年版，第 525 页。）

南庵次韵二首

隔水樵渔亦几家，缘冈石路入溪斜。松林晚映千峰雨，枫叶秋连万树霞。渐觉形骸逃物外，未妨游乐在天涯。频来不用劳僧榻，已僭汀鸥一席沙。

斜日江波动客衣，水南深竹见岩扉。渔人收网舟初集，野老忘机坐未归。渐觉云间栖翼乱，愁看天北暮云飞。年年岁晚长为客，闲杀西湖旧钓矶。

（见《王阳明全集》第 2 卷，
民主与建设出版社 2014 年版，第 524 页。）

答人问神仙

询及神仙有无，兼请其事，三至而不答；非不欲答也，无可答耳。昨令弟来，必欲得之。仆诚生八岁而即好其说，今已余三十年矣，齿渐摇动，发已有一二茎变化成白，目光仅尺，声闻函丈之外，又常经月卧病不

① 在《王阳明全集》（新编本）中，此诗的题目为《涵碧潭》，且诗的内容仅有第一句，个别文字还有异："岩寺藏春长不夏"新编本中为"岩寺逢春长不夏"。见《王阳明全集》新编本第 5 册，浙江古籍出版社 2011 年版，第 1710 页。

出，药量骤进，此殆其效也。而相知者犹妄谓之能得其道，足下又妄听之而以见询。不得已，姑为足下妄言之：古有至人，淳德凝道，和于阴阳，调于四时，去世离俗，积精全神，游行天地之间，视听八远之外，若广成子之千五百岁而不衰，李伯阳历商、周之代，西度函谷，亦尝有之。若是而谓之曰无，疑于欺子矣。然则呼吸动静，与道为体，精骨完久，禀于受气之始，此殆天之所成，非人力可强也。若后世拔宅飞升，点化投夺之类，谲怪奇骇，是乃秘术曲技，尹文子所谓"幻"，释氏谓之"外道"者也。若是谓之曰有，亦疑于欺子矣。夫有无之间，非言语可况。存久而明，养深而自得之；未至而强喻，信亦未必能及也。盖吾儒亦自有神仙之道，颜子三十二而卒，至今未亡也。足下能信之乎？后世上阳子之流，盖方外技术之士，未可以为道。若达磨、慧能之徒，则庶几近之矣，然而未易言也。足下欲闻其说，须退处山林三十年，全耳目，一心志，胸中洒洒不挂一尘，而后可以言此，今去仙道尚远也。妄言不罪。

（见束景南：《王阳明年谱长编》二，
上海古籍出版社2017年版，第538—539页。）

五经臆说序

得鱼而忘筌，醪尽而糟粕弃之。鱼、醪之未得，而曰是筌与糟粕也，鱼与醪终不可得矣。《五经》，圣人之学具焉。然自其已闻者而言之，其于道也，亦筌与糟粕耳。窃尝怪夫世之儒者求鱼于筌，而谓糟粕之为醪也。夫谓糟粕之为醪，犹近也，糟粕之中而醪存；求鱼于筌，则筌与鱼远矣。龙场居南夷万山中，书卷不可携，日坐石穴，默记旧所读书而录之。意有所得，辄为之训释。期有七月而《五经》之旨略遍，名之曰《臆说》。盖不必尽合于先贤，聊写其胸臆之见，而因以娱情养性焉耳。则吾之为是，固又忘鱼而钓，寄兴于麴蘖，而非诚旨于味者矣。呜呼！观吾之说而不得其心，以为是亦筌与糟粕也，从而求鱼与醪焉，则失之矣。夫《说》凡四十六卷，《经》各十，而《礼》之说尚多缺，仅六卷云。

（见束景南：《王阳明年谱长编》二，
上海古籍出版社 2017 年版，第 540—541 页。）

赠刘侍御二首

蹇以反身，困以遂志。今日患难，正阁下受用处也。知之，则处此当自别。病笔不能多及，然其余亦无足言者。聊次韵。某顿首刘侍御大人契长。

相送溪桥未隔年，相逢又过小春天。忧时敢负君臣义？念别羞为儿女怜。

道自升沉宁有定，心存气节不无偏。知君已得虚舟意，随处风波只晏然。

（见《王阳明全集》第 2 卷，
民主与建设出版社 2014 年版，第 525 页。）

将归与诸生别于城南蔡氏楼

天际层楼树杪开，夕阳下见鸟飞回。城隅碧水光连座，槛外青山翠作堆。颇恨眼前离别近，惟余他日梦魂来。新诗好记同游处，长扫溪南旧钓台。

（见束景南：《王阳明年谱长编》二，
上海古籍出版社 2017 年版，第 544 页。）

诸门人送至龙里道中二首

蹊路高低入乱山，诸贤相送愧间关。溪云压帽兼愁重，峰雪吹衣着鬓斑。花烛夜堂还共语，桂枝秋殿听跻攀。（跻攀之说甚陋，聊取其对偶耳）相思不用勤书札，别后吾言在《订顽》。

雪满山城入暮天，归心别意两茫然。及门真愧在陈日，微服还思过宋年。樽酒无因还岁晚，缄书有雁寄春前。莫辞秉烛通宵坐，明日相思隔陇烟。

（见束景南：《王阳明年谱长编》二，
上海古籍出版社 2017 年版，第 544 页。）

赠陈宗鲁

学文须学古，脱俗去陈言。譬若千丈木，勿为藤蔓缠。又如昆仑派，一泻成大川。人言古今异，此语皆虚传。吾苟得其意，今古何异焉。子才良可进，望汝师圣贤。学文乃余事，聊云子所偏。

（见束景南：《王阳明年谱长编》二，
上海古籍出版社 2017 年版，第 546 页。）

与贵阳书院诸生书

书一：详儿在宅上打搅，早晚可戒告，使勿胡行为好。写去事可令一一为之。诸友至此，多简慢，见时皆可致意。徐老先生处，可特为一行拜意。朱克相兄弟，亦为一问，致勉励之怀。余谅能心照，不一一耳。守仁拜，惟善秋元贤契。[①]

① 书一，在《王阳明龙场遗墨》中，题目为《与惟善书》（二），见杨德俊主编：《王阳明龙场遗墨》，贵州大学出版社 2016 年版，第 93—94 页。

书二：别时不胜凄惘，梦寐时尚在西麓，醒来却在数百里外也。相见未期，努力进修，以俟后会。即日已抵镇远，须臾舟行矣。相去益远，言之惨然。书院中诸友不能一一书谢。守仁顿首，张时裕、何子佩、越文实、邹近仁、范希夷、郝升之、汪源铭、李惟善、陈良臣、汤伯元、陈宗鲁、叶子苍、易辅之、詹良臣、王世臣、袁邦彦、李良臣列位秋元贤友，不能尽列，幸意谅之。[①]

书三：　　高鸣凤、何迁远、陈寿宁劳远饯，别为致谢，千万千万！行时闻范希夷有恙，不及一问，诸友皆不及相别。出城时，遇二三人于道傍，亦匆匆不暇详细，皆可为致情也。所买锡，可令王祥打大碗四个，每个重二斤，须要厚实大朴些方可，其余以为蔬楪。粗磁碗买十余，水银摆锡筯买一二把。观上内房门，亦须为之寄去盐四斤半，用为酱料。朱氏昆季亦为道意。阎真士甚怜，其客方卧病，今遣马去迎他，可勉强来此调理。梨木板可收拾，勿令散失，区区欲刊一小书故也，千万千万！近仁、良臣、文实、伯元诸友均此见意，不尽列字也。惟善贤秋元，汪源铭合枳术丸乃可，千万千万！仁白。[②]

（见束景南：《王阳明年谱长编》二，
上海古籍出版社 2017 年版，第 546—547 页。）

---

① 书二，在杨德俊主编《王阳明龙场遗墨》中，题目为《寄龙岗书院诸友》，见《王阳明龙场遗墨》，贵州大学出版社 2016 年版，第 86—88 页。

② 书三，在杨德俊主编《王阳明龙场遗墨》中，题目为《与惟善书》(一)，见《王阳明龙场遗墨》，贵州大学出版社 2016 年版，第 89—92 页。

《与贵阳书院诸生书》手迹

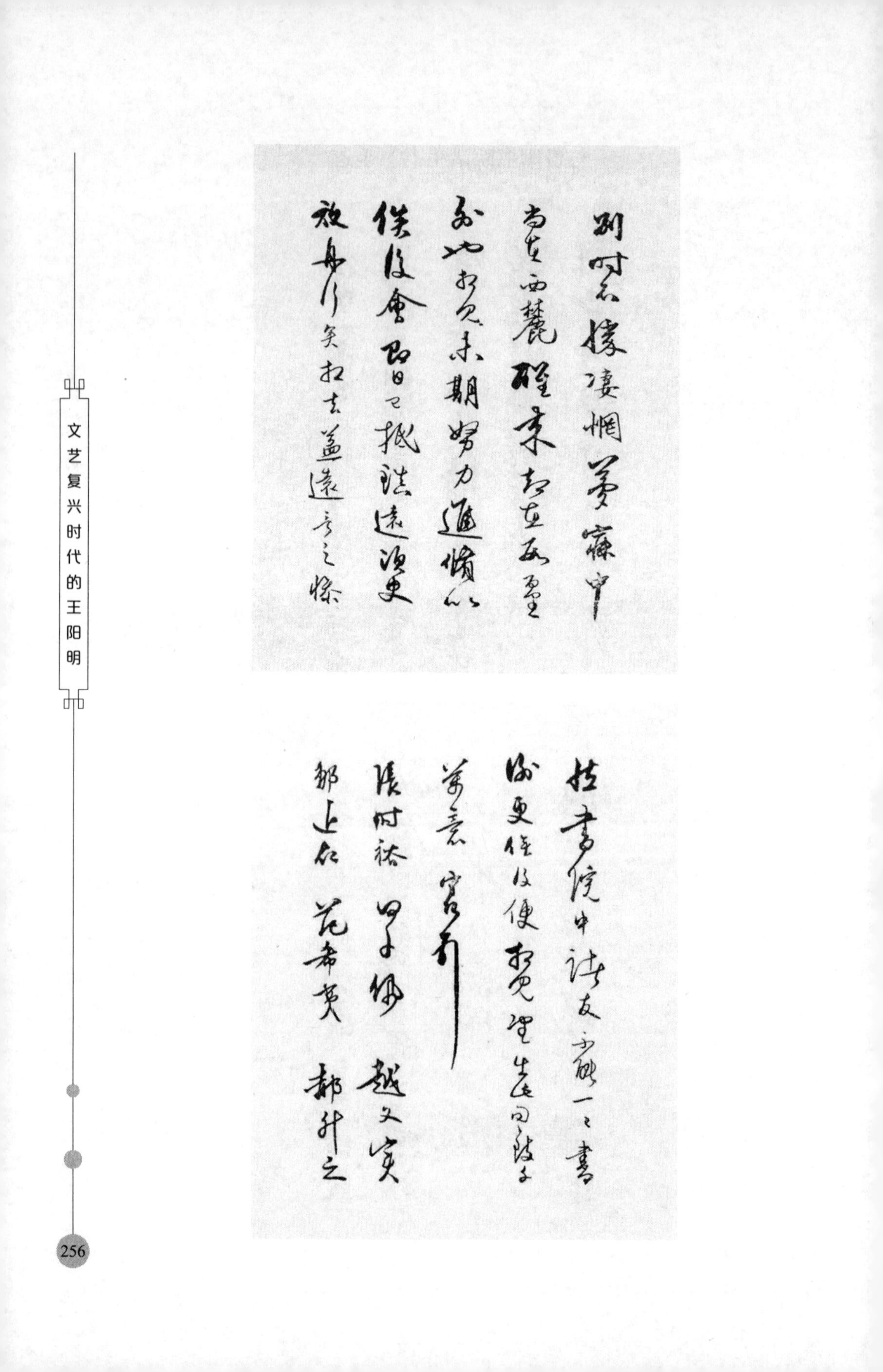

汪原銘 李惟善 陳良臣

湯伯元 陳宗魯 葉子蒼

易輔之 詹良臣 王世臣

袁邦彥 李良臣

劉位杖元 賢友 不能盡列

李嘉亮等

高峻風 何廷遠 陳壽寧

而未識鄒謙之之

則時作詩篇寄意不敢

二同志友皆不及為寫此來時

二三人於道傍亦由之不能詳

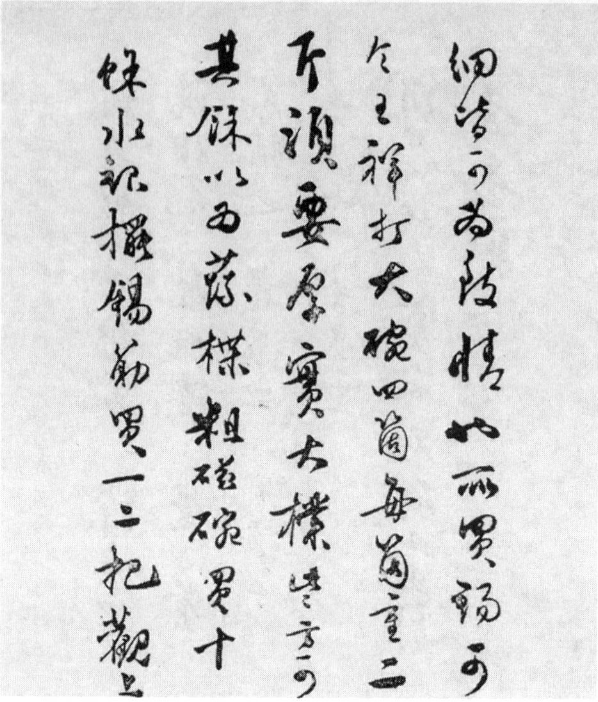

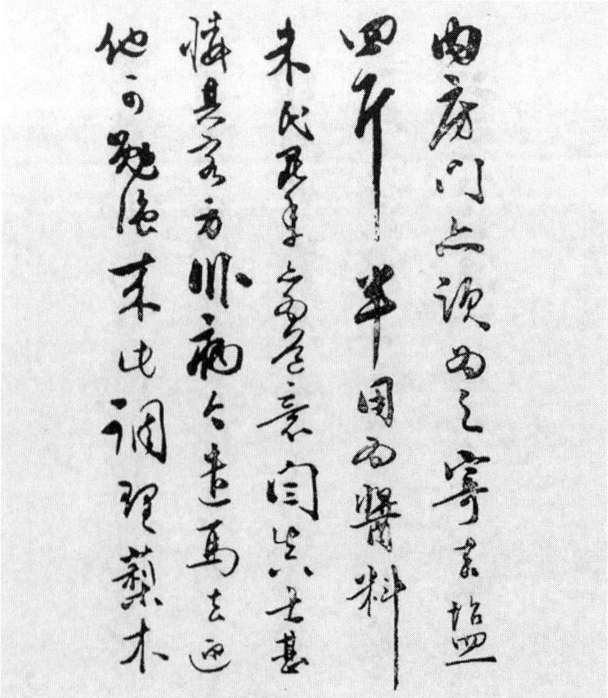

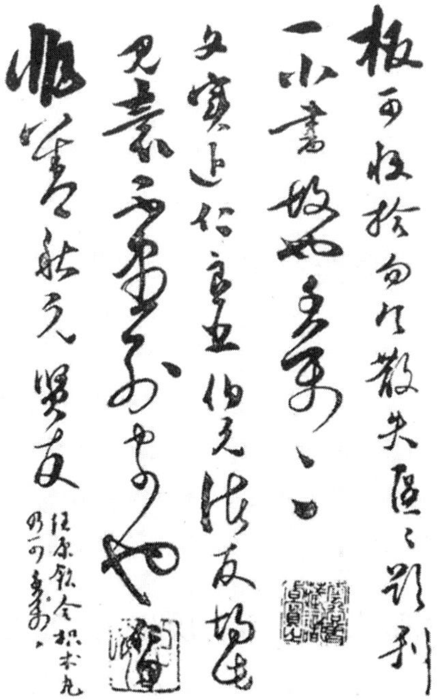

（见杨德俊主编：《王阳明龙场遗墨》，

贵州大学出版社 2016 年版，第 86—94 页。）

醉后用燕思亭韵

万峰攒簇高连天，贵阳久客经徂年。思亲谩想斑衣舞，寄友空歌《伐木》篇。短鬓萧疏夜中老，急管哀丝为谁好？敛翼樊笼恨已迟，奋翮云霄苦不早。缅怀冥寂岩中人，萝衣茝佩芙蓉巾。黄精紫芝满山谷，采石不愁仓囷贫。清溪常伴明月夜，小洞自报梅花春。高闲岂说商山皓，绰约真如藐姑神。封书远寄贵阳客，胡不来归浪相忆？记取青松涧底枝，莫学杨花满阡陌。

（见束景南：《王阳明年谱长编》二，

上海古籍出版社 2017 年版，第 548 页。）

舟中除夕二首

扁舟除夕尚穷途，荆楚还怜俗未殊。处处送神悬楮马，家家迎岁换桃符。江醪信薄聊相慰，世路多歧谩自吁！白发频年伤远别，彩衣何日是庭趋?

远客天涯又岁除，孤航随处亦吾庐。也知世上风波满，还恋山中木石居。事业无心从齿发，亲交多难绝音书。江湖未就新春计，夜半樵歌忽起予。

（见《王阳明全集》第2卷，
民主与建设出版社2014年版，第527页。）

1510年（明武宗正德五年，庚午），39岁

溆浦山夜泊

溆浦山边泊，云间见驿楼。滩声回远树，崖影落中流。柳放新年绿，人归隔岁舟。客途时极目，天北暮阴愁。

过江门崖

三年谪宦沮蛮氛，天放扁舟下楚云。归信应先春雁到，闲心期与白鸥群。晴溪欲转新年色，苍壁多遗古篆文。此地从来山水胜，它时回首忆江门。

（见《王阳明全集》第2卷，
民主与建设出版社2014年版，第527页。）

辰州虎溪龙兴寺闻杨名父将到留韵壁间

杖藜一过虎溪头，何处僧房是惠休？云起峰头沉阁影，林疏地底见江流。烟花日暖犹含雨，鸥鹭春闲欲满洲。好景同来不同赏，诗篇还为故人留。

武陵潮音阁怀元明

高阁凭虚台十寻，卷帘疏雨动微吟。江天云鸟自来去，楚泽风烟无古今。山色渐疑衡岳近，花源欲问武陵深。新春尚沮东归楫，落日谁堪话此心？

（见《王阳明全集》第2卷，
民主与建设出版社2014年版，第527页。）

阁中坐雨

台下春云及寺门，懒夫睡起正开轩。烟芜涨野平堤绿，江雨随风入夜喧。道意萧疏惭岁月，归心迢递忆乡园。年来身迹如漂梗，自笑迂痴欲手援。

霁夜

雨霁僧堂钟磬清，春溪月色特分明。沙边宿鹭寒无影，洞口流云夜有声。静后始知群动妄，闲来还觉道心惊。问津久已惭沮溺，归向东皋学耦耕。

僧斋

尽日僧斋不厌闲，独余春睡得相关。檐前水涨遂无地，江外云晴忽有山。远客趁墟招渡急，舟人晒网得鱼还。也知世事终无补，亦复心存出处间。

德山寺次壁间韵

乘兴看山薄暮来，山僧迎客寺门开。雨昏碧草春申墓，云卷青峰善卷台。性爱烟霞终是僻，诗留名姓不须猜。岩根老衲成灰色，枯坐何年解结胎?

（见《王阳明全集》第2卷，
民主与建设出版社2014年版，第528页。）

沅江晚泊二首

去时烟雨沅江暮。此日沅江暮雨归。水漫远沙村市改，泊依旧店主人非。草深廨宇无官住，花落僧房有鸟啼。处处春光萧索甚，正思荆棘掩岩扉。

春来客思独萧骚，处处东田没野蒿。雷雨满江喧日夜，扁舟经月住风涛。流民失业乘时横，原兽争群薄暮号。却忆鹿门栖隐地，杖藜壶榼饷东皋。

（见《王阳明全集》第2卷，
民主与建设出版社2014年版，第528页。）

与辰中诸生

谪居两年，无可与语者。归途乃得诸友，何幸何幸！方以为喜，又遽尔别去，极怏怏也。绝学之余，求道者少，一齐众楚，最易摇夺。自非豪杰，鲜有卓然不变者。诸友宜相砥砺夹持，务期有成。近世士夫亦有稍知求道者，皆因实德未成而先揭标榜，以来世俗之谤，是以往往隳堕无立，反为斯道之梗。诸友宜以是为鉴，刊落声华，务于切己处着实用力。

前在寺中所云静坐事，非欲坐禅入定……“学要鞭辟近里著己”，“君子之道闇然而日章”，“为名与为利，虽清浊不同，然其利心则一”，“谦受益”，“不求异于人，而求同于理”，此数语，宜书之壁间，常目在之。举业不患妨功，惟患夺志。只如前日所约，循循为之，亦自两无相碍。所谓知得洒扫应对，便是精义入神也。

（见束景南：《王阳明年谱长编》二，上海古籍出版社2017年版，第556页。）

夜泊江思湖忆元明

扁舟泊近渔家晚，茅屋深环柳港清。雷雨骤开江雾散，星河不动暮川平。梦回客枕人千里，月上春堤夜四更。欲寄愁心无过雁，披衣坐听野鸡鸣。

睡起写怀

江日熙熙春睡醒，江云飞尽楚山青。闲观物态皆生意，静悟天机入窅冥。道在险夷随地乐，心忘鱼鸟自流形。未须更觅羲唐事，一曲沧浪击壤听。

三山晚眺

南望长沙杳霭中，鹅羊只在暮云东。天高双橹哀明月，江阔千帆舞逆风。花暗渐惊春事晚，水流应与客愁穷。北飞亦有衡阳雁，上苑封书未易通。

鹅羊山

福地相传楚水阿，三年春色两经过。羊亡但有初平石，书罢惟笼道士鹅。礼斗坛空松影静，步虚台迥月明多。岩房一宿犹缘薄，遥忆开云住薜萝。

泗洲寺①

渌水西头泗洲寺，经过转眼又三年。老僧熟认直呼姓，笑我清癯只似前。每有客来看宿处，诗留佛壁作灯传。开轩扫榻还相慰，惭愧维摩世外缘。

再经武云观书林玉玑道士壁②

碧山道士曾相约，归路还来宿武云。月满仙台栖鹤侣，书留苍壁看鹅群。春岩多雨林芳淡，暗水穿花石溜分。奔走连年家尚远，空余魂梦到柴门。

（见《王阳明全集》第2卷，
民主与建设出版社2014年版，第529—530页。）

---

① 《王阳明全集》卷十九中此诗题目是《泗州寺》，《王阳明年谱长编》二，第564页，称为《泗洲寺》。该诗首句说“渌水西头泗洲寺”，故诗题应是《泗洲寺》。

② 此诗在《王阳明全集》第2卷中是四句诗，第2句开头是“月满仙台依鹤侣”，在杨德俊主编的《王阳明龙场遗墨》诗的手迹中，只有前两句的手迹，第二句为“月满仙台栖鹤侣”。这里依手迹将“依”改为“栖”。

《再经武云观书林玉玑道士壁》手迹

碧山道士書
相約歸路
還來宿武

雲月滿仙
臺栖鶴侶
書留蒼壁

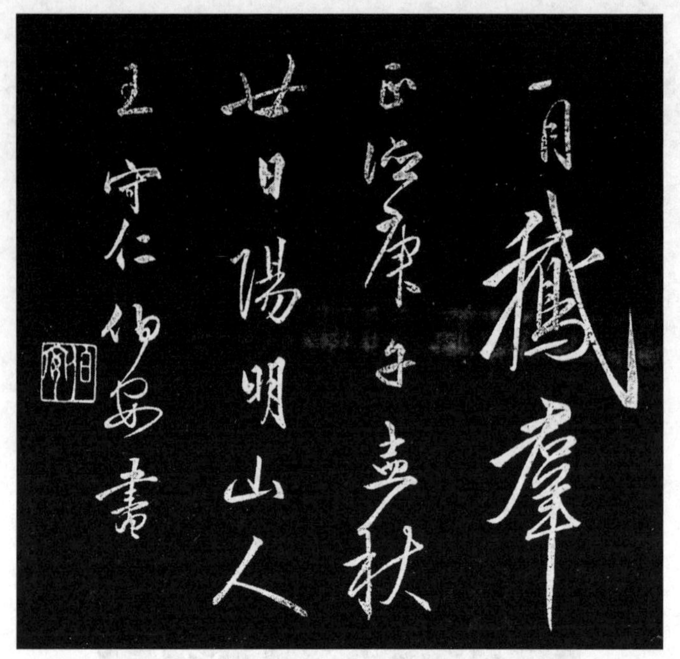

（见杨德俊主编：《王阳明龙场遗墨》，

贵州大学出版社 2016 年版，第 97—99 页。）

再过濂溪祠用前韵

曾向图书识面真，半生长自愧儒巾。斯文久已无先觉，圣世今应有逸民。一自支离乖学术，竞将雕刻费精神。瞻依多少高山意，水漫莲池长绿蘋。

（见《王阳明全集》第 2 卷，

民主与建设出版社 2014 年版，第 530 页。）

药王菩萨化珠保命真经序

予谪居贵阳，多病寡欢，日坐小轩，捡方书及释典，始得是经。阅之，其妙义奥旨，大与虚无之谈异，实余平生所未经见。按方书，诸病之生，可以审证而治。惟鲁痘之种，不见经传，上古未有。间有附会之说，终非的证，治无明验。此经所言甚详，悉可信。且痘之发也，必焚香、洁净、戒酒，忌诸恶秽。其机盖与神通云。细察游僧所言，即药王菩萨现世度厄。其曰“吾自乐此”者，药也；曰“急扶我骸”者，“急救婴孩”也。乃谋之父老，因其废庙而寺之，名其悬篋之石曰佛篋峰。寺成二年而大兴，疾病祷者立应。予既名，还携归，重刻此本，而家藏之，并为之序。正德庚午阳明王守仁识。

（见《王阳明全集》新编本第 5 册，钱明编校，
吴光覆审，浙江古籍出版社 2011 年版，第 1877—1878 页。）

三月出任庐陵知县。十二月，升南京刑部四川清吏司主事。

游瑞华二首

簿领终年未出郊，此行聊解俗人嘲。忧时有志怀先达，作县无能愧旧交。松古尚存经雪干，竹高还长拂云梢。溪山处处堪行乐，正是浮名未易抛。

其二

万死投荒不拟回，生还且复荷栽培。逢时已负三年学，治剧兼非百里才。身可益民宁论屈，志存经国未全灰。正愁不是中流砥，千尺狂澜岂易摧！

古道

古道当长阪，肩舆入暮天。苍茫闻驿鼓，冷落见炊烟。冻烛寒无焰，泥炉湿未燃。正思江槛外，闲却钓鱼船。

（见《王阳明全集》第 2 卷，
民主与建设出版社 2014 年版，第 531 页。）

午憩香社寺

修程动百里，往往饷僧居。佛鼓迎官急，禅床为客虚。桃花成井落，云水接郊墟。不觉泥尘涩，看山兴有余。

（见《王阳明全集》第2卷，

民主与建设出版社2014年版，第532页。）

次韵自叹

孤寺逢僧话旧扉，无端日暖更风微。汤沸釜中鱼翻沫，网罗石下雀频飞。芝兰却喜栖凡草，桃李那看伴野薇。观我未持天下帚，不能为国扫公非。

（见束景南、查明昊辑编：《王阳明全集补编》，

上海古籍出版社2016年版，第56页。）

观音山

烟鬟雾髻动青波，野老传闻似普陀。那识其中真色相，一轮明月照青螺。

（见束景南、查明昊辑编：《王阳明全集补编》，

上海古籍出版社2016年版，第57页。）

过安福

归兴长时切，淹留直到今。含羞还屈膝，直道愧初心。世事应无补，遗经尚可寻。清风彭泽令，千载是知音。

（见束景南、查明昊辑编：《王阳明全集补编》，

上海古籍出版社2016年版，第57页。）

满江红　题安化县石桥

两溪之间，桃花浪漫空涨绿。临望踌躕搔首，舟维古木。立极三山鳌竞峙，盘涡千丈龙新浴。问垂虹壮观似渠无，嗟神速。　　潺潺溜，清如玉；团团夜，光堪掬。对嫦娥弄影，举杯相属。休笑主人痴事了，几多行客云生足。料他年何以慰相思，云间屋。

（见束景南、查明昊辑编：《王阳明全集补编》，
上海古籍出版社 2016 年版，第 57 页。）

天涯思归

趋庭恋阙心俱似，将父勤王事□违。使节已从青汉下，亲庐休望白云飞。秋深峡口猿啼急，岁晚衡阳雁□稀。邻里过逢如话我，天涯无日不思归。

□□行，名父作诗送，予亦次韵。阳明守仁书。

（见《王阳明全集》新编本第 5 册，钱明编校，吴光覆校，
浙江古籍出版社 2011 年版，第 1713 页。）

论实践之功。先生曰："圣人之心如明镜，纤翳自无所容，自不消磨刮。若常人之心，如斑垢驳蚀之镜，须痛刮磨一番，尽去驳蚀，然后纤尘即见，才拂便去，亦不消费力。到此已是识得仁体矣。若驳蚀未去，其间固自有一点明处，尘埃之落，固亦见得，才拂便去；至于堆积于驳蚀之上，终弗之能见也。此学利困勉之所由异，幸勿以为难而疑之也。凡人情好易而恶难，其间亦自有私意气习缠蔽，在识破后，自然不见其难矣。古之人至有出万死而乐为之者，亦见得耳。向时未见得里面意思，此功夫自无可讲处，今已见此一层，却恐好易恶难，便流入禅释去也。"

（见《王阳明全集》第 4 卷，年谱一，
民主与建设出版社 2014 年版，第 895 页。）

1511 年（明武宗正德六年，辛未），40 岁

正月，调吏部验封清吏司主事。二月，为会试同考试官。十月，升文选清吏司员外郎。

（参见《王阳明全集》第 4 卷，年谱一，民主与建设出版社 2014 年版，第 895—897 页。）

立春日道中短述

腊意中宵尽，春容傍晓生。野塘冰转绿，江寺雪消晴。农事沾泥犊，羁怀听谷莺。故山梅正发，谁寄欲归情？

公馆午饭偶书

行台依独寺，僧屋自成邻。殿古凝残雪，墙低入早春。巷泥晴淖马，檐日暖堪人。雪散小岩碧，松梢挂月新。

（见《王阳明全集》第 2 卷，民主与建设出版社 2014 年版，第 532 页。）

崇玄道院

逆旅崇玄几度来，主人闻客放舟回。小山花木添新景，古壁诗篇拂旧埃。老去须眉能雪白，春还消息待梅开。松堂一宿殊匆遽，拟傍驾湖筑钓台。

（见束景南、查明昊辑编：《王阳明全集补编》，上海古籍出版社 2016 年版，第 59 页。）

游焦山次邃庵韵三首

长江二月春水生，坐没洲渚浮太清。势挟惊风振孤石，气喷浊浪摇空城。海门青觇楚山小，天末翠飘吴树平。不用凌飙蹑圆峤，眼前鱼鸟俱同盟。

倚云东望晓溟溟，江上诸峰数点萍。漂泊转惭成窃禄，幽栖终拟抱残经。岩花入暖新凝紫，壁树悬江欲堕青。春水特深埋鹤地，又随斜日下江亭。

扁舟乘雨渡青山，坐见晴沙涨几湾。高宇堕江撑独柱，长流入海振重关。北来宫阙参差见，东望蓬瀛缥缈间。奔逐终年何所就，端居翻觉愧僧闲。

（见束景南、查明昊辑编：《王阳明全集补编》，
上海古籍出版社 2016 年版，第 58 页。）

听潮轩[①]

水心龙窟只宜僧，也许诗人到上层。江日迎人明白帽，海风吹醉掖枯藤。鲸波四面长疑动，鳌背千年恐未胜。王气金陵真在眼，坐看西北亦谁曾？

（见束景南、查明昊辑编：《王阳明全集补编》，
上海古籍出版社 2016 年版，第 58 页。）

① 此诗与《王阳明全集》新编本中的题目不同，个别文字也有出入。在《王阳明全集》新编本中题目为《泊金山寺》，“鳌背千年恐未胜”为“鳌背千年未足胜”，见《王阳明全集》新编本第 5 册，钱明编校，吴光覆校，浙江古籍出版社 2011 年版，第 1726 页。

送宗伯乔白岩序

大宗伯白岩乔先生将之南都，过阳明子而论学。阳明子曰："学贵专。"先生曰："然。予少而好弈，食忘味，寝忘寐，目无改观，耳无改听；盖一年而诎乡之人，三年而国中莫有予当者。学贵专哉！"阳明子曰："学贵精"。先生曰："然。予长而好文词，字字而求焉，句句而鸠焉，研众史，核百氏；盖始而希迹于宋、唐，终焉浸入于汉、魏。学贵精哉！"阳明子曰："学贵正"。先生曰："然。予中年而好圣贤之道，弈吾悔焉，文词吾愧焉，吾无所容心矣。子以为奚若？"阳明子曰："可哉！学弈则谓之学，学文词则谓之学，学道则谓之学，然而其归远也。道，大路也，外是，荆棘之蹊，鲜克达矣。是故专于道，斯谓之专；精于道，斯谓之精。专于弈而不专于道，其专溺也；精于文词而不精于道，其精僻也。夫道广矣大矣，文词技能于是乎出；而以文词技能为者，去道远矣。是故非专则不能以精，非精则不能以明，非明则不能以诚。故曰'惟精惟一'。精，精也；专，一也。精则明矣，明则诚矣。是故明精之为也，诚一之基也。一，天下之大本也；精，天下之大用也。知天地之化育，而况于文词技能之末乎？"先生曰："然哉！予将终身焉，而悔其晚也。"

（见束景南：《王阳明年谱长编》二，
上海古籍出版社 2017 年版，第 595 页。）

答黄宗贤应原忠

昨晚言似太多，然遇二君亦不得不多耳……圣人之心如明镜，纤翳自无所容，自不消磨刮。若常人之心，如斑垢驳杂之镜，须痛加刮磨一番，尽去其驳蚀，然后纤尘即见，纔拂便去，亦自不消费力，到此已是识得仁体矣……凡人情好易而恶难，其间亦自有私意气息缠蔽，在识破后，自然不见其难矣。古之人至有出万死而乐为之者，亦见得耳。向时未见得向里面意思，此工夫自无可讲处。今已见此一层，却恐好易恶难，便流入禅释去也。昨论儒释之异，明道所谓“敬以直内”则有之，“义以方外”则未。毕竟连“敬以直内”亦不是者，已说到八九分矣。

（见束景南：《王阳明年谱长编》二，
上海古籍出版社 2017 年版，第 602 页。）

夜宿功德寺次宗贤韵二绝

山行初试夹衣轻，脚软黄尘石路生。一夜洞云眠未足，湖风吹月渡溪清。

水边杨柳覆茅楹，饮马春流更一登。坐久逐忘归路夕，溪云正泻暮山青。

（见《王阳明全集》第 2 卷，
民主与建设出版社 2014 年版，第 532 页。）

答汪石潭内翰

〈节选〉

夫喜怒哀乐，情也，既曰不可谓未发矣；喜怒哀乐之未发，则是指其本体而言，性也。斯言自子思，非程子而始有。执事既不以为然，则当自子思《中庸》始矣。喜怒哀乐之与思与知觉，皆心之所发。心统情性，性，心体也；情，心用也……夫体用一源也，知体之所以为用，则知用之所以为体者矣。虽然，体微而难知也，用显而易见也。执事之云不亦宜乎？夫谓“自朝至暮，未尝有寂然不动之时”者，是见其用而不得其所谓体也。君子之于学也，因用以求其体。凡程子所谓“既思”，既是已发；既有知觉，即是动者。皆为求中于喜怒哀乐未发之时者言也，非谓其无未发者也……吾兄且于动处加工，勿使间断。动无不和，即静无不中。而所谓寂然不动之体，当自知之矣。未至而揣度之，终不免于对塔说相轮耳。然朱子但有知觉者在，而未有知觉之说，则亦未莹。吾兄疑之，盖亦有见。但其所以疑之者，则有因噎废食之过，不可以不审也……

（见束景南：《王阳明年谱长编》二，上海古籍出版社 2017 年版，第 611—612 页。）

彰孝坊

金楚维南屏，贤王更令名。日星昭涣汗，雨雪霁精诚。端礼巍巍地，灵泉脉脉情。他年青史上，无用数东平。

（见束景南、查明昊辑编：《王阳明全集补编》，上海古籍出版社 2016 年版，第 59 页。）

砚铭

温润而有守，此吾之石友，日就月将于不朽。

正德辛未春，阳明山人铭。

（见束景南、查明昊辑编：《王阳明全集补编》，上海古籍出版社 2016 年版，第 121 页。）

别方叔贤四首

西樵山色远依依，东指江门石路微。料得楚云台上客，久悬秋月待君归。

自是孤云天际浮，箧中枯蠹岂相谋。请君静后看羲画，曾有陈篇一字不?

休论寂寂与惺惺，不妄由来即性情。笑却殷勤诸老子，翻从知见觅虚灵。

道本无为只在人，自行自住岂须邻？坐中便是天台路，不用渔郎更问津。

（见《王阳明全集》第2卷，
民主与建设出版社2014年版，第532—533页。）

白湾六章

宗岩文先生居白浦之湾，四方学者称曰白浦先生，而不敢以姓字。某素高先生，又辱为之僚，因为书“白湾”二字，并诗以咏之。

浦之湾，其白漫漫。彼美君子，在水之盘。湾之浦，其白弥弥。彼美君子，在水之涘。云之溶溶，于湾之湄。君子于处，民以为期。云之油油，于湾之委。君子于兴，施及四海。白湾之渚，于游以处。彼美君子兮，可以容与。白湾之洋，于濯以湘。彼美君子兮，可以徜徉。

（见《王阳明全集》第2卷，
民主与建设出版社2014年版，第533页。）

与徐日仁书

得书，惊惶莫知所措。固知老亲母仁慈德厚，福禄应非至此，然思曰仁何以堪处，何以堪处！急走请医，相知之良莫如夏者，然有官事相绊，不得遽行，未免又迟半日，比至祁且三日。天道苟有知，应不俟渠至，当已平复。不然，可奈何，可奈何！来人与夏君先发，赵八舅和儿辈随往矣。惶遽中言无伦次，亦不能尽。守仁顿首，曰仁太守贤弟。

（见束景南：《王阳明年谱长编》二，
上海古籍出版社2017年版，第620页。）

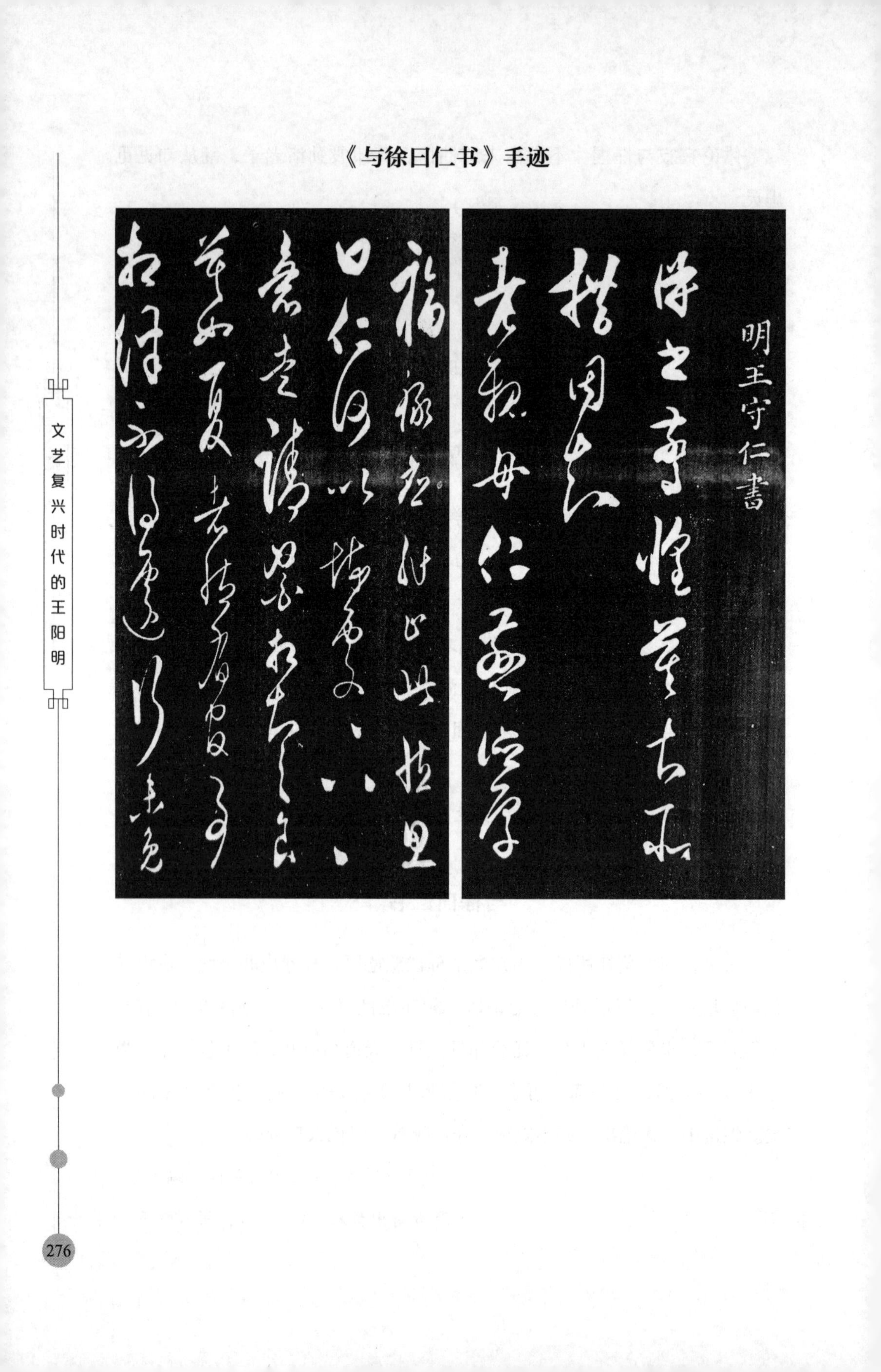

《与徐曰仁书》手迹

明王守仁書

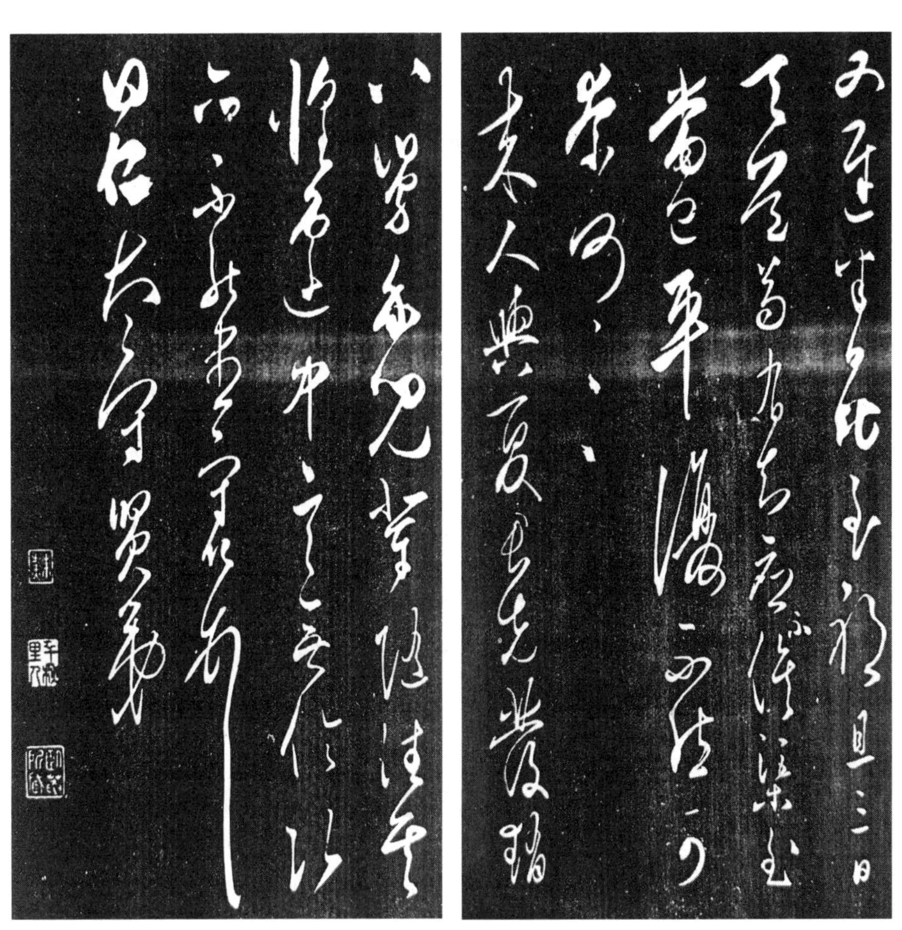

（见计文渊编：《王阳明法书集》五三，西泠印社 1996 年版。）

祭郑朝朔文

辛未之冬，朝于京师，君为御史，余留铨司。君因世杰，谬予是资。予辞不获，抗颜以尸。君尝问予：圣学可至？余曰然哉，克念则是。隐辞奥义，相与剖析。探本穷源，夜以继日。君喜谓予："昔迷今悟，昔陷多歧，今由大路。呜呼绝学，几年于兹。"

（见束景南：《王阳明年谱长编》二，
上海古籍出版社 2017 年版，第 639 页。）

1512 年（明武宗正德七年，壬申），41 岁

在京师。三月，升考功清吏司郎中。十二月升南京太仆寺少卿，便道归省。论《大学》宗旨，形成《传习录》首卷所论的内容。

（参见《王阳明全集》第 4 卷，年谱一，
民主与建设出版社 2014 年版，第 898 页。）

《诗》非孔门之旧本[①]

《诗》非孔门之旧本矣。孔子云："放郑声，郑声淫。"又曰："恶郑声之乱雅乐也。郑、卫之音，亡国之音也。"此是孔门家法。孔子所定三百篇，皆所谓雅乐，皆可奏之郊庙，奏之乡党，皆所以宣畅和平，涵泳德性，移风易俗，安得有此？是长淫导奸矣。此必秦火之后，世儒附会，以足三百篇之数。盖淫泆之词，世俗多所喜传，如今闾巷皆然。"恶者可以惩创人之逸志"，是求其说而不得，从而为之辞。

（见《王阳明全集》第 1 卷，民主与建设出版社 2014 年版，第 8—9 页。）

① 篇名为本书作者加。

美大圣神[①]

问立志。先生曰："只念念要存天理，即是立志。能不忘乎此，久则自然心中凝聚，犹道家所谓结圣胎也。此天理之念常存，训至于美大圣神，亦只从此一念存养扩而充去耳。"

（见《王阳明全集》第 1 卷，
民主与建设出版社 2014 年版，第 9 页。）

"写真传神""明镜感应"[②]

先生曰："人心天理浑然，圣贤笔之书，如写真传神，不过示人以形状大略，使之因此而讨求其真耳；其精神意气，言笑动止，固有所不能传也。后世著述，是又将圣人所画，摹仿誊写，而妄自分析加增，以逞其技，其失真愈远矣。"……先生曰："圣人之心如明镜，只是一个明，则随感而应，无物不照。未有已往之形尚在，未照之形先具者。"

（见《王阳明全集》第 1 卷，
民主与建设出版社 2014 年版，第 9—10 页。）

春正月，徐爱入京来见，遂与黄绾、顾应详奉陪阳明游香山，登玉岩，有诗唱酬。

（见束景南：《王阳明年谱长编》二，
上海古籍出版社 2017 年版，第 641 页。）

① 篇名为本书作者加。

② 篇名为本书作者加。

香山次韵

寻山到山寺，得意却忘山。岩树坐来静，壁萝春自闲。楼台星斗上，钟磬翠微间。顿息尘寰念，清溪踏月还。

夜宿香山林宗师房次韵二首

幽壑来寻物外情，石门遥指白云生。林间伐木时闻响，谷口逢僧不记名。天壁倒涵湖月晓，烟梯高接纬阶平。松堂静夜浑无寐，到枕风泉处处声。

久落泥涂惹世情，紫崖丹壑是平生。养真无力常怀静，窃禄未归羞问名。树隐洞泉穿石细，云回溪路入花平。道人只住层萝上，明月峰头有磬声。

（见《王阳明全集》第2卷，
民主与建设出版社2014年版，第533页。）

寄隐岩

每逢山水地，便有卜居心。终岁风尘里，何年沧海浔？洞寒泉滴细，花暝石房深。青壁须留姓，他时好共寻。

（见《王阳明全集》第2卷，
民主与建设出版社2014年版，第533页。）

别湛甘泉二首

行子朝欲发，驱车不得留。驱车下长阪，顾见城东楼。远别情已惨，况此艰难秋！分手诀河梁，涕下不可收。车行望渐杳，飞埃越层丘。迟回歧路侧，孰知我心忧！

我心忧以伤，君去阻且长。一别岂得已？母老思所将。奉命危难际，流俗反猜量。黄鹄万里逝，岂伊为稻粱？栋火及毛羽，燕雀犹栖堂。跳梁多不测，君行戒前途。达命谅何滞，将母能忘虞。安居尤阱攫，关路非歧岖。令德崇易简，可以知险阻。结茆湖水阴，幽期终不忘。伊尔得相就，我心亦何伤！世艰变倏忽，人命非可常。斯文天未坠，别短会日长。南寺春月夜，风泉闲竹房。逢僧或停楫，先扫白云床。

（见《王阳明全集》第2卷，民主与建设出版社2014年版，第534页。）

与诸门人夜话

翰苑争夸仙吏班，更兼年少出尘寰。敷珍摛藻依天仗，载笔抽毫近圣颜。大块文章宗哲匠，中原人物仰高山。谭经无事收衙蚤，得句尝吟对酒间。羽飞皦雪迎双鹤，砚洗玄云注一湾。诸生北面能传业，吾道东来可化顽。久识金瓯藏姓字，哲违玉署寄贤关。通家自愧非文举，浪许登龙任往还。

与诸门人夜话，阳明山人王守仁。

（见束景南、查明昊辑编：《王阳明全集补编》，上海古籍出版社2016年版，第59—60页。）

与王纯甫

〈节选〉

譬之金之在冶，经烈焰，受钳锤，当此之时，为金者甚苦；然自他人视之，方喜金之益精炼，而惟恐火力锤煅之不至。既其出冶，金亦自喜其挫折煅炼之有成矣。某平日亦每有傲视行辈、轻忽世故之心，后虽稍知惩创，亦惟支持抵塞于外而已。及谪贵州三年，百难备尝，然后能有所见，始信孟氏“生于忧患”之言非欺我也。尝以为“君子素其位而行，不愿乎其外。素富贵，行乎富贵；素贫贱，行乎贫贱；素患难，行乎患难；故无入而不自得”。后之君子，亦当素其位而学，不愿乎其外。素富贵，学处乎富贵；素贫贱患难，学处乎贫贱患难；则亦可以无入而不自得。……居常无所见，惟当利害，经变故，遭屈辱，平时愤怒者到此能不愤怒，忧惶失措者到此能不忧惶失措，始是能有得力处，亦便是用力处。天下事虽万变，吾所以应之，不出乎喜怒哀乐四者。此为学之要，而为政亦在其中矣。景颜闻之，跃然如有所得也。甘泉近有书来，已卜居萧山之湘湖，去阳明洞方数十里耳。书屋亦将落成，闻之喜极。诚得良友相聚会，共进此道，人间更复有何乐！区区在外之荣辱得丧，又足挂之齿牙间哉？

（见《王阳明全集》第 1 卷，
民主与建设出版社 2014 年版，第 117—118 页。）

紫阳书院集序[①]

豫章熊君世芳之守徽也，既敷政其境内，迺大新紫阳书院，以明朱子之学，萃士之秀而躬教之。于是七校之士惧政之弗继也，教之或湮也，而程生曾集书院之故，复弁以白鹿之规，遗后来者，使知所敦。刻成，毕生珊来，致其合语，请一言之益。予惟为学之方，白鹿之规尽矣；警劝之道，熊君之意勤矣；兴废之详，程生之集备矣，又奚以予言为乎？然吾闻之：德有本而学有要，不于其本而泛焉以从事，高之而虚寂，卑之而支离，流荡失宗，劳而靡所得矣。是故君子之学，惟以求得其心，虽至于位天地，育万物，未有出于是心之外也。孟氏所谓“学问之道无他，求其放心而已”者，一言以蔽之。故博学者，学此也；审问者，问此者；慎思者，思此也；明辨者，辨此也；笃行者，行此也。心外无事，心外无理，

① 《王阳明全集》中《紫阳书院集序》题下注“乙亥”作（正德十年），而将此《与徽州程毕二子》诗归入《南都诗》，云：正德甲戌年四月升南京鸿胪寺卿作，皆大误。熊世芳重建紫阳书院在正德七年三月，罗玘记已明言之。见束景南：《王阳明年谱长编》二，上海古籍出版社 2017 年版，第 657 页。

故心外无学也。是故于父子尽吾心之仁，于君臣尽吾心之义；言吾心之忠信，行吾心之笃敬；惩心忿，窒心欲，迁心善，改心过；处事接物，无所往而非求尽吾心以自慊也。譬之植焉，心，其根也；学也者，其培壅而灌溉之者也，扶卫而删锄之者也，无非有事于根焉尔已。朱子白鹿之规，首之以五教之目，次之以为学之叙，又次之以修身之要，又次之以处事之要、接物之要，若各为一事而不相蒙者，斯殆朱子平日之意，所谓随时精察而力行之，庶几一旦贯通之妙也欤？然而世之学者，往往遂失之支离琐屑，色庄外驰，而流入于口耳声利之习。故吾因诸士之请，而特原其本以相勖，庶乎操存讲习之有要，亦所以发明朱子未尽之意也。

（见束景南：《王阳明年谱长编》二，
上海古籍出版社 2017 年版，第 654—655 页。）

与徽州程毕二子

句句糠粃字字陈，却于何处觅知新？紫阳山下多豪俊，应有吟风弄月人。

（见束景南：《王阳明年谱长编》二，
上海古籍出版社 2017 年版，第 657 页。）

别湛甘泉序

颜子没而圣人之学亡。曾子唯一贯之旨，传之孟轲终，又二千余年而周、程续。自是而后，言益详，道益晦；析理益精，学益支离无本，而事于外者益繁以难。盖孟氏患杨、墨；周、程之际，释、老大行。今世学者，皆知宗孔、孟，贱杨、墨，摈释、老，圣人之道，若大明于世。然吾从而求之，圣人不得而见之矣。其能有若墨氏之兼爱者乎？其能有若杨氏之为我者乎？其能有若老氏之清净自守、释氏之究心性命者乎？吾何以杨、墨、老、释之思哉？彼于圣人之道异，然犹有自得也。而世之学者，章绘句琢以夸俗，诡心色取，相饰以伪，谓圣人之道劳苦无功，非复人之所可为，而徒取辩于言词之间。古之人有终身不能究者，今吾皆能言其略，自以为若是亦足矣，而圣人之学遂废。则今之所大患者，岂非记诵词章之习！而弊之所从来，无亦言之太详、析之太精者之过欤！夫杨、墨、老、释，学仁义，求性命，不得其道而偏焉，固非若今之学者以仁义为不可学，性命之为无益也。居今之时而有学仁义，求性命，外记诵辞章而不为者，虽其陷于杨、墨、老、释之偏，吾犹且以为贤，彼其心犹求以自得也。夫求以自得，而后可与之言学圣人之道。某幼不问学，陷溺于邪僻者二十年，而始究心于老、释。赖天之灵，因有所觉，始乃沿周、程之说求之，而若有得焉。顾一二同志之外，莫予翼也，岌岌乎仆而后兴。晚得友于甘泉湛子，而后吾之志益坚，毅然若不可遏，则予之资于甘泉多矣。甘泉之学，务求自得者也。世未之能知其知者，且疑其为禅。诚禅也，吾犹未得而见，而况其所志卓尔若此。则如甘泉者，非圣人之徒欤！多言又乌足病也！夫多言不足以病甘泉，与甘泉之不为多言病也，吾信之。吾与甘泉友，意之所在，不言而会；论之所及，不约而同；期于斯道，毙而后已者。今日之别，吾容无言。夫惟圣人之学难明而易惑，习俗之降愈下而益不可回，任重道远，虽已无俟于言，顾复于吾心，若有不容已也。则甘泉亦岂以予言为缀乎？

（见《王阳明全集》第1卷，
民主与建设出版社2014年版，第171—172页。）

上海日翁大人札

〈节选〉

父亲大人膝下：……人臣以身许国，见难而退，甚所不可，但于时位出处中，较量轻重，则亦尚有可退之义，是以未能忘情；不然，则亦竭忠尽道，极吾心力之可为者死之而已，又何依违观望于此，以求必去之路哉！……近甸及山东盗贼奔突，往来不常。河南新失大将，贼势愈张。边军久居内地，疲顿懈弛，皆无斗志，且有怨言，边将亦无如之何。兼多疾疫，又乏粮饷，府库外内空竭，朝廷费出日新月盛。养子、番僧、伶人、优妇居禁中以千数计，皆锦衣玉食。又为养子盖造王府，番僧崇饰塔寺，资费不给，则索之勋臣之家，索之戚里之家，索之中贵之家；…… 宫苑内外，鼓噪火炮之声昼夜不绝，惟大风或疾病，乃稍息一日二日。臣民视听习熟，今亦不胜骇异。……时事到此，亦是气数，家中凡百皆宜预为退藏之计。弟辈可使读书学道，亲农圃朴实之事，一应市嚣虚诈之徒，勿使与接，亲近忠信恬淡之贤，变化气习，专以积善养福为务，退步让人为心。未知三四十年间，天下事又当何如也。凡男所言，皆是实落见得如此，异时分毫走作不得，不比书生据纸上陈迹，腾口漫说。今时人亦见得及，但信不及耳。余姚事，亦须早区画，大人决不须避嫌，但信自己恻怛之心、平直心，退步心，当时了却，此最洒脱。牵缠不果，中间亦生病痛。归侍虽渐可期，而归途尚尔难必。翘首天南，不胜瞻恋。男守仁拜书。外山巾及包头二封。

（见束景南、查明昊辑编：《王阳明全集补编》，
上海古籍出版社 2016 年版，第 126—129 页。）

赠别黄宗贤

古人戒从恶，今人戒从善；从恶乃同污，从善翻滋怨；纷纷嫉娼兴，指谪相非讪。自非笃信士，依违多背面。宁知竟漂流，沦胥亦污贱。卓哉汪陂子，奋身勇厥践。拂衣还旧山，雾隐期豹变。嗟嗟吾党贤，自黑匪难辩！

（见《王阳明全集》第 2 卷，
民主与建设出版社 2014 年版，第 534 页。）

1513 年（明武宗正德八年，癸酉），42 岁

二月至越，五月从上虞入四明，寻龙溪之源；登杖锡，至雪窦，上千丈岩，以望天姥、华顶；自宁波还余姚。十月至滁州。滁山水佳胜，日与门人遨游瑯琊、酿泉间。月夕则环龙潭而坐者数百人，歌声振山谷。诸生随地请正，踊跃歌舞。旧学之士皆日来臻。于是从游之众自滁始。

（参见《王阳明全集》第 4 卷，年谱一，
民主与建设出版社 2014 年版，第 898 页。）

东林书院记

东林书院者，宋龟山杨先生讲学之所也。龟山没，其地化为僧区，而其学亦遂沦于佛老、训诂词章者且四百年。成化间，今少司徒泉斋邵先生始以举子复聚徒讲诵于其间。先生既仕，而址复荒，属于邑之华氏。华氏，先生之门人也，以先生之故，仍让其地为书院，以昭先生之迹，而复龟山之旧……夫龟山没，使有若先生者相继讲明其间，龟山之学，邑之人将必有传，岂遂沦入于老佛、词章而莫之知？求当时从龟山游不无人矣，使有如华氏者相继修葺之，纵其学未即明，其间必有因迹以求道者，则亦何至沦没于四百年之久？又使其时有司有若高君者，以风励士习为己任，书院将无因而圮，又何至化为浮屠之居而荡为草莽之野？是三者，皆宜书之以训后。若夫龟山之学，得自程氏，以上接孔、孟，下启启罗、李、晦庵，其统绪相承，断无可疑……先生乐易谦虚，德器溶然，不见其喜怒。人之悦而从之，若百川之趋海，论者以为有龟山之风，非有得于其学，宜弗能之。然而世之宗先生者，或以其文轮之工，或以其学术之邃，或以其政事之良，先生之心其殆未以是足也。从先生游者，其以予言而深求先生之心，以先生之心而上求龟山之学，庶乎书院之复不为虚矣。书院在锡百

渎之上，东望梅村二十里而遥，周太伯之所从逃也。方华氏之让地为院，乡之人与其同门之士争相趋事，若耻于后。太伯之遗风，尚有存焉，特世无若先生者以倡之耳，是亦不可以无书。

（见束景南：《王阳明年谱长编》二，
上海古籍出版社 2017 年版，第 699—700 页。）

送日本正使了庵和尚归国序

世之恶奔竟而厌烦拿者，多遁而之释焉。为释有道，不曰清乎？挠而不浊，不日洁乎？狎而不染。故必息虑以浣尘，独行以离偶，斯为不诡于其道也。苟不如是，则虽皓其发、缁其衣、梵其书，亦逃祖繇而已耳，乐纵诞而已耳，其于道何如耶！

今有日本正使堆云桂悟字了庵者，年逾上寿，不倦为学，领彼国王之命，来贡珍于大明。舟抵鄞江之浒，寓馆于鄞。予尝过焉，见其法容洁修、律行坚巩，坐一室，左右经书，铅朱自陶，皆楚楚可观，爰非清然乎！与之辨空，则出所谓预修诸殿院之文，论教异同，以并吾圣人，遂性闲情安，不哗以肆，非净然乎！且来得名山水而游，贤士大夫而从，靡曼之色不接于目，淫哇之声不入于耳，而奇邪之行不作于身，故其心日益清，志日益净，偶不期离而自异，尘不待浣而已绝矣。兹有归思，吾国与之文字以交者，若太宰公及诸缙绅辈，皆文儒之择也，咸惜其去，各为诗章，以艳饰回躅，固非贷而滥，吾安得不序！

皇明正德八年岁在癸酉五月既望，余姚王守仁书。

（见《王阳明全集》第 3 卷，
民主与建设出版社 2014 年版，第 875—876 页。）

与黄宗贤书二

仆到家，即欲与曰仁成雁荡之约，宗族亲友相牵绊，时刻弗能自由。五月，终决意往，值烈暑，阻者益众且坚，复不果。时与曰仁稍寻傍近诸小山，其东南林壑最胜绝处，与数友相期，俟宗贤一至即往。又月余，曰仁凭限过甚，乃翁督促，势不可复待。乃从上虞入四明，观白水，寻龙溪之源；登杖锡，至于雪窦；上千丈岩，以望天姥、华顶，若可睹焉。欲遂从奉化取道至赤城，适彼中多旱，山田尽龟裂，道傍人家彷徨望雨，意惨然不乐，遂从宁波买舟还余姚。往返亦半月余……

（见束景南：《王阳明年谱长编》二，
上海古籍出版社 2017 年版，第 704 页。）

咏钓台石笋

云根奇怪起双峰，惯历风霜几万冬。春去已无斑箨落，雨余唯见碧苔封。不随众卉生枝节，却笑繁花惹蝶蜂。借使放梢成翠竹，等闲应得化虬龙。

（见束景南：《王阳明年谱长编》二，
上海古籍出版社 2017 年版，第 709 页。）

游雪窦

平生性野多违俗，长望云山叹式微。暂向溪流濯尘冕，益怜萝薜胜朝衣。林间烟起知僧往，岩下云开见鸟飞。绝境自余麋鹿伴，况闻林远悟禅机。

穷山路断独来难，过尽千溪见石坛。高阁鸣钟僧睡起，深林无暑葛衣寒。壑雷隐隐连岩瀑，山雨森森映竹竿。莫讶诸峰俱眼熟，当年曾向画图看。

僧居俯瞰万山尖，六月凉飙早送炎。夜枕风溪鸣急雨，晓窗宿雾卷青帘。开池种藕当峰顶，架竹分泉过屋檐。幽谷时常思豹隐，深更犹自愧蛟潜。

（见束景南：《王阳明年谱长编》二，
上海古籍出版社 2017 年版，第 709 页。）

四明观白水二首

邑南富岩壑，白水尤奇观；兴来每思往，十年就兹观。停驺指绝壁，涉涧缘危蟠。百源旱方歇，云际犹飞湍。霏霏洒林薄，漠漠凝风寒。前闻若未惬，仰视终莫攀。石阴暑气薄，流触溯回澜。兹游讵盘乐？养静意所关。逝者谅如斯，哀此岁月残。择幽虽得所，避时时犹难。刘樊古方外，感慨有余叹！

千丈飞流舞白鸾，碧潭倒影镜中看。藤萝半壁云烟湿，殿角长年风雨寒。野性从来山水癖，直躬更觉世途难。卜居断拟如周叔，高卧无劳比谢安。

（见《王阳明全集》第 2 卷，
民主与建设出版社 2014 年版，第 534—535 页。）

杖锡道中用张宪使韵

山鸟欢呼欲问名，山花含笑似相迎。风回碧树秋声早，雨过丹岩夕照明。雪岭插天开玉帐，云溪环碧抱金城。悬灯夜宿茅堂静，洞鹤林僧相对清。

又用曰仁韵

每逢佳处问山名，风景依稀过眼生。归雾忽连千嶂暝，夕阳偏放一溪晴。晚投岩寺依云宿，静爱枫林送雨声。夜久披衣还起坐，不禁风月照人清。

书杖锡寺

杖锡青冥端，涧壁环天险，垂岩下陡壑，涉水攀绝巘。溪深听喧瀑，路绝骇危栈。扪萝登峻极，披翳见平衍。僧逋寄孤衲，守废遗荒殿。伤兹穷僻墟，曾未诛求免。探幽冀累息，愤时翻意惨。拯援才已疏，栖迟心益眷。哀猿啸春嶂，悬灯宿西崦。诛茆竟何时，白云愧舒卷。

（见《王阳明全集》第2卷，
民主与建设出版社2014年版，第535页。）

寄浮峰诗社

晚凉庭院坐新秋，微月初生亦满楼。千里故人谁命驾？百年多病有孤舟。风霜草木惊时态，砧杵关河动远愁。饮水曲肱吾自乐，茆堂今在越溪头。

（见《王阳明全集》第2卷，
民主与建设出版社2014年版，第540页。）

赠熊彰归

门径荒凉蔓草生，相求深愧远来情。千年绝学蒙尘土，何处澄江无月明？坐看远山凝暮色，忽惊废叶起秋声。归途望岳多幽兴，为问山田待耦耕。

（见《王阳明全集》第2卷，
民主与建设出版社2014年版，第536页。）

书孟源卷

向在滁阳论学，亦惩末俗卑污，未免专就高明一路开导引接。盖矫枉救偏，以拯时弊，不得不然；若终陋习者，已无所责。其间亦多兴起感发之士，一时趋向，皆有可喜。

（见束景南：《王阳明年谱长编》二，
上海古籍出版社 2017 年版，第 728 页。）

龙潭夜坐

何处花香入夜清？石林茅屋隔溪声。幽人月出每孤往，栖鸟山空时一鸣。草露不辞芒履湿，松风偏与葛衣轻。临流欲写猗兰意，江北江南无限情。

（见《王阳明全集》第 2 卷，
民主与建设出版社 2014 年版，第 538 页。）

梧桐江用韵

凤鸟久不至，梧桐生高冈。我来竟日坐，清阴洒衣裳。援琴俯流水，调短意苦长。遗音满空谷，随风递悠扬。人生贵自得，外慕非所臧。颜子岂忘世？仲尼固遑遑。已矣复何事，吾道归沧浪。

（见《王阳明全集》第 2 卷，
民主与建设出版社 2014 年版，第 535 页。）

答朱汝德用韵

东去蓬瀛合有津，若为风雨动经旬。同来海岸登舟在，俱是尘寰欲渡人。弱水洪涛非世险，长年三老定谁真。青鸾眇眇无消息，怅望烟花又暮春。

（见《王阳明全集》第 2 卷，
民主与建设出版社 2014 年版，第 537 页。）

送守中至龙盘山中

未尽师生六日情，天教风雪阻西行。茅堂岂有春风坐，江郭虚留一月程。客邸琴书灯火静，故园风竹梦魂清。何年稳闭阳明洞，榾柮山炉煮石羹。

（见《王阳明全集》第2卷，
民主与建设出版社2014年版，第536页。）

宝林寺

怪山何日海边来，一塔高悬拂斗台。面面晴峰云外出，迢迢白水镜中开。招提半废空狮象，亭馆全颓蔚草莱。落日晚风无限恨，荒台石上几徘徊。

（见束景南、查明昊辑编：《王阳明全集补编》，
上海古籍出版社2016年版，第60页。）

乌斯道春草斋集题辞

缅想先生每心折，论其文章并气节。群芳有萎君不朽，削尽铅华无销歇。

（见束景南、查明昊辑编：《王阳明全集补编》，
上海古籍出版社2016年版，第60页。）

题陈琐所藏雁衔芦图诗

西风一夜芦云秋，千里归来忆壮游。羽翼平沙应养健，知君不为稻粱谋。

（见束景南、查明昊辑编：《王阳明全集补编》，
上海古籍出版社2016年版，第60—61页。）

答汪抑之书一

〈节选〉

盖喜怒哀乐，自有已发未发，故谓未发时无喜怒哀乐则可，而谓喜怒哀乐无未发则不可。今谓喜怒哀乐无未发，已发固已发，未发亦已发，而必欲强合于程子动亦定、静亦定之说，则是动亦动、静亦动也，非惟不得子思之旨，而于程子之意似亦有所未合欤？执事聪明绝人，其于古人之言求之悉矣，独此似犹有未尽者。

（见束景南、查明昊辑编：《王阳明全集补编》，
上海古籍出版社 2016 年版，第 131 页。）

书东斋风雨卷后

悲喜忧快之形于前，初亦何尝之有哉？向之以为愁苦凄郁之乡，而今以为乐事者，有矣。向之歌舞欢愉之地，今过之而叹息咨嗟，泫然而泣下者，有矣。二者之相寻于无穷，亦何以异于不能崇朝之风雨？而顾执而留之于胸中，无乃非达者之心欤！吾观东斋《风雨》之作，固亦写其一时之所感遇。风止雨息，而感遇之怀亦不知其所如矣，而犹讽咏嗟叹于十年之后，得非类于梦为仆役，觉而涕泣者欤？夫其隐几于蓬窗之下，听芹波之春响，而咏夜檐之寒声，自今言之，但觉其有幽闲自得之趣，殊不见其有所苦也。借使东斋主人得时居显要，一旦失势，退处寂寞，其感念畴昔之怀，当与今日何如哉？然则录而追味之，无亦将有洒然而乐、廓然而忘言者矣！而和者以为真有所苦，而类为垂楚不任之辞，是又不可以与言梦者。而与东斋主人之意，失之远矣。

（见《王阳明全集》第 3 卷，
民主与建设出版社 2014 年版，第 671 页。）

1514年（明武宗正德九年，甲戌），43岁

琅琊题名

正德癸酉冬旱，滁人惶惶。乃正月乙丑雪，丁卯大雪。太仆少卿白湾文宗严森与阳明子王守仁，同登龙潭之峰以望。再明日霁，又登琅琊之峰以望，又登丰山之峰以望，见金陵、凤阳诸山皆白，喜是雪之被广矣。回临日观、择月洞，憩了了堂。风日融丽，泉潏鸟嘤，意兴殊适。门人蔡宗兖、朱节辈二十有八人壶榼携至，遂下饮庶子泉上，及暮既醉，皆充然有得，相与盥濯，咏歌而归，庶几浴沂之风焉。后三月丁亥，御史张俅、行人李校、员外徐爱、寺丞单麟复同游，始刻石以纪。

余姚王守仁伯安题。

（见束景南、查明昊辑编：《王阳明全集补编》，上海古籍出版社2016年版，第132—133页。）

别易仲

辰州刘易仲从予滁阳，一日问“道可言乎?”予曰：“哑子吃苦瓜，与你说不得。尔要知我苦，还须你自吃。”易仲省然有悟。久之辞归，别以诗。

迢递滁山春，子行亦何远。累然良苦心，惝恍不遑饭。至道不外得，一悟失群暗。秋风洞庭波，游子归已晚。结兰意方勤，寸草心先断。末学久仳离，颓波竟谁挽？归哉念流光，一逝不复返。

（见《王阳明全集》第2卷，民主与建设出版社2014年版，第536页。）

别希颜二首

中岁幽期亦几人，是谁长负故山春？道情暗与物情化，世味争如酒味醇！耶水云门空旧隐，青鞋布袜定何晨？童心如故容颜改，惭愧年年草木新。

后会难期别未轻，莫辞行李滞江城。且留南国春山兴，共听西堂夜雨声。归路终知云外去，晴湖想见镜中行。为寻洞里幽栖处，还有峰头双鹤鸣。

（见《王阳明全集》第2卷，
民主与建设出版社2014年版，第537页。）

送蔡希颜三首

正德癸酉冬，希渊赴南宫试，访予滁阳，遂留阅岁。既而东归，问其故，辞以疾。希渊与予论学琅琊之间，于斯道既释然矣，别之以诗。

风雪蔽旷野，百鸟冻不翻。孤鸿亦何事，嗷嗷溯寒云？岂伊稻粱计，独往求其群？之子眇万钟，就我滁水滨。野寺同游请，春山共攀援。鸟鸣幽谷曙，伐木西涧曛。清夜湛玄思，晴窗玩奇文。寂景赏新悟，微言欣有闻。寥寥绝代下，此意冀可论。

群鸟喧北林，黄鹄独南逝。北林岂无枝，罗弋苦难避。之子丹霞姿，辞我云门去。山空响流泉，路僻迷深树。长谷何盘纡，紫芝春可茹。求志暂栖岩，避喧宁遁世。繁予辱风尘，送子愧云雾。匡时已无术，希圣徒有慕。倘入阳明峰，为寻旧栖处。

何事憧憧南北行，望云依阙两关情。风尘暂息滁阳驾，鸥鹭还寻鉴水盟。悟后《六经》无一字，静余孤月湛虚明。从知归路多相忆，伐木山山春鸟鸣。

（见《王阳明全集》第2卷，
民主与建设出版社2014年版，第538—539页。）

龙蟠山中用韵

无奈青山处处情，村沽日日办山行。真惭廪食虚官守，只把山游作课程。谷口乱云随骑远，林间飞雪点衣轻。长思淡白还真性，世味年来久絮羹。

（见《王阳明全集》第2卷，
民主与建设出版社2014年版，第536页。）

琅琊山中三首

草堂寄放琅琊间，溪鹿岩僧且共闲。冰雪能回草木死，春风不化山石顽。《六经》散地莫收拾，丛棘被道谁刊删？已矣驱驰二三子，凤图不出吾将还。

狂歌莫笑酒杯增，异境人间得未曾。绝壁倒翻银海浪，远山真作玉龙腾。浮云野思春前动，虚室清香静后凝。懒拙惟余林壑计，伐檀长自愧无能。

风景山中雪后增，看山雪后亦谁曾？隔溪岩犬迎人吠，饮涧飞猱踔树腾。归骑林间灯火动，鸣钟谷口暮光凝。尘踪正自韬笼在，一宿云房尚未能。

（见《王阳明全集》第2卷，
民主与建设出版社2014年版，第536—537页。）

栖云楼坐雪二首

才看庭树玉森森，忽漫阶除已许深。但得诸生通夕坐，不妨老子半酣吟。琼花入座能欺酒，冰溜垂檐欲堕针。却忆征南诸将士，未禁寒夜铁衣沉。

此日栖云楼上雪，不知天意为谁深。忽然夜半一言觉，又动人间万古吟。玉树有花难结果，天机无线可通针。晓来不觉城头鼓，老懒羲皇睡正沉。

与商贡士二首

见说浮山麓，深林绕石溪。何时拂衣去，三十六岩栖。

其二

见说浮山胜，心与浮山期。三十六岩内，为选一岩奇。

（见《王阳明全集》第 2 卷，

民主与建设出版社 2014 年版，第 540 页。）

诸用文归用子美韵为别

一别烟云岁月深，天涯相见二毛侵。孤帆江上亲朋意，樽酒灯前故国心。冷雪晴林还作雨，鸟声幽谷自成吟。饮余莫上峰头望，烟树迷茫思不禁。

（见《王阳明全集》第 2 卷，

民主与建设出版社 2014 年版，第 544 页。）

送德观归省二首

雪里闭门十日坐，开门一笑忽青天。茅檐正好负暄日，客子胡为思故园？椿树惯经霜雪老，梅花偏向岁寒妍。琅琊春色如相忆，好放山阴月下船。

琅琊雪是故园雪，故园春亦琅琊春。天机动处即生意，世事到头还俗尘。立雪浴沂传故事，吟风弄月是何人？到家好谢二三子，莫向长沮错问津。

（见《王阳明全集》第 2 卷，

民主与建设出版社 2014 年版，第 538 页。）

赠守中北行二首

江北梅花雪易残，山窗一树自家看。临行掇赠聊数颗，珍重清香是岁寒。

来何匆促去何迟，来去何心莫漫疑。不为高堂双雪鬓，岁寒宁受北风欺。

郑伯兴谢病还鹿门雪夜过别赋赠三首

之子将去远，雪夜来相寻。秉烛耿无寐，怜此岁寒心。岁寒岂徒尔，何以赠远行？圣路塞已久，千载无复寻。岂无群儒迹？蹊径榛茆深。溶流须寻源，积土成高岑。揽衣望远道，请君从此征。

濬流须有源，植木须有根。根源未濬植，枝派宁先蕃？谓胜通夕话，义利分毫间。至理匪外得，譬犹镜本明，外尘荡瑕垢，镜体自寂然。孔训示克己，孟子垂反身，明明贤圣训，请君勿与谖。

鹿门在何许？君今鹿门去。千载庞德公，犹存栖隐处。洁身匪乱伦，其次乃避地。世人失其心，顾瞻多外慕。安宅舍弗居，狂驰惊奔骛。高言诋独善，文非遂巧智。琐琐功利儒，宁复知此意！

（见《王阳明全集》第2卷，

民主与建设出版社2014年版，第539页。）

门人王嘉秀实夫萧琦子玉告归书此见别意兼寄声辰阳诸贤

王生兼养生，萧生颇慕禅；迢迢数千里，拜我滁山前。吾道既匪佛，吾学亦匪仙。坦然由简易，日用匪深玄。始闻半疑信，既乃心豁然。譬彼土中镜，暗暗光内全；外但去昏翳，精明烛媸妍。世学如剪彩，妆缀事蔓延；宛宛具枝叶，生理终无缘。所以君子学，布种培根原；萌芽渐舒发，畅茂皆由天。秋风动归思，共鼓湘江船。湘中富英彦，往往多及门。临歧缀斯语，因之寄拳拳。

（见《王阳明全集》第2卷，
民主与建设出版社2014年版，第539—540页。）

用实夫韵

诗从雪后吟偏好，酒向山中味转佳。岩瀑随风杂钟磬，水花如雨落袈裟。

（见《王阳明全集》第2卷，
民主与建设出版社2014年版，第543页。）

送徽州洪侹承瑞

平生举业最疏慵，挟册虚烦五月从。竹院检方时论药，茆堂放鹤或开笼。忧时漫有孤忠在，好古全无一艺工。念我还能来夜雪，逢人休说坐春风。

（见《王阳明全集》第2卷，
民主与建设出版社2014年版，第543页。）

题王实夫画

随处山泉着草庐，底须松竹掩柴扉。天涯游子何曾出？画里孤帆未是归。小西诸峰开夕照，虎溪春寺入烟霏。他年还向辰阳望，却忆题诗在翠微。

（见《王阳明全集》第2卷，
民主与建设出版社2014年版，第544页。）

送惟乾二首

独见长年思避地，相从千里欲移家。惭予岂有万间庇？借尔刚余一席沙。古洞幽期攀桂树，春溪归路问桃花。故人劳念还相慰，回雁新秋寄彩霞。

簦芨连年愧远求，本来无物若为酬。春城驿路聊相送，夜雪空山且复留。江浦云开庐岳曙，洞庭湖阔九疑浮。悬知再鼓潇湘柁，应是芙蓉湘水秋。

（见《王阳明全集》第2卷，
民主与建设出版社2014年版，第537页。）

山中示诸生五首

路绝春山久废寻，野人扶病强登临。同游仙侣须乘兴，共探花源莫厌深。鸣鸟游丝俱自得，闲云流水亦何心？从前却恨牵文句，展转支离叹陆沉！

滁流亦沂水，童冠得几人？莫负咏归兴，溪山正暮春。

桃源在何许？西峰最深处。不用问渔人，沿溪踏花去。

池上偶然到，红花间白花。小亭闲可坐，不必问谁家。

溪边坐流水，水流心共闲。不知山月上，松影落衣斑。

（见《王阳明全集》第2卷，
民主与建设出版社2014年版，第537—538页。）

三月，编定手书《游海诗》一卷，授门人孙允辉。[①]

（见束景南：《王阳明年谱长编》二，
上海古籍出版社2017年版，第746页。）

---

① 关于阳明创作、编定和手书《游海诗》赠友的缘由与过程，可参见束景南：《阳明大传：“心”的救赎之路》，复旦大学出版社2020年版，第666—677页。

滁阳别诸友

滁阳诸友从游，送予至乌衣，不能别。及暮，王性甫汝德诸友送至江浦，必留居，俟予渡江。因书此促之归，并寄诸贤，庶几共进此学，以慰离索耳。

滁之水，入江流，江潮日复来滁州。相思若潮水，来往何时休？空相思，亦何益？欲慰相思情，不如崇令德。掘地见泉水，随处无弗得；何必驱驰为？千里远相即。君不见尧羹与舜墙，又不见孔与跖对面不相识？逆旅主人多殷勤，出门转盼成路人。

（见《王阳明全集》第 2 卷，

民主与建设出版社 2014 年版，第 540 页。）

应天府重修儒学记

〈节选〉

士之学也，以学为圣贤。圣贤之学，心学也。道德以为地，忠信以为之基，仁以为宅，义以为路，礼以为门，廉耻以为垣墙，《六经》以为户牖，《四子》以为阶梯。求之于心而无假于雕饰也，其功不亦简乎？措之于行而无所不该也，其用不亦大乎？三代之学皆此矣。我国家虽以科目取士，而立学之意，亦岂能与三代异！学之弗立，有国者之缺也；弗修焉，有司者之责也；立矣修矣，而居其地者弗立弗修，是师之咎，士之耻也。…… 无亦扩乃地，厚乃基，安乃宅，辟乃门户，固乃垣墙；学成而用，大之则以庇天下，次之则以庇一省一郡，小之则以庇其乡闾家族，庶亦无负于国家立学之意、有司修学之心哉！

（见《王阳明全集》第 3 卷，

民主与建设出版社 2014 年版，第 659 页。）

次栾子仁韵送别四首

子仁归，以四诗请用其韵答之，言亦有过者，盖因子仁之病而药之，病已则去其药。

从来尼父欲无言，须信无言已跃然。悟到鸢鱼飞跃处，工夫原不在陈编。

操持存养本非禅，矫枉宁知已过偏。此去好从根脚起，竿头百尺未须前。

野夫非不爱吟诗，才欲吟诗即乱思。未会性情涵咏地，《二南》还合是淫辞。

道听涂传影响前，可怜绝学遂多年。正须闭口林间坐，莫道青山不解言。

（见《王阳明全集》第 2 卷，
民主与建设出版社 2014 年版，第 547 页。）

送刘伯光

五月茅茨静竹扉，论心方洽忽辞归。沧江独棹冲新暑，白发高堂恋夕晖。谩道《六经》皆注脚，还谁一语悟真机？相知若问年来意，已傍西湖买钓矶。

（见《王阳明全集》第 2 卷，
民主与建设出版社 2014 年版，第 546 页。）

寄张东所次前韵

远趋君命忽中违，此意年来识者稀。黄绮曾为炎祚出，子陵终向富春归。江船一话千年阔，尘梦今惊四十非！何日孤帆过天目，海门春浪扫渔矶。

别余缙子绅

不须买棹往来频，我亦携家向海滨。但得青山随鹿豕，未论黄阁画麒麟。丧心疾已千年痼，起死方存六籍真。归向兰溪溪上问，桃花春水正迷津。

（见《王阳明全集》第 2 卷，
民主与建设出版社 2014 年版，第 546 页。）

山中懒睡四首

竹里藤床识懒人，脱巾山麓任吾真。病夫已久逃方外，不受人间礼数嗔。

扫石焚香任意眠，醒来时有客谈玄。松风不用蒲葵扇，坐对青崖百丈泉。

古洞幽深绝世人，石床风细不生尘。日长一觉羲皇睡，又见峰头上月轮。

人间白日醒犹睡，老子山中睡却醒。醒睡两非还两是，溪云漠漠水泠泠。

题灌山小隐二绝

茆屋山中早晚成，任他风雨任他晴。男婚女嫁多年毕，不待而今学向平。

一自移家入紫烟，深林住久遂忘年。山中莫道无供给，明月清风不用钱。

（见《王阳明全集》第 2 卷，
民主与建设出版社 2014 年版，第 541 页。）

答王天宇

〈节选〉

“譬之行道者，如大都为所归宿之地，犹所谓至善也。行道者不辞险阻，决意向前，犹存心也。如使斯人不识大都所在，泛焉欲往，其不南走越北走胡几希矣。”此譬大略皆是，但以不辞险阻艰难，决意向前，别为存心，未免牵合之苦，而不得其要耳。夫不辞险阻艰难，决意向前，此正是诚意之意。审如是，则其所以问道途，具资斧，戒舟车，皆有不容已者。不然，又安在其为决意向前，而亦安所前乎？夫不识大都所在而泛焉欲往，则亦欲往而已，未尝真往也。惟其欲往而未尝真往，是以道途之不问，资斧之不具，舟车之不戒。若决意向前，则真往矣。真往者能如是乎？此最工夫切要者，以天宇之高明笃实而反求之，自当不言而喻矣。

（见《王阳明全集》第1卷，
民主与建设出版社2014年版，第124页。）

书石川卷

〈节选〉

议论好胜，亦是今时学者大病。今学者于道，如管中窥天，少有所见，即自足自是，傲然居之不疑。与人言论，不待其辞之终而已先怀轻忽非笑之意，訑訑之声音颜色，拒人于千里之外。不知有道者从傍视之，方为之竦息汗颜，若无所容。而彼悍然不顾，略无省觉，斯亦可哀也已！近时同辈中往往亦有是病者，相见时可出此以警励之。

某之于道，虽亦略有所见，未敢尽以为是也；其于后儒之说，虽亦时有异同，未敢尽以为非也。朋友之来问者，皆相爱者也，何敢以不尽吾所见！正期体之于心，务期真有所见其孰是孰非而身发明之，庶有益于斯道也。若徒入耳出口，互相标立门户，以为能学，则非某之初心，其所以见罪之者至矣。近闻同志中亦有类此者，切须戒勉，乃为无负！孔子云：“默而识之，学而不厌。”斯乃深望于同志者也。

（见《王阳明全集》第1卷，
民主与建设出版社2014年版，第199—200页。）

书王嘉秀之请益卷

仁者以天地万物为一体，莫非己也。故曰：“己欲立而立人，己欲达而达人。”古之人所以能见人之善若己有之，见人之不善则恻然若已推而纳诸沟中者，亦仁而已矣。今见善而妒其胜己，见不善而疾视轻蔑不复比数者，无乃自陷于不仁之甚而弗之觉者邪？夫可欲之谓善，人之秉彝，好是懿德，故凡见恶于人者，必其在己有未善也。瑞凤祥麟，人争快睹；虎狼蛇蝎，见者持挺刃而向之矣。夫虎狼蛇蝎，未必有害人之心，而见之必恶，为其有虎狼蛇蝎之形也。今之见恶于人者，虽其自取，未必尽恶，无亦在外者犹有恶之形欤？此不可以不自省也。

君子之学，为己之学也。为己故必克己，克己则无己。无己者，无我也。世之学者执其自私自利之心，而自任以为为己，漭焉人于隳堕断灭之中，而自任以为无我者，吾见亦多矣。呜呼！自以为有志圣人之学，乃堕于末世佛、老邪僻之见而弗觉，亦可哀也夫！“有一言而可以终身行之者，其恕乎”，“强恕而行，求仁莫近焉”，“恕”之一言，最学者所吃紧。其在吾子，则犹对病之良药，宜时时勤服之也。“见贤思齐焉，见不贤而内自省。”夫能见不贤而内自省，则躬自厚而薄责于人矣，此远怨之道也。

（见《王阳明全集》第1卷，
民主与建设出版社2014年版，第201—202页。）

祭郑朝朔文

维正德九年，岁次甲戌，七月壬戌朔越十有六日丁丑，南京鸿胪寺卿王守仁驰奠于监察御史亡友郑朝朔之墓。

呜呼！“道之将行，其命也与！道之将废，其命也与！”呜呼朝朔！命实为之，将何如哉！将何如哉！辛未之冬，朝于京师，君为御史，余留铨司。君因世杰，谬予是资；予辞不获，抗颜以尸。君尝问予：“圣学可至？”余曰：“然哉！克念则是。”隐辞奥义，相与剖析；探本穷原，夜以继日。君喜谓予：“昔迷今悟；昔陷多歧，今由大路。”呜呼绝学！几年于兹。孰沿就绎？君独奋而。古称豪杰，无文犹兴；有如君者，无愧斯称！当是之时，君疾已构；忍痛扶孱，精微日究。人或劝君：“盍亦休只？”君曰：“何哉？夕死可矣！”君遂疾告，我亦南行。君与世杰，访予阳明。君疾亦笃，遂留杭城。天不与道，善类云倾。呜呼痛哉！呜呼痛哉！时予祖母，亦婴危疾，汤药自须，风江阻涉。君丧遂行，靡由一诀！扶榇而南，事在世杰；负恨负愧，予复何说！嗟予颛弱，实赖友朋，砥砺切磋，庶几有成。死者生者，索居离群。静言永怀，中心若焚。墓草再青，甫兹驰奠，遥望岭云，有泪如霰。呜呼哀哉！予复何言？尚飨！

（见《王阳明全集》第3卷，

民主与建设出版社2014年版，第698页。）

题岁寒亭赠汪尚和

一觉红尘梦欲残，江城六月滞风湍。人间炎暑无逃遁，归向山中卧岁寒。

（见束景南：《王阳明年谱长编》二，

上海古籍出版社2017年版，第779页。）

守俭弟归曰仁歌楚声为别予亦和之

庭有竹兮青青，上乔木兮鸟嘤嘤，妹之来兮，弟与偕行。竹青青兮雨风，鸟嘤嘤兮西东，弟之归兮，兄谁与同？江云闇兮暑雨，江波渺渺兮愁予。弟别兄兮须臾，兄思弟兮何处？景翳翳兮桑榆，念重闱兮离居。路修远兮崎岖，沮风波兮江湖。山有洞兮洞有云，深林窅窅兮涧道曛。松落落兮葛累累，猿啾啾兮鹤怨群。山之人兮不归，山鬼昼啸兮下上烟霏。风袅袅兮桂花落，草萋萋兮春日迟。葺予屋兮云间，荒予圃兮溪之阳。驱虎豹兮无践我藿，扰麋鹿兮无骇我场。解予绶兮钟阜，委予佩兮江湄。往者不可追兮，叹凤德之日衰。将沮溺其耦耕兮，孰接舆之避予？回予驾兮扶桑，鼓予枻兮沧浪。终携汝兮空谷，采三秀兮徜徉。

（见束景南：《王阳明年谱长编》二，
上海古籍出版社 2017 年版，第 779—780 页。）

于廷尉凤喈墓志铭

正德甲戌六月癸巳，南京大理寺卿于公卒。踰月，公弟自莱阳来奔丧，外姻及客之吊者毕至。乃举殡归葬，聚谋所以铭其墓者，求其家，唯诗文稿存焉，余则罔有证。公子天锡踊且泣曰："孤未即死，懵然丧迷。先君则又未尝以公事言于家，莫可得知也。"公弟凤嘂泣曰："吾先兄事吾父母孝，待吾友，吾知是而已，然犹不能举其辞，他尚何知？惟诸舅氏实图。"公之婿孙宥曰："吾闻诸，公之为郎也，尝雪久冤之狱，其人怀数十金以报，潜投公家而逸。公封其金于官，家人莫知也。"公廉若是，是可以铭矣。公之婿许仁曰："公之守嘉兴也，仁实从。尝岁饥，流莩者日以千数，公发廪，量地远近，授成法，使人分行属县大赈，活者八万有余。"公仁惠若是，是可以铭矣。公讳凤喈，字世和，世家登之莱阳。年十九，举于乡，连登进士，授行人。擢刑部员外郎、郎中，出知嘉兴府，参政云南，转太仆寺少卿，迁南太仆卿，又陟大理卿。中外凡八迁，年三十载，寿五十三。铭曰：

猗惟于公，允谦寔彦。喉纳于言，其文孔辨。人曰文士，其中又朴。混尘融垢，阘晶闳锷。彼冤而申，则曰廉明；此莩而生，则曰惠仁。啧啧群士，翕师其勤。勤也则有，死勤于官。死学于学，今也寔难。昆弟之言，无间孝友。我撮以铭，兹惟众口。讵曰惟今，允仪于后。北原之藏，允兹克寿。

（见束景南、查明昊辑编：《王阳明全集补编》，上海古籍出版社 2016 年版，第 133—134 页。）

与方矫亭

道心，天理也；人心，人欲也。理、欲不容并立，非若志与气不可相无，而气听命于志也。若曰道心为主，人心听命，则二者并立矣。先儒以嗜酒悦色为人心，故谓上智不能无耳。（下阙）

（见束景南、查明昊辑编：《王阳明全集补编》，上海古籍出版社 2016 年版，第 133 页。）

约齐说

滁阳刘生韶既学于阳明子，乃自悔其平日所尝致力者泛滥而无功，琐杂而不得其要也，思得夫简易可久之道而固守之，乃以“约斋”自号，求所以为约之说于予。予曰：“子欲其约，乃所以为烦也，其惟循理乎！理一而已，人欲则有万其殊。是故一则约，万则烦矣。虽然，理亦万殊也，何以求其一乎？理虽万殊，而皆具于吾心；心固一也，吾惟求诸吾心而已。求诸心而皆出乎天理之公焉，斯其行之简易，所以为约也已……然而世之知约者鲜矣。孟子曰：‘学问之道无他，求其放心而已。’其知所以为约之道欤！吾子勉之，吾言则亦以烦。”

（见束景南：《王阳明年谱长编》二，上海古籍出版社 2017 年版，785—786 页。）

赠朱克明南归言

朱光霁，字克明，廉宪朱公之子也。尝与其兄光弼从学于予，举于乡，来游太学，已而归省，请学之要。予曰："君子之学，以变化其气质。其未学也，粗暴者也，贪鄙者也，虚诞者也，矜夸者也，轻躁者也。及其既学，粗暴者变而为温良，贪鄙者变而为廉介，虚诞者变而为忠信，矜夸者变而为谦默，轻躁者变而为重厚，夫然后谓之学。其未学也，犹夫人也；及其既学，亦犹夫人也，则亦奚贵乎学矣？于是勉夫！"光霁曰："敢问何以知其气质之偏而去之？"予曰："手足之疾痛，耳目之聩昏，无弗自知也；气质之偏，独假于人乎弗思耳。故有隐沦脏腑，潜汩于膏肓而不能自知者，非有名医为之切脉观色，酌之以良剂，蔑由济矣。"曰："有弗能自知也乎？""弗思耳。吾语子以剂：温良者，粗暴之剂也，能温良则变其粗暴矣；廉介者，贪鄙之剂也，能廉介则变其贪鄙矣；忠信者，虚诞之剂也，能忠信则变其虚诞矣；谦默者，矜夸之剂也，能谦默则变其矜夸矣；重厚者，轻躁之剂也，能重厚则变其轻躁矣。医之言曰：'急则治其标，缓则治其本。'凡吾之言，犹治其标本者也。若夫科第之举，文艺之美，子之兄弟有余才也，吾故不屑为二子道也。吾所言五病，虽亦一时泛举，然今之学者能免于是，亦鲜矣"。道经湖、贵，从吾游者多，或有相见，其亦出此致勉励之意。

（见束景南、查明昊辑编：《王阳明全集补编》，
上海古籍出版社 2016 年版，第 135 页。）

与路宾阳书四篇

〈节选〉

（一）（正德九年，1514 年）

宾阳质美近道，固吾素所属望。昨行，必欲得一言，此见宾阳好学之

笃，然浅鄙之见平日已为宾阳尽之矣。君子之学，譬若种植然，其始也，求佳种而播之，沃灌耘耔，防其浅收，去其蝥蜮，畅茂条达，无所与力焉。今嘉种之未播，而切切然日讲求于苗秀实获之事，以望有秋，其于谋食之道远矣。宾阳以为何如？北行见甘泉，遂以此意质之。外书三纸，烦从者检入。守仁顿首，宾阳司马道契文侍，九月八日。余空。

（三）（正德十一年，1516年）

宾阳视予兹卷，请一言之益。湛子之说详矣，凡予之所欲言者，湛子既皆言之，予又何赘？虽然，予尝有立志之说矣，果从予言而持循之，则湛子之说亦在其中。夫言之启人于善也，若指迷途，其至之则存乎其人，非指迷途者之所能与矣。孔子云："为仁由己，而由人乎哉！"宾阳勉之，无所事于予言。

正德丙子九月廿八日，阳明山人王守仁书于龙江舟次。

（见束景南、查明昊辑编：《王阳明全集补编》，上海古籍出版社2016年版，第136—137页。）

《与路宾阳书》手迹

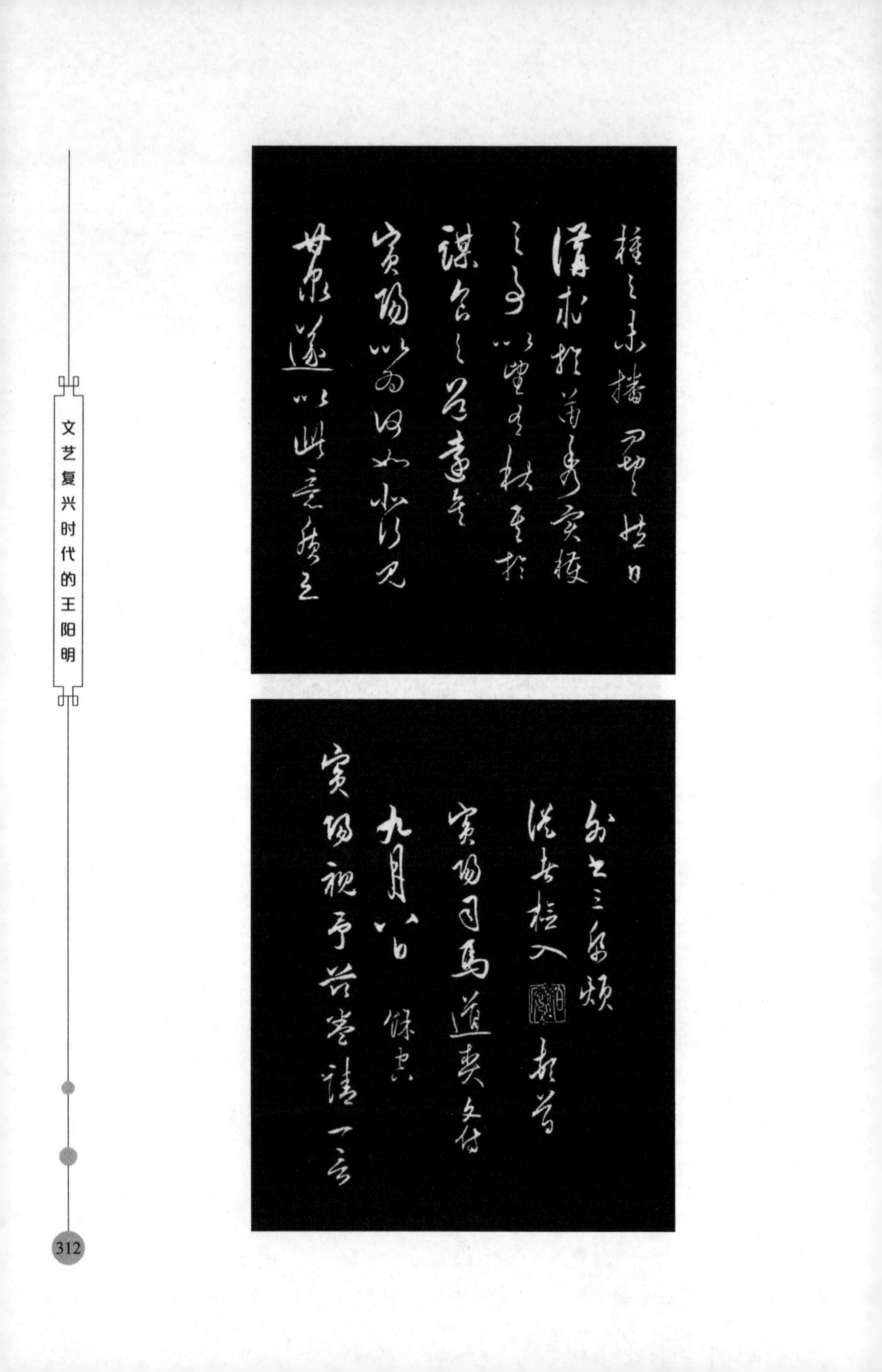

之蓋湛子之說詳矣凡學之所欲言者湛子既皆言之學又何贅雖然學者有立志之說矣求說乎立而持循之則湛

子之說亦在其中夫言之聖人於善也若指迷途其要之則存乎其人能指迷途者之仁能與矣孔子云為仁

下篇

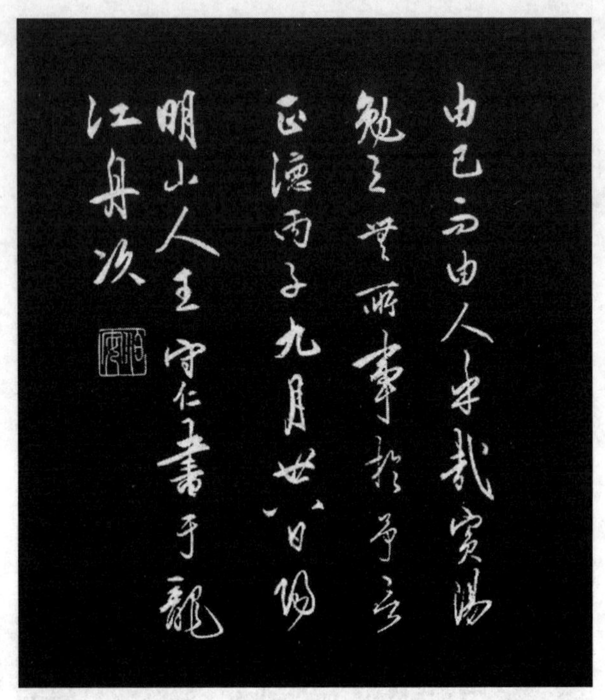

（见杨德俊主编：《王阳明龙场遗墨》，
贵州大学出版社 2016 年版，第 220—226 页。）

致舫斋书

侍生王守仁顿首启，舫斋先生尊丈：执事去冬教后，随作一书，申数年闲阔之怀。盛价行促，不及奉。自是俗冗相仍，其书留至今夏，修缉敝寓，始失之。心虽悬悬，而求诸形迹之间，则失礼实甚，惶惧，惶惧！令尊久寓寺中，亦不之知，偶逢僧人道及，将往访，适又趋庭自通，还辱过布盛情，知尚未弃绝，不任喜愧。又承教墨，重以雄笔，益增悚荷。公素厚德长者，宁复以此责人！顾自不能为情，聊言之耳。雄作熟玩数过，极典重润密，真金石之文，非谙历久，涵蓄厚，不能有此，别有声光照人耳目者，不得论，至于精微所造，于此亦复少窥一二，受教多矣！守仁南窜后，流离道途，旧业废尽，然亦自知无外于身心，不复念惜，一二年来稍有分寸改图之志，乃无因请正于有道，徒耿耿也。人还，先谢简阔之罪，所欲求正，愿得继是以请，伏惟尊照。侍生守仁载拜，伯安九月廿八日。余空。

（见束景南、查明昊辑编：《王阳明全集补编》，
上海古籍出版社2016年版，第138页。）

矫亭说原稿

君子之行，顺乎理而已，无所事于偏。偏于柔者，矫之以刚，然或失则傲；偏于慈者，矫之以毅，然或失则刻；偏于奢者，矫之以俭，然或失则陋。凡矫而无节，则过；过则复为偏。故君子之论学也，不曰矫，而曰克，克以胜其私，无过不及矣。矫犹［未］免于意、必也，意、必亦私也。故言矫者，未必能尽克己也。矫而复其理，亦克己之道矣。行其克己之实，而以矫名焉，何伤乎？古之君子也，其取名也廉；后之君子，实未至而名先之，故不曰克而曰矫，亦矫世之意也。秋卿方君时［举］以［矫］名亭，尝请家君为之说，辄为书之。

阳明王守仁识。

（见束景南、查明昊辑编：《王阳明全集补编》，
上海古籍出版社2016年版，第347页。）

《矫亭说》手迹[①]

君子之行
顺乎理而
已无所事
于矫然有
气质之偏焉
偏于柔者矫之
以刚然或失
则傲偏于
慈者矫之
以毅然或
失则刻偏

于奢者
矫之以俭
然或失
则陋凡矫
而无节
则过过则
复为偏
故君子之
论学也不
曰矫而曰克

① 王阳明《矫亭说》手迹，有著名书画家顾思孝、方治、缪慧远、钱大昕的题序，陆世仪、侯涵、归庄、陈珊、葛云芝、盛敬、王育正、钱大昕的题跋。（参见王程强编：《知行合一：王阳明咏良知手迹》，河南美术出版社 2016 年版，第 98—106 页。）

克以援其於無過不及矣矯猶免於言必也意必亦於也故言矯者未必能盡克己也惟而復其理亦

克己之道矣行其克己之實而以矯名焉何傷乎古之君子其恥名也甚後之君子實未至而名先

（见王程强编：《知行合一：王阳明咏良知手迹》，河南美术出版社 2016 年版，第 114—119 页。）

别族太叔克彰

情深宗族谊同方，消息那堪别后荒。江上相逢疑未定，天涯独去意重伤。身闲最觉湖山静，家近殊闻草木香。云路莫嗟迟发轫，世涂崎曲尽羊肠。

（见《王阳明全集》第 2 卷，民主与建设出版社 2014 年版，第 545 页。）

别诸伯生[①]

予妻之侄诸升伯生将游岳麓，爰访舅氏，酌别江浒，寄怀于言。

风吹大江秋，行子适万里。万里岂不遥，眷言怀舅氏。

朝登岳麓云，暮宿湘江水。湘江秋易寒，岳云夜多雨。

远客虽有依，异乡非久止。岁宴山阴雪，归棹正迟尔。

正德甲戌十月初三日，阳明居士伯安书于金陵之静观斋。至长沙见道岩，遂出此致意也。

（见束景南、查明昊辑编：《王阳明全集补编》，
上海古籍出版社 2016 年版，第 61 页。）

题静观楼

放一毫过去非静，收万物回来是观。

（见束景南、查明昊辑编：《王阳明全集补编》，
上海古籍出版社 2016 年版，第 139 页。）

1515 年（明武宗正德十年，乙亥），44 岁

登凭虚阁和石少宰韵

山阁新春负一登，酒边孤兴晚堪乘。松间鸣瑟惊栖鹤，竹里茶烟起定僧。望远每来成久坐，伤时有涕恨无能。峰头见说连阊阖，几欲排云尚

① 此诗与《王阳明全集》新编本题目不同，时间有别，个别字有异。《王阳明全集》新编本题目为《临别寄怀》，时间为正德甲戌十月五夕，“静观斋”为“静观亭”。（见《王阳明全集》新编本第 5 册，钱明编校，吴光覆校，浙江古籍出版社 2011 年版，第 1714 页。）

未曾。

（见《王阳明全集》第2卷，

民主与建设出版社2014年版，第545页。）

凌孺人杨氏墓志铭

〈节选〉

古之葬者不封不树。葬之有铭，非古矣，然必其贤者也。然世之皆有铭也，亦非古矣，而妇人不特铭。妇人之特铭也，则又非古矣，然必其贤者也。贤而铭，虽妇人其可哉！是故非其人而铭之，君子不与也；铭之而非其实，君子不为也。吾于铭人之墓也，未尝敢以易；至于妇人，而加审焉，必有其证矣。凌孺人杨氏之铭也，曷证哉？证于其夫之状，证于其子之言，证于其乡人之所传，其贤者也。

……

铭曰：

孺人之贤，予岂究知！知子若夫，乡议是符。如彼作室，则观其隅。彼昏懵懵，谓予尽诬。狼山之西，祖茔是依。左藏右虚，孺人之居。

（见《王阳明全集》第3卷，

民主与建设出版社2014年版，第683—684页。）

文橘庵墓志

〈节选〉

高吾之丘兮，胡然其岿岿兮？乡人所培兮。

高吾之木兮，胡然其赜赜兮？乡人所植兮。

高吾之行兮，胡然其砥砥兮？乡人所履兮。

阳明子曰："呜呼！兹橘庵文子之墓耶？"冀元亨曰："昔阳明子自贵移庐陵，道出辰、常间，遇文子于武陵溪上，与之语三夕而不辍，旬有五日而未能去。门人问曰：‘夫子何意之深耶？’阳明子曰：‘人也朴而理，直而虚，笃学审问，比耄而不衰。吾闻其莅官矣，执而恕，惠而节，其张叔之俦欤？吾闻其居乡矣，励行饬己，不言而俗化，其太丘之俦欤？呜呼！于今时为难得也矣。’别以其墓铭属，阳明子心许之而不诺。门人曰：‘文子之是请也，殆犹未达欤？’阳明子曰：‘达也。’曰：‘达何以不诺也？’曰：‘古之葬者不封不树，铭非古也。后世则有铭，既葬而后具，豫不可也。’曰：‘然则恶在其为达矣？’曰：‘死生之变大，而若人昼夜视之不以讳，非达欤？盖晋之末有陶潜者，尝自志其墓。’”文子既殁，其子棐、棠、东、集、栻葬之高吾之原。阳明子乃掇其所状而为之铭。

（见《王阳明全集》第3卷，
民主与建设出版社2014年版，第684—685页。）

与沅陵郭掌教

记得春眠寺阁云，松林水鹤日为群。诸生问业冲星入，稚子拈香静夜焚。世事暗随江草换，道情曾许碧山闻。别来点瑟还谁鼓？怅望烟花此送君。

（见《王阳明全集》第2卷，
民主与建设出版社2014年版，第545页。）

书悟真篇答张太常二首

《悟真篇》是误真篇，三注由来一手笺。恨杀妖魔图利益，遂令迷妄竞流传。造端难免张平叔，首祸谁诬薛紫贤。直说与君惟个字，从头去看野狐禅。

误真非是《悟真篇》，平叔当时已有言。只为世人多恋著，且从情欲起因缘。痴人前岂堪谈梦？真性中难更说玄。为问道人还具眼，试看何物是青天？

（见《王阳明全集》第2卷，
民主与建设出版社2014年版，第548页。）

见斋说

〈节选〉

“道不可言也，强为之言而益晦；道无可见也，妄为之见而益远。夫有而未尝有，是真有也；无而未尝无，是真无也；见而未尝见，是真见也。子未观于天乎？谓天为无可见，则苍苍耳，昭昭耳，日月之代明，四时之错行，未尝无也。谓天为可见，则即之而无所，指之而无定，执之而无得，未尝有也。夫天，道也；道，天也。风可捉也，影可拾也，道可见也。”曰：“然则吾终无所见乎？古之人则亦终无所见乎？”……“夫有无之间，见与不见之妙，非可以言求也。而子顾切切焉，吾又从而强言其不可见，是以瞽导瞽也。”

（见《王阳明全集》第1卷，
民主与建设出版社2014年版，第194—195页。）

赠郭善甫归省序

郭子自黄来学，逾年而告归，曰：“庆闻夫子立志之说，亦既知所从事矣。今兹将远去，敢请一言以为夙夜勖。”阳明子曰：“君子之于学也，犹农夫之于田也，既善其嘉种矣，又深耕易耨，去其蝥莠，时其灌溉，早作而夜思，皇皇惟嘉种之是忧也，而后可望于有秋。夫志犹种也，学问思辩而笃行之，是耕耨灌溉以求于有秋也。志之弗端，是荑稗也。志端矣，而功之弗继，是五谷之弗熟，弗如荑稗也。吾尝见子之求嘉种矣，然犹惧其或蕡稗也，见子之勤耕耨矣，然犹惧其蕡稗之弗如也。夫农，春种而秋成，时也。由志学而至于立，自春而徂夏也，由立而至于不惑，去夏而秋矣。已过其时，犹种之未定，不亦大可惧乎？过时之学，非人一己百，未之敢望，而犹或作辍焉，不亦大可哀乎？从吾游者众矣，虽开说之多，未有出于立志者。故吾于子之行，卒不能舍是而别有所说。子亦可以无疑于用力之方矣。”

（见《王阳明全集》第1卷，
民主与建设出版社2014年版，第176页。）

赠郑德夫归省序

〈节选〉

“无是非之心，非人也。口之于甘苦也，与易牙同；目之于妍媸也，与离娄同；心之于是非也，与圣人同。其有昧焉者，其心之于道，不能如口之于味、目之于色之诚切也，然后私得而蔽之。子务立其诚而已。子惟虑夫心之于道，不能如口之于味、目之于色之诚切也，而何虑夫甘苦妍媸之无辩也乎？”曰：“然则《五经》之所载、《四书》之所传，其皆无所用乎？”曰：“孰为而无所用乎？是甘苦妍媸之所在也。使无诚心以求之，是谈味论色而已也，又孰从而得甘苦妍媸之真乎？”既而告归，请阳明子为书其说，遂书之。

（见《王阳明全集》第1卷，
民主与建设出版社2014年版，第177页。）

赠林典卿归省序

林典卿与其弟游于大学，且归，辞于阳明子曰：“元叙尝闻立诚于夫子矣。今兹归，敢请益。”阳明子曰：“立诚。”典卿曰：“学固此乎？天地之大也，而星辰丽焉，日月明焉，四时行焉，引类而言之，不可穷也。人物之富也，而草木蕃焉，禽兽群焉，中国夷狄分焉，引类而言之，不可尽也。夫古之学者，殚智虑，弊精力，而莫究其绪焉；靡昼夜，极年岁，而莫竟其说焉；析蚕丝，擢牛尾，而莫既其奥焉。而曰立诚，立诚尽之矣乎？”阳明子曰：“立诚尽之矣。夫诚，实理也。其在天地，则其丽焉者，则其明焉者，则其行焉者，则其引类而言之不可穷焉者，皆诚也；其在人物，则其蕃焉者，则其群焉者，则其分焉者，则其引类而言之不可尽焉者，皆诚也。是故殚智虑，弊精力，而莫究其绪也；靡昼夜，极年岁，而莫竟其说也；析蚕丝，擢牛尾，而莫既其奥也。夫诚，一而已矣，故不可复有所益。益之是为二也，二则伪，故诚不可益。不可益，故至诚无息。”典卿起拜曰：“吾今乃知夫子之教若是其要也！请终身事之，不敢复有所疑。”阳明子曰：“子归，有黄宗贤氏者，应元忠氏者，方与讲学于天台、雁荡之间，倘遇焉，其遂以吾言谂之。”

（见《王阳明全集》第 1 卷，
民主与建设出版社 2014 年版，第 174—175 页。）

书孟源卷

圣贤之学，坦如大路，但知所从入，苟循循而进，各随分量，皆有所至。后学厌常喜异，往往时入断蹊曲径，用力愈劳，去道愈远。向在滁阳论学，亦惩末俗卑污，未免专就高明一路开导引接。盖矫枉救偏，以拯时弊，不得不然，若终迷陋习者，已无所责。其间亦多兴起感发之士，一时趋向，皆有可喜。近来又复渐流空虚，为脱落新奇之论，使人闻之，甚为足忧。虽其人品高下，若与终迷陋习者亦微有间，然究其归极，相去能几何哉！

孟源伯生复来金陵请益，察其意向，不为无进，而说谈之弊，亦或未免，故因其归而告之以此。遂使归告同志，务相勉于平实简易之道，庶无负相期云耳。

（见《王阳明全集》第1卷，

民主与建设出版社2014年版，第202页。）

书杨思元卷

杨生思元自广来学，既而告归曰："夫子之教，思元既略闻之。惧不克任，请所以砭其疾者而书诸绅。"予曰："子强明者也，警敏者也。强明者病于矜高，是故亢而不能下；警敏者病于浅陋，是故浮而不能实。砭子之疾，其谦默乎！谦则虚，虚则无不容，是故受而不溢，德斯聚矣；默则慎，慎则无不密，是故积而愈坚，诚斯立矣。彼少得而自盈者，不知谦者也；少见而自衒者，不知默者也。自盈者吾必恶之，自衒者吾必耻之。而人有不我恶者乎？有不我耻者乎？故君子之观人而必自省也。其谦默乎！"

（见《王阳明全集》第1卷，

民主与建设出版社2014年版，第202页。）

书玄默卷

玄默志于道矣，而犹有诗文之好，何耶？弈，小技也，"不专心致志则不得"，况君子之求道，而可分情于他好乎？孔子曰："辞达而已矣。"盖世之为辞章者，莫不以是藉其口，亦独不曰"有德者必有言，有言者不必有德"乎？德，犹根也，言，犹枝叶也。根之不植，而徒以枝叶为者，吾未见其能生也。予别玄默久，友朋得玄默所为诗者，见其辞藻日益以进。其在玄默，固所为根盛而枝叶茂者耶？

玄默过留都，示予以斯卷，书此而遗之。玄默尚有以告我矣。

（见《王阳明全集》第1卷，

民主与建设出版社2014年版，第202—203页。）

寄梁郡伯手札

治郡侍生守仁顿首，郡伯梁先生大人执事：家君每书来，亟道执事宽雅之度、镇静之德、子惠之政，越民脱陷阱而得父母，其受庇岂有量乎？庆幸，庆幸！守仁窃禄如昨，无足道者。余弟还，略奉起居，言所不尽，伏惟亮察。守仁顿首再拜。外香帕奉将远敬。越民有王文辕、王琥、许璋者，皆贫良之士，有庠生孙瑛、魏廷霖者，门生也，未审曾有进谒者否？□与进之。余素。

（见束景南、查明昊辑编：《王阳明全集补编》，上海古籍出版社2016年版，第139页。）

赠潘给事

五月沧浪濯足归，正堪荷叶制初衣。甲非乙是君休问，酉水辰山志未违。沙鸟不须疑雀舫，江云先为扫鱼矶。武陵溪壑犹深僻，莫更移家入翠微。

（见《王阳明全集》第2卷，民主与建设出版社2014年版，第544—545页。）

又寄梁郡伯手札

治郡侍生守仁顿首，郡公梁老大人先生执事：老父书来，每道爱念之厚，极切感佩。使至，复承书惠，登拜之余，益深惭荷。郡人被惠日深，然公高陟之期亦日逼，念之每为吾郡之民戚然也。生方以多病在告，已三疏乞休，尚未得旨。冬尽倘能遂愿，请谢当有日矣。使还草草，伏冀照亮。十月廿三日，守仁顿首上。蜀扇吴帕侑椷。余空。

（见束景南、查明昊辑编：《王阳明全集补编》，上海古籍出版社2016年版，第139—140页。）

示弟立志说

〈节选〉

夫学，莫先于立志。志之不立，犹不种其根而徒事培拥灌溉，劳苦无成矣。……夫立志亦不易矣。孔子，圣人也，犹曰：“吾十有五而志于学。三十而立。”立者，志立也。虽至于“不逾矩”，亦志之不逾矩也。志岂可易而视哉！夫志，气之帅也，人之命也，木之根也，水之源也。源不濬则流息，根不植则木枯，命不续则人死，志不立则气昏。是以君子之学，无时无处而不以立志为事。正目而视之，无他见也；倾耳而听之，无他闻也。如猫捕鼠，如鸡覆卵，精神心思凝聚融结，而不复知有其他，然后此志常立，神气精明，义理昭著。一有私欲，即便知觉，自然容住不得矣。故凡一毫私欲之萌，只责此志不立，即私欲便退；听一毫客气之动，只责此志不立，即客气便消除。或怠心生，责此志，即不怠；忽心生，责此志，即不忽；懆心生，责此志，即不懆；妒心生，责此志，即不妒；忿心生，责此志，即不忿；贪心生，责此志，即不贪；傲心生，责此志，即不傲；吝心生，责此志，即不吝。盖无一息而非立志责志之时，无一事而非立志责志之地。故责志之功，其于去人欲，有如烈火之燎毛，太阳一出，而魍魉潜消也。

后世大患，尤在无志。故今以立志为说，中间字字句句，莫非立志。盖终身问学之功，只是立得志而已。……

（见《王阳明全集》第1卷，
民主与建设出版社2014年版，第192—194页。）

谨斋说

〈节选〉

君子之学，心学也。心，性也；性，天也。圣人之心纯乎天理，故无事于学。下是，则心有不存而汩其性，丧其天矣，故必学以存其心。学以存其心者，何求哉？求诸其心而已矣。求诸其心何为哉？谨守其心而已矣。博学也，审问也，慎思也，明辨也，笃行也，皆谨守其心之功也。谨守其心者，无声之中而常若闻焉，无形之中而常若睹焉。故倾耳而听之，惟恐其或缪也；注目而视之，惟恐其或逸也。是故至微而显，至隐而见，善恶之萌而纤毫莫遁，由其能谨也。谨则存，存则明，明则其察之也精，其存之也一。昧焉而弗知，过焉而弗觉，弗之谨也已。故谨守其心，于其善之萌焉，若食之充饱也；若抱赤子而履春冰，惟恐其或陷也；若捧万金之璧而临千仞之崖，惟恐其或坠也；其不善之萌焉，若鸩毒之投于羹也，若虎蛇横集而思所以避之也，若盗贼之侵陵而思所以胜之也。古之君子所以凝至道而成盛德，未有不由于斯者。虽尧、舜、文王之圣，然且兢兢业业，而况于学者乎！后之言学者，舍心而外求，是以支离决裂，愈难而愈远，吾甚悲焉！

（见《王阳明全集》第1卷，
民主与建设出版社2014年版，第195—196页。）

六月五章

六月乙亥，南都熊峰少宰石公以少宗伯召。南都之士闻之，有恻然而戚者，有欣然而喜者。其戚者曰："公端介敏直，方为留都所倚重，今兹往，善类失所恃，群小罔以严。辨惑考学者曷从而讨究？剖政断疑者曷从而咨决？南都非根本地乎？而独不可以公遗之！"其喜者曰："公之端介敏直，宁独留都所倚重，其在京师，独无善类乎？独无群小乎？独无辨惑考学、剖政断疑者乎？且天子之召之也，亦宁以少宗伯，将必大用。大用则以庇天下，斯汇征之庆也。"公闻之曰："戚者非吾之所敢，喜者乃吾之所忧也。吾思所以逃吾之忧者而不得其道，若之何？"阳明子素知于公，既以戚众之戚、喜众之喜，而复忧公之忧。乃叙其事，为赋《六月》，庸以赠公之行。

六月凄风，七月暑雨。倏雨倏寒，道修以阻。允允君子，迪尔寝兴。毋沾尔行，国步斯频。

哀此下民，靡届靡极。不有老成，其何能国？吁嗟老成，独遗典刑。若屋之倾，尚支其楹。

心之忧矣，言靡有所。如彼喑人，食荼与苦。依依长谷，言采其芝。人各有时，我归孔时。

昔彼叔季，沉湎以逞。耄集以咨，我人自靖。允允君子，淑慎尔则。靡曰休止，民何于极！

日月其逝，如彼沧浪。南北其望，如彼参商。允允君子，毋沾尔行。如日之升，以曷不光！

（见《王阳明全集》第2卷，

民主与建设出版社2014年版，第542页。）

病中大司马乔公有诗见怀次韵奉答二首

十日无缘拜后尘，病夫心地欲生榛。诗篇极见怜才意，伎俩惭非可用人。黄阁望公长秉轴，沧江容我老垂纶。保厘珍重回天手，会看春风万木新。

一自多歧分路尘，堂堂正道遂生榛。聊将肤浅窥前圣，敢谓心传启后人。淮海帝图须节制，云雷大造看经纶。枉劳诗句裁风雅，欲借盘铭献日新。

（见《王阳明全集》第2卷，

民主与建设出版社2014年版，第543—544页。）

送诸伯生归省

天涯送尔独伤神，岁月龙山梦里春。为谢江南诸故旧，起居东岳太夫人。闲中书卷堪时展，静里工夫要日新。能向尘途薄轩冕，不妨蓑笠老江滨。

寄冯雪湖二首

竿竹谁隐扶桑东？白眉之叟今庞公。隔湖闻鸡谢墅接，渡海有鹤蓬山通。卤田经岁苦秋雨，浪痕半壁惊湖风。歌声屋低似金石，点也此意当能同。

海岸西头湖水东，他年蓑笠拟从公。钓沙碧海群鸥借，樵径青云一鸟通。席有春阳堪坐雪，门垂五柳好吟风。于今犹是天涯梦，怅望青霄月色同。

（见《王阳明全集》第2卷，
民主与建设出版社2014年版，第544页。）

守文弟归省携其手歌以别之

尔来我心喜，尔去我心悲。不为倚门念，吾宁舍尔归？长途正炎暑，尔行慎兴居！凉茗勿频啜，节食但无饥。勿出船旁立，忽登岸上嬉。收心每澄坐，适意时观书。申洪皆冥顽，不足长嗔笞。见人勿多说，慎默真如愚。接人莫轻率，忠信持谦卑。从来为己学，慎独乃其基。纷纷多嗜欲，尔病还尔知。到家良足乐，怡颜报重闱。昨秋童蒙去，今夏成人归。长者爱尔敬，少者悦尔慈。亲朋称啧啧，羡尔能若兹。信哉学问功，所贵在得师。吾匪崇外饰，欲尔沽名为；望尔日慥慥，圣贤以为期。九兄及印弟，诵此共勉之！

（见《王阳明全集》第2卷，
民主与建设出版社2014年版，第542—543页。）

书扇面寄馆宾

湖上群山落照晴，湖边万木起秋声。何年归去阳明洞，独棹扁舟鉴里行？

（见《王阳明全集》第2卷，

民主与建设出版社2014年版，第543页。）

梦游黄鹤楼奉答凤山院长

扁舟随地成淹泊，夜向矶头梦黄鹤。黄鹤之楼高入云，下临风雨翔寥廓。长江东来开禹凿，巫峡天边一丝络。春阴水阔洞庭野，斜日帆收汉阳阁。参差遥见九疑峰，中有嶭嵲重华宫。苍梧云接黄陵雨，千年尚觉精诚通。忽闻孤雁叫湖水，月映铁笛横天风。丹霞闪映双玉童，醉拥白髪非仙翁。仙翁呼我金闺彦，尔骨癯然仙已半。胡为尚局风尘中，不屑刀圭生羽翰？觉来枕簟失烟霞，江上清风人不见。故人仗钺镇湖襄，几岁书来思会面。公余登眺赋清词，醉墨频劳写湘练。写情投报媿琼瑶，皜皜秋阳濯江汉。

（见束景南、查明昊辑编：《王阳明全集补编》，

上海古籍出版社2016年版，第61—62页。）

自作山水画并题

正德丙子夏日，阳明山人画于金陵之静观斋。

（见束景南、查明昊辑编：《王阳明全集补编》，

上海古籍出版社2016年版，第143页。）

秋日陪登狮子山

残暑须还一雨清，高峰极目快新晴。海门潮落江声急，吴苑秋深树脚明。烽火正防胡骑入，雁书愁见朔云横。百年未有涓埃报，白发今朝又几茎？

（见束景南：《王阳明年谱长编》二，
上海古籍出版社 2017 年版，第 837 页。）

登阅江楼故址[①]

绝顶楼荒但有名，高皇曾此驻龙旌。险存道德虚天堑，守在蛮夷岂石城？山色古今余王气，江流天地变秋声。登临授简谁能赋，千载新亭一沧然。

（见束景南：《王阳明年谱长编》二，
上海古籍出版社 2017 年版，第 837 页。）

① 在计文渊：《王阳明法书集》一书中，王阳明的手迹题目为《遂望阅江楼故址》。

《秋日陪登狮子山》《登阅江楼故址》手迹[1]

① 在《王阳明法书集》中名为《登狮子山阅江楼诗贴》。

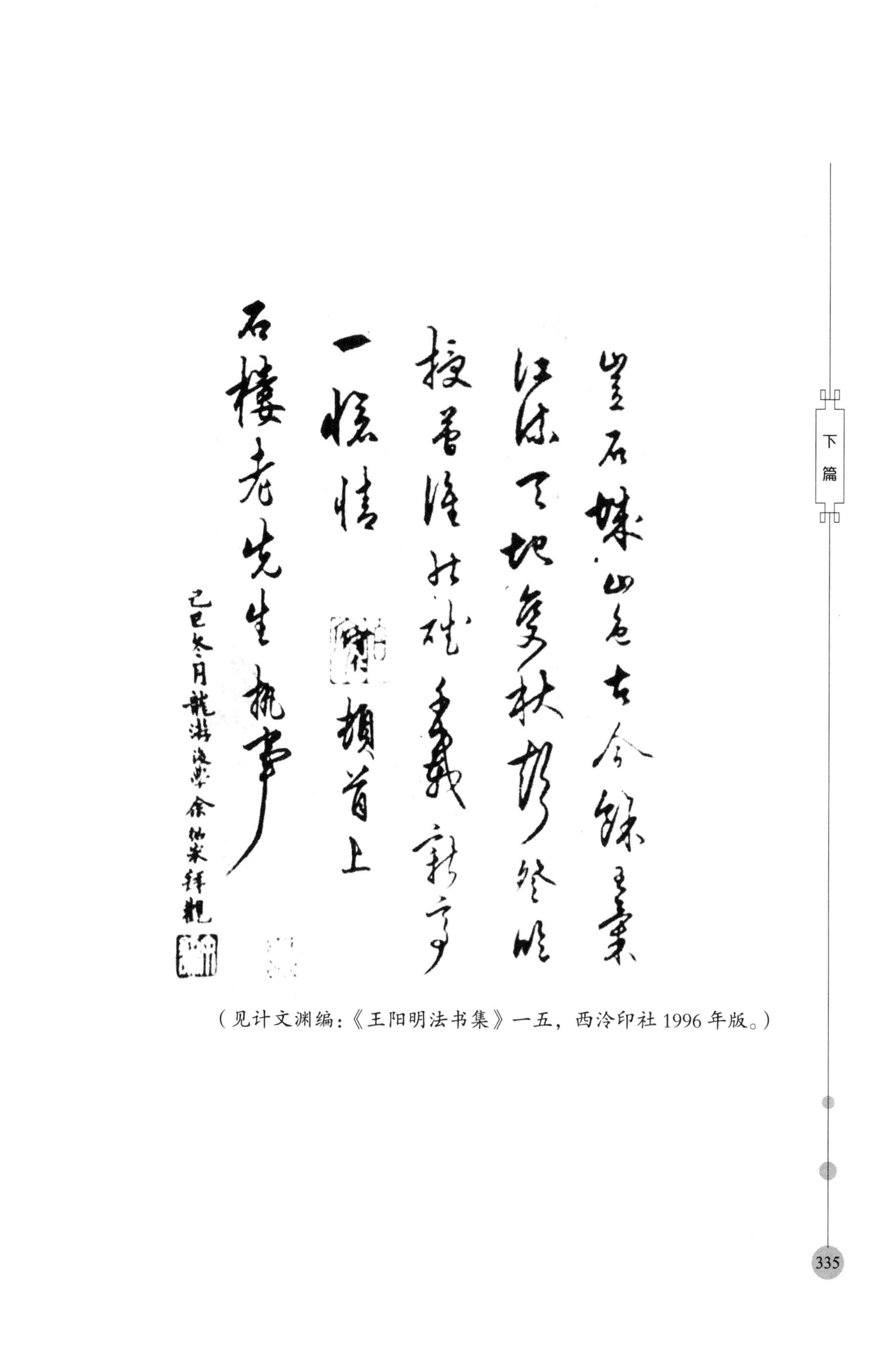

（见计文渊编：《王阳明法书集》一五，西泠印社1996年版。）

朱子晚年定论序[①]

洙泗之传，至孟氏而息。千五百余年，濂溪、明道始复追寻其绪。自后辩析日详，然亦日就支离决裂，旋复湮晦。吾尝深求其故，大抵皆世儒之多言有以乱之。守仁蚤岁业举，溺志辞章之习，既乃稍知从事正学，而苦于众说之纷挠疲疢，茫无可入，因求诸老、释，欣然有会于心，以为圣人之学在此矣。然于孔子之教间相出入，而措之日用，往往阙漏无归。依违往返，且信且疑。其后谪官龙场，居夷处困，动心忍性之余，恍若有悟。体验探求，再更寒暑，证诸《六经》、《四子》，沛然若决江河而放之海也。然后叹圣人之道坦如大路，而世之儒者妄开窦径，蹈荆棘，堕坑堑，究其为说，反出二氏之下。宜乎世之高明之士厌此而趋彼也！此岂二氏之罪哉？间尝以此语同志，而闻者竞相非议，目以为立异好奇，虽每痛反探抑，务自搜剔斑瑕，而愈益精明的确，洞然无复可疑。独于朱子之说有相抵牾，恒疚于心，切疑朱子之贤，而岂其于此尚有未察？及官留都，复取朱子之书而检求之，然后知其晚岁固已大悟旧说之非，痛悔极艾，至以为自诳诳人之罪不可胜赎。世之所传《集注》、《或问》之类，乃其中年未定之说，自咎以为旧本之误，思改正而未及。而其诸《语类》之属，又其门人挟胜心以附己见，固于朱子平日之说犹有大相缪戾者。而世之学者局于见闻，不过持循讲习于此，其于悟后之论，概乎其未有闻。则亦何怪乎予言之不信，而朱子之心无以自暴于后事也乎？予既自幸其说之不缪于朱子，又喜朱子之先得我心之同然，且慨夫世之学者徒守朱子中年未定之

① 据束景南先生考辨：今《朱子晚年定论》总序署“正德乙亥冬十一月朔，后学余姚王守仁序”，乃其序定《朱子晚年定论》之日，非刊刻之日。《王阳明全集》卷7有《朱子晚年定论序》注“戊寅”，乃误。钱德洪“阳明先生年谱”谓“七月，刻《朱子晚年定论》，并谓“《定论》首刻于南、赣，皆误。今据袁应麟跋，可确知《朱子晚年定论》乃六月十五日刊刻于雩都。”（见束景南：《王阳明年谱长编》三，上海古籍出版社2017年版，第1053页。）

说，而不复知求其晚岁既悟之论，竞相呶呶以乱正学，不自知其已入于异端，辄采录而裒集之，私以示夫同志。庶几无疑于吾说，而圣学之明可冀矣。

（见《王阳明全集》第 1 卷，
民主与建设出版社 2014 年版，第 178—179 页。）

与安之

留都时偶因饶舌，遂致多口，攻之者环四面。取朱子晚年悔悟之说，集为《定论》，聊藉以解纷耳。门人辈近刻之雩都，初闻甚不喜；然士夫见之，乃往往遂有开发者，无意中得此一助，亦颇省颊舌之劳。近年篁墩诸公尝有《道一》等编，见者先怀党同伐异之念，故卒不能有入，反激而怒。今但取朱子所自言者表章之，不加一辞，虽有偏心，将无所施其怒矣。尊者以为何如耶？聊往数册，有志向者一出指示之。

（束景南：《王阳明年谱长编》三，
上海古籍出版社 2017 年版，第 1053 页。）

跋范君山宪副绝笔诗后

此吾故人范君山绝笔也。君山之殁，予方以谪宦奔走，不及一哭吊。读其诗，为之泫然涕下，而“文字谢交游”之语，犹不能无愧。正德乙亥冬，君犹子侍御以载持以见示，书此以识予感而归之。

（见束景南、查明昊辑编：《王阳明全集补编》，
上海古籍出版社 2016 年版，第 141 页。）

半江赵先生文集叙

〈节选〉

君子之学，渊静而精专，用力于人所不知之地，以求夫自慊，故能笃实辉光，久而益宏，愈挹而愈不可尽。虽汉魏以降，以文辞艺术名家者，虽其用心之公私小大不同，盖亦未有不由斯道而能蚤有誉于天下也。后世圣学益晦，而文词之习日盛，然亦卒未有能超汉魏之辙者。其独才力之有间，要其精专之工，深根固蒂，以求所谓快然自得之妙者，亦有所不逮矣。半江赵先生，蚤以文学显召当时，自成化以来，世之知工文艺者，即知有先生。其为诗文宏赡清丽，如长谷之云，幽溪之濑，人望之漠然无穷，悠然玩而乐之，而不忍去也。自先生始入仕，即为刑曹剧司，交四方之贤。然居常从容整暇，其于诗文未或见其有苦心极力之功，遂皆以为得之天分则尔。先生与家君龙山先生为同年进士，故守仁辱通家之爱，亦以是为知先生矣。其后告病归阳明，先生方董学政，校士于越。邀宿行台间，得窥其诗稿，皆重复删改，或通篇无遗字。取其傍校士卷翻之，尽卷皆批窜点抹。以为此偶其所属意，则乱抽十数卷，无不然。又见一小册，履历所至，山川风俗，道途之所闻，经史之所疑，无不备录。闻其侍童云："公暇即拂案展帙，焚香静对，或检书已夜分，犹整衿默坐，良久始就卧。"然后知先生平日之所养若是其深，虽于政务猥琐之末，亦皆用心精密若此也。夫然后叹先生之不可尽知，而世之以文词知先生者，盖犹未见其杜杈也已。……其平生用心之密，充养之深，虽其子若壻，亦皆未之能尽知也。先生之于斯学，其亦可谓渊静精专，用力于人所不知之地，以求自慊者矣。使先生率是而进，天其假之以年，虽于为圣贤也何有？然以先生之不可尽知者推之，则又安知其不尝致力于斯道也？而今不复可知矣。因序而论之，使后之求先生于是集者得有所考焉。正德乙亥冬至日，余姚王守仁序。

（见束景南、查明昊辑编：《王阳明全集补编》，上海古籍出版社 2016 年版，第 141—143 页。）

冬夜偶书

百事支离力不禁，一官栖息病相侵。星辰魏阙江湖迥，松柏茅茨岁月深。欲倚黄精消白发，由来空谷有余音。曲肱已醒浮云梦，荷蒉休疑击磬心。

（见《王阳明全集》第 2 卷，
民主与建设出版社 2014 年版，第 546—547 页。）

1516 年（明武帝正德十一年，丙子），45 岁

送胡廷尉

钟陵雪后市灯残，箫鼓江船发晓寒。山水总怜南国好，才猷须济朔方艰。彩衣得侍仙舟远，春色行应故里看。别去中宵瞻北极，五云飞处是长安。

（见《王阳明全集》第 2 卷，
民主与建设出版社 2014 年版，第 547 页。）

游清凉寺三首

春寻载酒本无期，乘兴还嫌马足迟。古寺共怜春草没，远山偏与夕阳宜。雨晴涧竹消苍粉，风暖岩花落紫蕤。昏黑更须凌绝顶，高怀想见少陵诗。

积雨山行已后期，更堪多病益迟迟。风尘渐觉初心负，丘壑真与野性宜。绿树阴层新作盖，紫兰香细尚余蕤。辋川图画能如许，绝是无声亦有诗。

不顾尚书此日期，欲为花外板舆迟。繁丝急管人人醉，竹径松堂处处

宜。双树暗芳春寂寞，五峰晴秀晚羲蕤。暮钟杳杳催归骑，惆怅烟光不尽诗。

（见《王阳明全集》第 2 卷，
民主与建设出版社 2014 年版，第 546 页。）

奉寿西冈罗老先生尊丈

早赋归来意洒然，螺川犹及拜诗篇。高风山斗长千里，道貌冰霜又几年。曾与眉苏论世美，真从程洛溯心传。西冈自并南山寿，姑射无劳更问仙。

阳明山人侍生王守仁顿首稿上，时正德丙子季春望后九日也。

（见束景南、查明昊辑编：《王阳明全集补编》，
上海古籍出版社 2016 年版，第 62 页。）

《奉寿西冈罗老先生尊丈》手迹

奉壽
西岡羅
老先生尊
丈
疊賦歸
來言洒

歲年曾與眉崔論世

美真況樓洛潮一傳西闊

更问仙
阳明山人
侍生王

守仁頓首

稟上時

正德丙子

季春望

後九日如

（见杨德俊主编：《王阳明龙场遗墨》，

贵州大学出版社 2016 年版，第 207—216 页。）

与郭子全

相别翻怜相见时，碧桃开尽桂花枝。光阴如许成虚掷，世故摧人总不知。云路不须朱绂去，归帆且得彩衣随。岚山风景濂溪近，此去还应自得师。

（见《王阳明全集》第2卷，
民主与建设出版社2014年版，第547页。）

寄滁阳诸生二首

其一

一别滁山便两年，梦魂常是到山前。依稀山路还如旧，只奈迷茫草树烟。

其二

归去滁山好寄声，滁山与我最多情。而今山下诸溪水，还有当时几派清。

（见束景南、查明昊辑编：《王阳明全集补编》，
上海古籍出版社2016年版，第62—63页。）

忆滁阳诸生

滁阳姚老将，有古孝廉风。流俗无知者，藏身隐市中。

（见束景南、查明昊辑编：《王阳明全集补编》，
上海古籍出版社2016年版，第63页。）

铁松公诗赞

平生心迹两相奇，谁信云台重钓丝。性僻每穷诗景远，身闲赢得鬓霜迟。

王守仁拜题。

（见束景南、查明昊辑编：《王阳明全集补编》，上海古籍出版社 2016 年版，第 63 页。）

寄潘南山

秋风吹散锦溪云，一笑南山雨后新。诗妙尽从言外得，《易》微谁见画前真？登山脚健何妨老，留客情深不计贫。朱吕月林传故事，他年还许上西邻。

（见《王阳明全集》第 2 卷，民主与建设出版社 2014 年版，第 547 页。）

跋枫山四友亭记

四友之义，枫山之记尽矣，虽有作者，宁能有加乎？补之乃复蕲予言，予方有诗文戒，又适南行。异时泊舟铁瓮，拜四君子于亭下，尚能为补之补之。

阳明居士王守仁识。

（见束景南、查明昊辑编：《王阳明全集补编》，上海古籍出版社 2016 年版，第 147 页。）

寄云卿

〈节选〉

君子之学，唯求自得，不以毁誉为欣戚，不为世俗较是非，不以荣辱乱所守，不以死生二其心。故夫一凡人誉之而遽以为喜，一凡人毁之而遽以为戚者，凡民也。然而君子之自责则又未尝不过于严也，自修则又未尝不过于力也，夫然后可以遣荣辱，一死生。……尝谓友朋言：道者在默识，德者在默成，颜子以能问于不能，有若无，实若虚，犯而不较，此最吾侪准的。

（见束景南、查明昊辑编：《王阳明全集补编》，上海古籍出版社2016年版，第147—148页。）

书四箴赠别白贞夫

白生说贞夫，尝从予学。予奉命将南，生与其弟追送于江浒，留信宿不能别，求所以诲励之说。予尝作四箴以自警，因为生书之：

呜乎小子，曾不知警！尧讵未圣，犹日兢兢。既坠于渊，犹[1]恬履薄；既折尔股，犹迈奔蹶。人之冥顽，则畴与汝。不见肿痤，砭乃斯愈？不见痿痹，剂乃斯起？人之毁诟，皆汝砭剂。汝曾不知，反以为怒。匪怒伊色，亦反其语。汝之冥顽[2]，则畴之[3]比。

呜呼小子，告尔不一，既四十有五，而曾是不忆。顽（下阙）

呜呼小子，慎尔出话。憸言维多，吉言维寡。多言何益，徒以取祸。德默

---

① “犹”字，在杨德俊主编：《王阳明龙场遗墨》，贵州大学出版社2016年版，《书四箴赠别白贞夫》手迹中为“楢”字。

② “顽”字，在杨德俊主编：《王阳明龙场遗墨》，贵州大学出版社2016年版，《书四箴赠别白贞夫》手迹中无。

③ “之”字，在杨德俊主编：《王阳明龙场遗墨》，贵州大学出版社2016年版，《书四箴赠别白贞夫》手迹中为“与”字。

而成，仁者言讱。孰默而讥？孰讱而病？誉人之善，过情犹耻；言人之非，罪曷有已？于戏多言，亦惟汝心；汝心而存，将日钦钦。岂遑多言，上帝汝临。

于乎小子，辞章之习，尔工何为？不以钓誉，不以蛊愚。佻彼优伶，尔视孔丑；覆蹈其术，尔颜不厚？日月踰迈，尔胡不恤？弃尔天命，昵尔雔[①]贼。昔皇多士，亦胥兹溺。尔犹不鉴，自抵伊亟！

正德丙子九月廿六日，阳明山人王守仁书于龙江舟中。

生又问："圣贤之学，所以成身；科举之业，将以悦亲。二者或不能并进，奈何？"予曰；"成身悦亲，道一而已。不能成身，不可以悦亲；不能悦亲，不可以成身。子但笃志圣贤之学，其绪余出之科举而有余矣。"曰："用功何如？"曰："先定志向，立工程次第，坚持无失。循序渐进，自当有至。若易志改业，朝东暮西，虽终身勤苦，将亦无成矣，生勉之！"阳明山人书。

（见束景南、查明昊辑编：《王阳明全集补编》，上海古籍出版社2016年版，第148—150页。）

①"雔"字，在杨德俊主编：《王阳明龙场遗墨》，贵州大学出版社2016年版，《书四箴赠别白贞夫》手迹中为"仇"字。

《书四箴赠别白贞夫》手迹①

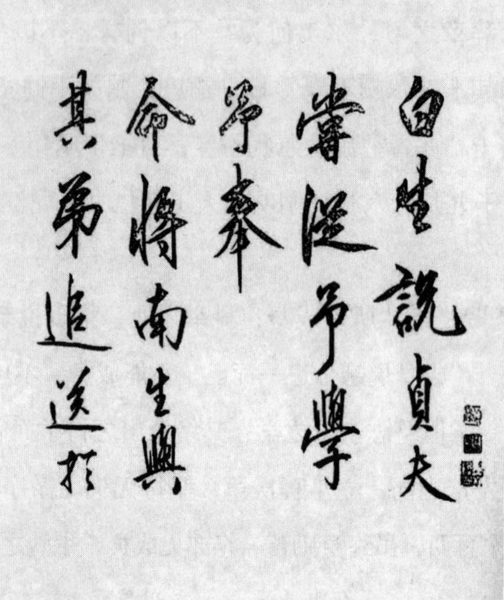
白生說貞夫嘗從予學予奉命將南生與其弟追送於

江滸留信宿不能別求所以誨勵之說予嘗作四箴以自警因爲

① 在《王阳明法书集》中名为《四箴卷》。

生書之
嗚呼小子曾
不知警覺
誤來聖播
競競既溺于

淵猶悟履
薄既折尔股
猶邁奔獵人
之寘頑則疇
與汝不見腫

壅砭之迺斯愈
不見痿痺劇
乃斯起人之
毀詬皆汝砭
劇汝曾不

反以爲怨匪
怒伊色亦反
其語汝之寘
則嚋与吪嗚
呼小子告尔

不一既四十有五而曾是不憶頑

嗚呼小子慎尔出話慄言

維多吉言維寡多言何益徒以取禍德默而成仁者言訥貌然

而譏孰訒而
病譽人之善
過情猶恥言
人之非罔
有己於戲多

言亦惟汝心
汝心而存將
日欽欽豈遑
多言
上帝汝臨

於乎小子彝
章之習爾工
何爲不以鉤
譽不以蠱愚
佻彼優伶

爾視孔醜霞
盜其術爾
額不尋日
月逾邁爾胡
不恤棄爾天

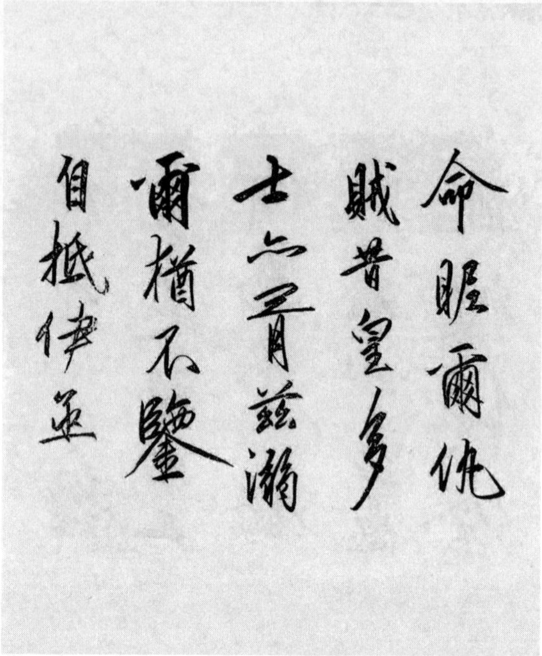

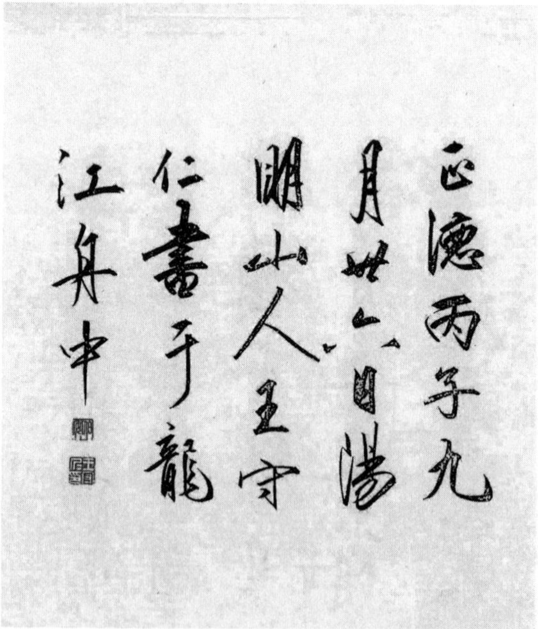

（见杨德俊主编：《王阳明龙场遗墨》，贵州大学出版社 2016 年版，193—206 页。）

龙江舟次与某人书

立诚之说，昔已反复，今不复赘。别后，诸君欲五日一会，寻丽泽之益，此意甚好，此便是不忘鄙人之盛心。但会时亦须略定规程，论辩疑难之外，不得辄说闲话，评论他人长短得失，兼及诸无益事。只收心静坐，闭邪存诚，此是端本澄源，为学第一义。若持循涵养得熟，各随分，自当有进矣。会时但粗饭菜羹，不得盛具肴品为酒食之费。此亦累心损志之一端，不可为琐屑而忽之也。舟发匆匆，不尽不尽。

正德丙子九月廿九日，阳明山人守仁书于龙江舟次。

（见束景南、查明昊辑编：《王阳明全集补编》，上海古籍出版社 2016 年版，第 150 页。）

书林间睡起赠白楼先生[①]

林间尽日扫花眠，独有官闲愧俸钱。门径不妨春草合，斋居长对晚山妍。每疑方朔非真隐，始信扬雄误《太玄》。混世亦能随地得，野情终是爱丘园。

奉命将赴南赣，白楼先生出饯江浒，示此卷，须旧作为别，即席承命。时正德丙子九月廿五日，阳明山人王守仁书于龙江舟中。雨暗舟发，匆匆极潦草。伯安。

（见束景南、查明昊辑编：《王阳明全集补编》，上海古籍出版社 2016 年版，第 151 页。）

① 此诗的题目与《王阳明全集》新编本中的题目有所不同，个别字也有异。在《王阳明全集》新编本中的题目为《小园睡起次韵寄乡友》，在内容上，“独有官闲愧俸钱”在新编本中为“独是官闲愧俸钱”，“野情终是爱丘园”在新编本中为“野情终是爱邱园”。见《王阳明全集》新编本第 5 册，浙江古籍出版社 2011 年版，第 1771 页。

参政拙庵公像赞

瞻望丰山，惟邻是卜。缅想桐江，有书可读。克嗣父风，更诒孙穀。昭质无亏，遗像甚肃。

阳明山人。

（见束景南、查明昊辑编：《王阳明全集补编》，上海古籍出版社2016年版，第151页。）

简卿公像赞

君敬称字，谨饬谦和。克家有子，孙掇巍科。富而且贵，尘寰几何。覲容景仰，泰山嵬峨。

姻晚生王守仁拜题。

（见束景南、查明昊辑编：《王阳明全集补编》，上海古籍出版社2016年版，第151—152页。）

公赞公像赞

立身惟勤，持家惟俭。叔季同居，内外无间。轻重自均，长幼自辨。为当世宗，为后人勉。

王守仁题。

（见束景南、查明昊辑编：《王阳明全集补编》，上海古籍出版社2016年版，第152页。）

和大司马白岩乔公诸人送别五首[①]

正德丙子九月，守仁领南赣之命，大司马白岩乔公、太常白楼吴公、大司成莲北鲁公、少司成双溪汪公，相与集饯于清凉山，又饯于借山亭，又再饯于大司马第，又出饯于龙江，诸公皆联句为赠，即席次韵奉酬，聊见留别之意。

未去先愁别后思，百年何地更深知？今宵灯火三人尔，他日缄书一问之。漫有烟霞刊肺腑，不堪霜雪妒须眉。莫将分手看容易，知是重逢定几时？

谪乡还日是多余，长拟云山信所如。岂谓尚悬苍水佩，无端又领紫泥书。豺狼远遁休为梗，鸥鹭初盟已渐虚。他日姑苏归旧隐，总拈书籍便移居。

寒事俄惊蟋蟀先，同游刚是早春天。故人愈觉晨星少，别话聊凭杯酒筵。戎马驱驰非旧日，笔床相对又何年？不因远地疎踪迹，惠我时裁金玉篇。

无补涓埃媿圣朝，漫将投笔拟班超。论交义重能相负？惜别情多屡见招。地入风尘兵甲满，云深湖海梦魂遥。庙堂长策诸公在，铜柱何年折旧标？

孤航眇眇去钟山，双阙回看杳霭间。吴苑夕阳临水别，江天风雨共秋还。离恨远地书频寄，后会何时鬓渐斑。今夜梦魂汀渚隔，惟余梁月照容颜。

阳明山人王守仁拜手书于龙江舟中。余数诗稿亡，不及录，容后便觅得补呈也。

守仁顿首。白楼先生执事。

（见束景南、查明昊辑编：《王阳明全集补编》，上海古籍出版社 2016 年版，第 347 页—348 页。）

① 《王阳明全集》第 3 卷收入的《和大司马白岩乔公诸人道别》《三奇堂法帖》，内容与补编所录基本同，有五字相异。全集诗中，开头说明无“正德丙子九月，守仁领南赣之命，大司马白岩乔公”三句。见《王阳明全集》第 3 卷，民主与建设出版社 2014 年版，第 884 页。该诗应写于正德丙子年，即正德十一年，1516 年。

《和大司马白岩乔公诸人送别》手迹[①]

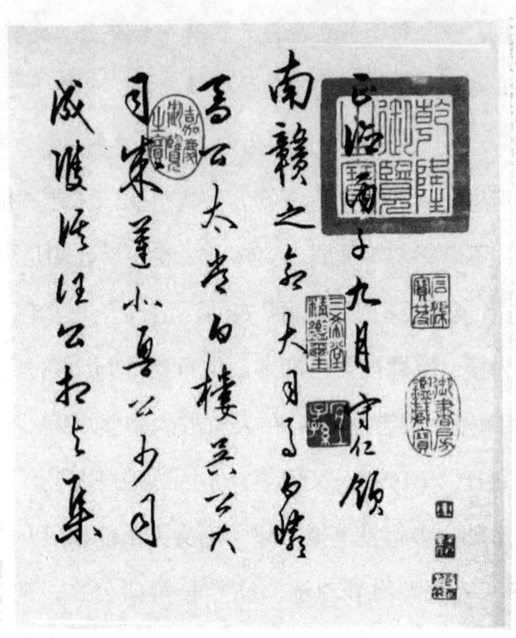

① 在《王阳明法书集》中名为《龙江留别诗卷》。

未去先枯别后里百
年日地更深去去青
惜大三人尔他日识也
一见之偈至相契刹
眸捋示振霜雪如麟
有墨将分手之意

勿知是之至金室梁
时
请以意达日气备雅长
摊云山深而如此得
为题董水仙并赞解
怀依也射根走茫

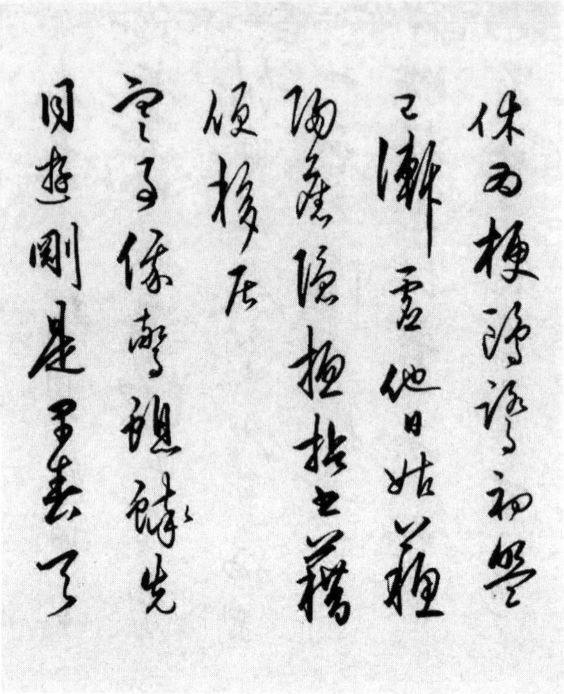

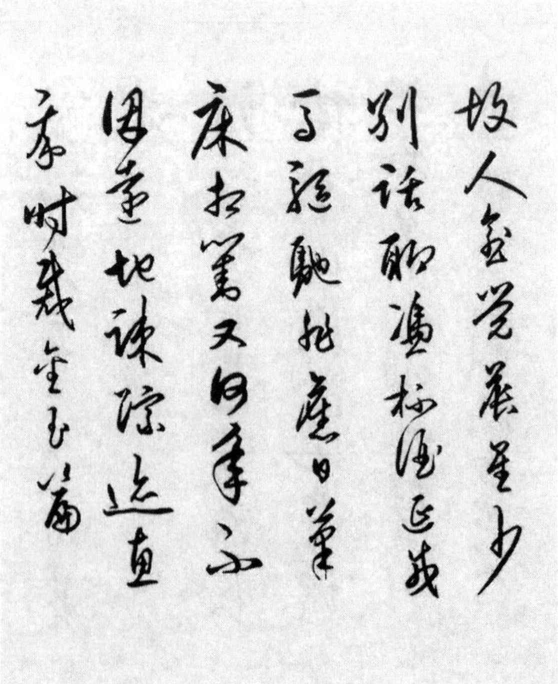

莫補消娭娓
唯期得投筆
攤班招詩長家童
轉枉負情不情多
廣見拾也四風蓬兵
甲清雲源照海第

課孫
康堂長策法古生
祠桂湘連抑歷標
嫩龍時了去謹也
漢而四名查舊書
草菊夕陽照水家江

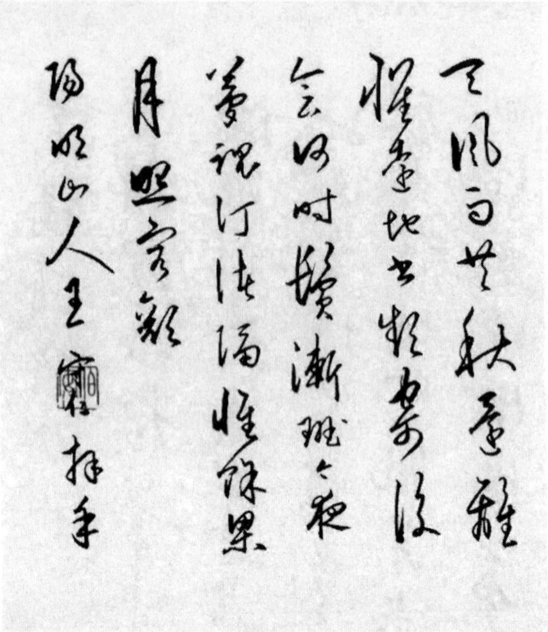

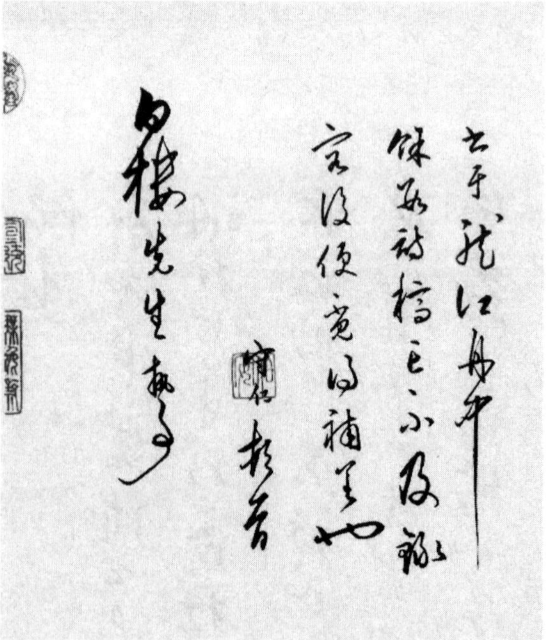

（见杨德俊主编：《王阳明龙场遗墨》，

贵州大学出版社 2016 年版，第 161—170 页。）

登仕郎马文重墓志铭

〈节选〉

铭曰：

丰沛之间，自昔多魁。若汉之萧、曹，使不遇高祖，乘风云之会，固将老终其身于刀笔之间。世之怀奇不偶，无以自见于时，名湮没而不著者，何可胜数？若翁者，亦其人非耶？然考其为迹，亦异矣。呜呼！千里之足，困于伏枥；连城之珍，或混瓦砾。不琢其章，于璧何伤？不驾以骧，奚损于良？呜呼马翁，兹焉允臧！

（见《王阳明全集》第3卷，

民主与建设出版社2014年版，第685页。）

游牛首山

春寻指天阙，烟霞眇何许。双峰久相违，千岩来旧主。浮云刺中天，飞阁凌风雨。探秀涧阿人，萝阴息筐筥。灭迹避尘缨，清朝入深沮。风磴仰扪历，淙壑屡窥俯。梯云跻石阁，下榻得吾所。释子上方候，鸣钟出延伫。颓景耀回盼，层飚翼轻举。暧暧林芳暮，泠泠石泉语。清宵耿无寐，峰月升烟宇。会晤得良朋，可以寄心腑。

（见《王阳明全集》第2卷，

民主与建设出版社2014年版，第543页。）

1517年（明武宗正德十二年，丁丑），46岁

长汀道中□□诗

夜宿行台，用韵于壁，时正德丁丑三月十三日，阳明山人王守仁。

将略平生非所长，也提戎马入汀漳。数峰斜日旌旗远，一道春风鼓角扬。莫倚贰师能出塞，极知充国善平羌。疮痍到处曾无补，翻忆钟山旧草堂。

录自明邵有道修、何云等编《汀州府志》卷十七《词翰》，明嘉靖年间刻本，收入《天一阁藏明代方志选刊续编》第四十册，上海书店一九九〇年版，第三四六页。杨正显按：此诗《王阳明全集》已载，但诗名为《丁丑二月征漳寇进兵长汀道中有感》，与此诗前序所言之时间不同。末尾“翻忆钟山”，《上杭县志》作“惭愧湖边”（见清蒋廷铨纂修《上杭县志》卷十《艺文下》，清康熙二十六年刻本，《清代孤本方志选》，北京线装书局二〇〇一年版，第八三九页。）

（见《王阳明全集》新编本第 5 册，钱明编校，
吴光覆校，浙江古籍出版社 2011 年版，第 1774 页。）

回军上杭

山城经月驻旌戈，亦复幽寻到薜萝。南国已忻回甲马，东田初喜出农蓑。溪云晓度千峰雨，江涨新生两岸波。暮倚七星瞻北极，绝怜苍翠晚来多。

（见《王阳明全集》第 2 卷，
民主与建设出版社 2014 年版，第 548 页。）

与杨仕德薛尚谦

〈节选〉

“破山中贼易，破心中贼难。”区区剪除鼠窃，何足为异？若诸贤扫除心腹之寇，以收廓清平定之功，此诚大丈夫不世之伟绩。数日来谅已得必胜之策，捷奏有期矣，何喜如之！

（见束景南：《王阳明年谱长编》二，
上海古籍出版社 2017 年版，第 1002 页。）

四月初，在上杭行台祈雨，作祈雨辞与祈雨诗。

祈雨辞

呜呼！十日不雨兮，田且无禾；一月不雨兮，川且无波。一月不雨兮，民已为疴；再月不雨兮，民将奈何？小民无罪兮，天无咎民！巡抚失职兮，罪在予臣。呜呼！盗贼兮为民大屯，天或罪此兮，赫威降嗔。民则何罪兮，玉石俱焚？呜呼！民则何罪兮，天何遽怒？油然兴云兮，雨兹下土。彼罪何逋兮，哀此穷苦！

（见束景南：《王阳明年谱长编》二，
上海古籍出版社 2017 年版，第 935 页。）

祈雨二首

旬初一雨遍汀漳，将谓汀虔是接疆。天意岂知分彼此？人情端合有炎凉。月行今已虚缠毕，斗杓何曾解挹浆！夜起中庭成久立，正思民瘼欲沾裳。

见说虔南惟苦雨，深山毒雾长阴阴。我来偏遇一春旱，谁解挽回三日霖？寇盗郴阳方出掠，干戈塞北还相寻。忧民无计泪空堕，谢病几时归海浔？

（见《王阳明全集》第 2 卷，
民主与建设出版社 2014 年版，第 549 页。）

喜雨三首

即看一雨洗兵戈，便觉光风转石萝。顺水飞樯来买舶，绝江喧浪舞渔蓑。片云东望怀梁国，五月南征想伏波。长拟归耕犹未得，云门初伴渐无多。

辕门春尽犹多事，竹院空闲未得过。特放小舟乘急浪，始闻幽碧出层萝。山田旱久兼逢雨，野老欢腾且纵歌。莫谓可塘终据险，地形原不胜人和。

吹角峰头晓散军，横空万骑下氤氲。前旌已带洗兵雨，飞鸟犹惊卷阵云。南亩渐忻农事动，东山休共凯歌闻。正思锋镝堪挥泪，一战功成未足云。

（见《王阳明全集》第 2 卷，
民主与建设出版社 2014 年版，第 548 页。）

游南冈寺

古寺迥云麓，光含远近山。苔痕侵履湿，花影照衣斑。宦况随天远，归思对石顽。一身惕夙夜，不比老僧闲。

（见束景南、查明昊辑编：《王阳明全集补编》，
上海古籍出版社 2016 年版，第 64 页。）

时雨堂记

正德丁丑，奉命平漳寇，驻军上杭。旱甚，祷于行台；雨日夜，民以为未足。乃四月戊午班师，雨；明日又雨；又明日大雨。乃出田登城南之楼以观，民大悦。有司请名行台之堂为“时雨”，且曰：“民苦于盗久，又重以旱，将谓靡遗。今始去兵革之役，而大雨适降，所谓‘王师若时雨’，今皆有焉。请以志其实。”呜呼！民惟稼穑，德惟雨，惟天阴骘，惟皇克宪，惟将士用命效力，去其莨蜮，惟乃有司实耨获之，庶克有秋。乃予何德之有，而敢叨其功！然而乐民之乐，亦不容于无纪也。巡抚都御史王守

仁书。是日，参政陈策、佥事胡琏至，自班师。

（见《王阳明全集》第3卷，

民主与建设出版社2014年版，第661页。）

游罗田岩怀濂溪先生遗咏诗

路转罗田一径微，吟鞭敲到白云扉。山花笑午留人醉，野鸟啼春傍客飞。混沌凿来尘劫老，姓名空在旧游非。洞前唯有元公草，袭我余香满袖归。

（见束景南、查明昊辑编：《王阳明全集补编》，

上海古籍出版社2016年版，第65页。）

南泉庵漫书[①]

山城经月驻旌戈，亦复幽寻到薜萝。南国已看回甲马，东田初喜出农簑。溪云晓渡千峰雨，江涨春深两岸波。暮倚七星瞻北极，绝怜苍翠晚来多。

雨中过南泉庵，书壁。是日，梁郡伯携酒来问，因併呈。时正德丁丑四月五日，阳明山人守仁顿首。

（见束景南、查明昊辑编：《王阳明全集补编》，

上海古籍出版社2016年版，第363页。）

① 《王阳明全集》第2卷，民主与建设出版社2014年版，第548页所载的《回军上杭》即此诗，但题目不同，个别字亦有异。如“南国已看回军马”，《全集》中是“南国已忻回军马”。

题察院壁

四月戊午班师上杭道中，都御史王守仁书。

吹角峰头晓散军，回空万马下氤氲。前旌已带洗兵雨，飞鸟犹惊卷阵云。南亩独忻农事动，东山休作凯歌闻。正思锋镝堪挥泪，一战功成未足云。

（见束景南、查明昊辑编：《王阳明全集补编》，
上海古籍出版社 2016 年版，第 361—362 页。）

四月壬戌复过行台□□□[①]

见说相期雩上耕，连簑应已出乌程。荒畲出垦功须倍，秋熟虽微税亦轻。雨后湖舠兼学钓，饷余堤树合闲行。山人久办归农具，犹向千峰夜度兵。

（见束景南、查明昊辑编：《王阳明全集补编》，
上海古籍出版社 2016 年版，第 362 页。）

闻曰仁买田雩上携同志待予归二首

见说相携雩上耕，连蓑应已出乌程。荒畲初垦功须倍，秋熟虽微税亦轻。雨后湖舠兼学钓，饷余堤树合闲行。山人久有归农兴，犹向千峰夜度兵。

月夜高林坐夜沉，此时何限故园心！山中古洞阴萝合，江上孤舟春水深。百战自知非旧学，三驱犹愧失前禽。归期久负云门伴，独向幽溪雪后寻。

（见《王阳明全集》第 2 卷，
民主与建设出版社 2014 年版，第 549 页。）

---

① 《王阳明全集》第 2 卷，民主与建设出版社 2014 年版，第 549 页所载的《闻曰仁买田雩上携同志待予归二首》其一，即此诗，题目及个别诗句有异。

还赣

积雨雩都道，山途喜乍晴。溪流迟渡马，冈树隐前旌。野屋多移灶，穷苗尚阻兵。迎趋勤父老，无补愧巡行。

（见《王阳明全集》第2卷，

民主与建设出版社2014年版，第549页。）

夜坐有怀故□□□次韵[①]

月色虚堂坐夜沉，此时无限故园心。山中茅屋□□□，江上衡扉春水深。百战自知非旧学，三驱犹愧失前禽。归期久负黄徐约，独向幽溪雪后寻。

（见束景南、查明昊辑编：《王阳明全集补编》，

上海古籍出版社2016年版，第362页。）

与徐曰仁书

〈节选〉

山水中间须着我，风尘堆里却输侬。吾两人者，正未能千百化身耳，如何而可，如何而可！……朋友群居，惟彼此谦虚相下，乃为有益，诗所谓“谦谦恭人，怀德之基”也。

（见束景南、查明昊辑编：《王阳明全集补编》，

上海古籍出版社2016年版，第156页。）

---

① 此诗的题目与《王阳明全集》新编本中的题目有所不同，内容也有异。在《王阳明全集》新编本中的题目为《行台夜坐怀友》，“山中茅屋□□□”为“山中茅屋烟萝合”，“归期久负黄徐约”为“归期久负黄徐辈”，见《王阳明全集》新编本第5册，浙江古籍出版社2011年版，第1773页。《王阳明全集》第2卷，民主与建设出版社2014年版，第549页所载的《闻曰仁买田霅上携同志待予归二首》其二，也是此诗。题目、文字与《王阳明全集》新编本有所不同。《全集》中的诗文见上页。

书刘生卷

仁者以天地万物为一体，医书以手足痿痹为不仁。大庾刘生慎请为仁之说。生儒而善医，吾尝见其起危疾，疗沉疴，皆应手而验。夫儒也，则知一体之仁矣；医也，则知痿痹之非仁矣。世之人仁义不行于伦理，而私欲以戕其天性，皆痿痹者也。生惟无以其非仁者而害其仁焉，求仁之功尽此矣，吾何说？生方以贡入京，自此将为民社之寄。生能以其素所验于医者而施于政民，其有瘳乎！

（见束景南、查明昊辑编：《王阳明全集补编》，

上海古籍出版社 2016 年版，第 160 页。）

借山亭

借山亭子近如何？乘兴时从梦里过。尚想清池环醉影，犹疑花径驻鸣珂。疏帘细雨灯前局，碧树凉风月下歌。传语诸公合频赏，休令岁月亦蹉跎。

（见《王阳明全集》第 2 卷，

民主与建设出版社 2014 年版，第 549 页。）

桶冈和邢太守韵二首

处处山田尽入畬，可怜黎庶半无家。兴师正为民痍甚，陟险宁辞鸟道斜？胜世真如瓴水建，先声不碍岭云遮。穷巢容有遭驱胁，尚恐兵锋或滥加。

戡乱兴师既有名，挥戈真已见风行。岂云薄劣能驱策？实仗皇威自震惊。烂额尚惭为上客，徙薪尤觉费经营。主恩未报身多病，旋凯须还陇上耕。

（见束景南：《王阳明年谱长编》二，

上海古籍出版社 2017 年版，第 981—982 页。）

告谕部辖庭誓

惟兹横水、桶冈并冦，称寇名号，毒痡三省。惟予守仁，恭承天威，夹攻之命，实责在予，予敢弗虔！惟兹横水、桶冈，实惟羽翼，势在腹背。先剪横水，乃可即戎。

（见束景南、查明昊辑编：《王阳明全集补编》，
上海古籍出版社 2016 年版，154 页。）

通天岩[①]

青山随地佳，岂必故园好？但得此身闲，尘寰亦蓬岛。西林日初暮，明月来何早！醉卧石床凉，洞云秋未扫。

（见《王阳明全集》第 2 卷，
民主与建设出版社 2014 年版，第 550 页。）

游通天岩次邹谦之韵

天风吹我上丹梯，始信青霄亦可跻。俯视氛寰成独慨，却怜人世尚多迷。东南真境埋名久，闽楚诸峰入望低。莫道仙家全脱俗，三更日出亦闻鸡。

（见《王阳明全集》第 2 卷，
民主与建设出版社 2014 年版，第 550 页。）

又次陈惟濬韵

四山落木正秋声，独上高峰望眼明。树色遥连闽峤碧，江流不尽楚

① 此诗的题目与《王阳明全集》（新编本）中的题目有所不同，在《王阳明全集》新编本中的题目为《忘归岩题壁》，见《王阳明全集》新编本第 5 册，浙江古籍出版社，第 1773 页。

天清。

云中想见双龙转，风外时传一笛横。莫遣新愁添白发，且呼明月醉沉觥。

（见《王阳明全集》第2卷，

民主与建设出版社2014年版，第550页。）

忘言岩次谦之韵

意到已忘言，兴剧复忘饭。坐我此岩中，是谁凿混沌？尼父欲无言，达者窥其本；此道何古今？斯人去则远。空岩不见人，真成面墙立。岩深雨不到，云归花亦湿。

（见《王阳明全集》第2卷，

民主与建设出版社2014年版，第550页。）

圆明洞次谦之韵

群山走波浪，出没龙蛇脊。岩栖寄盘涡，沉沦遂成癖。我来汲东溟，烂煮南山石。千年熟一炊，欲饷岩中客。

（见《王阳明全集》第2卷，

民主与建设出版社2014年版，第550页。）

潮头岩次谦之韵

潮头起平地，化作千丈雪。棹舟者何人？试问岩头月。

（见《王阳明全集》第2卷，

民主与建设出版社2014年版，第551页。）

天成素有志于学兹得告东归林居静养其所就可知矣临别以此纸索赠漫为赋此遂寄声山泽诸贤

予有山林期，荏冉风尘际。高秋送将归，神往迹还滞。回车当盛年，养疴非遁世。垂竿鉴湖云，结庐浮峰树。爱日遂庭趋，芳景添游诣。掎生悟玄魄，妙静息缘虑。眇眇素心人，望望沧洲去。东行访天沃，云中倘相遇。

（见《王阳明全集》第2卷，
民主与建设出版社2014年版，第551页。）

坐忘言岩问二三子

几日岩栖事若何？莫将佳景复虚过。未妨云壑淹留久，终是尘寰错误多。涧道霜风疏草木，洞门烟月挂藤萝。不知相继来游者，还有吾侪此意么？

（见《王阳明全集》第2卷，
民主与建设出版社2014年版，第551页。）

留陈惟濬

闻说东归欲问舟，清游方此复离忧。却看阴雨相淹滞，莫道山灵独苦留。薜荔岩高兼得月，桂花香满正宜秋。烟霞到手休轻掷，尘土驱人易白头。

（见《王阳明全集》第2卷，
民主与建设出版社2014年版，第551页。）

栖禅寺雨中与惟乾同登

绝顶深泥冒雨扳，天于佳景亦多悭。自怜久客频移棹，颇羡高僧独闭关。江草远连云梦泽，楚云长断九疑山。年来出处浑无定，惭愧沙鸥尽日闲。

（见《王阳明全集》第 2 卷，
民主与建设出版社 2014 年版，第 551 页。）

茶寮纪事

万壑风泉秋正哀，四山云雾晚初开。不因王事兼程入，安得闲行向北来？登陟未妨安石兴，纵擒徒羡孔明才。乞身已拟全师日，归扫溪边旧钓台。

（见《王阳明全集》第 2 卷，
民主与建设出版社 2014 年版，第 551—552 页。）

1518 年（明武宗正德十三年，戊寅），47 岁

正月，征三浰，三月，袭平大帽、浰头，四月，立社学，延师教子，歌诗习礼，六月，升都察院右副都御史，荫子锦衣卫，世袭百户。七月，刻古本《大学》，刻《朱子晚年定论》。

八月，门人薛侃刻《传习录》。九月，修濂溪书院。十月，兴乡约。十一月，再请疏通盐法。

（参见《王阳明全集》第 4 卷，年谱一，
民主与建设出版社 2014 年版，第 908—914 页。）

过梅岭

处处人缘山上巅，夜深风雨不能前。山林丛郁休瞻日，云树弥漫不见天。猿叫一声耸耳听，龙泉三尺在腰悬。此行漫说多辛苦，也得随时草上眠。

阳明王守仁于龙南。

（见束景南、查明昊辑编：《王阳明全集补编》，

上海古籍出版社 2016 年版，第 65 页。）

回军九连山道中短述

百里妖氛一战清，万峰雷雨洗回兵。未能干羽苗顽格，深愧壶浆父老迎。莫倚谋攻为上策，还须内治是先声。功微不愿封侯赏，但乞蠲输绝横征。

（见《王阳明全集》第 2 卷，

民主与建设出版社 2014 年版，第 552 页。）

回军龙南小憩玉石岩双洞绝奇徘徊不忍去因寓以阳明别洞之号兼留此作三首

甲马新从鸟道回，览奇还更陟崔嵬。寇平渐喜流移复，春暖兼欣农务开。两窦高明行日月，九关深黑闭风雷。投簪最好支茅地，恋土犹怀旧钓台。

洞府人寰此最佳，当年空自费青鞋。麾幢旖旎悬仙仗，台殿高低接纬阶。天巧固应非斧凿，化工无乃太安排？欲将点瑟携童冠，就揽春云结小斋。

阳明山人旧有居，此地阳明景不如。但在乾坤俱逆旅，曾留信宿即吾

庐。行窝已许人先号，别洞何妨我借书。他日巾车还旧隐，应怀兹土复乡间。

（见《王阳明全集》第2卷，
民主与建设出版社2014年版，第552页。）

再至阳明别洞和邢太守韵二首

春山随处款归程，古洞幽虚道意生。涧壑风泉时远近，石门萝月自分明。林僧住久炊遗火，野老忘机罢席争。习静未缘成久坐，却惭尘土逐虚名。

山水平生是课程，一淹尘土遂心生。耦耕亦欲随沮溺，七纵何缘得孔明？吾道羊肠须蠖屈，浮名蜗角任龙争。好山当面驰车过，莫漫寻山说避名。

（见《王阳明全集》第2卷，
民主与建设出版社2014年版，第552页。）

夜坐偶怀故山

独夜残灯梦未成，萧萧总是故园声。草深石径鼪鼯笑，雪静空山猿鹤惊。漫有缄书怀旧侣，常牵缨冕负初情。云溪漠漠春风转，紫菌黄花又自生。

（见《王阳明全集》第2卷，
民主与建设出版社2014年版，第552—553页。）

怀归二首

深惭经济学封侯，都付浮云自去留。往事每因心有得，身闲方喜世无求。狼烟幸息昆阳患，蠡测空怀杞国忧。一笑海天空阔处，从知吾道在沧洲。

身经多难早知非，此事年来识者稀。老大有情成旧德，细谋无计解重围。意常不足真夷道，情到方浓是险机。怅望衡茅无事日，漫吹松火织秋衣。

（见《王阳明全集》第2卷，

民主与建设出版社2014年版，第553页。）

送德声叔父归姚（并序）

守仁与德声叔父共学于家君龙山先生。叔父屡困场屋，一旦以亲老辞廪归养。交游强之出，辄笑曰："古人一日养，不以三公易。吾岂以一老母博一弊儒冠乎？"呜呼！若叔父可谓真知内外轻重之分矣。今年夏，来赣视某，留三月。飘然归，兴不可挽，因谓某曰："秋风莼鲈，知子之兴无日不切。然时事若此，恐即未能脱，吾不能俟子之归舟。吾先归，为子开荒阳明之麓，如何？"呜呼！若叔父可谓真知内外轻重之分矣。某方有诗戒，叔父曰："吾行，子可无言？"辄为赋此。

犹记垂髫共学年，于今鬓发两苍然。穷通只好浮云看，岁月真同逝水悬。归鸟长空随所适，秋江落木正无边。何时却返阳明洞，萝月松风扫石眠。

（见《王阳明全集》第2卷，

民主与建设出版社2014年版，第553页。）

寓赣州上海日翁手札[①]

寓赣州男王守仁百拜书上父亲大人膝下：久不得信，心切悬悬，间有乡人至者，略问消息，审知祖母老大人、大人下起居万福，稍以为慰。男自正月初四出征浰贼，三月半始得回军。赖大人荫庇，盗贼略已底定。虽有残党百余，皆势穷力屈，投哀告招，今亦姑顺其情，抚定安插之矣。所恨两广府江诸处苗贼，往年彼处三堂，虽屡次证剿，然贼根未动，旋复昌炽。今闻彼又大起，若彼中兵力无以制之，势必摇动远近，为将来之忧。况兼时事日难，隐忧日甚，昨已遣人具本乞休，要在必得乃已。男因贼巢瘴毒，患疮疠诸疾，今幸稍平，数日后亦将遣人归问起居。因诸仓官便，灯下先写此报安。四月初十日，男守仁百拜书。

书前题识：

良知芳矩。

（见王程强编：《知行合一：王阳明咏良知手迹》，
河南美术出版社 2016 年版，第 66 页。）

① 说明：此文在《王阳明全集》第 3 卷中题目是《上大人书二　正德十三年》，无“书前提识　良知芳矩”，书信的内容相同。见《王阳明全集》第 3 卷，民主与建设出版社 2014 年版，第 881—882 页。

《寓赣州上海日翁手札》手迹[①]

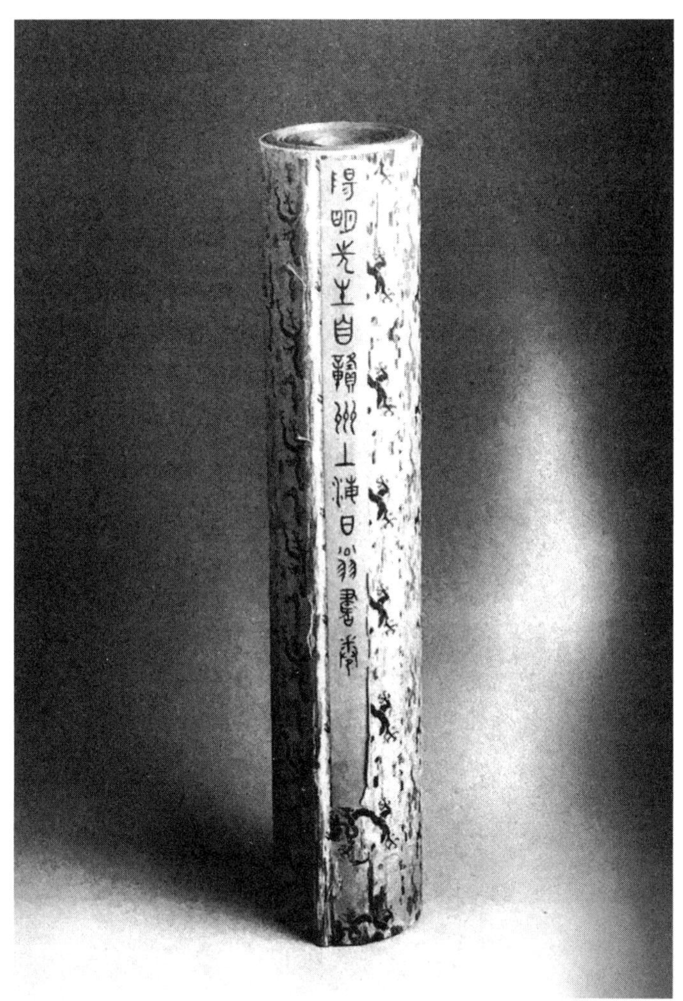

（见王程强编：《知行合一：王阳明咏良知手迹》，

河南美术出版社 2016 年版，第 79 页。）

① 《寓赣州上海日翁手札》手迹，有书前题识：良知芳矩，有卢琦、周盛雅、屠又良、王士骏、徐灿心、魏坤、朱彝尊、毛延芳、魏少野、刘之泗、王荫嘉、沈尹默、沙孟海、张宗祥、马浮等十五人题跋。称王阳明的书法“森严有度，散朗多姿”（卢琦），“遒劲潇洒，已足为后学典型”（毛延芳）。

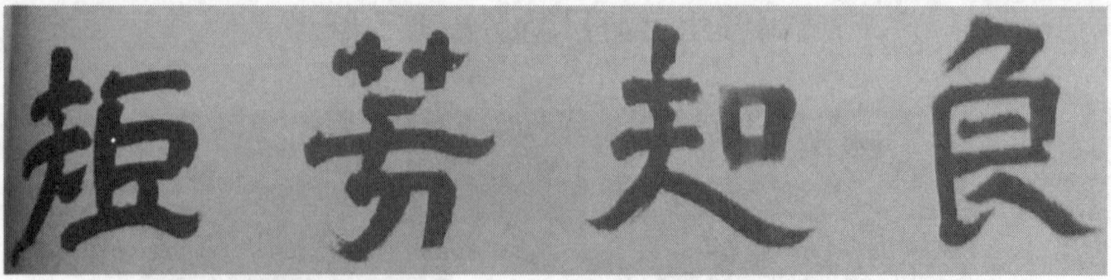

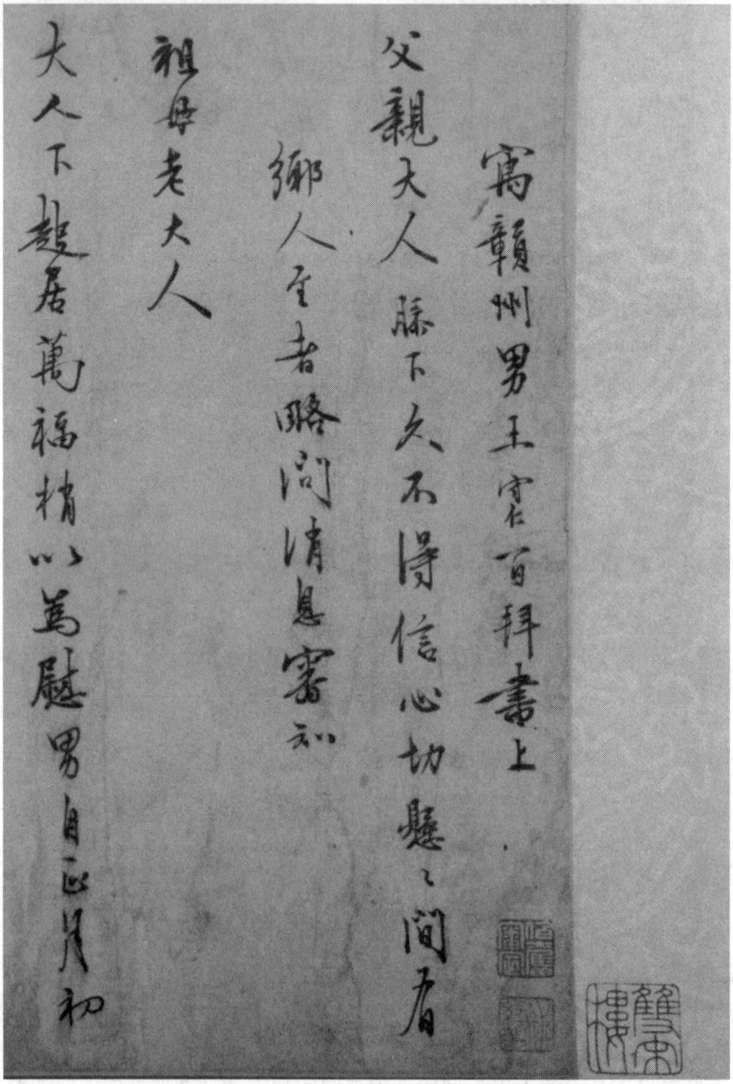

四出征剿賊，三月半始得回軍。賴
天人蔭庇，盜賊略已底定，雖有殘黨不
餘，皆勢窮力屈，投衆告指，今亦姑順
其情，撫定安插之矣。兩非西廣黔江
諸處苗賊，往年彼處三省雖屢次
征剿，然賊根未動，旋復猖獗，今聞彼
又大起，若彼中兵力無以制之，勢必擾動遠

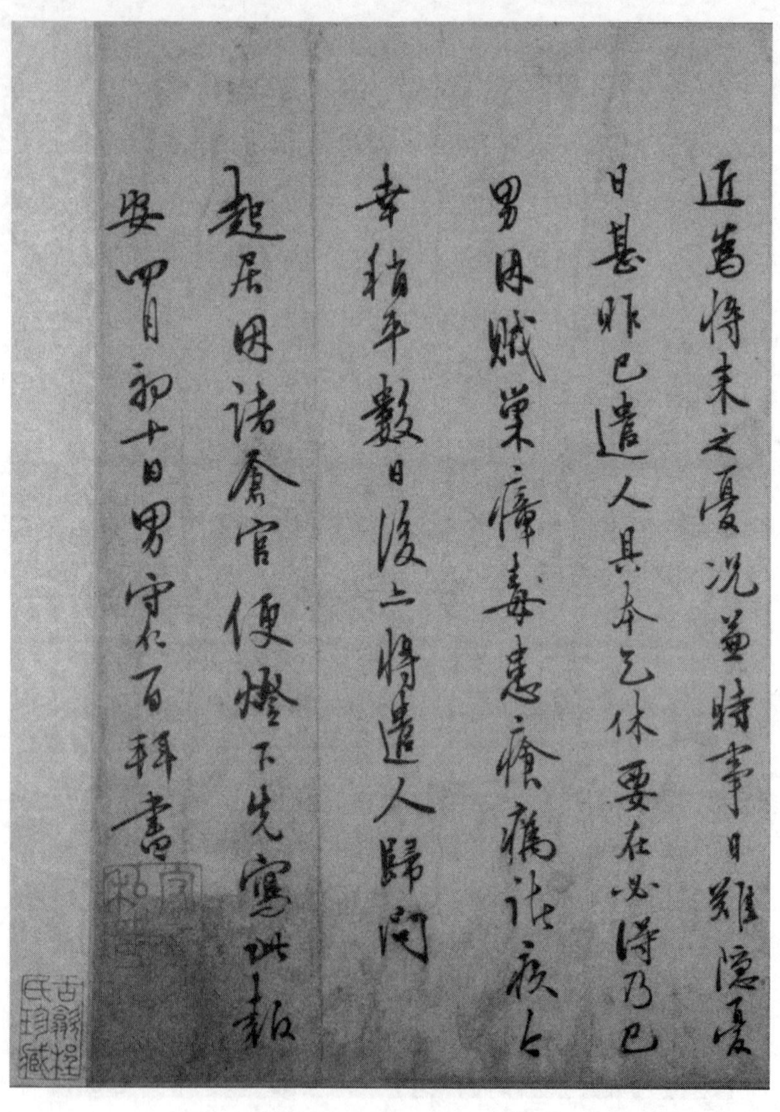

近為侍來之憂況兼時事日難隱憂日甚非已遣人具本乞休要在必得乃已男因賊巢瘴毒患瘡[illegible][illegible]疾[illegible]幸稍平數日後亦將遣人歸問起居因諸倉官便燈下先寫此報安
四月初十日男守仁百拜書

（见王程强编：《知行合一：王阳明咏良知手迹》，河南美术出版社 2016 年版，第 82—85 页。）

跋赵松雪游天冠山诗卷

赵松雪游天冠山诗卷，诗法、字法真奇，二绝之妙，出入右军，兼李北海之秀润。书家得此，宗学之有传也。 正德十三年四月十六日，王守仁识。

（见束景南、查明昊辑编：《王阳明全集补编》，
上海古籍出版社 2016 年版，第 164 页。）

示学者

吾示学书，对模古帖，止得字形。后举笔不轻落纸，凝思静虑，拟形于心，久之始通其法。既后读明道先生书曰："吾作字甚敬，非是要字好，只此是学。"既非要字好，又何学也？乃知古人随时随事只在心上学，此心精明，字好亦在其中矣。

（见束景南、查明昊辑编：《王阳明全集补编》，
上海古籍出版社 2016 年版，第 164—165 页。）

书爱莲说

此濂溪周子《爱莲说》也。悠悠意远，不着点尘。明窗读之，宛然霁月光风，照人眉宇。阳明山人守仁并识。

（见束景南、查明昊辑编：《王阳明全集补编》，
上海古籍出版社 2016 年版，第 165 页。）

大学古本原序

庚辰春，王伯安以《大学》古本见惠，其序乃戊寅七月所作。

序云：

《大学》之要，诚意而已矣。诚意之功，格物而已矣。诚意之极，止至善而已矣。正心，复其体也；修身，著其用也。以言乎己，谓之明德；以言乎人，谓之亲民；以言乎天地之间，则备矣！是故至善也者，心之本体也；动而后有不善。意者，其动也；物者，其事也。格物以诚其意，复其不善之动而已矣！不善复而体正，体正而无不善之动矣！是之谓止至善。圣人惧人之求之于外也，而反覆其辞。旧本析而圣人之意亡矣！是故不本于诚意，而徒以格物者，谓之支；不事于格物，而徒以诚意者，谓之虚；支与虚，其于至善也远矣！合之以敬而益缀，补之以传而益离。吾惧学之日远于至善也，去分章而复旧本，傍为之什，以引其义，庶几复见圣人之心，而求之者有其要。噫！罪我者其亦以是矣夫！

（见《王阳明全集》第3卷，

民主与建设出版社2014年版，第873页。）

传习录中·答陆原静书

〈节选〉

来书云："昔周茂叔每令伯淳寻仲尼、颜子乐处。敢问是乐也，与七情之乐同乎？否乎？若同，则常人之一遂所欲，皆能乐矣，何必圣贤？若别有真乐，则圣贤之遇大忧、大怒、大惊、大惧之事，此乐亦在否乎？且君子之心常存戒惧，是盖终身之忧也，恶得乐？澄平生多闷，未尝见真乐之趣，今切愿寻之。"

乐是心之本体，虽不同于七情之乐，而亦不外于七情之乐。虽则圣贤别有真乐，而亦常人之所同有。但常人有之而不自知，反自求许多忧苦，自加迷弃。虽在忧苦迷弃之中，而此乐又未尝不存。但一念开明，反身而诚，则即此而在矣。每与原静论，无非此意。而原静尚有"何道可得"之问，是犹未免于"骑驴觅驴"之蔽也。

（见《王阳明全集》第1卷，
民主与建设出版社2014年版，第53—54页。）

来书云："《大学》以'心有好乐、忿懥、忧患、恐惧'为'不得其正'，而程子亦谓'圣人情顺万事而无情'。所谓有者，《传习录》中以病疟譬之，极精切矣。若程子之言，则是圣人之情不生于心而生于物也，何谓耶？且事感而情应，则是是非非可以就格。事或未感时，谓之有则未形也，谓之无则病根在，有无之间，何以致吾知乎？学务无情，累虽轻，而出儒入佛矣，可乎？"

圣人致知之功至诚无息，其良知之体皦如明镜，略无纤翳。妍媸之来，随物见形，而明镜曾无留染，所谓"情顺万事而无情"也。"无所住而生其心"，佛氏曾有是言，未为非也。明镜之应物，妍者妍，媸者媸，一照而皆真，即是生其心处。妍者妍，媸者媸，一过而不留，即是无所住处。病疟之喻，既已见其精切，则此节所问可以释然。病疟之人，疟虽未发，而病根自在，则亦安可以其疟之未发而遂忘其服药调理之功乎？若必待疟发而后服药调理，则既晚矣。致知之功无间于有事无事，而岂论于病之已发、未发邪？大抵原静所疑，前后虽若不一，然皆起于自私自利，将迎意必之为祟。此根一去，则前后所疑自将冰消雾释，有不待于问辨者矣。

（见《王阳明全集》第1卷，
民主与建设出版社2014年版，第54页。）

答罗整庵少宰书

某顿首启：昨承教及《大学》，发舟匆匆，未能奉答。晓来江行稍暇，复取手教而读之。恐至赣后人事复纷沓，先具其略以请。

来教云："见道固难，而体道尤难。道诚未易明，而学诚不可不讲。恐未可安于所见而遂以为极则也。"幸甚幸甚！何以得闻斯言乎？其敢自以为极则而安之乎？正思就天下之有道以讲明之耳。而数年以来，闻其说而非笑之者有矣，诟訾之者有矣，置之不足较量辨议之者有矣，其肯遂以教我乎？其肯遂以教我，而反覆晓谕，恻然惟恐不及救正之乎？然则天下之爱我者，固莫有如执事之心深且至矣！感激当何如哉！

夫"德之不修，学之不讲"，孔子以为忧。而世之学者稍能传习训诂，即皆自以为知学，不复有所谓讲学之求，可悲矣！夫道必体而后见，非已见道而后加体道之功也；道必学而后明，非外讲学而复有所谓明道之事也。然世之讲学者有二：有讲之以身心者；有讲之以口耳者。讲之以口耳，揣摸测度，求之影响者也；讲之以身心，行著习察，实有诸己者也，知此则知孔门之学矣。

来教谓某"《大学》古本之复，以人之为学但当求之于内，而程、朱格物之说不免求之于外，遂去朱子之分章而削其所补之传"。非敢然也。学岂有内外乎？《大学》古本乃孔门相传旧本耳。朱子疑其有所脱误，而改正补缉之。在某则谓其本无脱误，悉从其旧而已矣。失在于过信孔子则有之，非故去朱子之分章而削其传也。夫学贵得之心，求之于心而非也，虽其言之出于孔子，不敢以为是也，而况其未及孔子者乎？求之于心而是也，虽其言之出于庸常，不敢以为非也，而况其出于孔子者乎？且旧本之传数千载矣，今读其文词，既明白而可通；论其工夫，又易简而可人。亦何所按据而断其此段之必在于彼，彼段之必于此，与此之如何而缺，彼之如何而补？而遂改正补缉之，无乃重于背朱而轻于叛孔已乎？

来教谓："如必以学不资于外求，但当反观内省以为务，则'正心诚意'四字亦何不尽之有？何必于人门之际，便困以格物一段功夫也？"诚然诚然。若语其要，则"修身"二字亦足矣，何必又言"正心"？"正心"二字亦足矣，何必又言"诚意"？"诚意"二字亦足矣，何必又言"致知”，又言“格物”？惟其工夫之详密，而要之只是一事，此所以为精一之学，此正不可不思者也。夫理无内外，性无内外，故学无内外；讲习讨论，未尝非内也；反观内省，未尝遗外也。夫谓学必资于外求，是以己性为有外也，是义外也，用智者也；谓反观内省为求之于内，是以己性为有内也，是有我也，自私者也：是皆不知性之无内外也。故曰：“精义入神，以致用也；利用安身，以崇德也。”“性之德也，合内外之道也。”此可以知格物之学矣。格物者，《大学》之实下手处，彻首彻尾，自始学至圣人，只此工夫而已。非但入门之际有此一段也。夫正心、诚意、致知、格物，皆所以修身，而格物者，其所用力曰可见之地。故格物者，格其心之物也，格其意之物也，格其知之物也；正心者，正其物之心也；诚意者，诚其物之意也；致知者，致其物之知也：此岂有内外彼此之分哉？理一而已。以其理之凝聚而言，则谓之性；以其凝聚之主宰而言，则谓之心；以其主宰之发动而言，则谓之意；以其发动之明觉而言，则谓之知；以其明觉之感应而言，则谓之物。故就物而言谓之格，就知而言谓之致，就意而言谓之诚，就心而言谓之正。正者，正此也；诚者，诚此也；致者，致此也；格者，格此也。皆所谓穷理以尽性也。天下无性外之理，无性外之物。学之不明，皆由世之儒者认理为外，认物为外，而不知义外之说，孟子盖尝辟之，乃至袭陷其内而不觉，岂非亦有似是而难明者欤？不可以不察也。

凡执事所以致疑于格物之说者，必谓其是内而非外也；必谓其专事于反观内省之为，而遗弃其讲习讨论之功也；必谓其一意于纲领本原之约，而脱略于支条节目之详也；必谓其沉溺于枯槁虚寂之偏，而不尽于物理人事之变也。审如是，岂但获罪于圣门，获罪于朱子，是邪说诬民，叛道乱正，人得而诛之也，而况于执事之正直哉？审如是，世之稍明训诂，闻先哲之绪论者，皆知其非也，而况执事之高明哉？凡某之所谓格物，其于朱子“九条”之说，皆包罗统括于其中；但为之有要，作用不同，正所谓毫厘之差耳。然毫厘之差而千里之谬实起于此，不可不辨。

孟子辟杨、墨，至于“无父，无君”。二子亦当时之贤者，使与孟子并世而生，未必不以之为贤。墨子“兼爱”，行仁而过耳；杨子“为我”，行义而过耳。此其为说，亦岂灭理乱常之甚而足以眩天下哉？而其流之弊，孟子至比于禽兽夷狄，所谓“以学术杀天下后世”也。今世学术之弊，其谓之学仁而过者乎？谓之学义而过者乎？抑谓之学不仁不义而过者乎？吾不知其于洪水猛兽何如也！孟子云：“予岂好辨哉？予不得已也！”杨、墨之道塞天下，孟子之时，天下之尊信杨、墨，当不下于今日之崇尚朱说，而孟子独以一人呶呶于其间，噫，可哀矣！韩氏云：“佛、老之害甚于杨、墨。”韩愈之贤不及孟子，孟子不能救之于未坏之先，而韩愈乃欲全之于已坏之后，其亦不量其力，目见其身之危，莫之救以死也矣！呜呼！若某者其尤不量其力，果见其身之危，莫之救以死也矣！夫众方嘻嘻之中，而独出涕嗟若，举世恬然以趋，而独疾首蹙额以为忧，此其非病狂丧心，殆必诚有大苦者隐于其中，而非天下之至仁，其孰能察之？某为《朱子晚年定论》，盖亦不得已而然。中间年岁早晚，诚有所未考，虽不必尽出于晚年，固多出于晚年者矣。然大意在委曲调停以明此学为重，平生于朱子之说如神明蓍龟，一旦与之背驰，心诚有所未忍，故不得已而为此。“知我者，谓我心忧；不知我者，谓我何求”，盖不忍抵牾朱子者，其本心也；不得已而与之牴牾者，道固如是，不直则道不见也。执事所谓决与朱子异者，仆敢自欺其心哉？夫道，天下之公道也；学，天下之公学也。非朱子可得而私也，非孔子可得而私也。天下之公也，公言之而已矣。故言之而是，虽异于己，乃益于己也；言之而非，虽同于己，适损于己也。益于己者，己必喜之；损于己者，己必恶之。然则某今日之论，虽或于朱子异，未必非其所喜也。君子之过，如日月之食，其更也，人皆仰之，而小人之过也必文。某虽不肖，固不敢以小人之心事朱子也。

执事所以教，反覆数百言，皆以未悉鄙人格物之说。若鄙说一明，则此数百言皆可以不待辨说而释然无滞。故今不敢缕缕以滋琐屑之渎。然鄙说非面陈口析，断亦未能了了于纸笔间也。嗟乎！执事所以开导启迪于我者，可谓恳到详切矣！人之爱我，宁有如执事者乎？仆虽甚愚下，宁不知所感刻佩服？然而不敢遽舍其中心之诚然而姑以听受云者，正不敢有负于深爱，亦思有以报之耳。秋尽东还，必求一面，以卒所请，千万终教！

（见《王阳明全集》第 1 卷，

民主与建设出版社 2014 年版，第 58—61 页。）

《答罗整庵太宰书》真迹

王陽明遺墨

《答羅整庵太宰書》真迹

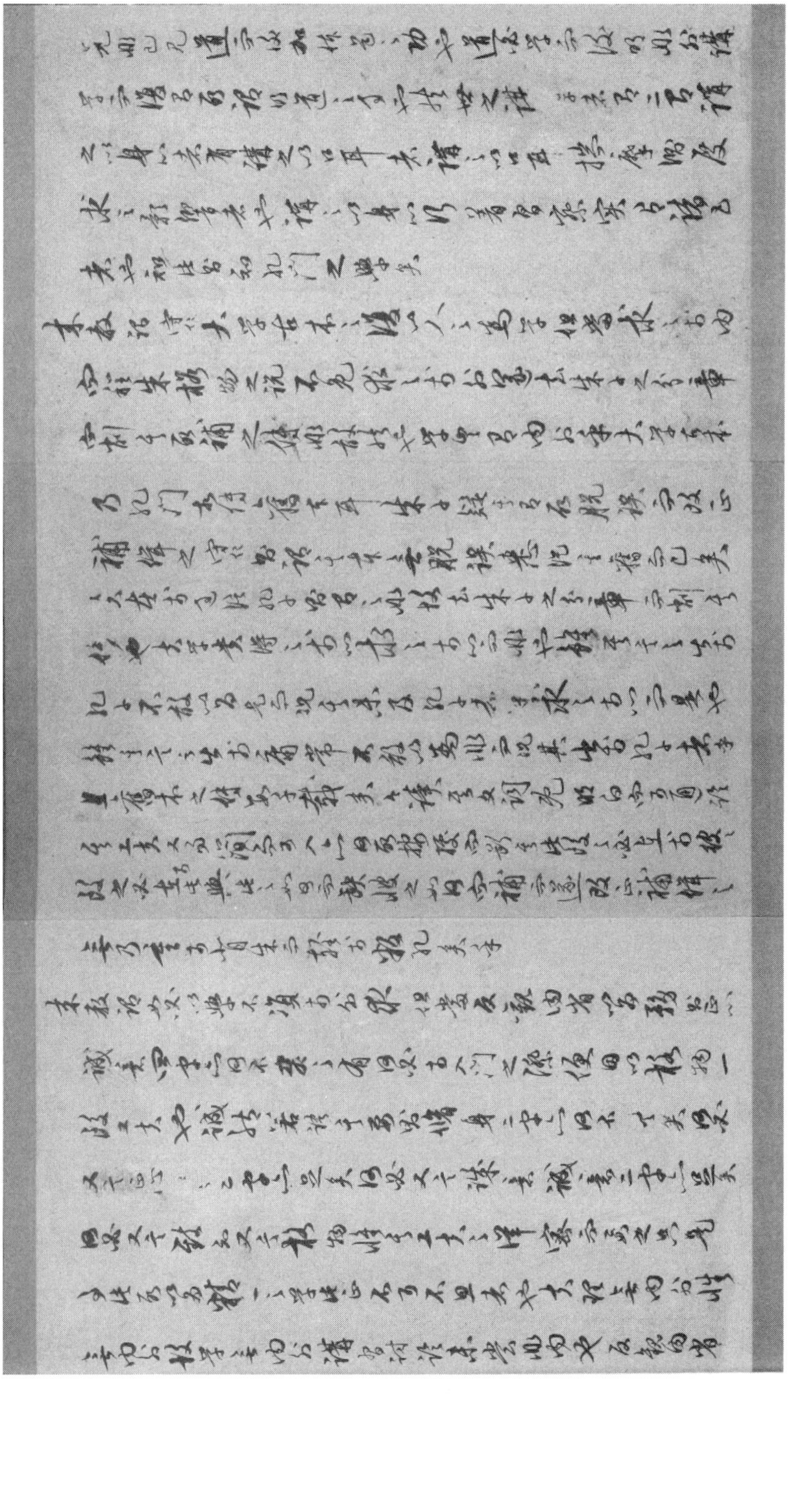

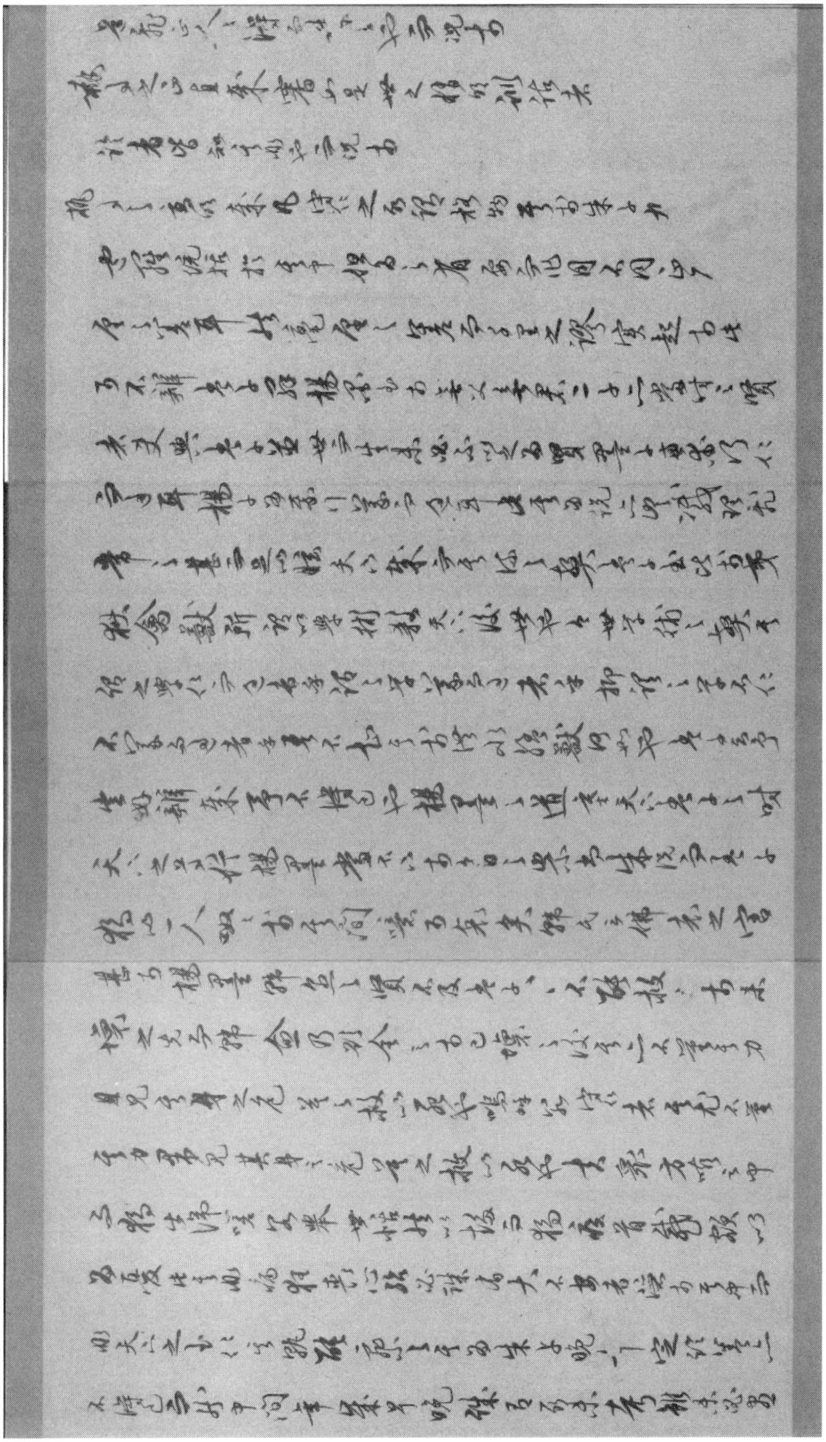

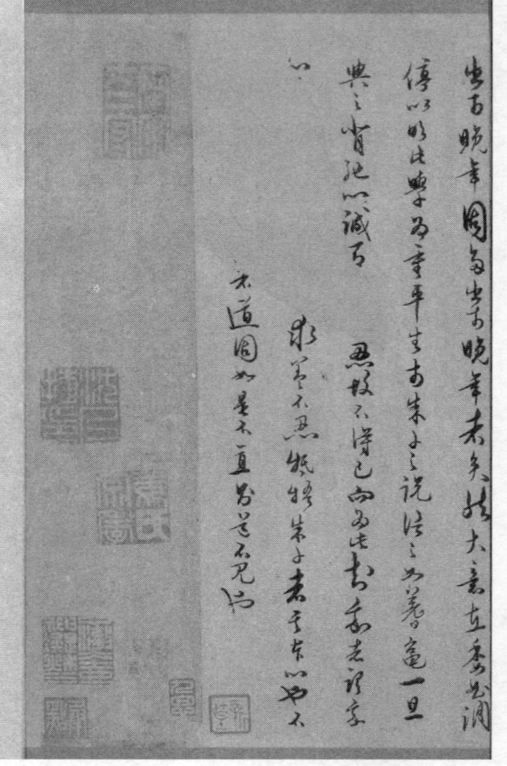

（见于束景南：《阳明大传："心"的救赎之路》，

附件：王阳明遗墨 《答罗整庵太宰书》真迹，复旦大学出版社 2020 年版。）

训蒙大意示教读刘伯颂等

古之教者，教以人伦。后世记诵词章之习起，而先王之教亡。今教童子，惟当以孝、弟、忠、信、礼、义、廉、耻为专务。其栽培涵养之方，则宜诱之歌诗以发其志意，导之习礼以肃其威仪，讽之读书以开其知觉。今人往往以歌诗习礼为不切时务，此皆末俗庸鄙之见，乌足以知古人立教之意哉！大抵童子之情，乐嬉游而惮拘检，如草木之始萌芽，舒畅之则条达，摧挠之则衰痿。今教童子，必使其趋向鼓舞，中心喜悦，则其进自不能已。譬之时雨春风，沾被卉木，莫不萌动发越，自然日长月化；若冰霜剥落，则生意萧索，日就枯槁矣。故凡诱之歌诗者，非但发其志意而已，亦以泄其跳号呼啸于咏歌，宣其幽抑结滞于音节也；导之习礼者，非但肃其威仪而已，亦所以周旋揖让而动荡其血脉，拜起屈伸而固束其筋骸也；讽之读书者，非但开其知觉而已，亦所以沉潜反复而存其心，抑扬讽诵以宣其志也。凡此皆所以顺导其志意，调理其性情，潜消其鄙吝，默化其粗顽，日使之渐于礼义而不苦其难，入于中和而不知其故。是盖先王立教之微意也。

若近世之训蒙稚者，日惟督以句读课仿，责其检束，而不知导之以礼；求其聪明，而不知养之以善；鞭挞绳缚，若待拘囚。彼视学舍如囹狱而不肯入，视师长如寇雠而不欲见，窥避掩覆以遂其嬉游，设诈饰诡以肆其顽鄙，偷薄庸劣，日趋下流。是盖驱之于恶而求其为善也，何可得乎？

凡吾所以教，其意实在于此。恐时俗不察，视以为迂，且吾亦将去，故特叮咛以告。尔诸教读，其务体吾意，永以为训；毋辄因时俗之言，改废其绳墨，庶成“蒙以养正”之功矣。念之念之！

（见《王阳明全集》第 1 卷，

民主与建设出版社 2014 年版，第 67—68 页。）

教约

〈节选〉

凡歌诗，须要整容定气，清朗其声音，均审其节调；毋躁而急，毋荡而嚣，毋馁而慑。久则精神宣畅，心气和平矣。每学量童生多寡，分为四班。每日轮一班歌诗；其余皆就席，敛容肃听。每五日则总四班递歌于本学。每朔望，集各学会歌于书院。

凡习礼，须要澄心肃虑，审其仪节，度其容止；毋忽而惰，毋沮而怍，毋径而野；从容而不失之迂缓，修谨而不失之拘局。久则体貌习熟，德性坚定矣。童生班次，皆如歌诗。每间一日，则轮一班习礼。其余皆就席，敛容肃观。习礼之日，免其课仿。每十日则总四班递习于本学。每朔望，则集各学会习于书院。

……

每日工夫，先考德，次背书诵书，次习礼，或作课仿，次复诵书讲书，次歌诗。凡习礼歌诗之类，皆所以常存童子之心，使其乐习不倦，而无暇及于邪僻。教者知此，则知所施矣。虽然，此其大略也；神而明之，则存乎其人。

（见《王阳明全集》第1卷，
民主与建设出版社2014年版，第68—69页。）

告谕

告谕百姓，风俗不美，乱所由兴。今民穷苦已甚，而又竞为淫侈，岂不重自困乏？夫民习染既久，亦难一旦尽变，吾姑就其易改者，渐次诲尔：

吾民居丧不得用鼓乐，为佛事，竭赀分帛，费财于无用之地，而俭于其亲之身，投之水火，亦独何心！病者宜求医药，不得听信邪术，专事巫祷。嫁娶之家，丰俭称赀，不得计论聘财妆奁，不得大会宾客，酒食连朝。亲戚随时相问，惟贵诚心实礼，不得徒饰虚文，为送节等名目，奢靡相尚。街市村坊，不得迎神赛会，百千成群。凡此皆靡费无益。有不率教者，十家牌邻互相纠察；容隐不举正者，十家均罪。

尔民之中岂无忠信循理之人，顾一齐众楚，寡不胜众，不知违弃礼法之可耻，而惟虑市井小人之非笑，此亦岂独尔民之罪，有司者教导之不明与有责焉。至于孝亲敬长、守身奉法、讲信修睦、息讼罢争之类，已尝屡有告示，恳切开谕，尔民其听吾诲尔，益敦毋怠！

（见《王阳明全集》第2卷，
民主与建设出版社2014年版，第421页。）

题遥祝图

薛母太孺人曾方就其长子俊养于玉山，仲子侃既举进士，告归来省。孺人曰："吾安而兄养，子出而仕。"侃曰："吾斯之未能信。"曰："然则盍往学？"于是携其弟侨、侄宗铠来就予于虔。其室在揭阳，别且数年，未遑归视。逾年五月望日为孺人初诞之晨，以命不敢往，遥拜而祝。其友正之、廷仁、崇一辈相与语曰："薛母之教其子，可谓贤矣，薛子之养其亲，可谓孝矣。吾侪与薛子同学，因各励其所以事亲之孝，可谓益矣，而不获登其堂，申其敬。"乃命工绘遥祝之图，寓诸玉山，以致称觞之意。请于予，予为题其事。

（见《王阳明全集》第3卷，
民主与建设出版社2014年版，第673页。）

观德亭记

〈节选〉

君子之于射也，内志正，外体直，持弓矢审固，而后可以言中。故古者射以观德。德也者，得之于其心也。君子之学，求以得之于其心，故君子之于射，以存其心也。是故懆于其心者其动妄，荡于其心者其视浮，歉于其心者其气馁，忽于其心者其貌惰，傲于其心者其色矜，五者，心之不存也。不存也者，不学也。君子之学于射，以存其心也。是故心端则体正，心敬则容肃，心平则气舒，心专则视审，心通故时而理，心纯故让而恪，心宏故胜而不张、负而不弛。七者备而君子之德成。君子无所不用其学也，于射见之矣。……射也者，射己之鹄也，鹄也者，心也，各射己之心也，各得其心而已。故曰：可以观德矣。作《观德亭记》。

（见《王阳明全集》第1卷，

民主与建设出版社2014年版，第182—183页。）

寄诸弟

〈节选〉

本心之明，皎如白日，无有有过而不自知者，但患不能改耳。一念改过，当时即得本心。人孰无过？改之为贵。蘧伯玉，大贤也，惟曰“欲寡其过而未能”。成汤、孔子，大圣也，亦惟曰“改过不吝，可以无大过”而已。人皆曰人非尧舜，安能无过？此亦相沿之说，未足以知尧舜之心。若尧舜之心而自以为无过，即非所以为圣人矣。其相授受之言曰：“人心惟危，道心惟微，惟精惟一，允执厥中。”彼其自以为人心之惟危也，则其心亦与人同耳。危即过也，惟其兢兢业业，尝加“精一”之功，是以能“允执厥中”而免于过。古之圣贤时时自见己过而改之，是以能无过，非其心果与人异也。“戒慎不睹，恐惧不闻”者，时时自见己过之功。吾近来实见此学有用力处，但为平日习染深痼，克治欠勇，故切切预为弟辈言之。毋使亦如吾之习染既深，而后克治之难也。

人方少时，精神意气既足鼓舞，而身家之累尚未切心，故用力颇易。

迨其渐长，世累日深，而精神意气亦日渐以减，然能汲汲奋志于学，则犹尚可有为。至于四十五十，即如下山之日，渐以微灭，不复可挽矣。故孔子云：“四十五十而无闻焉，斯亦不足畏也已。”又曰：“及其老也，血气既衰，戒之在得。”吾亦近来实见此病，故亦切切预为弟辈言之。宜及时勉力，毋使过时而徒悔也。

（见《王阳明全集》第1卷，
民主与建设出版社2014年版，第129—130页。）

别梁日孚序

〈节选〉

圣人之道若大路，虽有跛蹩，行而不已，未有不至。而世之君子顾以为圣人之异于人，若彼其甚远也，其为功亦必若彼其甚难也，而浅易若此，岂其可及乎！则从而求之艰深恍惚，溺于支离，骛于虚高，率以为圣人之道必不可至，而甘于其质之所便，日以沦于污下。有从而求之者，竞相嗤讪，曰狂诞不自量者也。呜呼！其弊也亦岂一朝一夕之故哉！孟子云：“徐行后长者谓之弟，疾行先长者谓之不弟。”夫徐行者，岂人所不能哉？所不为也。世之人不知咎其不为，而归咎其不能，其亦不思而已矣。

（见《王阳明全集》第1卷，
民主与建设出版社2014年版，第179页。）

祭徐曰仁文

维正德十三年，岁次戊寅，四月己巳朔，越十有七日乙酉，寓赣州王守仁既哭奠于旅次，复写寄其词，使弟守俭、守文就故南京工部都水司郎中徐曰仁贤弟之柩而哭告之曰：

鸣呼曰仁！子之别我，既两阅岁兮；子之长逝，忽复逾年兮。呜呼曰仁！去我安适兮？谓子犹在故乡，胡久无书札兮？子既死矣，故忽在吾目兮？醒耶梦耶，胡不可即兮？彼狡而残，则黄馘兮；彼顽之子，则蛰蛰兮；独贤而哲，乃夭绝兮。悠悠苍天，我安归责兮？呜呼伤哉！人生之痛，乃有此极兮！死而有知，当如我悲兮。我悲孔割，不如无知兮。呜呼伤哉！死者日以远兮，生者日以哀。有志靡就兮，有怀靡期。凡今之人兮，孰知我悲？呜呼伤哉！尚飨。

（见束景南、查明昊辑编：《王阳明全集补编》，上海古籍出版社 2016 年版，第 161—162 页。）

蒙冈书屋铭为学益作

之子结屋，背山临潭。山下出泉，《易》《蒙》是占。果行育德，圣功基焉。无亏尔篑，毋淆尔源。战战兢兢，守兹格言。

（见束景南、查明昊辑编：《王阳明全集补编》，上海古籍出版社 2016 年版，第 164 页。）

示宪儿

幼儿曹，听教诲：勤读书，要孝弟；学谦恭，循礼义；节饮食，戒游戏；毋说谎，毋贪利；毋任情，毋斗气；毋责人，但自治。能下人，是有志；能容人，是大器。凡做人，在心地；心地好，是良士；心地恶，是凶类。譬树果，心是蒂；蒂若坏，果必坠。吾教汝，全在是。汝谛听，勿轻弃！

（见《王阳明全集》第 2 卷，民主与建设出版社，2014 年版，第 553—554 页。）

赠陈东川

白沙诗里莆阳子，尽是相逢逆旅间。开口向人谈古礼，拂衣从此入云山。

（见《王阳明全集》第2卷，
民主与建设出版社2014年版，第554页。）

修道说

率性之谓道，诚者也；修道之谓教，诚之者也。故曰："自诚明，谓之性；自明诚，谓之教。"《中庸》为诚之者而作，修道之事也。道也者，性也，不可须臾离也；而过焉，不及焉，离也。是故君子有修道之功。戒慎乎其所不睹，恐惧乎其所不闻，微之显，诚之不可掩也。修道之功若是其无间，诚之也，夫然后喜怒哀乐之未发谓之中，发而皆中节谓之和，道修而性复矣。致中和，则大本立而达道行，知天地之化育矣。非至诚尽性，其孰能与于此哉？是修道之极功也。而世之言修道者离矣，故特着其说。后学余姚王守仁书。

（见束景南：《王阳明年谱长编》三，
上海古籍出版社2017年版，第1059页。）

《修道说》手迹

修道說

率性之謂道誠者也修道之
謂教誠之者也故曰自誠明
謂之性自明誠謂之教中
庸為誠之者而作修道之
事也道也者性也不可須
臾離也而過焉不及焉離

也故君子有脩道之功戒慎乎其所不睹恐懼乎其所不聞微之顯誠之不可揜也脩道之功若是其無間誠之也夫然後喜怒哀樂之未發謂之中發而皆中節謂之和道脩而性復矣

致中和則大本立而達道
行知天地之化育矣非至誠
盡性其孰能與於此哉此
脩道之極功也而世之言脩
道者離矣故特著其說
後學餘姚王守仁書

（见杨德俊主编：《王阳明龙场遗墨》，
贵州大学出版社 2016 年版，第 217—219 页。）

1519年（明武宗正德十四年，己卯），48岁

正德己卯年，奉敕勘处福建叛军，十五日丙子，至丰城，闻宸濠反，随返吉安，起义兵。

（见《王阳明全集》第4卷，年谱二，
民主与建设出版社2014年版，第915页。）

立春

荒村乱后耕牛绝，城郭春来见土牛。家业苟存乡井恋，风尘先幸甲兵休。未能布德惭时令，聊复题诗写我忧。为报胡雏须远塞，暂时边将驻南州。

（见束景南：《王阳明年谱长编》三，
上海古籍出版社2017年版，第1085—1086页。）

南赣乡约

咨尔民：昔人有言："蓬生麻中，不扶而直；白沙在泥，不染而黑。"民俗之善恶，岂不由于积习使然哉？往者新民盖常弃其宗族，畔其乡里，四出而为暴，岂独其性之异，其人之罪哉？亦由我有司治之无道，教之无方；尔父老子弟所以训诲戒饬于家庭者不早，熏陶渐染于里闬者无素，诱掖奖劝之不行，连属叶和之无具，又或愤怨相激，狡伪相残，故遂使之靡然日流于恶，则我有司与尔父老子弟皆宜分受其责。呜呼！往者不可及，来者犹可追。故今特为乡约，以协和尔民，自今凡尔同约之民，皆宜孝尔父母，敬尔兄长，教训尔子孙，和顺尔乡里，死丧相助，患难相恤，善相劝勉，恶相告诫，息讼罢争，讲信修睦，务为良善之民，共成仁厚之俗。呜呼！人虽至愚，责人则明；虽有聪明，责己则昏。尔等父老子弟毋念新

民之旧恶而不与其善，彼一念而善，即善人矣；毋自恃为良民而不修其身，尔一念而恶，即恶人矣。人之善恶，由于一念之间，尔等慎思吾言，毋忽！

（见束景南：《王阳明年谱长编》三，上海古籍出版社 2017 年版，第 1104—1105 页。）

思归轩赋

阳明子之官于虔也，廨之后乔木蔚然。退食而望，若处深麓而游于其乡之园也。构轩其下，而名之曰"思归"焉。

门人相谓曰："归乎！夫子之役役于兵革，而没没于徽缠也，而靡寒暑焉，而靡昏朝焉，而发萧萧焉，而色焦焦焉。虽其心之固嚣嚣也，而不免于呶呶焉，哓哓焉，亦奚为乎？槁中竭外，而徒以劳劳焉为乎哉？且长谷之迢迢也，穷林之寥寥也，而耕焉，而樵焉，亦焉往而弗宜矣？夫退身以全节，大知也；敛德以亨道，大时也；怡神养性以游于造物，大熙也，又夫子之夙期也。而今日之归，又奚以思为乎哉？"则又相谓曰："夫子之思归也，其亦在陈之怀欤？吾党之小子，其狂且简，怅怅然若瞽之无与偕也，非吾夫子之归，孰从而裁之乎？"则又相谓曰："嗟呼！夫子而得其归也，斯土之人为失其归矣乎？天下之大也，而皆若是焉，其谁与为理乎？虽然，夫子而得其归也，而后得于道。惟夫天下之不得于道也，故若是其贸贸。夫道得而志全，志全而化理，化理而人安。则夫斯人之徒，亦未始为不得其归也。而今日之归又奚疑乎？而奚以思为乎？"阳明子闻之，怃然而叹曰："吾思乎！吾思乎！吾亲老矣，而暇以他为乎？虽然，之言也，其始也，吾私焉；其次也，吾资焉；又其次也，吾几焉。"乃援琴而歌之。歌曰：

归兮归兮，又奚疑兮？吾行日非兮，吾亲日衰兮，胡不然兮，日思予旋兮。后悔可迁兮？归兮归兮，二三子之言兮！

（见束景南《王阳明年谱长编》三，

上海古籍出版社 2017 年版，第 1106—1107 页。）

书宋孝子朱寿昌孙教读源卷

教读朱源，见其先世所遗翰墨，知其为宋孝子寿昌之裔也，既弊烂矣，使工为装缉之。因论之曰："孝，人之性也。置之而塞乎天地，溥之而横乎四海，施之后世而无朝夕。保尔先世之翰墨，则有时而弊；保尔先世之孝，无时而或弊也。人孰无是孝？岂保尔先世之孝？保尔之孝耳。保先世之翰墨，亦保其孝之一事，充是心而已矣。"源归，其以吾言遍谕乡邻，苟有慕寿昌之孝者，各充其心焉，皆寿昌也已。正德己卯春三月晦，书虔台之静观轩。

（见束景南：《王阳明年谱长编》三，

上海古籍出版社 2017 年版，第 1108 页。）

与朱守忠手札三札

札一

宁贼之起，震动海内，即其气焰事势，岂区区知谋才力所能办此哉？旬月之间而遽就擒灭，此天意也，区区安敢叨天之功？但其拚九族之诛，强扶床席，捐躯以徇，此情则诚有天悯者，不知庙堂诸公能哀念及此，使得苟存余息，即赐归全林下否？此在守忠亦当为区区致力者，前此已尝屡渎，今益不俟言矣。渴望，渴望！老父因闻变惊忧成疾，妻奴坐此病留吉安，至今生死未定。始以国难，不暇顾此；事势稍靖，念之百忧煎集，恨不能即时逃去，奈何，奈何！余情冗极未能悉，千万亮察。守仁顿首。

（见束景南、查明昊辑编：《王阳明全集补编》，

上海古籍出版社 2016 年版，第 167 页。）

札二

近因祖母之痛，哀苦狼藉，兼乞休疏久未得报，惟日闭门病卧而已。人自京来，闻车驾已还朝，甚幸，甚幸！但闻不久且将南巡，不知所指何地，亦复果然否？区区所处，剥床以肤，莫知为措，尚忆孙氏园中之言乎？京师人情事势何似？便问望写示曲折。闽事尚多隐忧，既乞休敕又久不至，进退维谷。希渊守古道，不合于时，始交恶于郡守，继得怨于巡按，浩然遂有归兴，复为所禁阻不得行，且将诬以法。世路险恶如此，可叹可恨！因喻宗之便，灯下草草。宗之意向方新，惜不能久与之谈。然其资性笃实，后必能有所进也。荒迷中不一。守仁稽颡，守忠侍卿贤弟道契。

（见束景南、查明昊辑编：《王阳明全集补编》，上海古籍出版社2016年版，第168页。）

札三

欲投劾径去，虑恐祸出不测，益重老父之忧；不去，即心事已乱，不复可强留。神志恍恍，终日如梦寐中。省葬之乞，去秋尝已得旨，“贼平来说”。及冬底复请，而吏部至今不为一覆。岂必欲置人于死地然后已耶？仆之困苦危疑，当道计亦闻之，略不为一动心，何也？望守忠与诸公相见，为我备言此情，得早一日归，即如早出一日火坑，即受诸公更生之赐矣，至祷，至祷！宸濠叛时，尝以为檄免江西各郡租税，以要人心。仆时亦从权宜蠲免，随为奏请，至今不得旨。今江西之民重罹兵革诛求之苦，无复生意，急赈救之，尚恐不逮，又加征科以速之，不得已复为申请。正如梦中人被锥，不能不知疼痛，聊复一呻吟耳，可如何如何！守仁顿首，守忠侍御大人道契。诸相知不能奉书，均为致千万意。奏稿目入。

（见束景南、查明昊辑编：《王阳明全集补编》，上海古籍出版社2016年版，第168—169页。）

八月三日，林俊遣送佛郎机铳至，为作诗颂之，邹守益、黄绾、唐龙、费宏皆有和韵。

（见束景南著：《王阳明年谱长编》三，

上海古籍出版社 2017 年版，第 1157 页。）

书佛郎机遗事[①]

见素林公闻宁濠之变，即夜使人范锡为佛郎机铳，并抄火药方，手书勉予竭忠讨贼。时六月毒暑，人多道暍死。公遣两仆裹粮，从间道冒暑昼夜行三千余里以遗予，至则濠已就擒七日。予发书，为之感激涕下。盖濠之擒以七月二十六，距其始事六月十四仅月有十九日耳。世之君子当其任，能不畏难巧避者鲜矣，况已致其事，而能急国患逾其家如公者乎？盖公之忠诚根于天性，故老而弥笃，身退而忧愈深，节愈励。呜呼！是岂可以声音笑貌为哉！尝欲列其事于朝，顾非公之心也。为作佛郎机私咏，君子之同声者，将不能已于言耳矣！

佛郎机，谁所为？截取比干肠，裹以鸱夷皮；苌弘之血衅不足，睢阳之怒恨有遗。老臣忠愤寄所泄，震惊百里贼胆披。徒请尚方剑，空闻鲁阳挥。段公笏板不在兹，佛郎机，谁所为？

正德戊寅之冬，福建按察佥事周期雍以公事抵赣。时逆濠奸谋日稔，远近汹汹。予思预为之备，而濠党伺觇左右，摇手动足，朝闻暮达；以期雍官异省，当非濠所计及，因屏左右，语之故，遂与定议。期雍归，即阴募骁勇，具械束装，部勒以俟。予檄晨到，而期雍夕发。故当濠之变，外援之兵惟期雍先至，适当见素公书至之日，距濠始事亦仅月有十九日耳。初，予尝使门人冀元亨者因讲学说濠以君臣大义，或格其奸。濠不怿，已

---

① 此文《王阳明全集》标明的时间为 1520 年即庚辰年，在《王阳明年谱长编》中，经作者束景南详细考证此文写作的时间为 1519 年，全文的内容仍录自《王阳明全集》。

而滋怒，遣人阴购害之。冀辞予曰：“濠必反，先生宜早计。”遂遁归。至是闻变，知予必起兵，即日潜行赴难，亦适以是日至。见素公在莆阳、周官、上杭，冀在常德，去南昌各三千余里，乃皆同日而至，事若有不偶然者。辄附录于此，聊以识予之耿耿云。

（见《王阳明全集》第3卷，

民主与建设出版社2014年版，第675页。）

《书佛郎机遗事》手迹

見素林公聞寧濠之變即夜
使人範錫爲佛郎機銃并抄
火藥方手書勉予竭忠討賊
時六月毒暑人多道暍死公遣
兩僕裹粮從間道晝夜行三
千餘里以遺予至則濠已就擒
七日予發書爲之感激涕下
蓋濠之擒以七月二十六距其

始事六月十四僅月有十九日
耳世之君子當其任雖不畏
難巧避者鮮矣況已發其
事而能急國患忘其家如公

者乎蓋公之忠誠根於天性
故雖老而彌篤身退而憂
彌深節彌勵嗚呼是豈可
以聲音笑貌爲哉嘗欲列

其事于
朝顧亦公之心也為作佛
郎機而私詠之
佛郎機誰所為截取比
干腸裹以鴟夷皮萇弘之
血釁不足睢陽之怨恨有
遺老臣忠憤寄所泄震驚
百里賊膽披徒請尚方劍

空聞曾湯揮毀家笏板
不在蘇佛印機鋒所為
正德庚辰三月望陽明
山人王守仁書于豫章行
臺之思歸軒

正德戊寅之冬福建按察
僉事周期雍以公事抵贛
時從遊濠奸謀日熾遠近洶洶

予思預為之備而濠黨偵伺左右搖手動足朝聞暮達以期雍官異宥當非濠所計及因屏左右語之故遂與定

議期雍歸而濠募驍勇具械束裝起勤以候予檄最到而期雍夕發故當濠之變外援之兵雖期雍先至

適當是素云書至之日昭濠始事亦僅月有十九日耳初予嘗使門人冀元亨者因濠禮請講學遂說

以君臣大義或格其奸濠亦憚已而滋怨遣人陰購害之冀辭予曰濠必反先生宜早計遂遁歸至是聞變知言

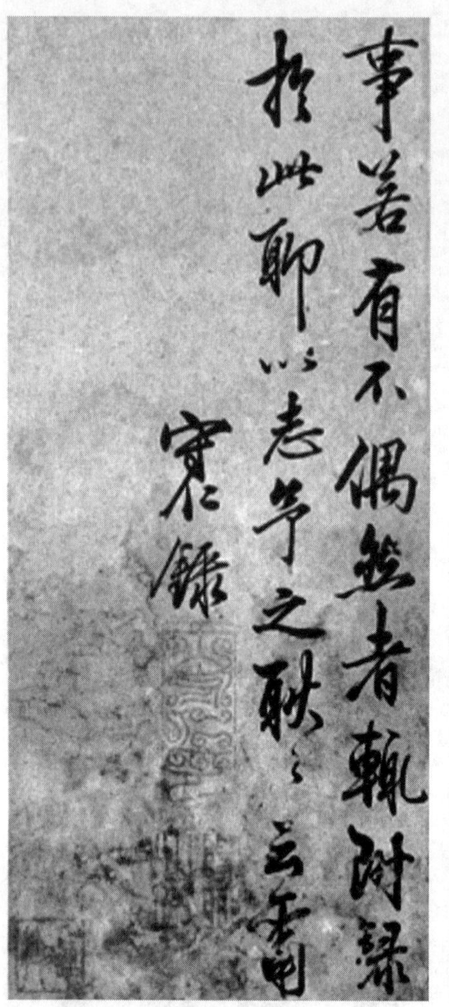

说明：此册乃阳明山人庚辰（1520）之笔，是为中年之佳笔。字里行间疏朗，字迹秀劲挺拔，笔意蕴藉而隽逸，豪放而舒展，见李东阳、陆深三昧，又见一己之风貌。诚如明代学者朱长春所言：“公书法度，不尽师古，而遒迈冲逸，韵气超然神表，如宿世仙人，生具灵气，故其韵高冥合，非假学也。”所书之文乃忆正德十三年（1518）平定宸濠之乱一事（平定南昌宁王朱宸濠）。而此更堪可称为阳明山人一生最大的军事功绩。此册曾为同时代人所观鉴，见藏印可知，如册内“虎林汤焕”为汤焕鉴藏印。汤焕，明时人，字尧文，号邻初，仁和（今杭州）人。隆庆四年

（1570）举人，为江阴教谕。

（手迹为东京中央拍卖在中国古代书画拍卖会上的拍卖品，手迹原照片及说明见网页 https：//wm.artfoxlive.com/AuctionDetail？productId=505941）

鄱阳战捷

甲马秋惊鼓角风，旌旗晓拂阵云红。勤王敢在汾淮后，恋阙真随江汉东。群丑漫劳同吠犬，九重端合是飞龙。涓埃未遂酬沧海，病懒先须伴赤松。

（见《王阳明全集》第 2 卷，
民主与建设出版社 2014 年版，第 554 页。）

谒文山祠

汗青思仰晋《春秋》，及拜遗像此灵游。浩气乾坤还有隘，孤忠今古与谁侔？南朝未必当危运，北虏乌能卧小楼？万世纲常须要立，千山高峙赣江流。

正德十四年秋七月，谒宋文山祠，有赋一则。王守仁。

（见束景南、查明昊辑编：《王阳明全集补编》，
上海古籍出版社 2016 年版，第 66 页。）

答友人诗

尽把毁誉供一笑，由来饥饱更谁知。

（见束景南、查明昊辑编：《王阳明全集补编》，
上海古籍出版社 2016 年版，第 66 页。）

哭孙燧许逵二公诗

其一

丢下乌纱做一场，男儿谁敢堕纲常。肯将言语阶前屈，硬着肩头剑下亡。万古朝端名姓重，千年地里骨头香。史官漫把《春秋》笔，好好生生断几行。

其二

天翻地覆片时间，取义成仁死不难。苏武坚持西汉节，天祥不受大元官。忠心贯日三台见，心血凝水六月寒。卖国欺君李士实，九泉相见有何颜。

（见束景南、查明昊辑编：《王阳明全集补编》，
上海古籍出版社 2016 年版，第 66—67 页。）

题倪云林春江烟雾图

烟渚晚日候，高林清啸余。轻舟来何处？幽人遗素书。笋脯煮菰米，松醪荐菊俎。子有林壑趣，天地一迂疏。

阳明王守仁识。

（见束景南、查明昊辑编：《王阳明全集补编》，
上海古籍出版社 2016 年版，第 67 页。）

书草萍驿二首

九月献俘北上，驻草萍，时已暮。忽传王师已及徐淮，遂乘夜速发。次壁间韵纪之二首。

一战功成未足奇，亲征消息尚堪危。边烽西北方传警，民力东南已尽疲。万里秋风嘶甲马，千山斜日度旌旗。小臣何尔驱驰急？欲请回銮罢

六师。

千里风尘一剑当，万山秋色送归航。堂垂双白虚频疏，门已三过有底忙。羽檄西来秋黯黯，关河北望夜苍苍。自嗟力尽螳螂臂，此日回天在庙堂。

（见《王阳明全集》第2卷，

民主与建设出版社2014年版，第554页。）

寄江西诸士夫

甲马驱驰已四年，秋风归路更茫然。惭无国手医民病，空有官衔縻俸钱。湖海风尘虽暂息，江湘水旱尚相沿。题诗忽忆并州句，回首江西亦故园。

（见《王阳明全集》第2卷，

民主与建设出版社2014年版，第555页。）

太息

一日复一日，中夜坐叹息。庭中有嘉树，落叶何淅沥。蒙翳乱藤缠，宁知绝根脉。丈夫贵刚肠，光阴勿虚掷。头白眼昏昏，吁嗟亦何及！

（见《王阳明全集》第2卷，

民主与建设出版社2014年版，第555页。）

宿净寺四首

十月至杭，王师遣人追宸濠，复还江西。是日遂谢病退居西湖。

老屋深松覆古藤，羁栖犹记昔年曾。棋声竹里消闲昼，药裹窗前对病僧。烟艇避人长晓出，高峰望远亦时登。而今更是多牵系，欲似当时又不能。

常苦人间不尽愁，每拼须是入山休。若为此夜山中宿，犹自中宵煎百忧。百战西江方底定，六飞南甸尚淹留。何人真有回天力，诸老能无取日谋？

百战归来一病身，可看时事更愁人。道人莫问行藏计，已买桃花洞里春。

山僧对我笑，长见说归山。如何十年别，依旧不曾闲？

（见《王阳明全集》第2卷，
民主与建设出版社2014年版，第555页。）

归兴

一丝无补圣明朝，两鬓徒看长二毛。自识淮阴非国士，由来康节是人豪。时方多难容安枕？事已无能欲善刀。越水东头寻旧隐，白云茅屋数峰高。

（见《王阳明全集》第2卷，
民主与建设出版社2014年版，第555页。）

论心学文

圣人之学，心学也。宋儒以知识为知，故须博闻强记以为之；既知矣，乃行亦遂终身不行，亦遂终身不知。圣贤教人，即本心之明，即知；不欺本心之明，即行也。

（见束景南、查明昊辑编：《王阳明全集补编》，
上海古籍出版社2016年版，第173页。）

即事漫述四首

从来野兴只山林，翠壁丹梯处处寻。一自浮名萦世网，遂令真诀负初心。夜驰险寇天峰雪，秋虏强王汉水阴。辛苦半生成底事？始怜庄舄亦哀吟。

百战深秋始罢兵，六师冬尽尚南征。诚微未足回天意，性僻还多拂世情。烟水沧江从鹤好，风云溟海任龙争。他年若访陶元亮，五柳新居在赤城。

窗窗深愁伴客居，江船风雨夜灯虚。尚劳车驾臣多缺，无补疮痍术已疏。亲老岂堪还远别，时危那得久无书！明朝且就君平卜，要使吾心不负初。

茅茨松菊别多年，底事寒江尚客船？强所不能儒作将，付之无奈数由天。徒闻诸葛能兴汉，未必田单解误燕。最羡渔翁闲事业，一竿明月一蓑烟。

（见《王阳明全集》第 2 卷，

民主与建设出版社 2014 年版，第 555—556 页。）

题唐子畏山静日长图[①] 玉露文

唐子西云：“山静似木古，日长如小年。”余家深山之中，每春夏之交，苍藓盈阶，落花满径，门无剥啄。松影参差，禽声上下。午睡初足，旋汲山泉，拾松枝，煑苦茗啜之。随意读《周易》、《国风》、《左氏传》、《离骚》、《太史公》及陶杜诗、韩苏文数篇。从容步山径，抚松竹，与麋犊共偃息于长林丰草间，坐弄流泉，漱齿濯足。既归，竹窗下，则山妻稚

① 唐寅（1470—1524），字伯虎，后改字为唐子畏。《山静日长图》是唐子畏 1519 年所绘。

子作笋蕨，继供麦饭，欣然一饱。弄笔窗间，随大小作数十字，展所藏法帖墨迹画卷，纵观之。兴到，则吟小诗，或草《玉露》一两段，再烹苦茗一杯。出步溪上，邂逅园翁溪友，问桑麻，说秔稻，量晴较雨，探节数时，相与剧谈一晌。归而倚杖柴门之下，则夕阳在山，紫绿万状，变幻顷刻，恍可入目。牛背笛声，两两来归，而月印前溪矣。味子西此句，可谓妙绝。人能真知此妙，则东坡所谓“无事此静坐，一日如两日。若活七十年，便是百四十”，所得不已多乎？

正德己卯冬日，阳明山人王守仁书。

（见束景南：《王阳明年谱长编》三，

上海古籍出版社 2017 年版，第 1203—1204 页。）

《题唐子畏山静日长图玉露文》手迹[①]

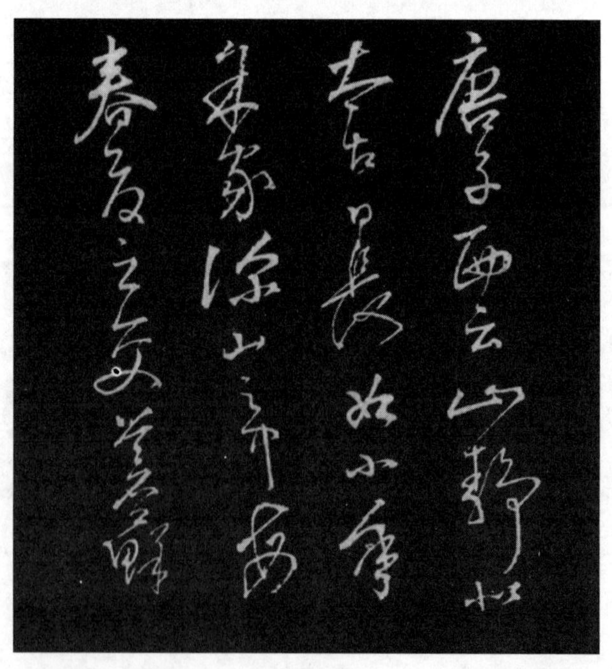

① 在《王阳明龙场遗墨》中名为《题唐寅十二景文》。

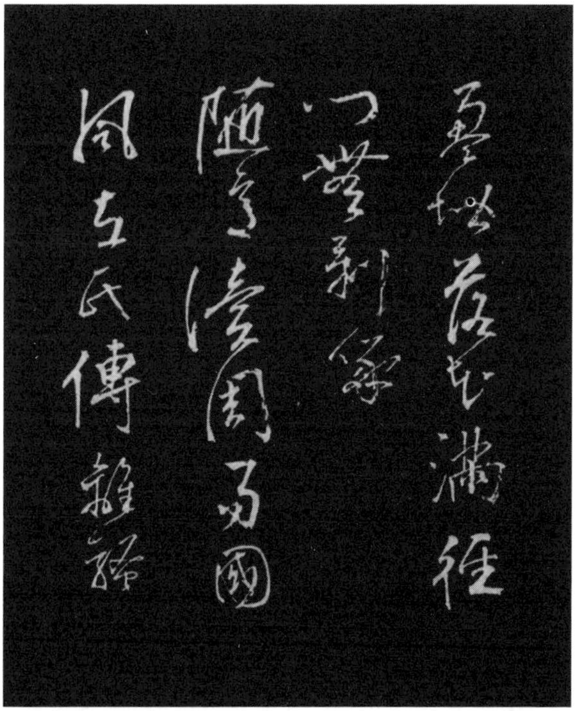

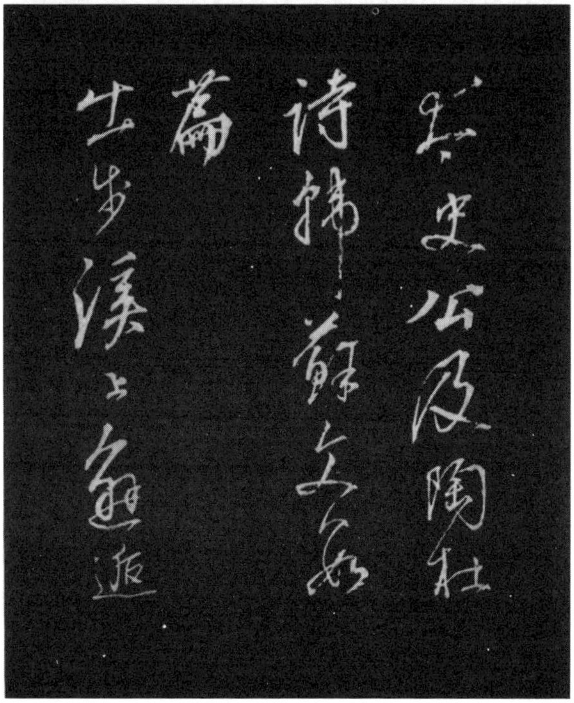

盈阶落花满径
门无剥啄
随意读周易国
风左氏传离骚

太史公及陶杜
诗韩苏文数
篇
出步溪上邂逅

下篇

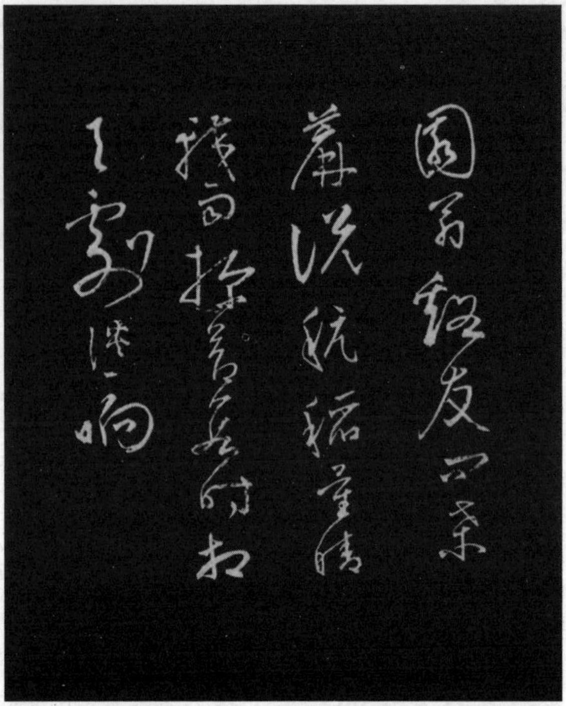

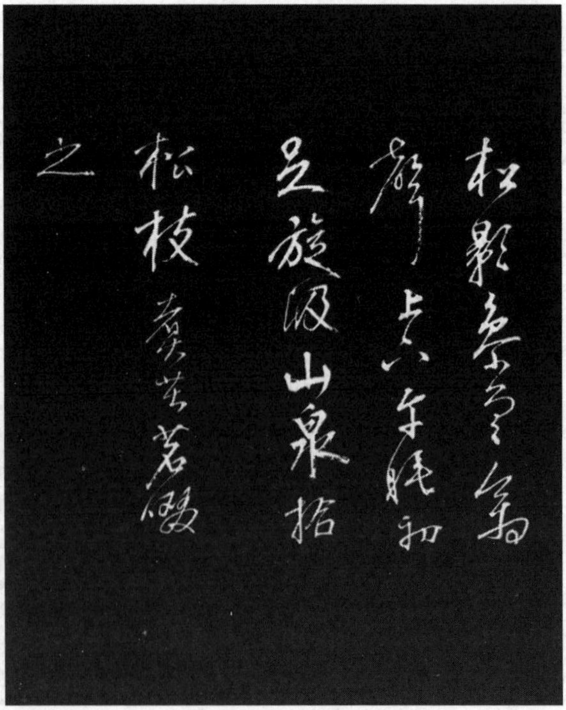

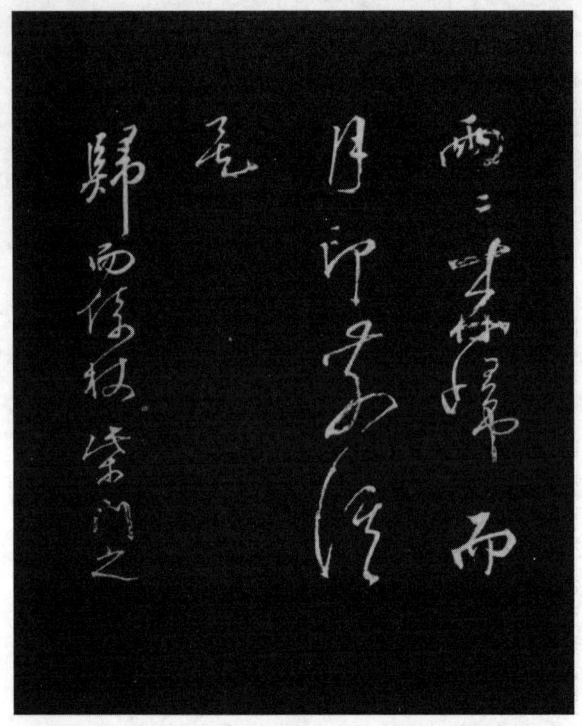

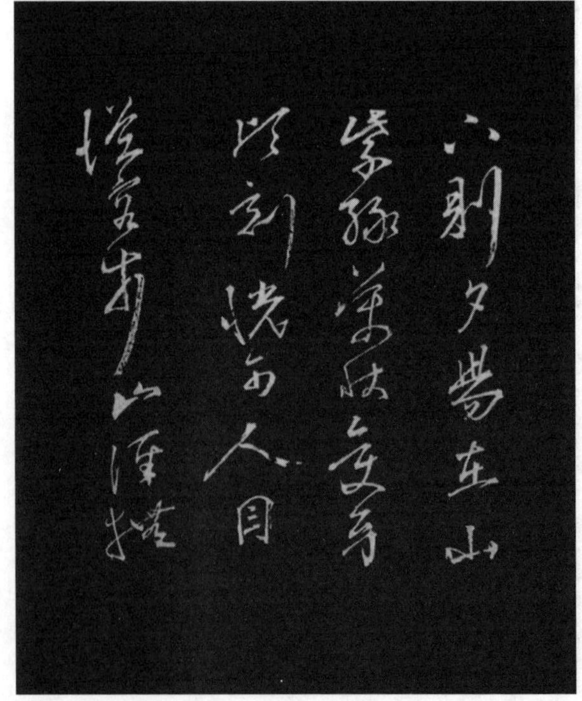

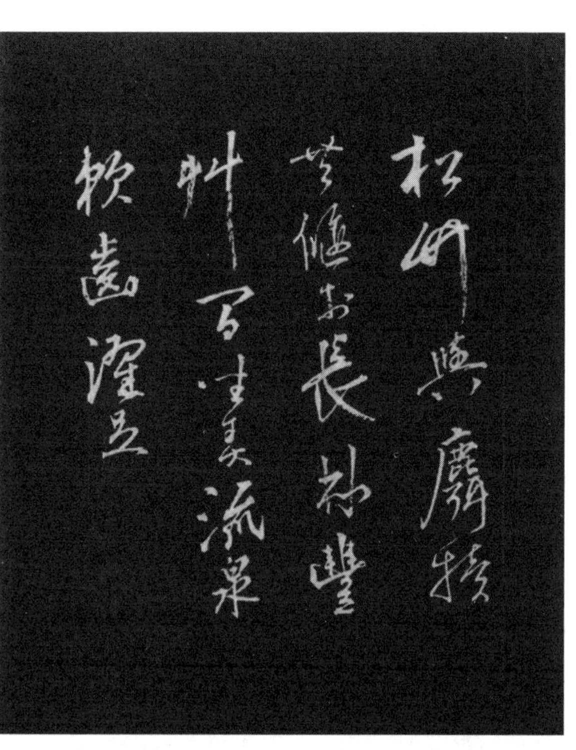

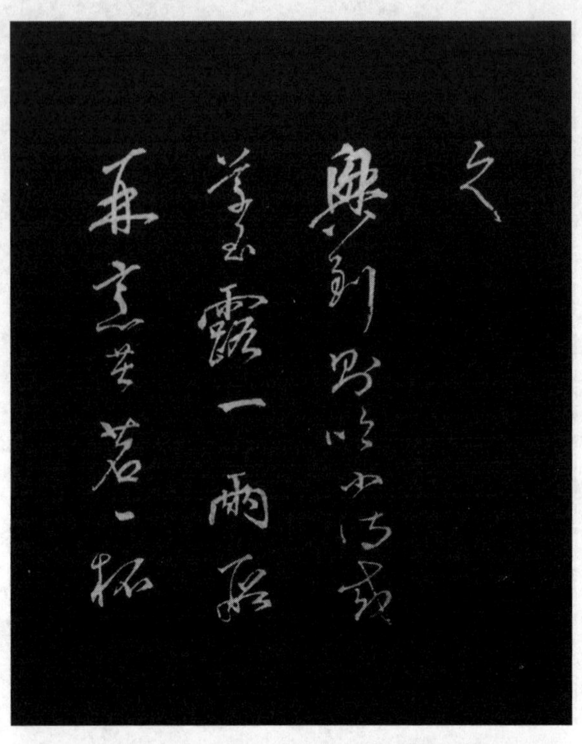

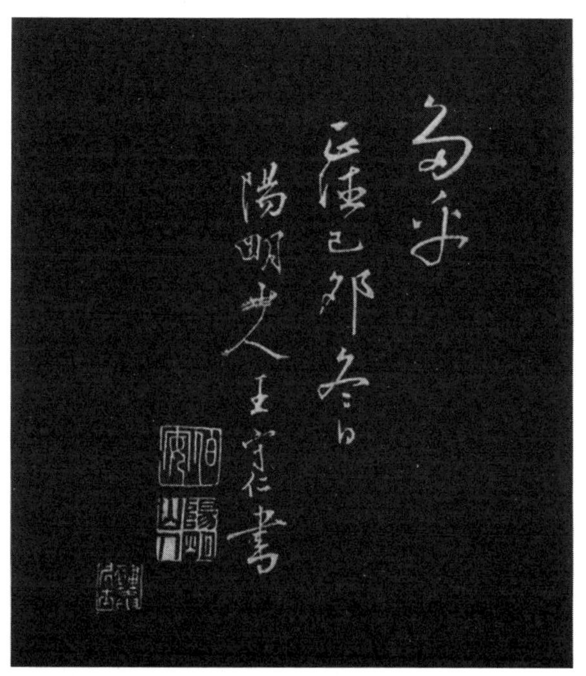

（见杨德俊主编：《王阳明龙场遗墨》，
贵州大学出版社 2016 年版，第 101—114 页。）

题唐子畏画

唐子畏为画中神品，其云林、木石、峡谷、人物，无一笔非古人，而纯以胸中一派天趣写之，故寸幅片楮，皆为当代什袭。斯卷为子畏得意之笔，具眼者自然鉴诸。阳明山人。

（见束景南、查明昊辑编：《王阳明全集补编》，
上海古籍出版社 2016 年版，第 174 页。）

泊金山寺二首 十月将趋行在

但过金山便一登，鸣钟出迓每劳僧。云涛石壁深龙窟，风雨楼台迥佛灯。难后诗怀全欲减，酒边孤兴尚堪凭。岩梯未用妨苔滑，曾踏天峰雪

栈冰。

醉入江风酒易醒，片帆西去雨冥冥。天回江汉留孤柱，地缺东南著此亭。沙渚乱更新世态，峰峦不改旧时青。舟人指点龙王庙，欲话前朝不忍听。

（见《王阳明全集》第2卷，
民主与建设出版社2014年版，第556页。）

舟夜

随处看山一叶舟，夜深霜月亦兼愁。翠华此际游何地？画角中宵起戍楼。甲马尚屯淮海北，旌旗初散楚江头。洪涛滚滚乘风势，容易开帆不易收。

（见《王阳明全集》第2卷，
民主与建设出版社2014年版，第556页。）

舟中至日

岁寒犹叹滞江滨，渐喜阳回大地春。未有一丝添衮绣，谩提三尺净风尘。丹心倍觉年来苦，白发从教镜里新。若待完名始归隐，桃花笑杀武陵人。

（见《王阳明全集》第2卷，
民主与建设出版社2014年版，第556页。）

阻风

冬江尽说风长北，偏我北来风便南。未必天公真有意，却逢人事偶相参。残农得暖堪登获，破屋多寒且曝檐。果使困穷能稍济，不妨经月阻江潭。

（见《王阳明全集》第2卷，
民主与建设出版社2014年版，第557页。）

用韵答伍汝真

莫怪乡思日夜深，干戈衰病两相侵。孤肠自信终如铁，众口从教尽铄金！碧水丹山曾旧约，青天白日是知心。茅茨岁晚饶风景，云满清溪雪满岑。

（见《王阳明全集》第2卷，
民主与建设出版社2014年版，第557页。）

杨邃庵待隐园次韵五首

嘉园名待隐，专待主人归。此日真归隐，名园竟不违。岩花如共语，山石故相依。朝市都忘却，无劳更掩扉。

其二

大隐真廛市，名园陋给孤。留侯先谢病，范老竟归湖。种竹非医俗，移山不是愚。对时存燮理，经济自成谟。

其三

绿野春深地，山阴夜静时。冰霜缘径滑，云石向人危。平难心仍在，扶颠力未衰。江湖兵甲满，吟罢有余思。

其四

兹园闻已久，今度始来窥。市里烟霞静，壶中结构奇。胜游须继日，虚席亦多时。莫道东山僻，苍生或未知。

其五

芳园待公隐，屯世待公亭。花竹深台榭，风尘暗甲兵。一身良得计，四海未忘情。语及艰难际，停杯泪欲倾。

（见《王阳明全集》第2卷，

民主与建设出版社2014年版，第557—558页。）

登小孤书壁

人言小孤殊阻绝，从来可望不可攀。上有颠崖势欲堕，下有剑石交巉顽。峡风闪壁船难进，洪涛怒撞蛟龙关；帆樯摧缩不敢越，往往退次依前山。崖傍沙岸日东徙，忽成巨浸通西湾。帝心似悯舟楫苦，神斧夜辟无痕斑。风雷倏翕见万怪，人谋不得容其间。我来锐意欲一往，小舟微服沿回澜。侧身胁息仰天窦，悬空绝栈蛛丝悭。风吹卯酒眼花落，冻滑丹梯足力孱。青鼍吹雨出仍没，白鸟避客来复还。峰头四顾尽落日，宛然风景如瀛寰。烟霞未觉三山远，尘土聊乘半日闲。奇观江海讵为险？世情平地犹多艰。呜呼！世情平地犹多艰，回瞻北极双泪潸！

（见《王阳明全集》第2卷，

民主与建设出版社2014年版，第558页。）

献俘南都回还登石钟山次深字韵

我来扣石钟，洞野钓天深。荷篑山前过，识予尚有心。

（见束景南、查明昊辑编:《王阳明全集补编》，

上海古籍出版社2016年版，第67页。）

过鞋山戏题

曾驾双虬渡海东，青鞋失脚堕天风。经过已是千年后，踪迹依然一梦中。屈子漫劳伤世隘，杨朱空自泣途穷。正须坐我匡庐顶，濯足寒涛步晓空。

（见《王阳明全集》第 2 卷，
民主与建设出版社 2014 年版，第 557 页。）

望庐山

尽说庐山若个奇，当时图画亦堪疑。九江风浪非前日，五老烟云岂定期？眼惯不妨层壁险，足趼须著短筇随。香炉瀑布微如线，欲决天河泻上池。

（见《王阳明全集》第 2 卷，
民主与建设出版社 2014 年版，第 559 页。）

钱硕人寿序

懿恭之行，柔嘉之德，母仪妇轨，无所不具。虽纪传所载，亦无以加。（下阙）

（见束景南、查明昊辑编：《王阳明全集补编》，
上海古籍出版社 2016 年版，第 174—175 页。）

罢兵济幽榜文

伏以乾坤世界，沧海桑田，一日十二百刻时，自古有生有死；百年三万六千日，几多胡作胡为。论眼前谁不利己损人，于世上孰肯立纲陈纪？臣弑君，子弑父，转眼无情者多；富欺贫，强欺弱，经官动府者众。

以身亡桎梏，而以命堕黄泉，故知君子小人，历年有几；盖为乱臣贼子，何代无之？往者难追，近者当镬。若宁王做场说话，幸我辈磊个根源。只图帝王高荣，不顾王基败坏。陷若干良善，红楼富家女，何曾得见画眉郎；白面少年儿，未必肯为短命鬼，往往叫冤叫屈，荣荣（茕茕）无依无倚。三岁孩童哭断肝肠，难寻父母；千金财主创成家业，化为灰尘。侯门宰相也凄惶，柳巷花街浑冷落。浮生若大梦，看来何用苦奔忙；世事如浮云，得过何须尽计较。难免天□鉴察，何用罪孽可逃？木有根，水有源，谁念门中之宗祖；阳为神，阴为鬼，孰怜境上之孤魂？三年两不收，倾沟壑岂无饿殍；十去九不回，溺江湖亦有英雄。并山川草木之精灵，及贫穷鳏寡之孤独，怆惶凄惨，寂寞萧条。几个黄昏几个夜，吊祭有谁；一番风雨一番沙，超生无路。幸斋官建坛而修水陆，为汝等施惠而修斋，因重上君子堂，即请朝□于我佛，便是神仙境，何须更问妙严宫。一段因缘，无边光景。

（见束景南、查明昊辑编：《王阳明全集补编》，
上海古籍出版社 2016 年版，第 175 页。）

除夕伍汝真用待隐园韵即席次答五首

一年今又去，独客尚无归。人世伤多难，亲庭叹久违。壮心都欲尽，衰病特相依。旅馆聊随俗，桃符换早扉。

其二

向忆青年日，追欢兴不孤。风尘淹岁月，漂泊向江湖。济世浑无术，违时竟笑愚。未须悲蹇难，列圣有遗谟。

其三

正逢兵乱地，况是岁穷时。天运终无息，人心本自危。忧疑纷并集，筋力顿成衰。千载商山隐，悠然获我思。

其四

世道从卮漏，人情只管窥。年华多涉历，变故益新奇。莫惮颠危地，曾逢全盛时。海翁机已息，应是白鸥知。

其五

星穷回历纪，贞极起元亨。日望天回驾，先沾雨洗兵。雪犹残岁恋，风已旧春情。莫更辞蓝尾，人生未几倾！

（见《王阳明全集》第 2 卷，

民主与建设出版社 2014 年版，第 559 页。）

1520 年（明武宗正德十五年，庚辰），49 岁

元日雾

元日昏昏雾塞空，出门咫尺误西东。人多失足投坑堑，我亦停车泣路穷。欲斩蚩尤开白日，还排阊阖拜重瞳。小臣谩有澄清志，安得扶摇万里风！

（见《王阳明全集》第 2 卷，

民主与建设出版社 2014 年版，第 559—560 页。）

二日雨

昨朝阴雾埋元日，向晓寒云迸雨声。莫道人为无感召，从来天意亦分明。安危他日须周勃，痛苦当年笑贾生。坐对残灯愁彻夜，静听晨鼓报新晴。

三日风

一雾二雨三日风，田家卜岁疑凶丰。我心惟愿兵甲解，天意岂必斯民穷！虎旅归思怀旧土，銮舆消息望还宫。春盘浊酒聊自慰，无使戚戚干吾衷。

（见《王阳明全集》第2卷，
民主与建设出版社2014年版，第560页。）

立春二首

才见春归春又来，春风如旧鬓毛衰。梅花未放天机泄，萱草先将地脉回。渐老光阴逢世难，经年怀抱欲谁开？孤云渺渺亲庭远，长日斑衣羡老莱。

天涯霜雪叹春迟，春到天涯思转悲。破屋多时空杼轴，东风无力起疮痍。周王车驾穷南服，汉将旌旗守北陲。莫讶春盘断生菜，人间菜色正离仳。

（见《王阳明全集》第2卷，
民主与建设出版社2014年版，第560页。）

江施二生与医官陶野冒雨登山人多笑之戏作歌

江生施生颇好奇，偶逢陶野奇更痴。共言山外有佳寺，劝予往游争愿随。是时雷雨云雾塞，多传险滑难车骑。两生力陈道非远，野请登高觇路歧。三人冒雨陟冈背，即仆复起相牵携。同侪咻笑招之返，奋袂经往凌嵚崎。归来未暇顾沾湿，且说地近山径夷。青林宿霭渐开霁，碧巘绛气浮微曦。津津指譬在必往，兴剧不到傍人嗤。予亦对之成大笑，不觉老兴如童时。平生山水已成癖，历深探隐忘饥疲。年来世务颇羁缚，逢场遇境心未衰。野本求仙志方外，两生学士亦尔为。世人趋逐但声利，赴汤踏火甘倾危。解脱尘嚣事行乐，尔辈狂简翻见讥。归与归与吾与尔，阳明之麓终尔期。

（见《王阳明全集》第2卷，民主与建设出版社2014年版，第564页。）

游九华道中

微雨山路滑，山行人轻舟。桃花夹岸迷远近，回峦叠嶂盘深幽。奇峰应接劳回首，瞻之在前忽在后。不道舟行转屈曲，但怪青山亦奔走。薄午雨霁云亦开，青鞋布袜无尘埃。梅蹊柳径度村落，长松白石穿林隈。始攀风磴出木杪，更俯悬崖听瀑雷。乱山高顶藏平野，茆屋高低自成社。此中那得有人家？恐是当年避秦者。西岩日色渐欲下，且向前林秣吾马。世途浊隘不可居，吾将此地营兰若。

（见《王阳明全集》第2卷，民主与建设出版社2014年版，第564—565页。）

芙蓉阁

九华之山何崔嵬，芙蓉直傍青天栽。刚风倒海吹不动，大雪裂地冻还开。夜半峰头挂明月，宛如玉女临妆台。我拂沧海写图画，题诗还愧谪仙才。

重游无相寺次韵四首

游兴殊未尽，尘寰不可留。山青只依旧，白尽世间头。

人迹不到地，茆茨亦数间。借问此何处？云是九华山。

拔地千峰起，芙蓉插晓寒。当年看不足，今日复来看。

瀑流悬绝壁，峰月上寒空。鸟鸣苍涧底，僧住白云中。

（见《王阳明全集》第2卷，
民主与建设出版社2014年版，第565页。）

登莲花峰

莲花顶上老僧居，脚踏莲花不染泥。夜半花心吐明月，一颗悬空黍米珠。

（见《王阳明全集》第2卷，
民主与建设出版社2014年版，第565页。）

重游无相寺次旧韵

旧识仙源路未差，也从谷口问桃花。屡攀绝栈经残雪，几度清溪踏月华。虎穴相邻多异境，鸟飞不到有僧家。频来休下仙翁榻，只借峰头一片霞。

（见《王阳明全集》第2卷，
民主与建设出版社2014年版，第565页。）

登云峰望始尽九华之胜因复作歌

九华之峰九十九，此语相传俗人口；俗人眼浅见皮肤，焉测其中之所有？我登华顶拂云雾，极目奇峰那有数？巨壑中藏万玉林，大剑长枪攒武库。有如智者深韬藏，复如淑女避谗妒。暗然避世不求知，卑己尊人羞逞露。何人不道九华奇，奇中之奇人未知。我欲穷搜尽拈出，秘藏恐是天所私。旋解诗囊旋收拾，脱颖露出锥参差。从来题诗李白好，渠于此山亦潦草。曾见王维画辋川，安得渠来拂纤缟？

（见《王阳明全集》第2卷，
民主与建设出版社2014年版，第565—566页。）

双峰遗柯生乔

尔家双峰下，不见双峰景。如锥处囊中，深藏未脱颖。盛德心愈卑，幽人迹多屏。悠然望双峰，可以发深省。

（见《王阳明全集》第2卷，
民主与建设出版社2014年版，第566页。）

归途有僧自望华亭来迎且请诗

方自华峰下，何劳更望华。山僧援故事，要我到渠家。自谓游已至，那知望转佳。正如酣醉后，醒酒却须茶。

（见《王阳明全集》第2卷，
民主与建设出版社2014年版，第566页。）

无相寺金沙泉次韵

黄金不布地，倾沙泻流泉。潭净长开镜，池分或铸莲。兴云为大雨，济世作丰年。纵有贪夫过，清风自洒然。

（见《王阳明全集》第2卷，
民主与建设出版社2014年版，第566页。）

重游化城寺二首

爱山日日望山晴，忽到山中眼自明。鸟道渐非前度险，龙潭更比旧时清。会心人远空遗洞，识面僧来不记名。莫谓中丞喜忘世，前途风浪苦难行。

山寺从来十九秋，旧僧零落老比丘。檜松尽长青冥干，瀑水犹悬翠壁流。人住层崖嫌洞浅，鸟鸣春涧觉山幽。年来别有闲寻意，不似当时孟浪游。

（见《王阳明全集》第 2 卷，
民主与建设出版社 2014 年版，第 567 页。）

游九华

九华原亦是移文，错怪山头日日云。乘兴未甘回俗驾，初心终不负灵均。紫芝香暖春堪茹，青竹泉高晚更分。幽梦已分尘土累，清猿正好月中闻。

（见《王阳明全集》第 2 卷，
民主与建设出版社 2014 年版，第 567 页。）

弘治壬戌尝游九华值时阴雾竟无所睹至是正德庚辰复往游之风日清朗尽得其胜喜而作歌

昔年十日九华住，云雾终旬竟不开。有如昏夜入宝藏，两目无睹成空回。每逢好事谈奇胜，即思策蹇还一来。频年驱逐事兵革，出入贼垒冲风埃。恐恐昼夜不遑息，岂复山水能徘徊？鄱湖一战偶天幸，远随归凯停江隈。是时军务颇多暇，况复我马方虺隤。旧游诸生亦群集，遂将童冠登崔嵬。先晨霏霭尚暝晦，却疑山意犹嫌猜。肩舆一入青阳境，忽然白日开西岭。长风拥彗扫浮阴，九十九峰如梦醒。群峦踊跃争献奇，儿孙俯伏摩其顶。今来始识九华面，恨无诗笔为传影。层楼叠阁写未工，千朵芙蓉抽玉井。怪哉造化亦安排，天下奇山此兼并。揽衣登高望八荒，双阙下见日月光。长江如带绕山麓，五湖七泽皆陂塘。蓬瀛海上浮拳石，举足可到虹可梁。仙人为我启阊阖，鸾軿鹤驾纷翱翔。从兹脱屣谢尘世，飘然拂袖凌苍苍。

（见《王阳明全集》第 2 卷，
民主与建设出版社 2014 年版，第 567—568 页。）

青阳九华山之胜与匡庐、武夷竞爽……弘治壬戌阳明王先生以恤刑至池，爱其胜而游焉。至正德庚辰，以献俘江上，复携邑之诸生江学曾、施宗道、柯乔以游，尽搜山川之秘，凡越月而去。尝宴坐东岩作诗曰："淳气日凋薄，邹鲁亡真承。各勉希圣志，毋为尘所萦。"慨然欲建书屋于化城寺之西，以资诸生藏修，而未果也。

（见《王阳明全集》新编本第 5 册，钱明编校，
吴光覆校，浙江古籍出版社 2011 年版，第 1677 页。）

书汪进之太极岩二首

一窍谁将混沌开？千年样子道州来。须知太极元无极，始信心非明镜台。

始信心非明镜台，须知明镜亦尘埃；人人有个圆圈在，莫向蒲团坐死灰。

（见《王阳明全集》第 2 卷，
民主与建设出版社 2014 年版，第 566—567 页。）

劝酒

平生忠赤有天知，便欲欺人肯自欺？毛发暗从愁里改，世情明向笑中危。春风脉脉回枯草，残雪依依恋旧枝。谩对芳樽辞酩酊，机关识破已多时。

（见《王阳明全集》第 2 卷，
民主与建设出版社 2014 年版，第 567 页。）

题仁峰精舍二首

仁峰山下有仁人，怪得山中物物春。莫道山居浑独善，问花移竹亦经纶。

山居亦自有经纶，才恋山居却世尘。肯信道人无意必，人间随地着闲身。

（见束景南、查明昊辑编：《王阳明全集补编》，
上海古籍出版社 2016 年版，第 68 页。）

登小孤次陆良弼韵

看尽东南百二峰，小孤江上是真龙。攀龙我欲乘风去，高蹑层霄绝世踪。

（见《王阳明全集》第 3 卷，
民主与建设出版社 2014 年版，第 573 页。）

繁昌道中阻风二首

阻风夜泊柳边亭，懒梦还乡午未醒。卧稳从教波浪恶，地深长是水云冥。入林沽酒村童引，隔水放歌渔父听。颇觉看山缘独在，蓬窗刚对一峰青。

东风漠漠水浤浤，花柳沿村春事殷。泊久渔樵来作市，心闲麋鹿渐同群。自怜失脚趋尘土，长恐归期负海云。正忆山中诗酒伴，石门延望几斜曛。

（见《王阳明全集》第 2 卷，
民主与建设出版社 2014 年版，第 563 页。）

江边阻风散步至灵山寺

归船不遇打头风，行脚何缘到此中？幽谷余寒春雪在，虚檐斜日暮江空。林间古塔无僧住，花外仙源有路通。随处看山随处乐，莫将踪迹叹萍蓬。

（见《王阳明全集》第 2 卷，
民主与建设出版社 2014 年版，第 563 页。）

泊舟大同山溪间诸生闻之有挟册来寻者

扁舟经月住林隈，谢得黄莺日日来。兼有清泉堪洗耳，更多修竹好衔杯。诸生涉水携诗卷，童子和云扫石苔。独奈华峰隔烟雾，时劳策杖上崔嵬。

岩下桃花盛开携酒独酌

小小山园几树桃，安排春色候停桡。开樽旋扫花阴雪，展席平临松顶涛。地远不须防俗驾，溪晴还好著渔舠。云间石路稀人迹，深处容无避世豪。

（见《王阳明全集》第 2 卷，
民主与建设出版社 2014 年版，第 563 页。）

练潭馆二首

风尘暗惜剑光沉，拂拭星文坐拥衾。静夜空林闻鬼泣，小堂春雨作龙吟。不须盘错三年试，自信炉锤百炼深。梦断五云怀朔雁，明月高枕听山禽。

春山出孤月，寒潭净于练。夜静倚阑干，窗明毫发见。鱼龙亘出没，风雨忽腾变。阴阳失调停，季冬乃雷电。依依林栖禽，惊飞复迟恋。远客正怀归，感之涕欲溅。风尘暗北陬，财力倾南甸。倏忽无停机，茫然谁能辨？吾生固逆旅，天地亦邮传。行止复何心，寂寞时看剑。

（见束景南、查明昊辑编：《王阳明全集补编》，上海古籍出版社 2016 年版，第 68 页。）

游龙山

探奇凌碧峤，访隐入丹丘。树老能人语，麋驯伴客游。云崖遗乌篆，石洞秘灵湫。吾欲鞭龙起，为霖遍九州。

（见束景南、查明昊辑编：《王阳明全集补编》，上海古籍出版社 2016 年版，第 69 页。）

梵天寺

晴日下孤寺，春波上浅沙。颓垣从草合，虚阁入松斜。僧供余纹石，经旛落绣花。客怀烦渴甚，寒嗽佛前茶。

（见束景南、查明昊辑编：《王阳明全集补编》，上海古籍出版社 2016 年版，第 69 页。）

庐山读书台摩崖题识

正德己卯六月乙亥，宁藩宸濠以南昌叛，称兵向阙，破南康、九江，攻安庆，远近震动。七月辛亥，臣守仁以列郡之兵复南昌。宸濠还救，大战鄱阳湖。丁巳，宸濠擒，余党悉定。当是时，天子闻变赫怒，亲统六师临讨，遂俘宸濠以归。于赫皇威，神武不杀。如霆之震，靡击而折。神器有归，孰敢窥窃。天鉴于宸濠，式昭皇灵，嘉靖我邦国。正德庚辰正月晦，提督军务都御史王守仁书。从征官属列于左方。

（见束景南：《王阳明年谱长编》三，

上海古籍出版社 2017 年版，第 1233 页。）

《纪功碑》手迹

正德己卯六月乙亥寧藩宸濠以
南昌叛稱兵向 闕破南康九江
攻安慶遠近震動七月辛亥臣守
仁以列郡之兵復南昌宸濠還救
大戰鄱陽湖丁巳宸濠擒餘黨悉
定當是時 天子聞變赫怒親
統六師臨討遂俘宸濠以歸於赫
皇威神武不殺如霆之震靡鋒而
折神器有歸孰敢窺竊天鑒於宸
濠式昭 皇靈嘉靖我邦國
正德庚辰正月晦提督軍務都御
史王守仁書從征官屬列于左方

正德十五年（一五二〇）平定宸濠之乱后，正月重过开先寺（秀峰寺），留石刻于读书台后，即愤笔所书石壁大字《纪功碑》，碑文计一百三十二字，王阳明酌字斟句，记述发兵平定宸濠的经过。在这残酷的政治面前，居然将平定之功归于武宗“皇威神武”。为此王阳明在这种复杂的情况下，对仕途完全失去了信心，但是千古功绩自后有人评说，唯此“擘窠楷正妙结构，俨若冠剑主庙廊；此山此刻并不朽，风雷呵护森光芒。”

（见计文渊编：《王阳明法书集》

《法书考释》三六《纪功碑》，西泠印社 1996 年版。）

游庐山开先寺

僻性寻常惯受猜，看山又是百忙来。北风留客非无意，南寺逢僧即未回。白日高峰开雨雪，青天飞瀑泻云雷。缘溪踏得支茆地，修竹长松覆石台。

（见《王阳明全集》第 2 卷，

民主与建设出版社 2014 年版，第 560 页。）

又次壁间杜牧韵①

春山路僻问归樵，为指前峰石径遥。僧与白云还暝壑，月随沧海上寒潮。世情老去浑无赖，游兴年来独未消。回首孤航又陈迹，疏钟隔渚夜迢迢。

（见《王阳明全集》第 2 卷，

民主与建设出版社 2014 年版，第 560 页。）

---

① 此诗与《王阳明全集》新编本中的题目不同，个别文字也有出入。在《王阳明全集》新编本中题目为《灵山寺》，内容为“深山路僻问归樵，为指崔嵬石径遥。僧与白云归暝壑，月随沧海上寒潮。世情老去全无赖，野兴年来独未销。回首孤舟又陈迹，隔江钟磬夜迢迢”，见《王阳明全集》新编本第 5 册，浙江古籍出版社，第 1729 页。

铜陵观铁船

铜陵观铁船，录寄士洁侍御道契，见行路之难也。

青山滚滚如奔涛，铁船何处来停桡？人间刳木宁有此？疑是仙人之所操。仙人一去已千载，山头日日长风号。船头出土尚仿佛，后冈有石云船梢。我行过此费忖度，昔人用心无已忉！由来风波平地恶，纵有铁船还未牢。秦鞭驱之不能动，奡力何所施其篙。我欲乘之访蓬岛，雷师鼓舵虹为缫。弱流万里不胜芥，复恐驾此成徒劳。世路难行每如此，独立斜阳首重搔。

阳明山人书于铜陵舟次，时正德庚辰春分，献俘还自南都。

（见束景南、查明昊辑编：《王阳明全集补编》，
上海古籍出版社 2016 年版，第 366 页。）

山僧

岩下萧然老病僧，曾求佛法礼南能。论诗自许窥三昧，入圣无梯出小乘。高阁松风飘夜磬，石床花雨落寒灯。更深月出山窗曙，漱齿焚香诵《法》《楞》。

（见《王阳明全集》第 2 卷，
民主与建设出版社 2014 年版，第 561 页。）

江上望九华山二首

当年一上化城峰，十日高眠雷雨中。霁色晓开千嶂雪，涛声夜渡九江风。此时隔水看图画，几岁缘云住桂丛？却负洞仙蓬海约，玉函丹诀在崆峒。

穷探虽得尽幽奇，山势须从远望知。几朵芙蓉开碧落，九天屏嶂列旌麾。高同华岳应天忝，名亚匡庐却稍卑。信是谪仙还具眼，九华题后竟难移。

（见《王阳明全集》第 2 卷，

民主与建设出版社 2014 年版，第 561 页。）

观九华龙潭

飞流三百丈，濒洞秘灵湫。峡拆开雷斧，天虚下月钩。化形时试钵，吐气或成楼。吾欲鞭龙起，为霖遍九州。

（见《王阳明全集》第 2 卷，

民主与建设出版社 2014 年版，第 561 页。）

庐山东林寺次韵

东林日暮更登山，峰顶高僧有兰若。云萝磴道石参差，水声深涧树高下。远公学佛却援儒，渊明嗜酒不入社。我亦爱山仍恋官，同是乾坤避人者。我歌白云听者寡，山自点头泉自泻。月明壑底忽惊雷，夜半天风吹屋瓦。

（见《王阳明全集》第 2 卷，

民主与建设出版社 2014 年版，第 561—562 页。）

远公讲经台

远公说法有高台，一朵青莲云外开。台上久无狮子吼，野狐时复听经来。

太平宫白云

白云休道本无心，随我迢迢度远岑。拦路野风吹暂断，又穿深树候前林。

书九江行台壁

九华真实是奇观，更是庐山亦耐看。幽胜未穷三日兴，风尘已觉再来难。眼余五老晴光碧，衣染天池积翠寒。却怪寺僧能好事，直来城市索诗刊。

（见《王阳明全集》第 2 卷，

民主与建设出版社 2014 年版，第 562 页。）

夜宿天池月下闻雷次早知山下大雨三首

昨夜月明峰顶宿，隐隐雷声在山麓；晓来却问山下人，风雨三更卷茆屋。

野人权作青山主，风景朝昏颇裁取；岩傍日脚半溪云，山下声声一村雨。

天池之水近无主，木魅山妖竞偷取；公然又盗山头云，去向人间作风雨。

（见《王阳明全集》第 2 卷，

民主与建设出版社 2014 年版，第 566 页。）

《夜宿天池月下闻雷次早知山下大雨三首》（其一）手迹

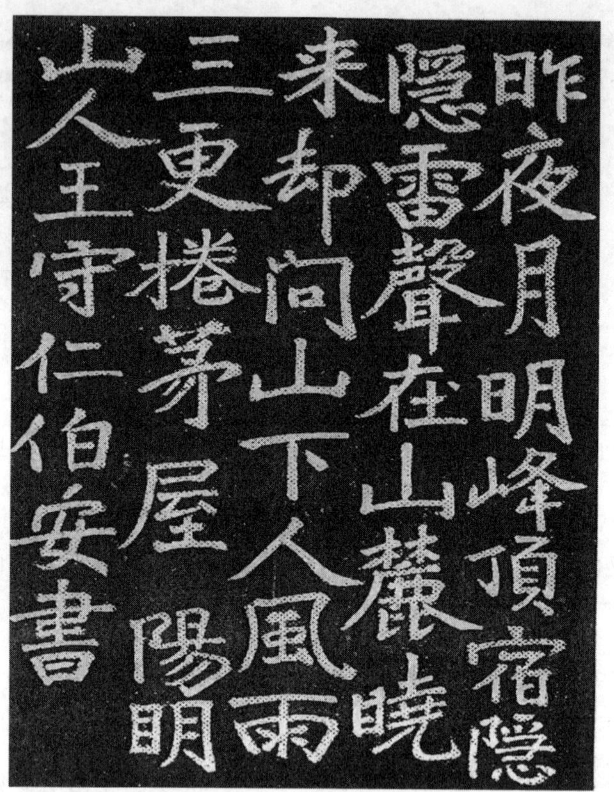

（见计文渊编：《王阳明法书集》三七，
西泠印社 1996 年版。）

文殊台夜观佛灯

老夫高卧文殊台，拄杖夜撞青天开；散落星辰满平野，山僧尽道佛灯来。

（见《王阳明全集》第 2 卷，
民主与建设出版社 2014 年版，第 566 页。）

游东林次邵二泉韵

昨游开先殊草草，今日东林游始好。手持青竹拨层云，直上青天招五老。万壑笙竽松籁哀，千峰掩映芙蕖开。坐俯西崖窥落日，风吹孤月江东来。莫向人间空白首，富贵何如一杯酒。种莲采菊两荒凉，慧远陶潜骨同朽。乘风我欲还金庭，三洲弱水连沙汀。他年海上望庐岳，烟际浮萍一点青。

游东林，次邵二泉韵。正德庚辰三月廿三日，阳（明）山人识。

（见束景南：《王阳明年谱长编》三，
上海古籍出版社 2017 年版，第 1260—1261 页。）

江上望九华不见

五旬三过九华山，一度阴寒一度雨。此来天色稍晴明，忽复昏霾起亭午。平生山水最多缘，独此相逢容有数。人言此山天所秘，山下居人不常睹。蓬莱涉海或可求，瑶水昆仑俱旧游。洞庭何止吞八九，五岳曾向囊中收。不信开云扫六合，手扶赤日照九州。驾风骑气览八极，视此琐屑真浮沤。

（见《王阳明全集》第 2 卷，
民主与建设出版社 2014 年版，第 564 页。）

赠周经和尚偈

不向少林面壁，却来九华看山。锡杖打翻龙虎，只履踏破巉岩。这个泼皮和尚，如何容在世间？呵呵，会得时，与你一棒；会不得，且放在黑漆桶里偷闲。

正德庚辰三月八日，阳明山人王守仁到此。

（见束景南、查明昊辑编：《王阳明全集补编》，
上海古籍出版社 2016 年版，第 69—70 页。）

地藏洞再访异僧不遇

路入岩头别有天，松毛一片自安眠。高谈已散人何处？古洞荒凉散冷烟。

（见束景南、查明昊辑编：《王阳明全集补编》，
上海古籍出版社 2016 年版，第 70 页。）

无题[①]

岩头有石人，为我下嶙峋。脚踏破履五十两，身披旧衲四十斤。任重致远香象力，餐霜坐雪金刚身。夜寒双虎与温足，雨后秃龙来伴宿。手握顽砖镜未光，舌底流泉梅未熟。夜来拾得遇寒山，翠竹黄花好共看。同来问我安心法，还解将心与汝安。

（见《王阳明全集》第 2 卷，
民主与建设出版社 2014 年版，第 571 页。）

游落星寺

女娲炼石补天漏，璇玑昼夜无停走。自从堕却玉衡星，至今七政迷前后。浑仪昼夜徒揣摩，敬授人时亦何有？玉衡堕却此湖中，眼前谁是补天手！

（见《王阳明全集》第 2 卷，
民主与建设出版社 2014 年版，第 571 页。）

① 此诗即《王阳明年谱长编》三中所辑录的《送周经和尚》诗，全集中以《无题》标明，也无后题文字："岩僧周经，自少林来，坐石窦中且三年。闻予至，与医官陶埜来谒。经盖有道行者，埜素精医，有方外之缘，故诗及之。"（顾元镜《九华山志》卷五），见束景南：《王阳明年谱长编》三，上海古籍出版社 2017 年版，第 1253 页。

游寄隐岩题

每逢山水地，便有卜居心。终岁风尘里，何年沧海浔？洞幽泉滴细，花暝石房深。青壁留名姓，他时好共寻。

（见束景南著：《王阳明年谱长编》三，
上海古籍出版社 2017 年版，第 1255 页。）

岩头闲坐漫成

尽日岩头坐落花，不知何处是吾家。静听谷鸟迁乔木，闲看林蜂散午衙。翠壁泉声穿乱石，碧潭云影透晴沙。痴儿公事真难了，须信吾生自有涯。

（见《王阳明全集》第 2 卷，
民主与建设出版社 2014 年版，第 568 页。）

将游九华移舟宿寺山二首

逢山未惬意，落日更移船。峡寺缘溪径，云林带石泉。钟声先度岭，月色已浮川。今夜岩房宿，寒灯不待悬。

其二

维舟谷口傍烟霏，共说前冈石径微。竹杖穿云寻寺去，藤筐采药带花归。诸生晚佩联芳杜，野老春霞缀衲衣。风咏不须沂水上，碧山明月更清辉。

（见《王阳明全集》第 2 卷，
民主与建设出版社 2014 年版，第 568 页。）

登云峰二三子咏歌以从欣然成谣二首

淳气日凋薄，邹鲁亡真承。世儒倡臆说，愚瞽相因仍。晚途益沦溺，手援吾不能。弃之入烟霞，高历云峰层。开茅傍虎穴，结屋依岩僧。岂曰事高尚？庶免无予憎。好鸟求其侣，嘤嘤林间鸣；而我在空谷，焉得无良朋？飘飘二三子，春服来从行；咏歌见真性，逍遥无俗情。各勉希圣志，毋为尘所萦！

深林之鸟何间关？我本无心云自闲。大舜亦与木石处，醉翁惟在山林间。晴窗展卷有会意，绝壁题诗无厚颜。顾谓从行二三子，随游麋鹿俱忘还。

（见《王阳明全集》第 2 卷，
民主与建设出版社 2014 年版，第 568—569 页。）

有僧坐岩中已三年诗以励吾党

莫怪岩僧木石居，吾侪真切几人如？经营日夜身心外，剽窃糠粃齿颊余。俗学未堪欺老衲，昔贤取善及陶渔。年来奔走成何事？此日斯人亦起予。

（见《王阳明全集》第 2 卷，
民主与建设出版社 2014 年版，第 569 页。）

春日游齐山寺用杜牧之韵二首

即看花发又花飞，空向花前叹式微。自笑半生行脚过，何人未老乞身归？江头鼓角翻春浪，云外旌旗闪落晖。羡杀山中麋鹿伴，千金难买芰荷衣。

倦鸟投枝已乱飞，林间暝色渐霏微。春山日暮成孤坐，游子天涯正忆归。古洞湿云含宿雨，碧溪明月弄清辉。桃花不管人间事，只笑山人未拂衣。

（见《王阳明全集》第2卷，
民主与建设出版社2014年版，第569页。）

重游开先寺戏题壁

中丞不解了公事，到处看山复寻寺。尚为妻孥守俸钱，至今未得休官去。三月开花两度来，寺僧倦客门未开。山灵似嫌俗士驾，溪风拦路吹人回。君不见富贵中人如中酒，折腰解酲须五斗。未妨适意山水间，浮名于我亦何有！

（见《王阳明全集》第2卷，
民主与建设出版社2014年版，第569页。）

贾胡行

贾胡得明珠，藏珠剖其躯；珠藏未能有，此身已先无。轻己重外物，贾胡一何愚！请君勿笑贾胡愚，君今奔走声利途；钻求富贵未能得，役精劳形骨髓枯。竟日惶惶忧毁誉，终宵惕惕防艰虞。一日仅得五升米，半级仍甘九族诛。胥靡接踵略无悔，请君勿笑贾胡愚！

（见《王阳明全集》第2卷，
民主与建设出版社2014年版，第569页。）

端阳日次陈时雨写怀寄程克光金吾

艾老蒲衰春事阑，天涯佳节得承欢。穿杨有技饶燕客，赐扇无缘愧汉官。自笑独醒还强饮，贪看竞渡遂忘餐。苍生日夜思霖雨，一枕江湖梦未安。

（见束景南、查明昊辑编：《王阳明全集补编》，上海古籍出版社 2016 年版，第 70 页。）

赠陈惟浚诗

况已妙龄先卓立，直从心底究宗元。

（见束景南、查明昊辑编：《王阳明全集补编》，上海古籍出版社 2016 年版，第 70 页。）

又次李佥事素韵

省灾行近郊，探幽指层麓。回飙振玄冈，颓阳薄西陆。茁田收积雨，禾稼泛平菉。取径历村墟，停车问耕牧。清溪厉月行，暝洞披云宿。淅米石涧溜，斧薪涧底木。田翁来聚观，中宵尚驰逐。将迎愧深情，疮痍惭抚掬。幽枕静无寐，风泉朗鸣玉。虽缪真诀传，颇苦尘缘熟。终当遁名山，炼药洗凡骨。缄辞谢亲交，流光易超忽。

（见《王阳明全集》第 2 卷，民主与建设出版社 2014 年版，第 562—563 页。）

何石山招游燕子洞

石山招我到山中，洞外烟浮湿翠浓。我向岸崖寻古句，六朝遗事寄松风。

（见束景南、查明昊辑编：《王阳明全集补编》，上海古籍出版社 2016 年版，第 72 页。）

石溪寺

杖锡飞身到赤霞，石桥闲坐演三车。一声野鹤波涛起，仙风吹送宝灵花。

（见束景南、查明昊辑编：《王阳明全集补编》，
上海古籍出版社 2016 年版，第 71 页。）

石屋山诗

云散天宽石径通，清飙吹上最高峰。游仙船古苍苔合，伏虎岩深绿草封。丈室寻幽无释子，半崖呼酒唤奚童。凭虚极目千山外，万井江楼一望中。

（见束景南、查明昊辑编：《王阳明全集补编》，
上海古籍出版社 2016 年版，第 71 页。）

云腾飙驭祠诗

玉笥之山仙所居，下有元窟名云储。人言此中感异梦，我亦因之梦华胥。碧山明月夜如昼，清溪涓涓流阶除。地灵自与精神冥，忽入清虚睹真境。贝阙珠宫炫凡目，銮舆鹤辂分驰骋。金童两两吹紫霄，玉笥真人坐相并。笑我尘寰久污浊，胡不来游凌倒景？觉来枕席尚烟霞，乾坤何处真吾家？醒眼相看世能几，梦中说梦空咨嗟。

（见束景南、查明昊辑编：《王阳明全集补编》，
上海古籍出版社 2016 年版，第 71 页。）

火秀宫次一峰韵三首

兹山堪遁迹，上应少微星。洞里乾坤别，壶中人月明。道心空自警，

尘梦苦难醒。方峤由来此，虚无隔九溟。

其二

清溪曲曲转层林，始信桃源路未深。晚树烟霏山阁静。古松雷雨石坛阴。丹炉遗火飞残药，仙乐浮空寄绝音。莫道山人才一到，千年陈迹此重寻。

其三

落日下清江，怅望阁道晚。人言玉笥更奇绝，漳口停舟路非远。肩舆取径沿村落，心目先驰嫌足缓。山昏欲就云储眠，疏林月色与风泉。梦魂忽忽到真境，侵晓遁迹来洞天。洞天非人世，予亦非世人；当年曾此寄一迹，屈指忽复三千春。岩头坐石剥落尽，手种松柏枯龙鳞。三十六峰仅如旧，涧谷渐改溪流新。空中仙乐风吹断，化为鼓角惊风尘。风尘惨淡半天地，何当一扫还吾真？从行诸生骇吾说，问我恐是兹山神。君不见广成子，高卧崆峒长不死，到今一万八千年，阳明真人亦如此。

（见《王阳明全集》第 3 卷，

民主与建设出版社 2014 年版，第 574 页。）

青原山次黄山谷韵

咨观历州郡，驱驰倦风埃。名山特乘暇，林壑盘萦回。云石缘欹径，夏木深层隈。仰穷岚霏际，始睹台殿开。衣传西竺旧，构遗唐宋材。风松溪溜急，湍响空山哀。妙香隐玄洞，僧屋悬穹崖。扳依俨龙象，陟降临纬阶。飞泉泻灵窦，曲槛连云榱。我来慨遗迹，胜事多湮埋。邈矣西方教，流传遍中垓。如何皇极化，反使吾人猜？剥阳幸未绝，生意存枯荄。伤心眼底事，莫负生前杯。烟霞有本性，山水乞归骸。崎岖羊肠坂，车轮几倾摧。萧散麋鹿伴，涧谷终追陪。恬愉返真澹，阒寂辞喧豗。至乐发天籁，丝竹谢淫哇。千古自同调，岂必时代偕！珍重二三子，兹游非偶来。且从山叟宿，勿受役夫催。东峰上烟月，夜景方徘徊。

（见《王阳明全集》第 2 卷，

民主与建设出版社 2014 年版，第 571—572 页。）

谕泰和杨茂

其人聋哑，自候门求见。先生以字问，茂以字答。

你口不能言是非，你耳不能听是非，你心还能知是非否？答曰："知是非。"如此，你口虽不如人，你耳虽不如人，你心还与人一般。茂时首肯拱谢。大凡人只是此心。此心若能存天理，是个圣贤的心；口虽不能言，耳虽不能听，也是个不能言不能听的圣贤。心若不存天理，是个禽兽的心；口虽能言，耳虽能听，也只是个能言能听的禽兽。茂时扣胸指天。你如今于父母，但尽你心的孝；于兄长，但尽你心的敬；于乡党邻里、宗族亲戚，但尽你心的谦和恭顺。见人怠慢，不要嗔怪；见人财利，不要贪图。但在里面行你那是的心，莫行你那非的心。纵使外面人说你是，也不须听；说你不是，也不须听。茂时首肯拜谢。你口不能言是非，省了多少闲是非；你耳不能听是非，省了多少闲是非。凡说是非，便生是非，生烦恼；听是非，便添是非，添烦恼。你口不能说，你耳不能听，省了多少闲是非，省了多少闲烦恼，你比别人到快活自在了许多。茂时扣胸指天躄地。我如今教你但终日行你的心，不消口里说；但终日听你的心，不消耳里听。茂时顿首再拜而已。

（见《王阳明全集》第 3 卷，

民主与建设出版社 2014 年版，第 674 页。）

睡起偶成

四十余年睡梦中，而今醒眼始朦胧。不知日已过亭午，起向高楼撞晓钟。

起向高楼撞晓钟，尚多昏睡正懵懵。纵令日暮醒犹得，不信人间耳尽聋。

（见《王阳明全集》第2卷，
民主与建设出版社2014年版，第572页。）

批兴国县移易风俗申文

〈节选〉

但政在宜俗，事贵近民，故良吏为治，如医用药，必有斟酌调停之方，庶得潜移善变之道。

（见束景南、查明昊辑编：《王阳明全集补编》，
上海古籍出版社2016年版，第186页。）

啾啾吟

知者不惑仁不忧，君胡戚戚眉双愁？信步行来皆坦道，凭天判下非人谋。用之则行舍即休，此身浩荡浮虚舟。丈夫落落掀天地，岂顾束缚如穷囚！千金之珠弹鸟雀，掘土何烦用镯镂？君不见东家老翁防虎患，虎夜入室衔其头？西家儿童不识虎，执竿驱虎如驱牛。痴人惩噎遂废食，愚者畏溺先自投。人生达命自洒落，忧谗避毁徒啾啾！

（见《王阳明全集》第3卷，
民主与建设出版社2014年版，第575页。）

送王巴山学宪归六合

衡文岂不重，竹帛总成尘。且脱奔驰苦，归寻故里春。人生亦何极，所重全其贞。去去勿复道，青山不误人。

（见束景南、查明昊辑编：《王阳明全集补编》，
上海古籍出版社2016年版，第72页。）

吊叠山先生

国破家亡志不移，文山心事两相期。当时不落豺狼手，成败于今未可知。

（见束景南、查明昊辑编：《王阳明全集补编》，

上海古籍出版社2016年版，第72页。）

书陈世杰卷

尧允恭克让；舜温恭允塞；禹不自满假；文王徽柔懿恭，小心翼翼，望道而未之见；孔子温良恭俭让。盖自古圣贤，未有不笃于谦恭者。向见世杰以足恭为可耻，故遂入于简抗自是。简抗自是则傲矣；傲，凶德也，不可长。足恭也者，有所为而为之者也。无所为而为之者，谓之谦；谦，德之柄，温温恭人，惟德之基。堂堂乎张也，难与并为仁矣。仲尼赞《易》之《谦》曰："谦，尊而光，卑而不可踰，君子之终也。"故地不谦，不足以载万物；天不谦，不足以覆万物；人不谦，不足以受天下之益。昔者颜子以能问于不能，有而若无，盖得夫谦道也。慎独、致知之说，既尝反覆于世杰，则凡百私意之萌，自当退听矣。复嘵嘵于是，盖就世杰气质之所急者言之。躬自厚而薄责于人，则远怨；见贤思齐，见不贤而内自省，则德修。毋谓己为已知而辄以诲人，毋谓人为不知而辄以忽人。终日但见己过，默而识之，学而不厌，则于道也其庶矣乎！

（见束景南：《王阳明年谱长编》三，

上海古籍出版社2017年版，第1308—1309页。）

寄闻人邦英邦正

〈节选〉

"源泉混混，不舍昼夜，盈科而后进。放乎四海，有本者如是。"立志

者，其本也。有有志而无成者矣，未有无志而能有成者也。

（见《王阳明全集》第1卷，
民主与建设出版社2014年版，第128页。）

与陈国英

〈节选〉

凡人之学，不日进者必日退。譬诸草木，生意日滋，则日益畅茂；苟生意日息，则亦日就衰落矣。

（见《王阳明全集》第1卷，
民主与建设出版社2014年版，第132页。）

复唐虞佐

承示诗二韵五章，语益工，兴寄益无尽，深叹多才，但不欲以是为有道者称颂耳。“撤讲慎择”之喻，爱我良多，深知感怍。但区区之心，亦自有不容已者。圣贤之道，坦若大路，夫妇之愚，可以与知。而后之论者，忽近求远，舍易图难，遂使老师宿儒皆不敢轻议。故在今时，非独其庸下者自分以为不可为，虽高者特达，皆以此学为长物，视之为虚谈赘说，亦许时矣。当此之时，苟有一念相寻于此，真所谓“空谷足音，见似人者喜矣”。况其章缝而来者，宁不忻忻然以接之乎？然要其间，亦岂无滥竽、假道之弊！但在我不可以此意逆之，亦将于此以求其真者耳。正如淘金于沙，非不知沙之汰而去者且十九，然亦未能即舍沙而别以淘金为也。孔子云：“与其进也，不与其退也，唯何甚。”孟子云：“君子之设科也，来者不拒，往者不追。”苟以是心至，斯受之而已矣。盖“不愤不启”者，君子施教之方；“有教无类”，则其本心焉耳。多病之躯，重为知己忧，惓惓惠喻及此，感爱何有穷已。然区区之心，亦不敢不为知己一倾倒也。行且会面，悉所未尽。

（见《王阳明全集》第1卷，

民主与建设出版社2014年版，第132—133页。）

再游九华

昔年十日九华住，云雾终旬竟不开。有如昏夜入宝藏，两目无睹成空回。每逢好事谈奇胜，即思策蹇还一来。频年驱逐事兵革，出入贼垒冲风埃。恐恐昼夜不遑息，岂复山水能徘徊。鄱湖一战偶天幸，远随归凯停江隈。是时军务颇多暇，况复我马方隤颓。旧游诸生亦群集，遂将童冠登崔嵬。先晨霏霭尚暝晦，却疑山意犹嫌猜。肩舆一入青阳境，忽然白日开西岭。长风拥篲扫浮阴，九十九峰如梦醒。群峦踊跃争献奇，儿孙俯伏摩其顶。今来始识九华面，恨无诗笔为传影。层楼迭阁写未工，千朵芙蓉抽玉井。怪哉造化亦安排，天下奇山此兼并。揽衣登高望八荒，双阙下见日月光。长江如带绕山麓，五湖七泽皆陂塘。蓬瀛海上浮拳石，举足可到虹可梁。仙人为我启阊阖，鸾辕鹤驾纷翱翔。从兹脱屣谢尘世，飘然拂袂凌苍苍。

惟贤宪副以此卷书近作，漫录数首，一笑。正德庚辰八月望，阳明山人书于虔台之思归轩中。

（见束景南：《王阳明年谱长编》三，

上海古籍出版社2017年版，第1318页。）

纪梦（并序）

正德庚辰八月廿八夕，卧小阁，忽梦晋忠臣郭景纯氏以诗示予，且极言王导之奸，谓世之人徒知王敦之逆，而不知王导实阴主之。其言甚长，不能尽录。觉而书其所示诗于壁，复为诗以纪其略。嗟乎！今距景纯若干年矣，非有实恶深冤郁结而未暴，宁有数千载之下尚怀愤不平若是者耶！

秋夜卧小阁，梦游沧海滨。海上神仙不可到，金银宫阙高嶙峋。中有仙人芙蓉巾，顾我宛若平生亲；欣然就语下烟雾，自言姓名郭景纯。携手历历诉衷曲，义愤感激难具陈。切齿尤深怨王导，深奸老猾长欺人。当年王敦觊神器，导实阴主相缘夤。不然三问三不答，胡忍使敦杀伯仁？寄书欲拔太真舌，不相为谋敢尔云！敦病已笃事已去，临哭嫁祸复卖敦。事成同享帝王贵，事败乃为顾命臣。几微隐约亦可见，世史掩覆多失真。袖出长篇再三读，觉来字字能书绅。开窗试抽《晋史》阅，中间事迹颇有因。因思景纯有道者，世移事往千余春；若非精诚果有激，岂得到今犹愤嗔！不成之语以筮戒，敦实气沮竟殒身。人生生死亦不易，谁能视死如轻尘？烛微先几炳《易》道，多能余事非所论。取义成仁忠晋室，龙逄龚胜心可伦。是非颠倒古多有，吁嗟景纯终见伸！御风骑气游八垠。彼敦之徒草木粪土臭腐同沉沦！

我昔明《易》道，故知未来事。时人不我识，遂传耽一技。一思王导徒，神器良久觊。诸谢岂不力？伯仁见其底。所以敦者佣，罔顾天经与地义。不然百口未负托，何忍置之死！我于斯时知有分，日中斩柴市。我死何足悲，我生良有以！九天一人抚膺哭，晋室诸公亦可耻。举目山河徒叹非，携手登亭空洒泪。王导真奸雄，千载人未议。偶感君子谈中及，重与写真记。固知仓卒不成文，自今当与频谑戏。倘其为我一表扬，万世万世万万世。

右晋忠臣郭景纯自述诗，盖予梦中所得者，因表而出之。

（见《王阳明全集》第 2 卷，

民主与建设出版社 2014 年版，第 570—571 页。）

忘归岩题壁

青山随地佳，岂必故园好。但得此身闲，尘寰亦蓬岛。西林日初暮，明月来何早。醉卧石床凉，洞云秋未扫。

正德庚辰八月八日，访邹、陈诸子于玉岩，题壁。阳明山人王守仁书。

（见束景南：《王阳明年谱长编》三，上海古籍出版社2017年版，第1312页。）

《忘归岩题壁》手迹

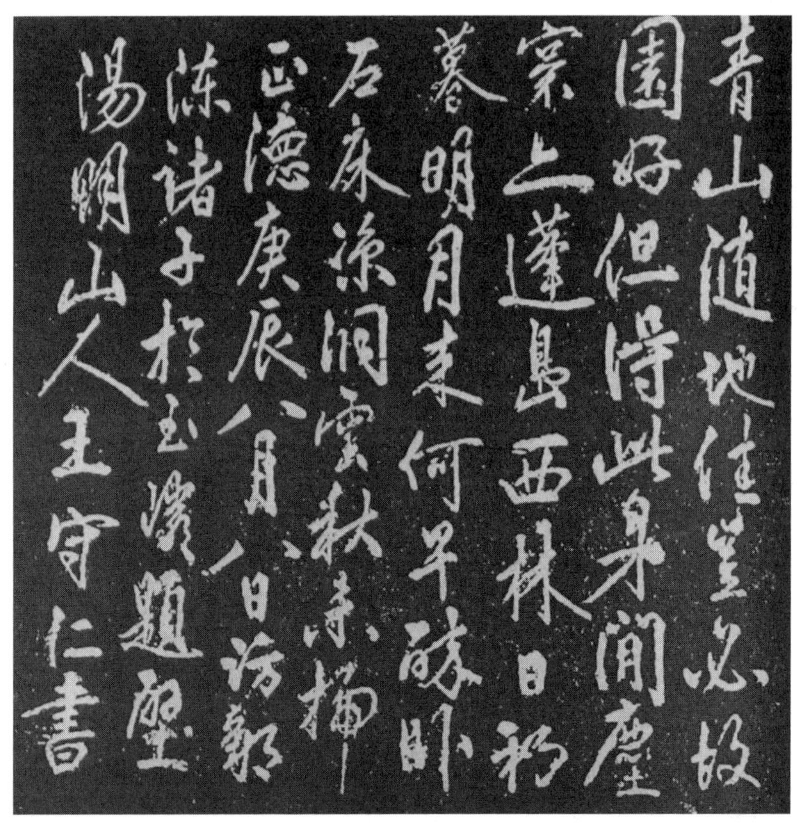

（见计文渊编：《王阳明法书集》四〇，西泠印社1996年版。）

游通天岩示邹陈二子

邹陈二子皆好游，一往通天十日留。候之来归久不至，我亦乘兴聊寻幽。岩扉日出云气浮，二子唏发登岩头。谷转始闻人语响，苍壁杳杳长林秋。嗒然坐我亦忘去，人生得休且复休。采芝共约阳明麓，白首无惭黄绮俦。

（见《王阳明全集》第 2 卷，
民主与建设出版社 2014 年版，第 571 页。）

月下吟三首

露冷天清月更辉，可看游子倍沾衣。催人岁月心空在，满眼兵戈事渐非。方朔本无金马意，班超惟愿玉门归。白头应倚庭前树，怪我还期秋又违。

江天月色自清秋，不管人间底许愁。谩拟翠华旋北极，正怜白发倚南楼。狼烽绝塞寒初入，鹤怨空山夜未休。莫重三公轻一日，虚名真觉是浮沤。

依依窗月夜还来，渺渺乡愁坐未回。素位也知非自得，白头无奈是亲衰。当年竹下曾裘仲，何日花前更老莱？恳疏乞骸今几上，中宵翘首望三台。

（见《王阳明全集》第 3 卷，
民主与建设出版社 2014 年版，第 573 页。）

月夜二首

高台月色倍新晴，极浦浮沙远树平。客久欲迷乡国望，乱余愁听鼓鼙声。湖南水潦频移粟，碛北风烟且罢征。濡手未辞援溺苦，白头方切倚间情。

举世困酣睡，而谁偶独醒？疾呼未能起，瞪目相怪惊。反谓醒者狂，群起环斗争。洙泗辍金铎，濂洛传微声。谁鸣涂毒鼓，闻者皆昏冥。嗟尔欲奚为？奔走皆营营？何当闻此鼓，开尔天聪明！

（见《王阳明全集》第3卷，

民主与建设出版社2014年版，第573页。）

宗忠简公象赞

〈节选〉

此宗忠简公遗象也。守仁读史至公传，未尝不为之扼腕而流涕。广石廉访使朝用先生，公之苗裔，余同年友也，属为之赞。余悲公见抑于权奸，而积愤以死也，遂赞之曰：

天之义气，伟人受形。乃大雷电，以赫厥灵。宋帝蒙尘，惟公纯臣。百万义旅，一呼响臻。回銮之疏，二十四上。积愤而逝，风雨震荡。忠肝义胆，泰山莫撼。堂堂遗象，泪襟在览。丹青载见，目光如电。英姿飒爽，怒髪思战。三呼渡河，一语无他。千载愤激，转谷盘涡。

姚江王守仁谨赞。

（见束景南、查明昊辑编：《王阳明全集补编》，

上海古籍出版社2016年版，第183页。）

为泰州王银易其名为“艮”[①]

泰州王银服古冠服，执木简，以二诗为贽，请见。先生异其人，降阶迎之。既上坐，问：“何冠？”曰：“有虞氏冠。”问：“何服？”曰：“老莱

① 篇名为本书作者加。

子服。”曰：“学老莱子乎？”曰：“然。”曰：“将止学服其服，未学上堂诈跌掩面啼哭也？”银色动，坐渐侧。及论致知格物，悟曰：“吾人之学，饰情抗节，矫诸外；先生之学，精深极微，得之心者也。”遂反服执弟子礼。先生易其名为“艮”，字以“汝止。”

（见《王阳明全集》第4卷，年谱二，民主与建设出版社2014年版，第930页。）

舒芬问律吕[1]

进贤舒芬以翰林谪官市舶，自恃博学，见先生问律吕。先生不答，且问元声。对曰：“元声制度颇详，特未置密室经试耳。”先生曰：“元声岂得之管灰黍石间哉？心得养则气自和，元气所由出也。《书》云‘诗言志’，志即是乐之本；‘歌永言’，歌即是制律之本。永言和声，俱本于歌。歌本于心，故心也者，中和之极也。”芬遂跃然拜弟子。

（见《王阳明全集》第4卷，年谱二，民主与建设出版社2014年版，第930页。）

元声只在你心上求[2]

先生曰：“古乐不作久矣。今之戏子，尚与古乐意思相近。”未达，请问。先生曰：“《韶》之九成，便是舜的一本戏子。《武》之九变，便是武王的一本戏子。圣人一生实事，俱播在乐中。所以有德者闻之，便知他尽善尽美与尽美未尽善处。若后世作乐，只是做些词调，于民俗风化绝无关涉，何以化民善俗？今要民俗反朴还淳，取今之戏子，将妖淫词调俱去

① 篇名为本书作者加。
② 篇名为本书作者加。

了，只取忠臣孝子故事，使愚俗百姓人人易晓，无意中感激他良知起来，却与风化有益。然后古乐渐次可复矣。”曰：“洪要求元声不可得，恐于古乐亦难复。”先生曰：“你说元声在何处求？”对曰：“古人制管候气，恐是求元声之法。”先生曰：“若要去葭灰黍粒中求元声，却如水底捞月，如何可得？元声只在你心上求。”曰：“心如何求？”先生曰：“古人为治，先养得人心和平，然后作乐。比如在此歌诗，你的心气和平，听着自然悦怿兴起。只此便是元声之始。《书》云：‘诗言志’，志便是乐的本。‘歌永言’，歌便是作乐的本。‘声依永，律和声’，律只要和声，和声便是制律的本。何尝求之于外？”曰：“古人制候气法，是意何取？”先生曰：“古人具中和之体以作乐。我的中和，原与天地之气相应；候天地之气，协凤凰之音，不过去验我的气果和否。此是成律已后事，非必待此以成律也。今要候灰管，必须定至日。然至日子时，恐又不准，又何处取得准来？”

（见《王阳明全集》第1卷，
民主与建设出版社2014年版，第88页。）

琴、瑟、简编，学者不可无[①]

琴、瑟、简编，学者不可无。盖有业以居之，心就不放。

（见《王阳明全集》第1卷，
民主与建设出版社2014年版，第89页。）

《传习录》下

〈节选〉

问“志于道”一章。先生曰：“只‘志道’一句，便含下面数句功夫，

① 篇名为本书作者加。

自住不得。譬如做此屋，‘志于道’是念念要去择地鸠材，经营成个区宅。‘据德’却是经画已成，有可据矣；‘依仁’却是常常住在区宅内，更不离去。‘游艺’却是加些画采，美此区宅。艺者，义也，理之所宜者也，如诵诗、读书、弹琴、习射之类，皆所以调习此心，使之熟于道也。苟不‘志道’而‘游艺’，却如无状小子；不先去置造区宅，只管要去买画挂做门面，不知将挂在何处？”

（见《王阳明全集》第1卷，
民主与建设出版社2014年版，第77—78页。）

先生曰：“人的良知，就是草、木、瓦、石的良知。若草、木、瓦、石无人的良知，不可以为草、木、瓦、石矣。岂惟草、木、瓦、石为然，天地无人的良知，亦不可为天地矣。盖天地万物与人原是一体，其发窍之最精处，是人心一点灵明。风、雨、露、雷、日、月、星、辰，禽、兽、草、木，山、川、土、石，与人原只一体。故五谷禽兽之类，皆可以养人；药石之类，皆可以疗疾：只为同此一气，故能相通耳。”

先生游南镇，一友指岩中花树问曰：“天下无心外之物，如此花树，在深山中自开自落，于我心亦何相关？”先生曰：“你未看此花时，此花与汝心同归于寂。你来看此花时，则此花颜色一时明白起来。便知此花不在你的心外。”

（见《王阳明全集》第1卷，
民主与建设出版社2014年版，第83—84页。）

问：“知譬日，欲譬云，云虽能蔽日，亦是天之一气合有的，欲亦莫非人心合有否？”先生曰：“喜、怒、哀、惧、爱、恶、欲，谓之七情。七者俱是人心合有的。但要认得良知明白。比如日光，亦不可指着方所；一隙通明，皆是日光所在；虽云雾四塞，太虚中色相可辨，亦是日光不灭处，不可以云能蔽日，教天不要生云。七情顺其自然之流行，皆是良知之用，不可分别善恶，但不可有所着；七情有着，俱谓之欲，俱为良知之蔽；然才有着时，良知亦自会觉，觉即蔽去，复其体矣！此处能勘得破，方是简易透彻功夫。”

（见《王阳明全集》第1卷，

民主与建设出版社2014年版，第86页。）

问：“乐是心之本体，不知遇大故于哀哭时，此乐还在否？”先生曰：“须是大哭一番方乐，不哭便不乐矣。虽哭，此心安处即是乐也，本体未尝有动。”

（见《王阳明全集》第1卷，

民主与建设出版社2014年版，第87页。）

问：“古人论性，各有异同，何者乃为定论？”先生曰：“性无定体，论亦无定体，有自本体上说者，有自发用上说者，有自源头上说者，有自流弊处说者。总而言之，只是一个性，但所见有浅深尔。若执定一边，便不是了。性之本体原是无善无恶的，发用上也原是可以为善，可以为不善的，其流弊也原是一定善一定恶的。譬如眼，有喜时的眼，有怒时的眼，直视就是看的眼，微视就是觑的眼。总而言之，只是这个眼，若见得怒时眼，就说未尝有喜的眼，见得看时眼，就说未尝有觑的眼，皆是执定，就知是错。孟子说性，直从源头上说来，亦是说个大概如此。荀子性恶之说，是从流弊上说来，也未可尽说他不是，只是见得未精耳。众人则失了心之本体。”问：“孟子从源头上说性，要人用功在源头上明彻；荀子从流弊说性，功夫只在末流上救正，便费力了。”先生曰：“然。”

（见《王阳明全集》第1卷，

民主与建设出版社2014年版，第89页。）

丰城阻风 前岁遇难于此，得北风幸免

北风休叹北船穷，此地曾经拜北风。勾践敢忘尝胆地？齐威长忆射钩功。桥边黄石机先授，海上陶朱意颇同。况是倚门衰白甚，岁寒茅屋万山中。

（见《王阳明全集》第2卷，

民主与建设出版社2014年版，第564页。）

题寿外母蟠桃园

某之妻之母诸太夫人张，今年寿八十。十二月二十有二日，其设帨辰也。某縻于官守，不能归捧一觞于堂下。幕下之士有郭诩者，因为作《王母蟠桃之图》以献。夫王母蟠桃之说，虽出于仙经异典，未必其事之有无，然今世之人多以之祝愿其所亲爱，固亦古人冈陵松柏之意也。吾从众可乎！遂用之以寄遥祝之私，而诗以歌之云：

维彼蟠桃，千岁一华。夫人之寿，兹维始葩。维彼蟠桃，千岁一实。夫人之寿，益坚孔硕。维华维实，厥根弥植。维夫人孙子，亦昌衍靡极。

（见《王阳明全集》第3卷，

民主与建设出版社2014年版，第675—676页。）

雪望四首

风雪楼台夜更寒，晓来霁色满山川。当歌莫放阳春调，几处人家未起烟。

初日湖上雪未融，野人村落闭重重。安居信是丰年兆，为语田夫莫惰农。

霁景朝来更好看，河山千里思漫漫。茅檐日色犹堪曝，应是边关地

更寒。

法象冥蒙失巨纤，连朝风雪费妆严。谁将尘世化珠玉？好与贫家聚米盐。

（见《王阳明全集》第3卷，
民主与建设出版社2014年版，第574页。）

1521年（明武宗正德十六年，辛巳），50岁

正月，居南昌。始揭致良知之教。刻《象山文集》，为序以表彰之。

五月，集门人于白鹿洞。

六月，升南京兵部尚书，参赞机务。

九月，归余姚省祖茔，访瑞云楼，日与宗族亲友宴游，讲学。钱德洪率七十四学子从之。

十月，封新建伯，还兼两京兵部尚书。

（参见（见《王阳明全集》第4卷，
民主与建设出版社2014年版，第931—934页。）

归怀

行年忽五十，顿觉毛发改。四十九年非，童心独犹在。世故渐改涉，遇坎稍无馁。每当快意事，退然思辱殆。倾否作圣功，物睹岂不快？奈何桑梓怀，衰白倚门待！

（见《王阳明全集》第3卷，
民主与建设出版社2014年版，第575页。）

再与邹谦之

近来信得“致良知”三字，真圣门正法眼藏。往年尚疑未尽，今自多事以来，只此良知无不具足。譬之操舟得舵，平澜浅濑，无不如意，虽遇颠风逆浪，舵柄在手，可免没溺之患矣。

（见束景南、查明昊辑编：《王阳明全集补编》，上海古籍出版社 2016 年版，第 189—190 页。）

一日，先生喟然发叹。九川问曰：“先生何叹也?”曰：“此理简易明白若此，乃一经沉埋数百年。”九川曰：“亦为宋儒从知解上入，认识神为性体，故闻见日益，障道日深耳。今先生拈出‘良知’二字，此古今人人真面目，更复奚疑?”先生曰：“然。譬之人有冒别姓坟墓为祖墓者，何以为辨？只得开圹将子孙滴血，真伪无可逃矣。我此良知二字，实千古圣圣相传一点滴骨血也。”又曰：“某于此良知之说，从百死千难中得来，不得已与人一口说尽。只恐学者得之容易，把作一种光景玩弄，不实落用功，负此知耳。”

（见《王阳明全集》第 4 卷，年谱二，民主与建设出版社 2014 年版，第 931 页。）

与杨仕鸣

〈节选〉

区区所论致知二字，乃是孔门正法眼藏，于此见得真的，直是建诸天地而不悖，质诸鬼神而无疑，考诸三王而不谬，百世以俟圣人而不惑！知此者，方谓之知道；得此者，方谓之有德。异此而学，即谓之异端；离此而说，即谓之邪说；迷此而行，即谓之冥行。虽千魔万怪，眩瞀变幻于前，自当触之而碎，迎之而解，如太阳一出，而鬼魅魍魉自无所逃其形矣。

（见《王阳明全集》第 1 卷，民主与建设出版社 2014 年版，第 139 页。）

白鹿洞独对亭

五老隔青冥，寻常不易见。我来骑白鹿，凌空陟飞巘。长风卷浮云，褰帷始窥面。一笑仍旧颜，愧我鬓先变。我来尔为主，乾坤亦邮传。海灯照孤月，静对有余眷。彭蠡浮一觞，宾主聊酬劝。悠悠万古心，默契可无辩！

（见《王阳明全集》第 2 卷，
民主与建设出版社 2014 年版，第 563—564 页。）

送邵文实方伯致仕

君不见埘下鸡，引类呼群啄且啼？稻粱已足脂渐肥，毛羽脱落充庖厨。又不见笼中鹤，敛翼垂头困牢落？笼开一旦入层云，万里翱翔从寥廓。人生山水须认真，胡为利禄缠其身？高车驷马尽桎梏，云台麟阁皆埃尘。鸱夷抱恨浮江水，何似乘舟逃海滨？舜水龙山予旧宅，让公且作烟霞伯。拂衣便拟逐公回，为予先扫峰头石。

（见《王阳明全集》第 2 卷，
民主与建设出版社 2014 年版，第 569—570 页。）

游白鹿洞歌

何年白鹿洞，正傍五老峰。五老去天不盈尺，俯窥人世烟云重。我欲揽秀色，一一青芙蓉。举手石扇开半掩，绿鬟玉女如相逢。风雷隐隐万壑泻，凭崖倚树闻清钟。洞门之外百丈松，千株尽化为苍龙。驾苍龙，骑白鹿，泉堪饮，芝可服，何人肯入空山宿？空山空山即我屋，一卷《黄庭》石上读。

辛巳三月书此，王守仁。

（见《王阳明全集》第 3 卷，
民主与建设出版社 2014 年版，第 885 页。）

《游白鹿洞歌》手迹

游白鹿洞歌
何年白鹿洞正傍
五老峰五老去天
不盈尺俯窺人世煙
雲重我欲攬秀色
一一青芙蓉舉手

石扇開半掩綠鬟
玉女如相逢風雷隱隱
萬壑瀉憑崖倚樹
聞清鐘洞門之外百丈
松千株化盡為蒼
龍駕蒼龍騎白鹿

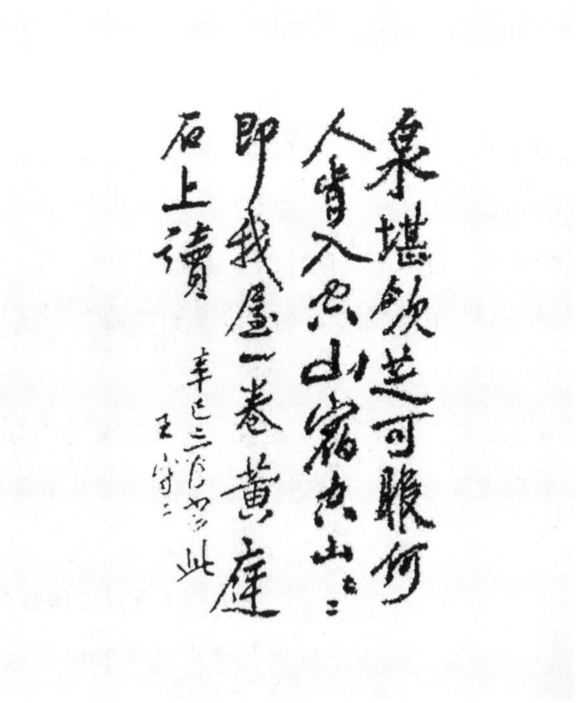

（见杨德俊主编：《王阳明龙场遗墨》，

贵州大学出版社 2016 年版，第 227—229 页。）

咏钓台石笋

云根奇怪起双峰，惯历风霜几万冬。春去已无斑箨落，雨余唯见碧苔封。不随众卉生枝节，却笑繁花惹蝶蜂[①]；借使放梢成翠竹，等闲应得化虬龙。

（见《王阳明全集》第 3 卷，

民主与建设出版社 2014 年版，第 885 页。）

① 《王阳明全集》第 3 卷，民主与建设出版社 2014 年版，第 885 页中，此字为“峰”，改为“蜂”。

游雪窦

平生性野多违俗，长望云山叹式微；暂向溪流濯尘冕，益怜薜萝胜朝衣。林间烟起知僧住，岩下云开见鸟飞；绝境自余麋鹿伴，况闻体远悟禅机。

穷山路断独来难，过尽千溪见石坛。高阁鸣钟僧睡起，深林无暑葛衣寒。蛰雷隐隐连岩瀑，山雨森森映竹竿。莫讶诸峰俱眼熟，当年曾向画图看。

僧居俯暗瞷万山尖，六月凉飚早送炎。夜枕风溪鸣急雨，晓窗宿雾卷青帘。开池种藕当峰顶，架竹分泉过屋檐。幽谷时常思豹隐，深更犹自愧蛟潜。

（见《王阳明全集》第 3 卷，
民主与建设出版社 2014 年版，第 885 页。）

答伦彦式

往岁仙舟过赣，承不自满足，执礼谦而下问恳，古所谓“敏而好学”，于吾彦式见之。别后连冗，不及以时奉问，极切驰想！近令弟过省，复承惠教，志道之笃，趋向之正，勤倦有加，浅薄何以当此？悚息悚息！

谕及“学无静根，感物易动，处事多悔”，即是三言，尤是近时用工之实。仆罔所知识，何足以辱贤者之问！大抵三言者，病亦相因。惟学而别求静根，故感物而惧其易动；感物而惧其易动，是故处事而多悔也。心，无动静者也。其静也者，以言其体也；其动也者，以言其用也。故君子之学，无间于动静。其静也，常觉而未尝无也，故常应；其动也，常定而未尝有也，故常寂；常应常寂，动静皆有事焉，是之谓集义。集义故能无祇悔，所谓动亦定，静亦定者也，心一而已。静，其体也，而复求静根焉，是挠其体也；动，其用也，而惧其易动焉，是废其用也。故求静之心即动也，恶动之心非静也，是之谓动亦动，静亦动，将迎起伏，相寻于无穷矣。故循理之谓静，从欲之谓动。欲也者，非必声色货利外诱也，有心之私皆欲也。故循理焉，虽酬酢万变，皆静也。濂溪所谓“主静”，无欲之谓也，是谓集义者也。从欲焉，虽心斋坐忘，亦动也。告子之强制，正助之谓也，是外义者也。虽然，仆盖从事于此而未之能焉，聊为贤者陈其所见云尔。以为何如？便间示知之。

（见《王阳明全集》第1卷，
民主与建设出版社2014年版，第136—137页。）

书顾维贤卷

〈节选〉

只此“警戒”二字，便是予所最丁宁者。今时朋友大患不能立志，是以因循懈弛，散漫度日。若立志，则警戒之意当自有不容已。故警戒者，立志之辅。能警戒，则学问思辨之功、切磋琢磨之益，将日新又新，沛然莫之能御矣。……今日风俗益偷，人心日以沦溺，苟欲自立，违俗拂众，指摘非笑纷然而起，势所必至，亦多由所养未深，高自标榜所至。学者便不当自立门户，以招谤速毁；亦不当故避非毁，同流合污。维贤温雅，朋友中最为难得，似亦微失之弱，恐诋笑之来，不能无动；才为所动，即依阿隐忍，久将沦胥以溺。每到此便须反身，痛自切责。为己之志未能坚定，亦便志气激昂奋发。但知明己之善，立己之诚，以求快足乎己，岂暇顾人非笑指摘？故学者只须责自家为己之志未能坚定，志苟坚定，则非笑诋毁不足动摇，反皆为砥砺切磋之地矣。今时人多言人之非毁亦当顾恤，此皆随俗习非之久，相沿其说，莫知以为非。不知里许尽是私意，为害不小，不可以不察也。

（见《王阳明全集》第1卷，
民主与建设出版社2014年版，第203页。）

次谦之韵

珍重江船冒暑行，一宵心话更分明。须从根本求生死，莫向支流辨浊清。久奈世儒横臆说，竞搜物理外人情。良知底用安排得？此物由来自浑成。

（见《王阳明全集》第3卷，
民主与建设出版社2014年版，第575页。）

与朱守忠

乍别忽旬余。沿途人事扰扰，每得稍暇，或遇景感触，辄复兴怀。赍诏官来，承手札，知警省不懈，幸甚幸甚！此意不忘，即是时时相见，虽别非别矣。道之不明，皆由吾辈明之于口而不明之于身，是以徒腾颊舌，未能不言而信。要在立诚而已。向日谦虚之说，其病端亦起于不诚。使能如好好色，如恶恶臭，亦安有不谦不虚时邪？虞佐相爱之情甚厚，别后益见其真切，所恨爱莫为助。但愿渠实落做个圣贤，以此为报而已。相见时，以此意规之。谦之当已不可留，国裳亦时时相见否？学问之益，莫大于朋友切磋，聚会不厌频数也。明日当发玉山，到家渐可计日，但与守忠相去益远，临纸怅然！

（见束景南著：《王阳明年谱长编》三，
上海古籍出版社2017年版，第1398—1399页。）

归兴二首

百战归来白发新，青山从此作闲人。峰攒尚忆冲蛮阵，云起犹疑见虏尘。岛屿微茫沧海暮，桃花烂漫武陵春。而今始信还丹诀，却笑当年识未真。

其二

归去休来归去休，千貂不换一羊裘。青山待我长为主，白发从他自满头。种果移花新事业，茂林修竹旧风流。多情最爱沧州伴，日日相呼弹钓舟。

（见《王阳明全集》第3卷，
民主与建设出版社2014年版，第575页。）

简施聘之

〈节选〉

人苦不自知；亦或知之，而甘于自欺自弃耳，是以懵然终其身。吾兄吐露心事，明白洞达若此，真可谓任道之器，千百之中而未能一二见者也。敬呈。

吴门山水窟，是处足清游。深醉宁辞晚，微凉欲近秋。千年怜谢屐，百尺仰陈楼。斜日悬高树，因君更少留。

（见束景南、查明昊辑编：《王阳明全集补编》，
上海古籍出版社2016年版，第189页。）

题倪小野清晖楼

经锄世泽着南州，地接蓬莱近斗牛。意气元龙高百尺，文章司马壮千秋。先几入奏功名盛，未老投簪物望优。三十年来同出处，清晖楼对瑞云楼。

（见束景南、查明昊辑编：《王阳明全集补编》，
上海古籍出版社2016年版，第73页。）

辛巳年，师归省祖茔，门人夏淳、孙升、吴仁、管州、孙应奎、范引

年、柴凤、杨珂、周于德、钱大经、应扬、谷钟秀、王正心、正思、俞大本、钱德周仲实等，侍师讲学于龙泉寺之中天阁。师亲书三八会期于壁。吴仁聚徒于阁中，合同志讲会不辍。

（见《王阳明全集》第4卷，年谱附录一，
民主与建设出版社2014年版，第974页。）

贺孙老先生入泮

廿载名邦负笈频，循循功业与时新。天池朝展柔杨枝，泮水先藏细柳春。

恭贺孙老先生入泮之禧。阳明王守仁。

广兴□张大直顿首□。

（见束景南、查明昊辑编：《王阳明全集补编》，
上海古籍出版社2016年版，第73页。）

寄顾惟贤手札

洪都相与几两年，中间疏缺多矣。而诸公相爱之情不一而足，别后益隆无替，感怍岂有尽也。荏苒岁月，忽复半百，四十九年之非，不可追复。方切悔叹，思有以自新，而使者远辱，重之以文辞，教之以仪物，是庆之者，适所以愧之也。又且惠及老父，悚汗愈不可言。使还，值冗结，未暇细裁，尚须后便，更悉鄙怀耳。十月九日，守仁顿首，惟贤宪长道契大人文侍。

（见束景南、查明昊辑编：《王阳明全集补编》，
上海古籍出版社2016年版，第191页。）

《寄顾惟贤手札》手迹

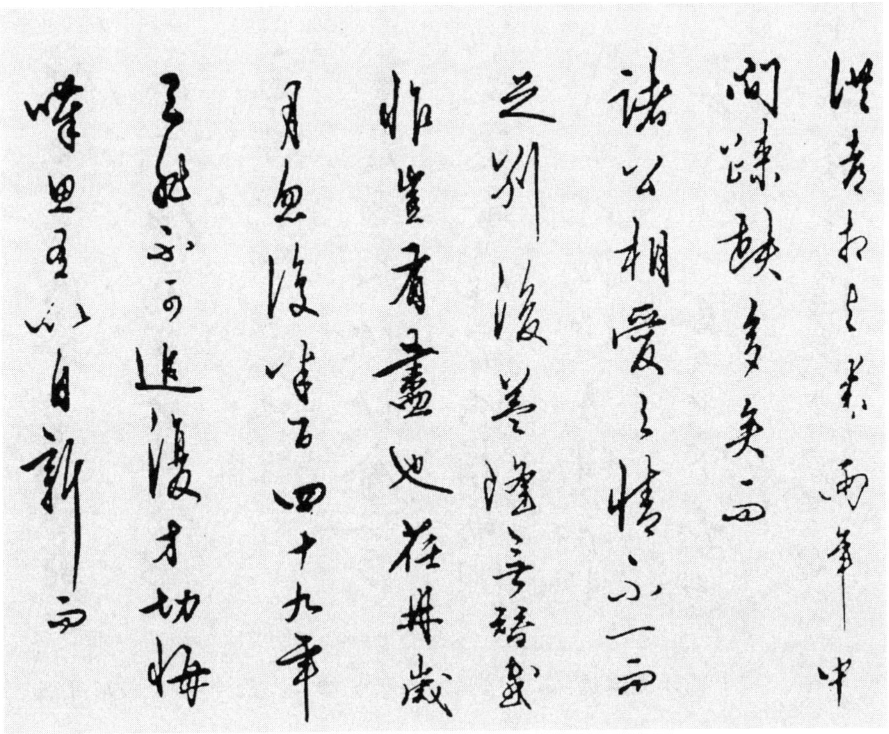

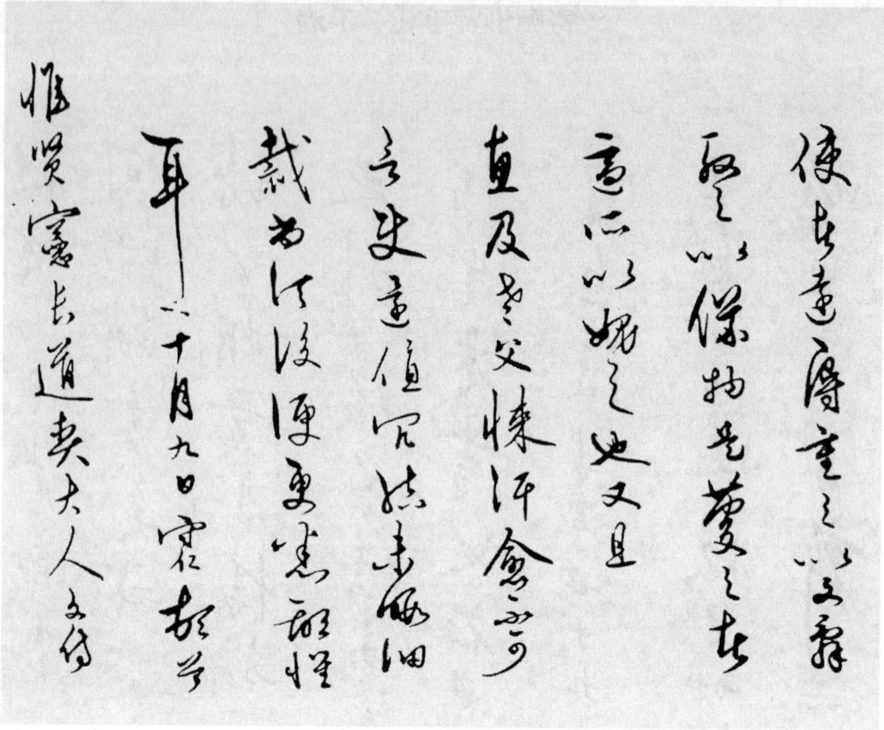

（见计文渊编：《王阳明法书集》四二，西泠印社 1996 年版。）

寄余姚诸弟手札

此间家事，尚未停当，专俟弟辈来此分处，何乃一去许时，不见上来？先人遗教在耳，其忍恝然若是耶！田庄农务虽在正忙时节，亦须暂抛旬日，切不可再迟迟矣。正心、正思候提学一过，即宜上来。正恕、正愈、正惠先可携之同来。近日正思辈在此，始觉稍有分毫之益，决不可纵，今在家放荡过了也。此间良友比在家稍多，古人所谓“蓬生麻中，不扶而直”，是真实不诳语。长兄伯安字白。三弟、四弟、六弟、八弟同看。伯叔母二位老孺人同禀此意。

（见束景南、查明昊辑编：《王阳明全集补编》，
上海古籍出版社 2016 年版，第 192 页。）

送人致仕

人生贵适意，何事久天涯。栗里堪栽柳，青门好种瓜。冥鸿辞网罟，尘土换烟霞。有子真麒麟，归欤莫怨嗟。

（见束景南、查明昊辑编：《王阳明全集补编》，
上海古籍出版社 2016 年版，第 73—74 页。）

吊蕙皋府君文

呜呼伯雨！胡宁止是？英妙之年，俊才高第。阔步长趣，俛视一世。构嫉中遭，皤然林壑。静养有方，锐志圣学。精微日臻，豁然大觉。吾道得人，同志是质。倏焉倾逝，天寔丧予。方有师旅，奔讣无期。临风一恸，痛也何如！呜呼痛哉！

（见束景南、查明昊辑编：《王阳明全集补编》，
上海古籍出版社 2016 年版，第 191 页。）

书唐人七律二首

裁冰迭雪不同流，妃子宫中钗上头。一缕红丝归赵璧，满阶明月戏吴钩。春情难断银为剪，旧垒犹存玉作楼。莫向寻常问行迹，杏花深处语悠悠。

流澌腊月下河阳，草色新年发建章。秦地立春传太史，汉宫题柱忆仙郎。归鸿欲度千门雪，仕女新添午夜香。蚤晚荐雄文似者，故人今已赋《长杨》。

寒夜独坐，篝灯握管，为书唐律二首。新建伯王守仁。

（见束景南：《王阳明年谱长编》三，
上海古籍出版社 2017 年版，第 1503 页。）

寄薛尚谦

〈节选〉

道不同不相为谋，而仁者爱物之诚，又自有不容已者，要在默而成之，不言而信耳。困心衡虑，以坚淬其志节；动心忍性，以增益其不能，自古圣贤，未有不如此而能有立于天下者也。

（见束景南、查明昊辑编：《王阳明全集补编》，
上海古籍出版社 2016 年版，第 190 页。）

疏辞封爵。龙山公卒。先生卧病，远方同志日至，乃揭帖于壁。

（参见《王阳明全集》第 4 卷，年谱三，
民主与建设出版社 2014 年版，第 935—936 页。）

1522 年（明世宗嘉靖元年，壬午），51 岁

壁帖

守仁鄙劣，无所知识，且在忧病奄奄中，故凡四方同志之辱临者，皆不敢相见。或不得已而相见，亦不敢有所论说，各请归而求诸孔孟之训可矣。夫孔孟之训，昭如日月。凡支离决裂，似是而非者，皆异说也。有志于圣人之学者，外孔孟之训而他求，是舍日月之明而希光于萤爝之微也，不亦缪乎！有负远来之情，聊此以谢。荒迷不次。

（见《王阳明全集》第 1 卷，
民主与建设出版社 2014 年版，第 204 页。）

辞封爵普恩赏以彰国典疏

〈节选〉

南京兵部尚书王守仁谨奏，为辞免封爵，普恩赏以彰国典事：“……王守仁封伯爵，给与诰券，子孙世世承袭，照旧参赞机务，……”“王守仁封新建伯，奉天翊卫推诚宣力守正文臣，特进光禄大夫柱国，还兼南京兵部尚书，照旧参赞机务，岁支禄米一千石，三代并妻一体追封……”

赖朝廷威灵，幸无覆败。既而谗言朋兴，几陷不测，臣之心事，未及自明。先帝登遐，无阶控吁。乃幸天启神圣，陛下龙飞，开臣于覆盆之下，而照之以日月。悯恻慰劳，至勤诏旨，怜其乌鸟之情，使得归省，推大孝之仁，优之以存问。超历常资，授以留都本兵之任。……今又加以封爵之崇，臣惧功微赏重，无其实而冒其名，忧祸败之将及也。

……夫殃莫大于叨天之功，罪莫甚于掩人之善，恶莫深于袭下之能，辱莫重于忘己之耻。四者备而祸全，故臣之不敢受爵，非敢以辞荣也，避祸焉尔已。

（见《王阳明全集》第2卷，

民主与建设出版社2014年版，第336—338页。）

再辞封爵普恩赏以彰国典疏

〈节选〉

人臣于国家之难，凡其心之可望，力之可为，涂肝脑而膏髓骨，皆其职分所当。……幸而陛下龙飞，赫然开日月之光，英贤辅翼，廓清风而鼓震电，于是阴气始散而魍魉潜消。

……今臣受殊赏而众有未逮，是臣以虚言罔诱其下，竭众人之死而共成之，掩众人之美而独取之，见利忘信，始之以忠信，终之以贪鄙，外以欺其下，而内失其初心，亦何颜面以视其人乎？故臣之不敢独当殊赏者，非不知封爵之为荣也，所谓有重于封爵者，故不为苟得耳。

……臣在衰绖忧苦之中，非可有言之日，事不容已而有是举，不胜受恩感激，含哀冒死，战栗惶惧，恳切祈祷之至！

（见《王阳明全集》第2卷，
民主与建设出版社2014年版，第339—342页。）

春晖堂

春日出东海，照见堂上萱。游子万里归，斑衣戏堂前。春日熙熙萱更好，萱花长春春不老。森森兰玉气正芬。翳翳桑榆景犹早。

忘忧愿母长若萱，报德儿心苦于草。君不见，柏台白书飞清霜，到处草木皆生光。若非堂上春晖好，安能肃杀回春阳？

（见束景南、查明昊辑编：《王阳明全集补编》，
上海古籍出版社2016年版，第74页。）

与友人

人间毒暑，正自无地可避，湖山中别有清凉世界，固宜贤者盘桓而不能舍矣。孤在忧病中，既不能往，儿辈又以尘俗之绊，复不能遣之往从，徒有怅望耳。还驾迟速，惟尊意所裁，不敢致期必也。守仁稽颡。

（见束景南、查明昊辑编：《王阳明全集补编》，
上海古籍出版社2016年版，第194页。）

倪小野突兀稿评点

世传倪小野为东坡后身，及观其文章气节，生平出处去就，亦略与东坡相似。

按：一作：世传东坡为倪小野前身，诇其文章节概展世，后先相当。

东坡洵才美，然未免出入于内典诸书，若吾小野，生平学问悉原本六经，讵非所谓粹然无瑕疵者耶？

按：一作：东坡虽曰奇才，未免吐纳内典诸书，若吾友倪小野，唯根柢六经，谓非纯粹以精者乎？

小野诗集不肯居陶、杜后，近若信阳何大复、庆阳李崆峒，视为大儿、小儿矣。

按：一作：宗正诗文逼陶、杜，近日何、李远不能逮。

（见束景南、查明昊辑编：《王阳明全集补编》，
上海古籍出版社2016年版，第194—195页。）

无题诗　一

江上月明看不彻，山窗夜半只须开。万松深处无人到，千里空中有鹤来。受此幽期真结托，怜予游迹尚风埃。年来病马秋尤瘦，不向黄金高筑台。

（见《王阳明全集》新编本第5册，钱明编校，吴光覆校，
浙江古籍出版社2011年版，第1746页。）

无题诗　二

铜鼓金川自古多，也当军乐也当锅。偶承瀑布疑兵响，吓倒蛮兵退太阿。

（见《王阳明全集》新编本第5册，钱明编校，吴光覆校，
浙江古籍出版社2011年版，第1747页。）

无题诗 三

报龙节虎住昆仑，挹别无机孰功沦。袖里青萍三人剑，夜深长啸幽天根。天根顶上即昆仑。水满华池石鼎温。一卷黄庭真决秘，不教红液走旁刁。杖掛真形五岳图，德共心迹似水壶。春来双贯余杭湿，不问蓬莱水满无。

阳明王守仁书。

（见《王阳明全集》新编本第5册，钱明编校，吴光覆校，浙江古籍出版社2011年版，第1747—1748页。）

答张汝立书三篇

书一

君子之心，如青天朗月，虽风雨晦冥，千变万状，要在不失其清明皎洁。古之人顾諟明命，临深履薄，故升沉毁誉，外境递异，而本体恒一，由此道也。

（见束景南、查明昊辑编：《王阳明全集补编》，上海古籍出版社2016年版，第196页。）

与王汝中

经者，径也，所由以入道之径路也。圣人既已得道于心，虑后人之或至于遗忘也，笔之于书，以诏后世。故六经者，吾人之记借也。汉人之儒者，泥于训诂，徒诵其言，而不得其意，甚至屑屑于名物度数之求，其失也流而为支；及佛氏入中国，以有言为谤，不立文字，惟只指人心以见性，至视言为葛藤，欲从而扫除之，其失也流而为虚。支与虚，其去道也远矣。

（见束景南、查明昊辑编：《王阳明全集补编》，上海古籍出版社2016年版，第197页。）

1523年（明世宗嘉靖二年，癸未），52岁

与黄宗贤

〈节选〉

近与尚谦、子莘、诚甫讲《孟子》“乡愿狂狷”一章，颇觉有所省发，相见时试更一论如何？闻接引同志孜孜不怠，甚善甚善！但论议之际，必须谦虚简明为佳。若自处过任而词意重复，却恐无益有损。

（见《王阳明全集》第1卷，

民主与建设出版社2014年版，第149页。）

与门人论乡愿、狂狷[①]

〈节选〉

曰：“吾自南京已前，尚有乡愿意思。在今只信良知真是真非处，更无掩藏回护，才做得狂者。使天下尽说我行不揜言，吾亦只依良知行。”请问乡愿狂者之辨。曰：“乡愿以忠信廉洁见取于君子，以同流合污无忤于小人，故非之无举，刺之无刺。然究其心，乃知忠信廉洁所以媚君子也，同流合污所以媚小人也，其心已破坏矣，故不可与入尧、舜之道。狂者志存古人，一切纷嚣俗染，举不足以累其心，真有凤凰翔于千仞之意，一克念即圣人矣。惟不克念，故阔略事情，而行常不掩。惟其不掩，故心尚未坏而庶可与裁。”曰：“乡愿何以断其媚世？”曰：“自其议狂狷而知之。狂狷不与俗谐，而谓生斯世也，为斯世也，善斯可矣，此乡愿志也。故其所为皆色取不疑，所以谓之‘似’。三代以下，士之取盛名于时者，不过得乡愿之似而已。然究其忠信廉洁，或未免致疑于妻子也。虽欲纯乎乡愿，亦未易得，而况圣人之道乎？”曰：“狂狷为孔子所思，然至于传

① 篇名为本书作者加。

道，终不及琴张辈而传曾子，岂曾子亦狷者之流乎？”先生曰：“不然，琴张辈狂者之禀也，虽有所得，终止于狂。曾子中行之禀也，故能悟入圣人之道。”

（见《王阳明全集》第4卷，年谱三，
民主与建设出版社2014年版，第937—938页。）

再游浮峰次韵[①]

廿载风尘始一回，登高心在力全衰。偶怀胜事乘春到，况有良朋自远来。还指松萝寻旧隐，拨开云石翦蒿莱。后期此别知何地？莫厌花前劝酒杯。

（见《王阳明全集》第3卷，
民主与建设出版社2014年版，第576页。）

夜宿浮峰次谦之韵

日日春山不厌寻，野情原自懒朝簪。几家茅屋山村静，夹岸桃花溪水深。石路草香随鹿去，洞门萝月听猿吟。禅堂坐久发清磬，却笑山僧亦有心。

（见《王阳明全集》第3卷，
民主与建设出版社2014年版，第576页。）

再游延寿寺次旧韵

历历溪山记旧踪，寺僧遥住翠微重。扁舟曾泛桃花入，歧路心多草树

① 年谱二记载：1523年，嘉靖二年癸未，十一月，先生至萧山，宿浮峰寺。故《再游浮山峰次韵》《夜宿浮峰次谦之韵》二诗，应写于1523年，癸未。

封。谷口鸟声兼伐木，石门烟火出深松。年来百好俱衰薄，独有幽探兴尚浓。

镇海楼

越峤西来此阁横，隔波烟树见吴城。春江巨浪兼山涌，斜日孤云傍雨晴。尘海茫茫真断梗，故人落落已残星。年来出处嗟无累，相见休教白发生。

（见束景南、查明昊辑编：《王阳明全集补编》，
上海古籍出版社 2016 年版，第 74 页。）

中秋

去年中秋阴复晴，今年中秋阴复阴。百年好景不多遇，况乃白发相侵寻！吾心自有光明月，千古团圆永无缺。山河大地拥清辉，赏心何必中秋节！

（见《王阳明全集》第 3 卷，
民主与建设出版社 2014 年版，第 581 页。）

书王一为卷

王生一为自惠负笈来学，居数月，皆随众参谒，默然未尝有所请。视其色，津津若有所喜然。一日，众皆退，乃独复入堂下而请曰："致知之训，千圣不传之秘也，一为既领之矣。敢请益。"予曰："千丈之木，起于肤寸之萌芽。子谓肤寸之外无所益欤，则何以至于千丈？子谓肤寸之外有所益欤，则肤寸之外，子将何以益之？"一为跃然起拜曰："闻教矣。"又三月，思其母老于家，告归省视，因书以与之。

（见《王阳明全集》第 1 卷，

民主与建设出版社 2014 年版，第 204 页。）

寄杨邃庵阁老

〈节选〉

天下之事，果遂卒无所为欤？夫惟身任天下之祸，然后能操天下之权；操天下之权，然后能济天下之患。当其权之未得也，其致之甚难，而其归之也，则操之甚易。……古之君子，洞物情之向背而握其机，察阴阳之消长以乘其运，是以动必有成而吉无不利，伊、旦之于商、周是矣。其在汉、唐，盖亦庶几乎此者。虽其学术有所不逮，然亦足以定国本而安社稷，则亦断非后世偷生苟免者之所能也。夫权者，天下之大利大害也。小人窃之以成其恶，君子用之以济其善，固君子之不可一日去，小人之不可一日有者也。欲济天下之难，而不操之以权，是犹倒持太阿而授人以柄，希不割矣。故君子之致权也有道，本之至诚以立其德，植之善类以多其辅。示之以无不容之量，以安其情；扩之以无所竞之心，以平其气；昭之以不可夺之节，以端其向；神之以不可测之机，以摄其奸；形之以必可赖之智，以收其望。坦然为之，下以上之；退然为之，后以先之。是以功盖天下而莫之嫉，善利万物而莫与争。此皆明公之能事，素所蓄而有者，惟在仓促之际，身任天下之祸，决起而操之耳。夫身任天下之祸，岂君子之得已哉？既当其任，知天下之祸将终不能免也，则身任之而已。身任之而后可以免于天下之祸。小人不知祸之不可以幸免，而百诡以求脱，遂致酿成大祸，而己亦卒不能免。故任祸者，惟忠诚忧国之君子能之，而小人不能也。某受知门下，不能效一得之愚以为报，献其芹曝，伏惟鉴其忱悃而悯其所不逮，幸甚！

（见《王阳明全集》第 3 卷，

民主与建设出版社 2014 年版，第 601 页。）

与张元冲舟中论儒、佛、道[①]

张元冲在舟中问："二氏与圣人之学所差毫厘，谓其皆有得于性命也。但二氏于性命中著些私利，便谬千里矣。今观二氏作用，亦有功于吾身者，不知亦须兼取否？"先生曰："说兼取，便不是。圣人尽性至命，何物不具，何待兼取？二氏之用，皆我之用：即吾尽性至命中完养此身谓之仙；即吾尽性至命中不染世累谓之佛。但后世儒者不见圣学之全，故与二氏成二见耳。譬之厅堂三间共为一厅，儒者不知皆吾所用，见佛氏，则割左边一间与之；见老氏，则割右边一间与之；而己则自处中间，皆举一而废百也。圣人与天地民物同体，儒、佛、老、庄皆吾之用，是之谓大道。二氏自私其身，是之谓小道。"

（见《王阳明全集》第 4 卷，年谱三，
民主与建设出版社 2014 年版，第 939 页。）

回堇山先生札

〈节选〉

宠然委使叙所著述，感怍惶悚，莫知所措。懵懵未死之人，且不知天地日月，又足以办此乎？虽然，《雅》《颂》之音，《韶》《英》之奏，固其平生所倾渴者。丧复之后，耳目苟不废，尚得请与乐章而共习之，其时固不敢当首序之僭，或缀数语于简末，以自附于吴季子之末论，万一其可也。窭人之室，虞有阙落，不可以居重宝，佳集且附使者奉纳，冀卜日更请，千万鉴恕。荒迷无次。嘉靖二年十二月初三日，孤子守仁稽颡上。

厚币决不敢当，敬返璧，幸恕不恭。倘不蒙见亮，复有所赐，虽简末数语，亦且不敢呈丑矣。方拟作答，忽头眩呕仆，不能手书，辄口占，令

① 篇名为本书作者加。

门人代笔，尤祈鉴恕。

（见束景南、查明昊辑编：《王阳明全集补编》，
上海古籍出版社 2016 年版，第 202 页。）

赠新昌袭怡处士夫妇九秩庆寿图诗序

〈节选〉

天之寿常清，地之寿常宁，人之寿常生。常清则气化行，常宁则品物亨，常生则事业成。气化行而后天享其高，品物亨而后地享其厚，事业成而后人享其圣且贤与夫富贵之类。故寿为箕畴五福之宗，而三才所赖不可无者，但有数存焉，非可幸致。予尝以上寿望世人，而不数觏，适山阴包允诚欲寿其娅之父新昌王处士九秩，与内子章氏安人同德同寿先期绘图，缀以诗歌，乞予文弁其首。予与王君有同宗谊，而允诚在江西宜黄莲幕时，有宦游之素，兼戚里也，不容辞。窃惟之物理，发源深者其流长，培之固者其植茂。闻公名铨，字以衡，别号袭怡。其先卜居南山之麓，以簪缨世其家，发源深矣，流得无长乎！公倜傥克干，学识宏博，以庠生受恩典，身不尽享，家有余积。积金有余，贻子孙以衣食；积书有余，贻子孙以学植；积善有余，贻子孙以福泽。日夕盘旋桑梓间，乐恬旷，景与意适，豁如也，是所培者固矣，植岂无茂乎！……今年夏五月二十三日，乃其悬弧之辰，亲友毕贺，子姓森列，若芝兰玉树，茁秀阶前，而公独翛悠然乎其间，虽不必诧广成子、安期生与夫商山、香山之老，真恍然神仙中人也。所享盛备如此，又岂与世之徒寿者伦哉！虽然，寿之道大矣，无私伪，为守一保真，天地得此而清宁，吾人得此而长生，家国得此而齐治，天下得此而太平，寿之道大矣。允诚方持此以寿王公，而予方欲以公之寿而祈以寿吾民，于是乎序。嘉靖癸未夏五月吉旦，赐进士、奉天翊卫推诚宣力守正文臣、特进光禄大夫、柱国、新建伯兼南京兵部尚书赞参机务阳明山人宗生守仁拜书。

（见束景南、查明昊辑编：《王阳明全集补编》，

上海古籍出版社 2016 年版，第 202—204 页。）

归越，向四方来者讲学，歌声彻昏旦[①]

〈节选〉

先生自辛巳年初归越，明年居丧考，德洪辈侍者踪迹尚寥落。既后，四方来者日众，癸未已后，环先生之室而居，如天妃、光相、能仁诸僧舍，每一室常合食者数十人；夜无卧所，更番就席，歌声彻昏旦。南镇、禹穴、阳明洞诸山，远近古刹，徙足所到，无非同志游寓之地。先生每临席，诸生前后左右环坐而听，常不下数百人；送往迎来，月无虚日，至有在侍更岁，不能遍记其姓字者。诸生每听讲，出门，未尝不踊跃称快，以昧入者以明出，以疑入者以悟出，以忧愤幅忆入者以融释脱落出。呜呼休哉！不图讲学之至于斯也。尝闻之同门，南都以前，从游者虽众，未有如在越之盛者。此虽讲学日久，孚信渐博，要亦先生之学益进，感召之机亦自有不同也。

（见《王阳明全集》第 4 卷，钱德洪《刻文录叙说》，民主与建设出版社 2014 年版，第 1158—1159 页。）

语录

〈节选〉

癸未冬，予册封道杭，会同窗梁日孚，谓："阳明仰子。"予即往绍兴见之。公方宅忧，拓旧仓地，筑楼房五十间，而居其中。留予七日，食息与俱。始谈知行合一，予曰："知以知此，行以成此，中庸两言一也，信矣。"因指茶中果曰："食了乃是味，犹行了乃是知，多少紧切。"予曰："知，目也；行，足也。洵知公居足以步，目一时俱到，其实知先行后。"公曰："尊兄多读宋儒书。"予曰："'知之非艰，行之惟艰'，岂宋儒耶？"曰："《书》意

① 篇名为本书作者加。

在王忱不艰，可见行了乃是知。”予曰：“知之未尝复行也。使知不在先，恐行或有不善矣。”公默然，俄谓曰：“南元善昨送赋用‘兮’，‘兮’，噫叹辞也，岂可诵德?”予曰：“《淇澳》诵德亦用‘兮’，似不妨。”公复默然。

（见束景南、查明昊辑编：《王阳明全集补编》，上海古籍出版社 2016 年版，第 255 页。）

答舒国用

〈节选〉

譬之饮食，其味之美恶，食者自当知之，非人之能以其美恶告之也。……夫君子之所谓敬畏者，非有所恐惧忧患之谓也，乃戒慎不睹，恐惧不闻之谓耳。君子之所谓洒落者，非旷荡放逸，纵情肆意之谓也，乃其心体不累于欲，无入而不自得之谓耳。

（见《王阳明全集》第 1 卷，民主与建设出版社 2014 年版，第 142 页。）

与刘元道

〈节选〉

夫良医之治病，随其疾之虚实、强弱、寒热、内外，而斟酌加减。调理补泄之要，在去病而已。初无一定之方，不问证候之如何，而必使人人服之也。君子养心之学，亦何以异于是！……大抵治病虽无一定之方，而以去病为主，则是一定之法。若但知随病用药，而不知因药发病，其失一而已矣。

（见《王阳明全集》第 1 卷，民主与建设出版社 2014 年版，第 143 页。）

1524 年（明世宗嘉靖三年，甲申），53 岁

正月。门人日进。辟稽山书院，聚八邑彦士，身率讲习以督之。于是萧璆、杨汝荣、杨绍芳等来自湖广，杨仕鸣、薛宗铠、黄梦星更来自广东，王艮、孟源、周冲等来自直隶，何秦、黄弘纲等来自南、赣，刘邦采、刘文敏等来自安福，魏良政、魏良器等来自新建，曾忭来自泰和。宫刹卑隘，至不能容。盖环坐而听者三百余人。

（见《王阳明全集》第 4 卷，年谱三，
民主与建设出版社 2014 年版，第 939 页。）

与汪节夫书

足下数及吾门，求一言之益，足知好学勤勤之意。人有言："古之学者为己，今之学者为人。"今之学者须先有笃实为己之心，然后可以论学。不然，则纷纭口耳讲说，徒足以为为人之资而已。仆之不欲多言者，非有所靳，实无可言耳。以足下之勤勤下问，使诚益励其笃实为己之志，归而求之，有余师矣。有能一日用其力于仁义乎？我未见力不足者，足下勉之！"道南"之说，明道实因龟山南归，盖亦一时之言，道岂有南北乎？凡论古人得失，莫非为己之学。诵其诗，读其书，不知其人，可乎？是以论其世也，是尚友也。果能有所得于尚友之实，又何以斯录为哉？节夫姑务为己之实，无复往年务外近名之病，所得必已多矣，此事尚在所缓也。凡作文，惟务道其心中之实，达意而止，不必过求雕刻，所谓修辞立诚者也。

（见束景南：《王阳明年谱长编》三，
上海古籍出版社 2017 年版，第 1587 页。）

答伍汝真佥宪

〈节选〉

数年忧居，身在井中，下石者纷然不已，己身者且不敢一昂首视，况能为人辩是非乎？昔人有言："何以止谤？曰：无辩。"人之是非毁誉，如水之湿，如火之热，久之必见，岂能终掩其实者？故有其事，不可辩也；无其事，不必辩也。无其事而辩之，是自谤也；有其事而辩之，是益增己之恶而甚人之怒也；皆非所以自修而平物也。

（见束景南、查明昊辑编：《王阳明全集补编》，上海古籍出版社 2016 年版，第 204 页。）

从吾道人记

海宁董萝石者，年六十有八矣。以能诗闻江湖间，与其乡之业诗者十数辈为诗社，旦夕操纸吟鸣，相与求句字之工，至废寝食，遗生业。时俗共非笑之，不顾，以为是天下之至乐矣。嘉靖甲申春，萝石来游会稽，闻阳明子方与其徒讲学山中，以杖肩其《瓢笠诗》卷来访。入门，长揖上坐。阳明子异其气貌，且年老矣，礼敬之。又询知其为董萝石也，与之语连日夜。萝石辞弥谦，礼弥下，不觉其席之弥侧也。退，谓阳明子之徒何生秦曰："吾见世之儒者支离琐屑，修饰边幅，为偶人之状，其下者贪饕争夺于富贵利欲之场，而尝不屑其所为，以为世岂真有所谓圣贤之学乎？直假道于是以求济其私耳！故遂笃志于诗，而放浪于山水。今吾闻夫子良知之说，而忽若大寐之得醒，然后知吾向之所为，日夜弊精劳力者，其与世之营营利禄之徒，特清浊之分，而其间不能以寸也。幸哉！吾非至于夫子之门，则几于虚此生矣。吾将北面夫子而终身焉，得无既老而有所不可乎？"秦起拜贺曰："先生之年则老矣，先生之志何壮哉！"入以请于阳明子。阳明子喟然叹曰："有是哉？吾未或见此翁也！虽然，齿长于我矣。

师友一也，苟吾言之见信，奚必北面而后为礼乎？”萝石闻之，曰：“夫子殆以予诚之未积欤？”辞归两月，弃其瓢笠，持一缣而来。谓秦曰：“此吾老妻之所织也。吾之诚积，若此缕矣。夫子其许我乎？”秦入以请。阳明子曰：“有是哉？吾未或见此翁也！今之后生晚进，苟知执笔为文辞，稍记习训诂，则已侈然自大，不复知有纵师学问之事。见有或从师问学者，则哄然共非笑，指斥若怪物。翁以能诗训后进，从之游者遍于江湖，盖居然先辈矣。一旦闻予言，而弃去其数十年之成业如敝屣，遂求北面而屈礼焉，岂独今之时而未见若人，将古之记传所载，亦未多数也。夫君子之学，求以变化其气质焉尔。气质之难变者，以客气之为患，而不能以屈下于人，遂至自是自欺，饰非长敖，卒归于凶顽鄙倍。故凡世之为子而不能孝，为弟而不能敬，为臣而不能忠者，其始皆起于不能屈下，而客气之为患耳。苟惟理是从，而不难于屈下，则客气消而天理行。非天下之大勇，不足以与于此。则如萝石，固吾之师也，而吾岂足以师萝石乎？”萝石曰：“甚哉，夫子之拒我也！吾不能以俟请矣。”入而强纳拜焉。

（见束景南：《王阳明年谱长编》三，
上海古籍出版社 2017 年版，第 1594—1595 页。）

太傅王文恪公传

公讳鏊，字济之……平生嗜欲澹然，吴中士夫所好尚珍赏观游之具，一无所入。惟喜文辞翰墨之事，至是亦皆脱落雕绘，出之自然。中年尝作《明理》、《克已》二箴，以进德砥行。及充养既久，晚益纯明，凡有著述，必有所发。其论性善云：“欲知性之善乎？盍返而内观乎？寂然不动之中，而有至虚至灵者存焉。湛兮其非有也，窅兮其非无也；不堕于中边，不杂于声臭。当是时也，善且未形，而恶有所谓恶者哉？恶有所谓善恶混者哉？恶有所谓三品者哉？性，其犹鉴乎！鉴者，善应而不留。物来则应，物去则空，鉴何有焉！性，惟虚也，惟灵也，恶安从生？其生于蔽乎！气质者，性之所寓也，亦性之所由蔽也。气质异而性随之，譬之珠焉，坠于澄渊则明，坠于浊水则昏，坠于污秽则秽。澄渊，上智也；浊水，凡庶也；污秽，下愚也。天地间腷塞充满，皆气也；气之灵，皆性也。人得气以生而灵随之，譬之月在天，物各随其分而受之。江湖淮海，此月也；池沼，此月也；沟渠，此月也；坑堑，亦此月也，岂必物物而授之！心者，月之魄也；性者，月之光也；情者，光之发于物者也。”其所论造，后儒多未之及。闲居十余年，海内士夫交章论荐不辍。及今上即位，始遣官优礼，岁时存问。将复起公，而公已没，时嘉靖三年三月十一日，寿七十五矣。赠太傅，谥文恪，祭葬有加礼……史臣曰：世所谓完人，若震泽先生王公者，非耶？内裕伦常，无俯仰之憾；外际明良，极禄位声光之显。自为童子至于耆耋，自庙朝下逮闾巷至于偏隅，或师其文学，或慕其节行，或仰其德业，随所见异其称，莫或有瑕疵者……无锡邵尚书国贤与公婿徐学士子容，皆文名冠一时，其称公之文规模昌黎，以及秦、汉，纯而不流于弱，奇而不涉于怪，雄伟俊洁，体裁截然，振起一代之衰，得法于孟子，论辩多古人未发；诗萧散清逸，有王、岑风格；书法清劲自成，得晋、唐笔意。天下皆以为知言。阳明子曰：“王公所深造，世或未之能尽也，然而言之亦难矣。著其性善之说，以微见其概，使后世之求公者以是观之。”

（见束景南：《王阳明年谱长编》三，
上海古籍出版社 2017 年版，第 1591—1592 页。）

又祭徐曰仁文

呜呼曰仁！别我而逝兮，十年于今。葬兹丘兮，宿草几青。我思君兮一来寻，林木拱兮山日深，君不见兮窗嵯峨之云岑。四方之英贤兮日来臻，君独胡为兮与鹤飞而猿吟？忆丽泽兮欷歔，奠椒醑兮松之阴，良知之说兮闻不闻？道无间于隐显兮，岂幽明而异心！我歌白云兮谁同此音？

（见《王阳明全集》第3卷，
民主与建设出版社2014年版，第701—702页。）

自得斋说

孟子云："君子深造之以道，欲其自得之也。自得之则居之安，居之安则资之深，资之深则取之左右逢其源。故君子欲其自得之也。"夫率性之谓道。道，吾性也；性，吾生也。而何事于外求？世之学者，业辞章，习训诂，工技艺，探赜而索隐，弊精极力，勤苦终身，非无所谓深造之者。然亦辞章而已耳，训诂而已耳，技艺而已耳。非所以深造于道也，则亦外物而已耳，宁有所谓自得逢源者哉！古之君子，戒慎不睹，恐惧不闻，致其良知而不敢须臾或离者，斯所以深造乎是矣。是以大本立而达道行，天地以位，万物以育，于左右逢源乎何有？

黄勉之省曾氏，以"自得"名斋，盖有志于道者。请学于予而蕲为之说。予不能有出于孟氏之言也，为之书孟氏之言。嘉靖甲申六月朔。

（见《王阳明全集》第1卷，
民主与建设出版社2014年版，第197页。）

祭孙安人文

嘉靖年月日，新建伯兼兵部尚书忝眷王守仁，谨以牲醴之奠致祭于封安人胡亲母孙氏之前曰：

于维安人，孝慈贞良。克相夫子，闺仪孔章。蠢我豚儿，实忝子婿。昏媾伊始，安人捐逝。虽遣儿曹，归奔从役。自以病阻，未由往哭。言念姻眷，意赫心恻。及兹永藏，必期执绋。事与愿违，徒增惭局。怅望乡山，娥江一线。欲济靡因，遥将一奠。淑灵洋洋，鉴兹苹焉。

（见束景南、查明昊辑编：《王阳明全集补编》，
上海古籍出版社 2016 年版，第 207 页。）

从吾道人记

辞归两月，弃其瓢笠，持一缣而来……入而强纳拜焉。阳明子固辞不获，则许之以师友之间。与之探禹穴，登炉峰，陟秦望，寻兰亭之遗迹，徜徉于云门、若耶、鉴湖、剡曲。萝石日有所闻，益充然有得，欣然乐而忘归也。其乡党之子弟亲友与其平日之为社者，或笑而非，或为诗而招之返，且曰："翁老矣，何乃自苦若是耶？"萝石笑曰："吾方幸逃于苦海，方知悯若之自苦也，顾以吾为苦耶？吾方扬鬐于渤澥，而振羽于云霄之上，安能复投网罟而入樊笼乎？去矣，吾将从吾之所好！"遂自号曰"从吾道人"。

阳明子闻之，叹曰："卓哉萝石！'血气既衰，戒之在得'矣，孰能挺特奋发，而复若少年英锐者之为乎？真可谓之能'从吾所好'矣。世之人从其名之好也，而竞以相高；从其利之好也，而贪以相取；从其心意耳目之好也，而诈以相欺。亦皆自以为从吾所好矣，而岂知吾之所谓真吾者乎？夫吾之所谓真吾者，良知之谓也。父而慈焉，子而孝焉，吾良知所好也；不慈不孝焉，斯恶之矣。言而忠信焉，行而笃敬焉，吾良知所好也；不忠信焉，不笃敬焉，斯恶之矣。故夫名利物欲之好，私吾之好也，天下之所恶也；良知之好，真吾之好也，天下之所同好也。是故从私吾之好，则天下之人皆恶之矣，将心劳日拙而忧苦终身，是之谓物之役；从真吾之好，则天下之人皆好之矣，将家、国、天下，无所处而不当，富贵、贫贱、患难、夷狄，无入而不自得，斯之谓能从吾之所好也矣。夫子尝曰'吾十有五而志于学'，是从吾之始也；'七十而从心所欲，不踰矩'，则从吾而化矣。萝石踰耳顺而始知从吾之学，毋自以为既晚也。充萝石之勇，

其进于化也何有哉！呜呼！世之营营于物欲者，闻萝石之风，亦可以知所适从也乎！”

从吾道人语录　日省录

从吾道人曰：吾昔侍先师阳明夫子于天泉楼，因观白沙先生诗云：“夜半汲山井，山泉日日新。不将泉照面，白日多飞尘。飞尘亦何害，莫弄桔槔频。”遂稍有悟千圣相传之机，不外于末后一句，因又号“天泉缏翁”云。

余尝以反求诸己为问。先师曰：“反求诸己者，先须扫去旧时许多谬妄、劳攘、圭角，守以谦虚，复其天之所以与我者。持此正念久之，自然定静，遇事物之来，件件兴他理会，无非是养心之功，盖事外无心也。所以古人云：‘若人识得心，大地无寸土。’此正是合内外之学。”

（见束景南：《王阳明年谱长编》三，
上海古籍出版社 2017 年版，第 1616—1617 页。）

从吾道人语录　日省录

余日自省，惧其忘也，每录之以请，先师一一批示。盖余素性乐交平直守分之人，但遇盛气者，不觉委靡退让，不能自壮；又遇多能巧言者，自觉迟钝，虽明知彼之非仁，而不能无自惭之意。此病何也？先师批曰：“此皆未免有外重内轻之患。若平日能集义，则浩然之气至大至刚，充塞天地，自然富贵不能淫，贫贱不能移，威武不能屈；自然能知人之言，而凡诐淫邪遯之词，皆无所施于前矣，况肯自以为惭乎？集义只是致其良知，心得其宜之谓义，致良知则心得其宜矣。”〇余因家弟粮役，手足至情，未免与之委曲挰成，后竟谋露家败，盖缘不老实之所致也。先师批曰：“谓之老实，须是实致其良知始得，不然，却恐所谓老实者，正是老实不好也。昔人亦有为手足之情受污辱者，然不至如此等事。此等事于良知亦自有不安。”〇余尝访友，座中有一老生卫姓者，性质实，无机警。同辈每戏之，以为笑噱。余亦一时随众诳之，以取娱焉，心不能收，负数多矣。况此老尝路拾遗金还人，亦可为余师者。谨识之。先师于下增注六字云：“以暴余之罪过”。〇余素慕廉洁之士，闻海宁县丞卢珂清贫之甚，在任三年，至无以御寒也。适友人惠余袜，遂作诗，持以赠之。既归，贴贴然自以为得。只此自以为得，恐亦不宜，如何？先师批曰：“知得自以为得为非宜，只此便是良知矣。民之秉彝也，故好是懿德。然多着一分意思不得。多着一分意思，便是私矣。”〇余于乡曲交游中，有一善可称者，必谨识之。以为请。先师批曰：“录善人以自勉，此亦多闻多见而识，乃是致良知之功。此等人只是欠学问，恐不能到头如此。若能到头如此，吾辈中亦未易得也。”〇余尝疑于先儒论性，无从质问。一日与男谷论之，遂有率意之对，尝令缮写以示月泉法聚，往复数四，意皆相反，并录以呈先师。先师批曰：“二子异同之论，皆是说性，非见性也；见性者，无异同之可言矣。他日聚子不非董子，董子不非聚子，则于见性也，其庶已乎！”噫，知性者鲜矣，不赖先师，则梦中说梦，何时而觉乎！

（见束景南：《王阳明年谱长编》三，
上海古籍出版社 2017 年版，第 1617—1619 页。）

题梦槎奇游诗卷[①]

〈节选〉

君子之学，求尽吾心焉尔。故其事亲也，求尽吾心之孝，而非以为孝也；事君也，求尽吾心之忠，而非以为忠也。是故夙兴夜寐，非以为勤

---

① 此文在《王阳明全集》第 3 卷，民主与建设出版社 2014 年版，第 677 页，时间注为“乙酉”，《王阳明年谱长编》三，作者考证应是“甲申”年七月中。见束景南著：《王阳明年谱长编》三，上海古籍出版社 2017 年版，第 1621 页。

也；剸繁理剧，非以为能也；嫉邪祛蠹，非以为刚也；规切谏诤，非以为直也；临难死义，非以为节也。吾心有不尽焉，是谓自欺其心；心尽，而后吾之心始自以为快也。惟夫求以自快吾心，故凡富贵贫贱、忧戚患难之来，莫非吾所以致知求快之地。苟富贵贫贱、忧戚患难而莫非吾致知求快之地，则亦宁有所谓富贵贫贱、忧戚患难者足以动其中哉？世之人徒知君子之于富贵贫贱、忧戚患难无入而不自得也，而皆以为独能人之所不可及，不知君子之求以自快其心而已矣。

……君子乐道人之善，则张大而从谀之，是固赠行者之心乎！予亦以病不及与君一面，感君好学之笃，因论君子之所以为学者以为君赠。

（见束景南：《王阳明年谱长编》三，
上海古籍出版社 2017 年版，第 1620—1621 页。）

林汝桓以二诗寄次韵为别

断云微日半晴阴，何处高梧有凤鸣？星汉浮槎先入梦，海天渡浪不须惊。鲁郊已自非常典，膰肉宁为脱冕行。试向沧浪歌一曲，未云不是《九韶》声。

尧舜人人学可齐，昔贤斯语岂无稽？君今一日真千里，我亦当年苦旧迷。万理由来吾具足，《六经》原只是阶梯。山中尽有闲风月，何日扁舟更越溪？

（见《王阳明全集》第 3 卷，
民主与建设出版社 2014 年版，第 576—577 页。）

八月。宴门人于天泉桥。中秋月白如昼，先生命侍者设席于碧霞池上，门人在侍者百余人。酒半酣，歌声渐动。久之，或投壶聚算，或击鼓，或泛舟。先生见诸生兴剧，退而作诗，有“铿然舍瑟春风里，点也虽狂得我情”之句。

（见《王阳明全集》第4卷，年谱三，

民主与建设出版社2014年版，第940页。）

月夜二首 与诸生歌于天泉桥

万里中秋月正晴，四山云霭忽然生。须臾浊雾随风散，依旧青天此月明。肯信良知原不昧，从他外物岂能撄！老夫今夜狂歌发，化作钧天满太清。

处处中秋此月明，不知何处亦群英？须怜绝学经千载，莫负男儿过一生！影响尚疑朱仲晦，支离羞作郑康成。铿然舍瑟春风里，点也虽狂得我情。

（见《王阳明全集》第3卷，

民主与建设出版社2014年版，第577页。）

心渔歌为钱翁希明别号题

钱翁，德洪父。三岁双瞽，好古博学，能诗文。

有渔者歌曰：“渔不以目惟以心，心不在鱼渔更深。北溟之鲸殊小小，一举六鳌未足歆。”“敢问何如其为渔耶？”曰：“吾将以斯道为网，良知为纲，太和为饵，天地为舫。絜之无意，散之无方。是谓得无所得，而忘无可忘者矣。”

（见《王阳明全集》第3卷，

民主与建设出版社2014年版，第577页。）

碧霞池夜坐

一雨秋凉入夜新，池边孤月倍精神。潜鱼水底传心诀，栖鸟枝头说道真。莫谓天机非嗜欲，须知万物是吾身。无端礼乐纷纷议，谁与青天扫宿尘？

（见《王阳明全集》第 3 卷，
民主与建设出版社 2014 年版，第 576 页。）

秋声

秋来万木发天声，点瑟回琴日夜清。绝调回随流水远，余音细入晚云轻。洗心真已空千古，倾耳谁能辨《九成》？徒使清风传律吕，人间瓦缶正雷鸣。

（见《王阳明全集》第 3 卷，
民主与建设出版社 2014 年版，第 576 页。）

秋夜[①]

春园花木始菲菲，又是高秋落叶稀。天迥楼台含气象，月明星斗避光辉。闲来心地如空水，静后天机见隐微。深院寂寥群动息，独怜乌鹊绕枝飞。

（见《王阳明全集》第 3 卷，
民主与建设出版社 2014 年版，第 577 页。）

① 此诗与《王阳明全集》（新编本）题目不同，个别文字也有出入。在《王阳明全集》（新编本）中的题目为《夜宿白云堂》，“春园花木始菲菲”的“木”为“竹”，“又是高秋落叶稀”为“又是高秋落木时”。见《王阳明全集》新编本第 5 册，浙江古籍出版社，第 1726 页。

夜坐

独坐秋庭月色新，乾坤何处更闲人？高歌度与清风去，幽意自随流水春。千圣本无心外诀，《六经》须拂镜中尘。却怜扰扰周公梦，未及惺惺陋巷贫。

（见《王阳明全集》第3卷，

民主与建设出版社2014年版，第577页。）

书朱守谐卷

守谐问为学，予曰："立志而已。"问立志，予曰："为学而已。"守谐未达。予曰："人之学为圣人也，非有必为圣人之志，虽欲为学，谁为学？有其志矣，而不日用其力以为之，虽欲立志，亦乌在其为志乎！故立志者，为学之心也；为学者，立志之事也。譬之弈焉，弈者，其事也；'专心致志'者，其心一也；'以为鸿鹄将至'者，其心二也；'惟弈秋之为听'，其事专也；'思援弓缴而射之'，其事分也。"守谐曰："人之言曰：'知之未至，行之不力。'予未有知也，何以能行乎？"予曰："是非之心，知也，人皆有之。子无患其无知，惟患不肯知耳；无患其知之未至，惟患不致其知耳。故曰：'知之非艰，行之惟艰。'今执途之人而告之以凡为仁义之事，彼皆能知其为善也；告之以凡为不仁不义之事，彼皆能知其为不善也。途之人皆能知之，而子有弗知乎？如知其为善也，致其知为善之知而必为之，则知至矣；如知其为不善也，致其知为不善之知而必不为之，则知至矣。知犹水也，人心之无不知，犹水之无不就下也，决而行之，无有不就下者。决而行之者，致知之谓也。此吾所谓知行合一者也。吾子疑吾言乎？夫道一而已矣。"

（见《王阳明全集》第1卷，

民主与建设出版社2014年版，第204—205页。）

方孝孺像赞

靡躯非仁，蹈难非智。死于其死，然后为义。

忠无二躯，烈有余气。忠肝义胆，声动天地。正直聪明，至今猛视。兹尔来代，为臣不易。

赐进士及第、光禄大夫王守仁拜撰。

（见束景南、查明昊辑编：《王阳明全集补编》，
上海古籍出版社 2016 年版，第 214—215 页。）

次张体仁联句韵

眼底湖山自一方，晚林云石坐高凉。闲心最觉身多系，游兴还堪鬓未苍。树杪风泉长滴翠，霜前岩菊尚余芳。秋江画舫休轻发，忍负良宵灯烛光。

又

山寺幽寻亦惜忙，长松落落水浪浪。深冬平野风烟淡，斜日沧江鸥鹭翔。海内交游唯酒伴，年来踪迹半僧房。相过未尽青云话，无奈官程促去航。

又

青林人静一灯归，回首诸天隔翠微。千里月明京信远，百年行乐故人稀。已知造物终难定，唯有烟霞或可依。总为迂疏多牴牾，此生何忍便脂韦。

（见《王阳明全集》第 3 卷，
民主与建设出版社 2014 年版，第 782 页。）

次张体仁联句韵

问俗观山两剧匆，雨中高兴谅谁同。轻云薄霭千峰晓，老木沧波万里风。客散野凫从小艇，诗成岩桂发新丛。清词寄我真消渴，绝胜金茎吸露筒。

（见束景南、查明昊辑编：《王阳明全集补编》，
上海古籍出版社 2016 年版，第 75 页。）

十月，门人南大吉续刻《传习录》。

《传习录》薛刊首刻于虔，凡三卷。至是年，大吉取先生论学书，复增五卷，续刻于越。

（见《王阳明全集》第 4 卷，年谱三，
民主与建设出版社 2014 年版，第 941 页。）

嘉靖甲申冬二十一日再登秦望自弘治戊午登后二十七年矣将下适董萝石与二三子来复坐久之暮归同宿云门僧舍

初冬风日佳，杖策登崔嵬。自予羁宦迹，久与山谷违。屈指廿七载，今兹复一来。沿溪寻往路，历历皆所怀。跻险还屡息，兴在知吾衰。薄午际峰顶，旷望未能回；良朋亦偶至，归路相徘徊。夕阳飞鸟静，群壑风泉哀。悠悠观化意，点也可与偕。[①]

（见《王阳明全集》第 3 卷，
民主与建设出版社 2014 年版，第 578 页。）

① 嘉靖甲申，是嘉靖三年，1524 年；弘治戊午是弘治十一年，1493 年。相距 27 年。该诗属王阳明辛巳年（1521）归越后的诗作。全集中收入的王阳明“居越诗三十四首”，起始年是正德辛巳。

与黄勉之

二　甲申

〈节选〉

来书云："阴阳之气，诉合和畅而生万物。物之有生，皆得此和畅之气。故人之生理，本自和畅，本无不乐。观之鸢飞鱼跃，鸟鸣兽舞，草木欣欣向荣，皆同此乐。但为客气物欲搅此和畅之气，始有间断不乐。孔子曰'学而时习之'，便立个无间断功夫，悦则乐之萌矣。朋来则学成，而吾性本体之乐复矣，故曰'不亦乐乎'。在人虽不我知，吾无一毫愠怒以间断吾性之乐，圣人恐学者乐之有息也，故又言此。所谓'不怨''不尤'，与夫'乐在其中''不改其乐'，皆是乐无间断否"云云。

乐是心之本体。仁人之心，以天地万物为一体，诉合和畅，原无间隔。来书谓"人之生理，本自和畅，本无不乐，但为客气物欲搅此和畅之气，始有间断不乐"是也。时习者，求复此心之本体也。悦则本体渐复矣。朋来则本体之诉合和畅，充周无间。本体之诉合和畅，本来如是，初未尝有所增也。就使无朋来而天下莫我知焉，亦未尝有所减也。来书云"无间断"意思亦是。圣人亦只是至诚无息而已，其工夫只是时习。时习之要，只是谨独。谨独即是致良知。良知即是乐之本体。……子曰："爱人。"爱字何尝不可谓之仁欤？昔儒看古人言语，亦多有因人重轻之病，正是此等处耳。然爱之本体固可谓之仁，但亦有爱得是与不是者，须爱得是方是爱之本体，方可谓之仁。若只知博爱而不论是与不是，亦便有差处。吾尝谓博字不若公字为尽。大抵训释字义，亦只是得其大概，若其精微奥蕴，在人思而自得，非言语所能喻。后人多有泥文著相，专在字眼上穿求，却是心从法华转也。……人于寻常好恶，或亦有不真切处，惟是好好色，恶恶臭，则皆是发于真心，自求快足，曾无纤假者。《大学》是就人人好恶真切易见处，指示人以好善恶恶之诚当如是耳，亦只是形容一诚字。今若又于好色字上生如许意见，却未免有执指为月之病。昔人多有为一字一句所牵蔽，遂致错解圣经者，正是此症候耳，不可不察也。中间云“无处不恶，固无妨碍”，亦便有受病处。更详之。

（见《王阳明全集》第1卷，民主与建设出版社2014年版，第145—146页。）

书同门科举题名录后

尝读《文中子》，见唐初诸名臣若房、杜、王、魏之流，大抵皆出其门，而论者犹以文中子之书乃其徒伪为之而托焉者，未必其实然也。今以邃庵先生之徒观之，则文中子之门又奚足异乎？予尝论文中子盖后世之大儒也，自孔、孟既没，而周、程未兴，董、韩诸子未或有先焉者。先生自为童子，即以神奇荐入翰林，未弱冠而已为人师。其颖悟之蚤，文学之懿，比之文中，实无所愧。而政事之敏卓，才识之超伟，文中未有见焉。文中之在当时，尝以策干隋文，不及一试，而又蚤死。先生少发科第，入中书，督学政，典礼太常，经略边陲，弭奸戢乱，陟司徒，登冢宰，晋位师相，威名振于夷狄，声光被于海宇，功成身退，优游未老之年，以身系天下安危，圣天子且将复起之，以恢中兴之烈，而海内之士日翘首跂足焉。则天之厚于先生者，殆文中子所不能有也。文中之徒，虽显于唐，然皆异代隔世。若先生之门，具体而微者，亦且几人，其余或得其文学，或得其政事，或得其器识，亦各彬彬成章，足为名士，布列中外，不下数十，又皆同朝共事，并耀于时。其间乔、靳诸公，遂与先生同升相位，相继为冢宰。若此者，文中子之门，益有所不敢望矣。且文中子之门，其亲经指受，若董常、程元之流，多不及显而章明于世，往往或请教于片言，邂逅于一接，非若今之题名所载，皆出于先生之陶冶，其出于陶冶而不显于世，若常、元之徒，殆未暇悉数也。先生之在吏部，守仁常为之属，受知受教，盖不止于片言一接者。然以未尝亲出陶冶，不敢憾于兹录之不与。若其出于陶冶而有若常、元者焉，或亦未可以其不显于世而遂使之不与也。续兹录者，且以为何如？嘉靖甲申季冬望。

（见束景南：《王阳明年谱长编》三，
上海古籍出版社 2017 年版，第 1653—1654 页。）

1525 年（明世宗嘉靖四年，乙酉），54 岁

与郑邦瑞书一

修理圣龟山庙时，我因外祖及二舅父分上，特舍梁木，听社享将我名字写在梁上。此庙既系社享香火所关，何不及早赴县陈告？直待项家承买了，然后来说，此是享人自失了事机。我自来不曾替人作书入府县，此是人人所知，可多多上覆。二舅母切莫见怪，此庙既不系废毁之数，社享自可据情告理，若享人肯备些价钱取赎，县中想亦未必不听也。汝大母病势如旧，服药全不效。承二舅母挂念，遣人来看，多谢多谢！阳明字寄宝一侄收看，社中享人亦可上覆也。

（见束景南：《王阳明年谱长编》三，
上海古籍出版社 2017 年版，第 1656—1657 页。）

《与郑邦瑞尺牍》

既承你殷殷數社[?]

自可照情告理等事人皆

倘然價謝形績新手起[?]

亦未必不聽也汝大母病者

如屢姨菜食示叙[?]

二嫂姆掛念遠人來看[?]

陶二侄字寄寶一姪

收覽 社中同人 六日上

霞伯

陶姪字寄

蘇寶一表姪也

祖母所投帙目可將文

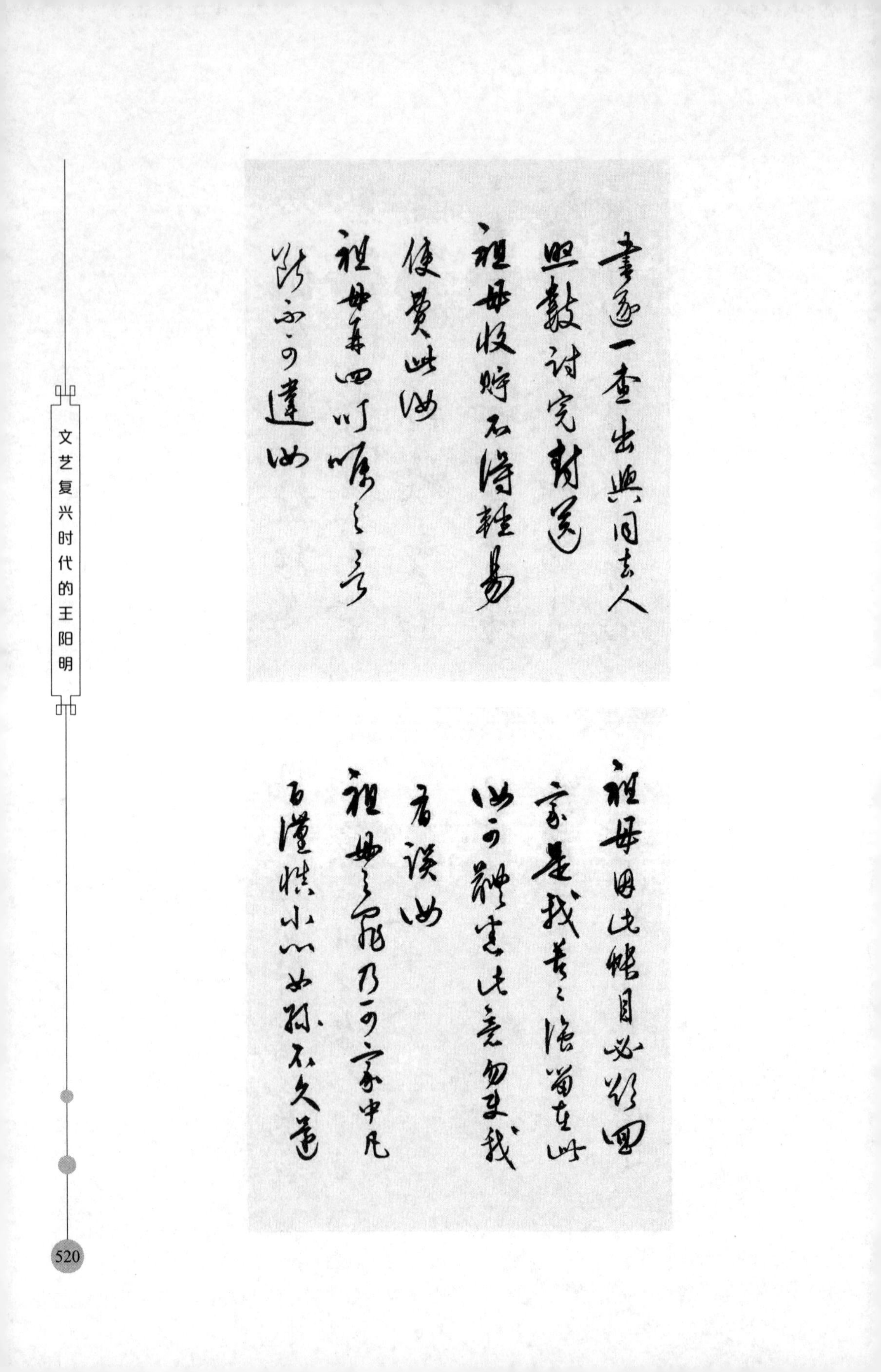

差人來取我此間住也先說是初七四月初旬須寫字去我住是弟姪同宿向曾遣人迎接二舅母因病辭未來

後遂不敢張張啰已畫安好故特差人奉迎書到即望將華姪女來此間住其王處親事須我此商議何當後往

（见杨德俊主编：《王阳明龙场遗墨》，
贵州大学出版社 2016 年版，第 152—160 页。）

亲民堂记

南子元善之治越也，过阳明子而问政焉。阳明子曰：“政在亲民。”曰：“亲民何以乎？”曰：“在明明德。”曰：“明明德何以乎？”曰：“在亲民。”曰：“明德、亲民，一乎？”曰：“一也。明德者，天命之性，灵昭不昧，而万理之所从出也。人之于其父也，而莫不知孝焉；于其兄也，而莫不知弟焉；于凡事物之感，莫不有事物之明焉。是其灵昭之在人心，亘万古而无不同，无或昧者也，是故谓之明德。其或蔽焉，物欲也。明之者，去其物欲之蔽，以全其本体之明焉耳，非能有以增益之也。”曰：“何以在亲民乎？”曰：“德不可以徒明也。人之欲明其孝之德也，则必亲于其父，而后孝之德明矣；欲明其弟之德也，则必亲于其兄，而后弟之德明矣。君臣也，夫妇也，朋友也，皆然也。故明明德必在于亲民，而亲民乃所以明其明德也，故曰一也。”曰：“亲民以明其德，修身焉可矣，而何家、国、天下之有乎？”曰：“人者，天地之心也；民者，对己之称也；曰民焉，则三才之道举矣。是故亲吾之父以及人之父，而天下之父子莫不亲矣；亲吾之兄以及人之兄，而天下之兄弟莫不亲矣。君臣也，夫妇也，朋友也，推而至于鸟兽草木也，而皆有以亲之，无非求尽吾心焉，以自明其明德也。是之谓明明德于天下，是之谓家齐国治天下平。”曰：“然则乌在其为止至善者乎？”“昔之人固有欲明其明德矣，然或失之虚罔空寂，而无有乎家国天下之施者，是不知明明德之在于亲民，而二氏之流是矣；固有欲亲其民者矣，然或失之知谋权术，而无有乎仁爱恻怛之诚者，是不知亲民之所以明其明德，而五伯功利之徒是矣。是皆不知止于至善之过也。是故至善也者，明德亲民之极则也。天命之性，粹然至善。其昭灵不昧者，皆其至善之发见，是皆明德之本体，而所谓良知者也。至善之发见，是而是焉，非而非焉，固吾心天然自有之则，而不容有所拟议加损于其间也。有所拟议加损于其间，则是私意小智，而非至善之谓矣。人惟不知至善之在吾心，而用其私智以求之于外，是以昧其是非之则，至于横骛决裂，人欲肆而天理亡，明德亲民之学大乱于天下。故止至善之于明德亲民也，犹之规矩之于方圆也，尺度之于长短也，权衡之于轻重也。方圆而不止于规矩，爽其度矣；长短而不止于尺度，乖其制矣；轻重而不止于权衡，失其准矣；明德亲民而不止于至善，亡其则矣。夫是之谓大人之学。大人者，以天地万物为一体也，夫然后能以天地万物为一体。”元善喟然而叹曰：“甚哉！大人之学若是其简易也。吾乃今知天地万物之一体矣！吾乃今知天下之为一家、中国之为一人矣！‘一夫不被其泽，若已推而内诸沟中’，伊尹其先得我心之同乎！”于是名其莅政之堂曰“亲民”，而曰：“吾以亲民为职者也，吾务亲吾之民以求明吾之明德也夫！”爰书其言于壁而为之记。

（见束景南：《王阳明年谱长编》三，
上海古籍出版社 2017 年版，第 1660—1661 页。）

博约说

南元真之学于阳明子也，闻致知之说而恍若有见矣。既而疑于博约先后之训，复来请曰："致良知以格物，格物以致其良知也，则既闻教矣。敢问先博我以文，而后约我以礼也，则先儒之说，得无亦有所不同欤？"阳明子曰："理，一而已矣；心，一而已矣。故圣人无二教，而学者无二学。博文以约礼，格物以致其良知，一也。故先后之说，后儒支缪之见也。夫礼也者，天理也。天命之性具于吾心，其浑然全体之中，而条理节目森然毕具，是故谓之天理。天理之条理谓之礼。是礼也，其发见于外，则有五常百行、酬酢变化、语默动静、升降周旋、隆杀厚薄之属。宣之于言而成章，措之于为而成行，书之于册而成训，炳然蔚然，其条理节目之繁，至于不可穷诘，是皆所谓文也。是文也者，礼之见于外者也；礼也者，文之存于中者也。文，显而可见之礼也；礼，微而难见之文也。是所谓体用一源，而显微无间者也。是故君子之学也，于酬酢变化、语默动静之间而求尽其条理节目焉，非他也，求尽吾心之天理焉耳矣；于升降周旋、隆杀厚薄之间而求尽其条理节目焉，非他也，求尽吾心之天理焉耳矣。求尽其条理节目焉者，博文也；求尽吾心之天理焉者，约礼也。文散于事而万殊者也，故曰博；礼根于心而一本者也，故曰约。博文而非约之以礼，则其文为虚文，而后世功利辞章之学矣；约礼而非博学于文，则其礼为虚礼，而佛老空寂之学矣。是故约礼必在于博文，而博文乃所以约礼。二之而分先后焉者，是圣学之不明，而功利异端之说乱之也。昔者颜子之始学于夫子也，盖亦未知道之无方体形像也，而以为有方体形像也；未知道之无穷尽止极也，而以为有穷尽止极也。是犹后儒之见事事物物皆有定理者也，是以求之仰钻瞻忽之间，而莫得其所谓。及闻夫子博约之训，既竭吾才以求之，然后知天下之事虽千变万化，而皆不出于此心之一理；然后知殊途而同归，百虑而一致；然后知斯道之本无方体形像，而不可由方体形像求之也；本无穷尽止极，而不可以穷尽止极求之也。故曰：‘虽欲从之，末由也已’。盖颜子至是而始有真实之见矣。博文以约礼，格物以致其良知也，亦宁有二学乎哉？”

（见束景南：《王阳明年谱长编》三，
上海古籍出版社 2017 年版，第 1663—1664 页。）

咏良知四首示诸生

个个人心有仲尼，自将闻见苦遮迷。而今指与真头面，只是良知更莫疑。

问君何事日憧憧？烦恼场中错用功。莫道圣门无口诀，良知两字是参同。

人人自有定盘针，万化根源总在心。却笑从前颠倒见，枝枝叶叶外头寻。

无声无臭独知时，此是乾坤万有基。抛却自家无尽藏，沿门持钵效贫儿。

（见《王阳明全集》第 3 卷，
民主与建设出版社 2014 年版，第 579 页。）

山中漫兴

清晨急雨度林扉，余滴烟梢尚湿衣。雨水霞明桃乱吐，沿溪风暖药初肥。物情到底能容懒，世事从前顿觉非。自拟春光还自领，好谁歌咏月中归。

（见《王阳明全集》第 3 卷，
民主与建设出版社 2014 年版，第 578 页。）

书魏师孟卷

心之良知是谓圣。圣人之学，惟是致此良知而已。自然而致之者，圣人也；勉然而致之者，贤人也；自蔽自昧而不肯致之者，愚不肖者也。愚不肖者，虽其蔽昧之极，良知又未尝不存也。苟能致之，即与圣人无异矣。此良知所以为圣愚之同具，而人皆可以为尧舜者，以此也。是故致良知之外无学矣。自孔孟既没，此学失传几千百年。赖天之灵，偶复有见，诚千古之一快，百世以俟圣人而不惑者也。每以启夫同志，无不跃然以喜者，此亦可以验夫良知之同然矣。间有听之而疑者，则是支离之习没溺既久，先横不信之心而然。使能姑置其旧见，而平气以绎吾说，盖亦未有不幡然而悔悟者也。

南昌魏氏兄弟旧学于予，既皆有得于良知之说矣。其季良贵师孟，因其诸兄而来请。其资禀甚颖，而意向甚笃，然以偕计北上，不得久从于此。吾虽略以言之而未能悉也，故特书此以遗之。

（见《王阳明全集》第1卷，
民主与建设出版社2014年版，第207页。）

稽山书院尊经阁记

〈节选〉

经，常道也。其在于天谓之命，其赋于人谓之性，其主于身谓之心。心也、性也、命也，一也。通人物，达四海，塞天地，亘古今，无有乎弗具，无有乎弗同，无有乎或变者也。是常道也，其应乎感也，则为恻隐，为羞恶，为辞让，为是非；其见于事也，则为父子之亲，为君臣之义，为夫妇之别，为长幼之序，为朋友之信。是恻隐也，羞恶也，辞让也，是非也；是亲也，义也，序也，别也，信也；一也。皆所谓心也、性也、命也。通人物，达四海，塞天地，亘古今，无有乎弗具，无有乎弗同，无有乎或变者也，是常道也。是常道也，以言其阴阳消息之行焉，则谓之《易》；以言其纪纲政事之施焉，则谓之《书》；以言其歌咏性情之发焉，则谓之《诗》；以言其条理节文之著焉，则谓之《礼》；以言其欣喜和平之生焉，则谓之《乐》；以言其诚伪邪正之辨焉，则谓之《春秋》。是阴阳消息之行也，以至于诚伪邪正之辨也，一也。皆所谓心也，性也，命也。通人物，达四海，塞天地，亘古今，无有乎弗具，无有乎弗同，无有乎或变者也，夫是之谓《六经》。《六经》者非他，吾心之常道也。故《易》也者，志吾心之阴阳消息者也；《书》也者，志吾心之纪纲政事者也；《诗》也者，志吾心之歌咏性情者也；《礼》也者，志吾心之条理节文者也；《乐》也者，志吾心之欣喜和平者也；《春秋》也者，志吾心之诚伪邪正者也。君子之于《六经》也，求之吾心之阴阳消息而时行焉，所以尊《易》也；求之吾心之纪纲政事而时施焉，所以尊《书》也；求之吾心之歌咏性情而时发焉，所以尊《诗》也；求之吾心之条理节文而时著焉，所以尊《礼》也；求之吾心之欣喜和平而时生焉，所以尊《乐》也；求之吾心之诚伪邪正而时辨焉，所以尊《春秋》也。

……故《六经》者，吾心之记籍也，而《六经》之实则具于吾心，犹之产业库藏之实积，种种色色，具存于其家。其记籍者，特名状数目而已。而世之学者，不知求《六经》实于吾心，而徒考索于影响之间，牵制于文义之末，硁硁然以为是《六经》矣。

（见《王阳明全集》第1卷，
民主与建设出版社2014年版，第188—189页。）

重修山阴县学记

〈节选〉

夫圣人之学，心学也。学以求尽其心而已。尧、舜、禹之相授受曰："人心惟危，道心惟微。惟精惟一，允执厥中。"道心者，率性之谓，而未杂于人，无声无臭，至微而显，诚之源也。人心，则杂于人而危矣，伪之端矣。见孺子之入井而恻隐，率性之道也；从而内交于其父母焉，要誉于乡党焉，则人心矣。饥而食，渴而饮，率性之道也；从而极滋味之美焉，恣口腹之饕焉，则人心矣。惟一者，一于道心也。惟精者，虑道心之不一，而或二之以人心也。道无不中，一于道心而不息，是谓“允执厥中”矣。一于道心，则存之无不中，而发之无不和。是故率是道心而发之于父子也无不亲；发之于君臣也无不义；发之于夫妇、长幼、朋友也无不别、无不序、无不信。是谓中节之和，天下之达道也。放四海而皆准，亘古今而不穷，天下之人同此心，同此性，同此达道也。舜使契为司徒而教以人伦，教之以此达道也。当是之时，人皆君子而比屋可封，盖教者惟以是为教，而学者惟以是为学也。圣人既没，心学晦而人伪行，功利、训诂、记诵、辞章之徒纷沓而起，支离决裂，岁盛月新，相沿相袭，各是其非，人心日炽而不复知有道心之微。间有觉其纰缪而略知反本求源者，则又哄然指为禅学而群訾之。呜呼！心学何由而复明乎！夫禅之学与圣人之学，皆求尽其心也，亦相去毫厘耳。圣人之求尽其心也，以天地万物为一体也。……心尽而家以齐，国以治，天下以平。故圣人之学不出乎尽心。禅之学非不以心为说，然其意以为是达道也者，固吾之心也，吾惟不昧吾心于其中，则亦已矣，而亦岂必屑屑于其外；其外有未当也，则亦岂必屑屑于其中，斯亦其所谓尽心者矣，而不知已陷于自私自利之偏。是以外人伦，遗事物，以之独善或能之，而要之不可以治家国天下。盖圣人之学无人己，无内外，一天地万物以为心；而禅之学起于自私自利，而未免于内外之分，斯其所以为异也。

（见束景南：《王阳明年谱长编》三，
上海古籍出版社 2017 年版，第 1678—1679 页。）

书正宪扇

今人病痛，大段只是傲。千罪百恶，皆从傲上来。傲则自高自是，不肯屈下人。故为子而傲，必不能孝；为弟而傲，必不能弟；为臣而傲，必不能忠。象之不仁，丹朱之不肖，皆只是一“傲”字，便结果了一生，做个极恶大罪的人，更无解救得处。汝曹为学，先要除此病根，方才有地步可进。“傲”之反为“谦”。“谦”字便是对症之药。非但是外貌卑逊，须是中心恭敬，撙节退让，常见自己不是，真能虚己受人。故为子而谦，斯能孝；为弟而谦，斯能弟；为臣而谦，斯能忠。尧舜之圣，只是谦到至诚处，便是允恭克让，温恭允塞也。汝曹勉之敬之，其毋若伯鲁之简哉！

（见《王阳明全集》第1卷，
民主与建设出版社2014年版，第207页。）

答刘内重

〈节选〉

夫学者既立有必为圣人之志，只消就自己良知明觉处朴实头致了去，自然循循日有所至，原无许多门面摺数也。外面是非毁誉，亦好资之以为警切砥砺之地，却不得以此稍动其心，便将流于心劳日拙而不自知矣。内重强刚笃实，自是任道之器，然于此等处尚须与谦之从容一商量，又当有见也。眼前路径须放开阔，才好容人来往，若太拘窄，恐自己亦无展足之地矣。圣人之行，初不远于人情。鲁人猎较，孔子亦猎较。乡人傩，朝服而立于阼阶。难言之互乡，亦与进其童子。在当时固不能无惑之者矣。子见南子，子路且有不悦。夫子到此，如何更与子路说得是非？只好矢之而已。何也？若要说见南子是，得多少气力来说？且若依着子路认个不是，则子路终身不识圣人之心，此学终将不明矣。此等苦心处，惟颜子便能识得，故曰“于吾言无所不悦”。此正是大头脑处。区区举似内重，亦欲内重谦虚其心，宏大其量，去人我之见，绝意必之私，则此大头脑处，自将卓尔有见，当有“虽欲从之，末由也已”之叹矣！大抵奇特斩绝之行，多后世希高慕大者之所喜，圣贤不以是为贵也。故索隐行怪，则后世有述焉，依乎中庸，固有遯世不见知者矣。学绝道丧之余，苟有以讲学来者，所谓空谷之足音，得似人者可矣。

（见束景南：《王阳明年谱长编》四，
上海古籍出版社 2017 年版，第 1683—1684 页。）

登香炉峰次萝石韵

曾从炉鼎蹑天风，下数天南百二峰。胜事纵为多病阻，幽怀还与故人同。旌旗影动星辰北，鼓角声回沧海东。世故茫茫浑未定，且乘溪月放归蓬。

（见《王阳明全集》第 3 卷，
民主与建设出版社 2014 年版，第 578 页。）

观从吾登炉峰绝顶戏赠

道人不奈登山癖，日暮犹思绝栈云。岩底独行窝虎穴，峰头清啸乱猿群。清溪月出时寻寺，归棹城隅夜款门。可笑中郎无好兴，独留松院坐黄昏。

（见《王阳明全集》第 3 卷，
民主与建设出版社 2014 年版，第 578 页。）

书扇赠从吾

君家只在海西限，日日寒潮去复回。莫遣扁舟成久别，炉峰秋月望君来。

（见《王阳明全集》第 3 卷，
民主与建设出版社 2014 年版，第 578 页。）

答顾东桥书

〈节选〉

夫人必有欲食之心然后知食。欲食之心即是意，即是行之始矣。食味之美恶必待入口而后知，岂有不待入口而已先知食味之美恶者邪？必有欲行之心，然后知路。欲行之心即是意，即是行之始矣。路岐之险夷必待身亲履历而后知，岂有不待身亲履历而已先知路岐之险夷者邪？“知汤乃饮”，“知衣乃服”，以此例之，皆无可疑。……知之真切笃实处，即是行；行之明觉精察处，即是知：知行工夫本不可离。只为后世学者分作两截用功，失却知行本体，故有合一并进之说。

（见《王阳明全集》第 1 卷，《传习录》中，
民主与建设出版社 2014 年版，第 32—33 页。）

答顾东桥书

〈节选〉

夫学问思辨行皆所以为学，未有学而不行者也。如言学孝，则必服劳奉养，躬行孝道，然后谓之学，岂徒悬空口耳讲说，而遂可以谓之学孝乎？学射则必张弓挟矢，引满中的；学书则必伸纸执笔，操觚染翰；尽天下之学无有不行而可以言学者，则学之始固已即是行矣。笃者，敦实笃厚之意，已行矣，而敦笃其行，不息其功之谓尔。盖学之不能以无疑，则有

问，问即学也，即行也；又不能无疑，则有思，思即学也，即行也；又不能无疑，则有辨，辨即学也，即行也；辨既明矣，思既慎矣，问既审矣，学既能矣，又从而不息其功焉，斯之谓笃行，非谓学、问、思、辨之后而始措之于行也。是故以求能其事而言谓之学，以求解其惑而言谓之问，以求通其说而言谓之思，以求精其察而言谓之辨，以求履其实而言谓之行。盖析其功而言则有五，合其事而言则一而已。此区区心理合一之体，知行并进之功，所以异于后世之说者，正在于是。

（见《王阳明全集》第1卷，《传习录》中，民主与建设出版社2014年版，第35—36页。）

答顾东桥书

〈节选〉

当是之时，天下之人熙熙皞皞，皆相视如一家之亲。其才质之下者，则安其农、工、商、贾之分，各勤其业以相生相养，而无有乎希高慕外之心。其才能之异若皋、夔、稷、契者，则出而各效其能，若一家之务，或营其衣食，或通其有无，或备其器用，集谋并力，以求遂其仰事俯育之愿，惟恐当其事者之或怠而重己之累也。故稷勤其稼，而不耻其不知教，视契之善教，即己之善教也；夔司其乐，而不耻于不明礼，视夷之通礼，即己之通礼也。盖其心学纯明，而有以全其万物一体之仁，故其精神流贯，志气通达，而无有乎人己之分，物我之间。譬之一人之身，目视、耳听、手持、足行，以济一身之用。目不耻其无聪，而耳之所涉，目必营焉；足不耻其无执，而手之所探，足必前焉；盖其元气充周，血脉条畅，是以痒疴呼吸，感触神应，有不言而喻之妙。此圣人之学所以至易至简，易知易从，学易能而才易成者，正以大端惟在复心体之同然，而知识技能非所与论也。

（见《王阳明全集》第1卷，《传习录》中，民主与建设出版社2014年版，第42—43页。）

书中天阁勉诸生

“虽有天下易生之物，一日暴之，十日寒之，未有能生者也。”承诸君之不鄙，每予来归，咸集于此，以问学为事，甚盛意也。然不能旬日之留，而旬日之间，又不过三四会。一别之后，辄复离群索居，不相见者动经年岁。然则岂惟十日之寒而已乎？若是而求萌蘖之畅茂条达，不可得矣。故予切望诸君勿以予之去留为聚散。或五六日、八九日，虽有俗事相妨，亦须破冗一会于此。务在诱掖奖劝，砥砺切磋，使道德仁义之习日亲日近，则世利纷华之染亦日远日疏，所谓“相观而善，百工居肆以成其事”者也。相会之时，尤须虚心逊志，相亲相敬。大抵朋友之交，以相下为益。或议论未合，要在从容涵育，相感以诚，不得动气求胜，长傲遂非。务在默而成之，不言而信。其或矜己之长，攻人之短，粗心浮气，矫以沽名，讦以为直，挟胜心而行愤嫉，以圮族败群为志，则虽日讲时习于此，亦无益矣。诸君念之念之！

（见《王阳明全集》第 1 卷，
民主与建设出版社 2014 年版，第 206 页。）

书朱守乾卷

黄州朱生守乾请学而归，为书“致良知”三字。夫良知者，即所谓“是非之心，人皆有之”，不待学而有，不待虑而得者也。人孰无是良知乎？独有不能致之耳。自圣人以至于愚人，自一人之心，以达于四海之远，自千古之前以至于万代之后，无有不同。是良知也者，是所谓“天下之大本”也。致是良知而行，则所谓“天下之达道”也。天地以位，万物以育，将富贵贫贱，患难夷狄，无所入而弗自得也矣。

（见《王阳明全集》第 1 卷，
民主与建设出版社 2014 年版，第 206 页。）

阳明九声四气歌法

九声半篇

鼓鼓鼓鼓鼓㊎㊎㊎箇平箇舒○人折心悠○有平仲折尼悠，㊦○㊎自发将扬○闻折见悠○苦平遮折○迷串。㊦㊎而串今串○指平与舒○真折头悠○面叹，㊦○㊎只平是舒○良折知悠○更振莫折疑悠。㊦○㊎只平是舒○良折知悠○更振莫折疑悠。㊦㊦㊦。如连歌，止击㊦一声，歌阙，方击㊦三声。

四气半篇

箇春之春，口略开。箇春之夏，口开。人春之秋，声在喉。心春之冬，声归丹田。有仲尼亦分作春夏秋冬，而俱有春声。自夏之春，口略开。将夏之夏，口开。闻夏之秋，声在喉。见夏之冬，声归丹田。苦遮迷亦分作春夏秋冬，而俱有夏声。而今指与真头面首二字稍续前句，末三字平分，无疾迟轻重，但要有萧条之意。声在喉，秋也，亦宜春、宜夏、宜冬。只冬之春，声归丹田，口略开。是冬之夏，声归丹田，口开。良冬之秋，声在喉。知冬之冬，声归丹田，口略开。更莫疑上四字，至冬之冬时，物闭藏剥落殆尽。此三字，一阳初动，剥而既复。故第五字声要高，以振起坤中不绝之微阳。六字、七字稍低者，阳气虽动，而发端于下，则甚微也。要得冬时不失冬声，声归丹田，冬也，亦宜春、宜夏、宜秋。天有四时，而一不用，故冬声归于丹田，而口无闭焉。

九声全篇

鼓鼓鼓鼓㊎㊎㊎㊌平者舒○堪折名悠席平上折珍悠？㊦都发缘扬○当折日悠得平师折○真串。㊦㊎是串知串○佚平我舒○无折如悠○老叹，㊦○㊎惟平喜舒○放折怀悠○长平似折春悠。㊦○㊎得平志舒○当折为悠○天平下折事悠，㊦○㊎退发居扬○聊折作悠○水平云折○身串。㊦㊎胸串中串○一平点舒○分折明悠处叹，㊦○㊎不平负舒高折天悠○不振负折人悠。㊦○㊎胸串中串○一平点舒分折明悠处叹，㊦○㊎不平负舒○高折天悠○不振负折人悠。㊦㊦㊦。

四气全篇

即前半篇法而叠用之。

九声：曰平，曰舒，曰折，曰悠，曰发，曰扬，曰串，曰叹，曰振。平者，机主于出声，在舌之上齿之内，非大非小，无起无落，优柔涵蓄，气不迫促。舒者，即声在舌齿，而洋洋荡荡，流动轩豁，气度广远。折者，机主于入，而声延于喉，渐渐吸纳，亦非有大小起落，其气顺利活泼。悠者，声由喉以归于丹田，和柔涓涓，其气深长，几至于尽，而复有余韵反还。发者，声之豪迈，其气直遂而磊磊落落。扬者，声之昌大，其气敷张而襟怀畅达。串者，上句一字联下句二字，声仅成听，其气累累如贯珠然。叹者，其声浅短，气若微妙剥落。振者，声之平而稍寓精锐，有消索振起之意。凡声主于和顺，妙在慷慨，发舒得尽，以开释其郁结；涵泳得到，以荡涤其邪秽。如七言四句，其声用平五出，无所出；用舒三出，而不轻于出；用折七入，无所入；用悠六入，而不轻于入；用发一扬一，渐于粗历，弘而含也；用串三，而若一，而不至于间绝，微而缜也；用叹一，以敛其气；用振一，以鼓其机，抑而张也。慎其所出，节流滋原，重其所入，□归复命，广大精微，抽添补泄，阖辟宣天地之化机，屈伸昭鬼神之情状，舒卷尽人事之变态。歌者陶情适性，闻者心旷神怡，一道同风，沦肌浃髓，此调燮之妙用，政教之根本，心学之枢要，而声歌之极致也。

四气：曰春，曰夏，曰秋，曰冬。每四句分作春夏秋冬；而春夏秋冬中，又自有春夏秋冬。如第一句春，第二句夏，第三句秋，第四句冬，每句上四字各分作春夏秋冬，第一字春，第二字夏，第三字秋，第四字冬；下三字稍仿上四字，亦分作春夏秋冬。第三句首二字稍续上句，末三字各平分，不甚疾迟轻重，以第三句少变前二句，不叠韵而足听也。第四句第四字乃冬之冬，用藏已极，然阴不独胜，阳不终绝，消而必息，虚而必盈，所谓既剥将复，而亥子之间，天地人之至妙至妙者是也。故末三字当有一阳来复之义。第五字声要高，何也？闭藏已极，不有以振而起之，无以发其坤中不绝之微阳也。故以十月谓之阳月，每句每二字一断，庶转气悠扬，不至急促。第一字口略开，声要融和；第二字口开，声要洪大；第三字声返于喉，秋收也；第四字声归丹田，冬藏也。春而融和，夏而洪大者，达其气而泄之，俾不阏也。秋而收之，冬而藏之，收天下春而藏之肺腑也。其不绝之余声，复自丹田而出之，以涤邪秽，以融渣滓，扩而清之也。春之声稍迟，夏之声又迟，秋之声稍疾，冬之声又疾，变而通之，则四时之气备矣；阖而辟之，则乾坤之理备矣。幽而鬼神屈伸而执其机，明而日月往来而通其运，大而元会运世而统其全，此岂有所强而然哉？广大之怀，自得之趣，真有如大块噫气，而风生于寥廓；洪钟逸响，而声出于自然者。融溢活泼，写出太和真机；吞吐卷舒，妙成神明不测，故闻之者不觉心怡神醉，恍乎若登尧舜之堂，舞百兽而仪凤凰矣。

（见束景南、查明昊辑编：《王阳明全集补编》，
上海古籍出版社 2016 年版，第 221—225 页。）

玉山斗门

胼胝深感昔人劳，百尺洪梁压巨鳌。潮应三江天堑逼，山分海门两岸高。溅空飞雪和天白，激石冲雷动地号。圣代不忧陵谷变，坤维千古护江皋。

（见束景南、查明昊辑编：《王阳明全集补编》，
上海古籍出版社 2016 年版，第 75 页。）

1526年（明世宗嘉靖五年，丙戌），55岁

首揭“王门四句教”[1]

与门人朱得之、杨文澄讲论良知心学，首揭“王门四句教”。

朱得之辑《稽山承语》。杨文澄问：“意有善恶，诚之将何稽？”师曰：“无善无恶者心也，有善有恶者意也，知善知恶者良知也，为善去恶者格物也。”曰：“意固有善恶乎？”曰：“意者心之发，本自有善而无恶，惟动于私欲而后有恶也。惟良知自知之，故学问之要曰致良知。”或问三教异同。师曰：“道大无外，若曰各道其道，是小其道矣。……其初只是一家，去其藩篱，仍旧是一家。三教之分，亦只似此。”“丙戌春末，师同诸友登香炉峰，各尽足力所至，惟师与董萝石、王正之、王惟中数人至顶。时师命诸友歌诗，众皆喘息不定。萝石仅歌一句，惟中歌一章，师复自歌，婉如平时。萝石问故。师曰：‘我登山，不论几许高，只登一步。诸君何如？’惟中曰：‘弟子辈足到山麓时，意已在山顶上了。’师曰：‘病是如此。’”

（见束景南：《王阳明年谱长编》四，
上海古籍出版社2017年版，第1744—1745页。）

合族名行格言

贤良方正，祈天永锡。崇德广业，富有日新。文成明达，茂先宏通。祖于鹤鸣，世肇景宣。功□忠献，道学□阳。元迪□则，嗣乃克昌。

阳明山人王守仁题。

（见束景南、查明昊辑编：《王阳明全集补编》，
上海古籍出版社2016年版，第227—228页。）

---

① 篇名为本书作者所加。

柬友

一个“尘”字，昏了诸多人，吾辈最忌此“尘”字不去，社名“扫尘”，已后心上尘、口上尘（一作眼前尘）、笔墨尘、世路尘，都要扫却。

（见束景南、查明昊辑编：《王阳明全集补编》，
上海古籍出版社 2016 年版，第 228 页。）

和董萝石菜花韵

油菜花开满地金，鹁鸠声里又春深。闾阎正苦饥民色，畎亩长怀老圃心。自有牡丹堪富贵，也从蜂蝶谩追寻。年年开落浑闲事，来赏何人共此襟？

（见《王阳明全集》第 3 卷，
民主与建设出版社 2014 年版，第 579 页。）

天泉楼夜坐和萝石韵

莫厌西楼坐夜深，几人今夕此登临？白头未是形容老，赤子依然混沌心。隔水鸣榔闻过棹，映窗残月见疏林。看君已得忘言意，不是当年只苦吟。

（见《王阳明全集》第 3 卷，
民主与建设出版社 2014 年版，第 579 页。）

示诸生三首

尔身各各自天真，不用求人更问人。但致良知成德业，谩从故纸费精神。乾坤是易原非画，心性何形得有尘？莫道先生学禅语，此言端的为君陈。

人人有路透长安，坦坦平平一直看。尽道圣贤须有秘，翻嫌易简却求难。只从孝弟为尧舜，莫把辞章学柳韩。不信自家原具足，请君随事反身观。

长安有路极分明，何事幽人旷不行？遂使蓁茅成间塞，尽教麋鹿自纵横。徒闻绝境劳悬想，指与迷途却浪惊。冒险甘投蛇虺窟，颠崖堕壑竟亡生。

（见《王阳明全集》第3卷，
民主与建设出版社2014年版，第579—580页。）

答人问良知二首

良知即是独知时，此知之外更无知。谁人不有良知在，知得良知却是谁？

知得良知却是谁？自家痛痒自家知。若将痛痒从人问，痛痒何须更问为？

（见《王阳明全集》第3卷，
民主与建设出版社2014年版，第580页。）

答聂文蔚论良知书

〈节选〉

夫人者，天地之心。天地万物，本吾一体者也，生民之困若荼毒，孰非疾痛之切于吾身者乎？不知吾身之疾痛，无是非之心者也。是非之心，不虑而知，不学而能，所谓良知也。良知之在人心，无间于圣愚，天下古今之所同也。世之君子惟务致其良知，则自能公是非，同好恶，视人犹己，视国犹家，而以天地万物为一体，求天下无治，不可得矣。古之人所以能见善不啻若己出，见恶不啻若己入，视民之饥溺犹己之饥溺，而一夫不获，若己推而纳诸沟中者，非故为是而以蕲天下之信己也，务致其良知，求自慊而已矣。……守仁赖天之灵，偶有见于良知之学，以为必由此而后天下可得而治。是以每念斯民之陷溺，则为戚然痛心，忘其身之不肖，而思以此救之，亦不足恤哉？吾方疾痛之切体，而暇计人之非笑乎！……呜呼！今之人虽谓守仁为病狂丧心之人，亦无不可矣。侍生守仁顿首，复右史定斋先生执事。

（见束景南、查明昊辑编：《王阳明全集补编》，上海古籍出版社 2016 年版，第 367—369 页。）

答南元善

〈节选〉

世之高抗通脱之士，捐富贵，轻利害，弃爵禄，决然长往而不顾者，亦皆有之。彼其或从好于外道诡异之说，投情于诗酒山水技艺之乐，又或奋发于意气，感激于愤悱，牵溺于嗜好，有待于物以相胜，是以去彼取此而后能。及其所之既倦，意衡心郁，情随事移，则忧愁悲苦随之而作。果能捐富贵，轻利害，弃爵禄，快然终身，无入而不自得已乎？夫惟有道之士，真有以见其良知之昭明灵觉，圆融洞澈，廓然与太虚而同体。太虚之中，何物不有？而无一物能为太虚之障碍。盖吾良知之体，本自聪明睿知，本自宽裕温柔，本自发强刚毅，本自斋庄中正、文理密察，本自溥博渊泉而时出之，本无富贵之可慕，本无贫贱之可忧，本无得丧之可欣戚、爱憎之可取舍。盖吾之耳而非良知，则不能以听矣，又何有于聪？目而非良知，则不能以视矣，又何有于明？心而非良知，则不能以思与觉矣，又何有于睿知？然则又何有于宽裕温柔乎？又何有于发强刚毅乎？又何有于斋庄中正、文理密察乎？又何有于溥博渊泉而时出之乎？故凡慕富贵，忧贫贱，欣戚得丧，爱憎取舍之类，皆足以蔽吾聪明睿知之体，而窒吾渊泉时出之用。若此者，如明目之中而翳之以尘沙，聪耳之中而塞之以木楔也。其疾痛郁逆，将必速去之为快，而何能忍于时刻乎？故凡有道之士，其于慕富贵，忧贫贱，欣戚得丧而取舍爱憎也，若洗目中之尘而拔耳中之楔。其于富贵、贫贱、得丧、爱憎之相值，若飘风浮霭之往来变化于太虚，而太虚之体，固常廓然其无碍也。……

关中自古多豪杰，其忠信沉毅之质，明达英伟之器，四方之士，吾见亦多矣，未有如关中之盛者也。然自横渠之后，此学不讲，或亦与四方无异矣。自此关中之士有所振发兴起，进其文艺于道德之归，变其气节为圣贤之学，将必自吾元善昆季始也。今日之归，谓天为无意乎？谓天为无意乎？

元贞以病，不及别简，盖心同道同而学同，吾所以告之亦不能有他说也。亮之亮之！

（见《王阳明全集》第1卷，
民主与建设出版社2014年版，第157—158页。）

浚河记

越人以舟楫为舆马。滨河而廛者，皆巨室也。日规月筑，水道淤隘，蓄泄既亡，旱潦频仍。商旅日争于途，至有斗而死者矣。南子乃决沮障，复旧防，去豪商之壅，削势家之侵。失利之徒，胥怨交谤，从而谣之曰："南守瞿瞿，实破我庐；瞿瞿南守，使我奔走。"人曰："吾守其厉民欤！何其谤者之多也？"阳明子曰："迟之。吾未闻以佚道使民，而或有怨之者也。"既而舟楫通利，行旅欢呼络绎。是秋大旱，江河龟坼，越之人收获输载如常。明年大水，民居免于垫溺。远近称忭，又从而歌之曰："相彼舟人矣，昔揭以曳矣，今歌以楫矣。旱之熇也，微南侯兮，吾其燋矣；霪其弥月矣，微南侯兮，吾其鱼鳖矣。我输我获矣，我游我息矣，长渠之活矣，维南侯之流泽矣。”人曰：“信哉！阳明子之言：‘未闻以佚道使民，而或有怨之者也。’纪其事于石，以诏来者。”

（见束景南：《王阳明年谱长编》四，上海古籍出版社2017年版，第1758页。）

南冈说

浙大参朱君应周居莆之壶公山下。应周之名曰鸣阳，盖取《诗》所谓“凤凰鸣矣，于彼朝阳”之意也。莆人之言曰：“应周则诚吾莆之凤矣。其居青琐，进谠言，而天下仰望其风采，则诚若凤之鸣于朝阳者矣。夫凤之栖，必有高冈，则壶公者，固其所从而栖鸣也。”于是号壶公曰“南冈”，盖亦取《诗》所谓“凤凰鸣矣，于彼高冈”之义也。应周闻之，曰：“嘻！因予名而拟之以凤焉，其名也，人固非凤也；因壶公而号之以‘南冈’焉，其实也，固亦冈也。吾方愧其名之虚，而思以求其号之实也。”因以“南冈”而自号。大夫乡士为之诗歌序记以咏叹揄扬其美者，既已连篇累牍，而应周犹若未足，勤勤焉以蕲于予，必欲更为之一言。是其心殆不以赞誉称颂之为喜，而以乐闻规切砥砺之为益也。吾何以答应周之意乎？姑请就南冈而与之论学。夫天地之道，诚焉而已耳；圣人之学，诚焉而已耳。诚故不息，故久，故征，故悠远，故博厚。是故天惟诚也，故常清；地惟诚也，故常宁；日月惟诚也，故常明。今夫南冈，亦拳石之积耳，而其广大悠久，至与天地而无疆焉，非诚而能若是乎？故观夫南冈厓石，则诚厓石尔矣；观夫南冈之溪谷，则诚溪谷尔矣；观夫南冈之峰峦岩壑，则诚峰峦岩壑尔矣。是皆实理之诚然，而非有所虚假文饰，以伪为于其间。是故草木生焉，禽兽居焉，宝藏兴焉。四时之推敚，寒暑晦明、烟岚霜雪之变态，而南冈若无所与焉。凤凰鸣矣，而南冈不自以为瑞也；虎豹藏焉，而南冈不自以为威也；养生送死者资焉，而南冈不自以为德；云雾兴焉而见光怪，而南冈不自以为灵。是何也？诚之无所与也，诚之不容已也，诚之不可掩也。君子之学亦何以异于是？是故以事其亲，则诚孝尔矣；以事其兄，则诚弟尔矣；以事其君，则诚忠尔矣；以交其友，则诚信尔矣。是故蕴之为德行矣，措之为事业矣，发之为文章矣。是故言而民莫不信矣，行而民莫不悦矣，动而民莫不化矣。是何也？一诚之所发，而非可以声音笑貌幸而致之也。故曰："诚者，天之道也；思诚者，人之道也。"应周之有取于南冈而将以求其实者，殆亦无出于斯道也矣！果若是，则知应周岂非思诚之功欤？夫思诚之功，精矣微矣，应周盖尝从事于斯乎？异时来过稽山之麓，尚能为我一言其详。

（见束景南：《王阳明年谱长编》四，
上海古籍出版社 2017 年版，第 1759—1760 页。）

湖海集序

萝石董兄自海鹽来越，年已六十有八矣，出其旧日诗，属余为之叙。予不工诗，安敢序？第萝石之心有亟亟者。歌诗自《三百篇》，均写忠君爱国，缠绵悱恻之忱，而次及于山川鸟兽，君子所谓"多识"者。今观萝石诗，其于山川景物、草木鸟兽则多矣，言情之什则亦众矣，当于忠君爱国间求之，则更上层楼矣。爰为序之以归之。

时在丙戌孟夏朔日，阳明王守仁序。

（见束景南、查明昊辑编：《王阳明全集补编》，
上海古籍出版社 2016 年版，第 228 页。）

答杨邃庵阁老书

〈节选〉

……夫惟身任天下之祸，然后能操天下之权；操天下之权，然后能济

天下之难。然当其权之未得也，致之甚难；而其归之也，则操之甚易。夫权者，天下之大利大害也。小人之不可一日有者也。欲济天下之难，而不操之以权，是犹倒持太阿而授人以柄，希不割矣。故君子之致权也有道，本之至诚以立其德，植之善类以多其辅。示之以无可不容之量，以安其情；扩之以无所竞之心，以平其气；昭之以不可夺之节，以端其向；神之以造（下阙文）君臣，虽刘基之智，宋濂之博，通俛伏受成。

（见束景南、查明昊辑编：《王阳明全集补编》，
上海古籍出版社 2016 年版，第 369—370 页。）

答友人问

问："自来先儒皆以学问思辩属知，而以笃行属行，分明是两截事。今先生独谓知行合一，不能无疑。"

曰：此事吾已言之屡屡。凡谓之行者，只是著实去做这件事。若著实做学问思辨的工夫，则学问思辨亦便是行矣。学是学做这件事，问是问做这件事，思辨是思辨做这件事，则行亦便是学问思辨矣。若谓学问思辨之，然后去行，却如何悬空先去学问思辨得？行时又如何去得个学问思辨的事？行之明觉精察处，便是知；知之真切笃实处，便是行。若行而不能精察明觉，便是冥行，便是"学而不思则罔"，所以必须说个知；知而不能真切笃实，便是妄想，便是"思而不学则殆"，所以必须说个行，元来只是一个工夫。凡古人说知行，皆是就一个工夫上补偏救弊说，不似今人截然分作两件事做。某今说知行合一，虽亦是就今时补偏救弊说，然知行体段亦本来如是。吾契但著实就身心上体履，当下便自知得。今却只从言语文义上窥测，所以牵制支离，转说转糊涂，正是不能知行合一之弊耳。

"象山论学与晦庵大有同异。先生尝称象山'于学问头脑处见得直截分明'，今观象山之论，却有谓学有讲明，有践履，及以致知格物为讲明

之事，乃与晦庵之说无异，而与先生知行合一之说，反有不同。何如？”

曰：君子之学，岂有心于同异？惟其是而已。吾于象山之学有同者，非是苟同；其异者，自不掩其为异也。吾于晦庵之论有异者，非是求异；其同者，自不害其为同也。假使伯夷、柳下惠，与孔、孟同处一堂之上，就其所见之偏全，其议论断亦不能皆合，然要之不害其同为圣贤也。若后世论学之士，则全是党同伐异，私心浮气所使，将圣贤事业作一场儿戏看了也。

又问：“知行合一之说，是先生论学最要紧处。今既与象山之说异矣，敢问其所以同。”

曰：知行原是两个字说一个工夫，这一个工夫须著此两个字，方说得完全无弊病。若头脑处见得分明，见得原是一个头脑，则虽把知行分作两个说，毕竟将来做那一个工夫，则始或未便融会，终所谓百虑而一致矣。若头脑见得不分明，原看做两个了，则虽把知行合作一个说，亦恐终未有凑泊处，况又分作两截去做，则是从头至尾更没讨下落处也。

又问：“致良知之说，真是百世以俟圣人而不惑者。象山已于头脑上见得分明，如何于此尚有不同？”

曰：致知格物，自来儒者皆相沿如此说，故象山亦遂相沿得来，不复致疑耳。然此毕竟亦是象山见得未精一处，不可掩也。

又曰：知之真切笃实处，便是行；行之明觉精察处，便是知。若知时，其心不能真切笃实，则其知便不能明觉精察；不是知之时只要明觉精察，更不要真切笃实也。行之时，其心不能明觉精察，则其行便不能真切笃实；不是行之时只要真切笃实，更不要明觉精察也。知天地之化育，心体原是如此。乾知大始，心体亦原是如此。

（见《王阳明全集》第1卷，民主与建设出版社2014年版，第155—156页。）

答人问道

饥来吃饭倦来眠，只此修行玄更玄。说与世人浑不信，却从身外觅神仙。

（见《王阳明全集》第3卷，
民主与建设出版社2014年版，第580页。）

挽潘南山

圣学宫墙亦久荒，如公精力可升堂。若为千古经纶手，只作终年著述忙。末俗浇漓风益下，平生辛苦意难忘。西风一夜山阳笛，吹尽南冈落木霜。

（见《王阳明全集》第3卷，
民主与建设出版社2014年版，第579页。）

寄题玉芝庵[①]

尘途骏马劳千里，月树鹪鹩足一枝。身既了时心亦了，不须多羡碧霞池。

（见《王阳明全集》第3卷，
民主与建设出版社2014年版，第580页。）

赠岑东隐先生 二首

岑东隐老先生，余祖母族弟也，今年九十有四矣。双瞳炯然，饮食谈笑如少壮，所谓圣世之人瑞者非耶？涉江来访，信宿而别。感叹之余，赠

① 阳明居越诗三十四首，起始年正德辛巳（1521），至嘉靖丙戌（1526）。

之以诗。

东隐先生白发垂，犹能持竹钓江湄。身当百岁康强日，眼见九朝全盛时。寂寂群芳摇落后，苍苍松柏岁寒枝。结庐闻说临瀛海，欲问桑田几变移？

圣学工夫在致知，良知知处即吾师。勿忘勿助能无间，春到园林鸟自啼。

（见束景南、查明昊辑编：《王阳明全集补编》，
上海古籍出版社2016年版，第76页。）

嘉靖丙戌十二月庚申始得子年已五十有五矣六月静斋二丈昔与先公同举于乡闻之而喜各以诗来贺蔼然世交之谊也次韵为谢二首

海鹤精神老益强，晚途诗价重珪璋。洗儿惠兆金钱贵，烂目光呈奎井祥。何物敢云绳祖武，他年只好共爷长。偶逢灯事开汤饼，庭树春风转岁阳。

其二

自分秋禾后吐芒，敢云琢玉晚珪璋。漫凭先德余家庆，岂是生申降岳祥。携抱且堪娱老况，长成或可望书香。不辞岁岁临汤饼，还见吾家第几郎？

（见《王阳明全集》第3卷，
民主与建设出版社2014年版，第581—582页。）

祭柴太安人文

嘉靖年月日，新建伯兼兵部尚书忝眷王守仁，谨以牲醴之奠致祭于封太安人胡太亲母柴氏之柩：维太安人，生于闻宗，归于名族。母仪妇道，乡邦所式。宪宪令子，外台司直。匪荣膴秩，允荣显德。溯泽于源，有封

有锡。郁郁芝兰，烨烨桑梓。耄寿考祥，哀荣终始。复何恨哉，复何恨哉！守仁忝在姻末，当始讣闻，病莫奔哭。期兹归藏，必往执绋，先遣儿曹，匍匐归役。经旬雨雪，水泽腹坚。加以咳疾，触寒莫前。梗出意外，舟发复旋。天时人事，成此咎衍。百里江关，目极心瘁。薄奠申祖，临风怆愧。岂足将诚，祇以告罪。

（见束景南：《王阳明年谱长编》四，
上海古籍出版社 2017 年版，第 1806—1807 页。）

惜阴说

同志之在安成者，间月为会五日，谓之“惜阴”，其志笃矣。然五日之外，孰非惜阴时乎？离群而索居，志不能无少懈，故五日之会，所以相稽切焉耳。

呜呼！天道之运，无一息之或停；吾心良知之运，亦无一息之或停。良知即天道，谓之“亦”，则犹二之矣。知良知之运无一息之或停者，则知惜阴矣；知惜阴者，则知致其良知矣。“子在川上曰：逝者如斯夫！不舍昼夜。”此其所以学如不及，至于发愤忘食也。尧舜兢兢业业，成汤日新又新，文王纯亦不已，周公坐以待旦，惜阴之功，宁独大禹为然？子思曰：“戒慎乎其所不睹，恐惧乎其所不闻，知微之显，可以入德矣。”或曰“鸡鸣而起，孳孳为利。”凶人为不善，亦惟日不足，然则小人亦可谓之惜阴乎？

（见《王阳明全集》第 1 卷，
民主与建设出版社 2014 年版，第 198 页。）

守岁诗（并序）

嘉靖丙戌之除，从吾道人自海宁渡江来访，因共守岁。人过中年，四方之志益倦。客途岁暮，恋恋儿女室家，将舍所事走千里而归矣。道人今年已七十，终岁往来湖山之间，去住萧然，曾不知有其家室。其子穀又贤而孝，谓道人老矣，出辄长跪请留。道人笑曰："尔之爱我也以姑息。吾方友天下之善士，以与古之贤圣者游，正情养性，固无入而不自得。天地且逆旅，奚必一亩之宫而后为吾舍耶？"呜呼！若道人者，要当求之于古，在今时则吾所罕睹也。是夜风雪，道人有作，予因次韵为谢。

多情风雨属三余，满目湖山是旧庐。况有故人千里至，不知今夜一年除。天心终古原无改，岁时明朝又一初。白首如君真洒脱，耻随儿子恋分裾。

阳明山人守仁书。

（见束景南、查明昊辑编：《王阳明全集补编》，上海古籍出版社 2016 年版，第 75—76 页。）

1527 年（明世宗嘉靖六年，丁亥），56 岁

钱德洪《刻文录叙说》

〈节选〉

德洪曰：嘉靖丁亥四月，时邹谦之谪广德，以所录先生文稿请刻。先生止之曰："不可。吾党学问，幸得头脑，须鞭辟近里，务求实得，一切繁文靡好。传之恐眩人耳目，不录可也。"谦之复请不已。先生乃取近稿三之一，标揭年月，命德洪编次；复遗书曰："所录以年月为次，不复分别体类者，盖专以讲学明道为事，不在文辞体制间也。"明日，德洪掇拾所遗复请刻。先生曰："此爱惜文辞之心也。昔者孔子删述《六经》，若以

文辞为心，如唐、虞、三代，自《典》、《谟》而下，岂止数篇？正惟一以明道为志，故所述可以垂教万世。吾党志在明道，复以爱惜文字为心，便不可入尧、舜之道矣。”德洪复请不已。乃许数篇，次为《附录》，以遗谦之，今之广德板是也。

（见《王阳明全集》第4卷，
民主与建设出版社2014年版，第1156—1157页。）

先生尝语学者曰：“作文字亦无妨工夫。如诗言志，只看尔意向如何，意得处自不能不发之于言，但不必在词语上驰骋，言不可以伪为。且如不见道之人，一片粗鄙心，安能说出和平话？总然都做得后一两句露出病痛，便觉破此文原非充养得来。若养得此心中和，则其言自别。”

门人有欲汲汲立言者。先生闻之叹曰：“此弊溺人，其来非一日矣。不求自信而急于人知，正所谓以己昏昏，使人昭昭也。耻其名之无闻于世，而不知知道者视之，反自贻笑耳。宋之儒者，其制行磊荦，本足以取信于人，故其言虽未尽，人亦崇信之，非专以空言动人也。但一言之误，至于误人无穷，不可胜救，亦岂非汲汲于立言者之过耶？”

（见《王阳明全集》第4卷，
民主与建设出版社2014年版，第1159页。）

书扇示正宪

汝自冬春来，颇解学文义。吾心岂不喜？顾此枝叶事。如树不植根，暂荣终必瘁。植根可如何？愿汝且立志！

（见《王阳明全集》第3卷，
民主与建设出版社2014年版，第581页。）

送萧子雍诗

衰疾悟止足，闲居便静修。采芝深谷底，考盘南涧头。之子亦罕见，枉帆经旧丘。幽居意始结，公期已先遒。星途触来暑，拯焚能自由。黄鹄一高举，刚风翼难收。怀燕恋丘陇，回顾未忘忧。往志属千里，岂伊枋榆投？哲士营四海，细人聊自谋。圣作正思治，吾衰竟何酬！所望登才俊，济济扬鸿休。隐者嘉连遁，仕者当谁俦？宁无寥寂念，且急疮痍瘳。舍藏会有时，行矣毋淹留。

子邕怀抱弘济，而当道趋驾甚勤。恋恋庭闱，孝情虽至，顾恐事君之义□未为得也。诗以饯之，亦见老怀耳。阳明山人守仁识，时嘉靖丁亥五月晦。

（见束景南、查明昊辑编：《王阳明全集补编》，
上海古籍出版社 2016 年版，第 371 页。）

客座私祝

但愿温恭直谅之友来此讲学论道，示以孝友谦和之行。德业相劝，过失相规，以教训我子弟，使毋陷于非僻。不愿狂燥惰慢之徒来此博弈饮酒，长傲饰非，导以骄奢淫荡之事，诱以贪财黩货之谋，冥顽无耻，扇惑鼓动，以益我子弟之不肖。呜呼！由前之说，是谓良士，由后之说，是谓凶人。我子弟苟远良士而近凶人，是谓逆子，戒之戒之！嘉靖丁亥八月，将有两广之行，书此以戒我子弟，并以告夫士友之辱临于斯者，请一览教之。

（见《王阳明全集》第 3 卷，
民主与建设出版社 2014 年版，第 678 页。）

行德業相勸過失相規以教訓我子弟使毋陷于非僻不願狂懆惰慢之徒來此博弈

呼由前之說是謂良士由後之說是謂凶人我子弟苟遠良士而近凶人是謂逆子戒

王守仁書

《客座私祝》手迹

客座私祝

但願温恭直諒之友来此講學論道示

飲酒長儌飭非導以驕奢淫蕩之事誘以貪財黷貨之謀冥頑無恥扇惑鼓動以益我

之戒之嘉靖丁亥八月将有西廣之行書此以戒我子弟并以告夫士友之辱臨於斯

光緒庚辛间曾於豫中吴仲飴許見此帖當時是横幅不審何人何時翦裝成册也庚申之冬翼青總揆得之於趙氏因獲重観俯仰之间三十年矣

琅邪後學王景禧敬識

王文成以爲有明一代偉人其學問政事無一不令人欽服即此私祝數言已是爲後世家法多近正人多聞正言天下固無不佳子弟也其書法獨往獨來勁氣直達宏毅端凝之度已溢於楮墨之外更得黄石齋先生跋語可謂雙美璧合每一展閱不覺肅然起敬宣統二年四月四日傲徠山民趙萃敬跋

佐堯自幼服賈知識淺陋惟於先民文化遺產吉羽流光必恭敬之今春鄉先進輩創建梨洲文獻館於龍山之陽蒐羅歷史文物古籍可興可觀余以無似愧之貢獻而心嚮往之今秋長兒忠信以清華大學肄業生被遴選蘇聯莫斯科動力大學更資深造行有日矣余去京話別順道過訪津友張靜榕君君固津門收藏家有聲於時亦將新近收得之王陽明先生客座私祝之蹟見貽余拜讀之下肅然動念故鄉名山藏之遺因商張君忠予割愛當荷慨諾並承接踵到滬懷寶見贈余即以所藏王翬畫幅報之此行可謂不虛矣今將陽明先生手蹟獻送梨洲文獻館公諸大衆瞻仰而永寶之幸甚

餘姚洪佐堯謹識

一九五四年十二月於滬上

《客座私祝》手迹卷中，有黄道周的题序，赵尔萃、王景涛、洪佐尧的题跋。黄道周称："公之斯文若乾坤元气，春温秋肃，受者皆生，又如千仞壁立，截断众流。"赵尔萃赞"其书法独往独来，劲气直达宏毅，端凝之度已溢于楮墨之外"。

（见王程强编：《知行合一：王阳明咏良知手迹》，河南美术出版社 2016 年版，第 40—41 页，第 42—64 页。）

为善最乐文

君子乐得其道，小人乐得其欲。然小人之得其欲也，吾亦但见其苦而已耳。“五色令人目盲，五声令人耳聋，五味令人口爽，驰骋田猎令人心发狂。”营营戚戚，忧患终身，心劳而日拙，欲纵恶积，以亡其生，乌在其为乐也乎？若夫君子之为善，则仰不愧，俯不怍，明无人非，幽无鬼责，优游荡荡，心逸日休。宗族称其孝，乡党称其弟，言而人莫不信，行而人莫不悦。所谓无人而不自得也，亦何乐如之！

妻弟诸用明积德励善，有可用之才而不求仕。人曰：“子独不乐仕乎？”用明曰：“为善最乐也。”因以四字扁其退居之轩，率二子阶、阳日与乡之俊彦读书讲学于其中。已而二子学日有成，登贤荐秀。乡人啧啧，皆曰：“此亦为善最乐之效矣！”用明笑曰：“为善之乐，大行不加，穷居不损，岂顾于得失荣辱之间而论之？”闻者心服。仆夫治圃，得一镜，以献于用明。刮土而视之，背亦适有“为善最乐”四字。坐客叹异，皆曰：“此用明为善之符，诚若亦不偶然者也。”相与咏其事，而来请于予以书之，用以训其子孙，遂以勖夫乡之后进。

（见《王阳明全集》第 3 卷，
民主与建设出版社 2014 年版，第 678 页。）

与周道通答问书

〈节选〉

凡是有感斯应，其感自外至者，不必论也。澄心静虑之□无思无为，而有突然之感者，何欤？夫正感正应，邪感亦正应之，宜也。然有时乎正感而应之，忽入于邪者，岂其有所感而然耶？抑或涉于气欤？必欲吾心之神，常为万感之主，无动静而能定焉，当有何道？其道只是致良知，感应皆起于无思，无有自外至者，心无思，□□□□□□□。

（见束景南、查明昊辑编：《王阳明全集补编》，上海古籍出版社2016年版，第238页。）

大学问

〈节选〉

吾师接初见之士，必借《学》《庸》首章以指示圣学之全功，使知从入之路。师征思、田将发，先授《大学问》，德洪受而录之。

“《大学》者，昔儒以为大人之学矣。敢问大人之学何以在于‘明明德’乎？”

阳明子曰：“大人者，以天地万物为一体者也，其视天下犹一家，中国犹一人焉。若夫间形骸而分尔我者，小人矣。大人之能以天地万物为一体也，非意之也，其心之仁本若是，其与天地万物而为一也。岂惟大人，虽小人之心亦莫不然，彼顾自小之耳。……故夫为大人之学者，亦惟去其私欲之蔽，以自明其明德，复其天地万物一体之本然而已耳，非能于本体之外而有所增益之也。”

……

曰：“古之欲明明德于天下者，以至于先修其身，以吾子明德亲民之说通之，亦既可得而知矣。敢向欲修其身，以至于致知在格物，其工夫次第又何如其用力欤？”

曰：“此正详”言明德、亲民、止至善之功也。盖身、心、意、知、物者，是其工夫所用之条理，虽亦各有其所，而其实只是一物。格、致、诚、正、修者，是其条理所用之工夫，虽亦皆有其名，而其实只是一事。何谓身？心之形体运用之谓也。何谓心？身之灵明主宰之谓也。何谓修身？为善而去恶之谓也。吾身自能为善而去恶乎？必其灵明主宰者欲为善而去恶，然后其形体运用者始能为善而去恶也。故欲修其身者，必在于先正其心也。然心之本体则性也。性无不善，则心之本体本无不正也。何从而用其正之之功乎？盖心之本体本无不正，自其意念发动而后有不正。故欲正其心者，必就其意念之所发而正之，凡其发一念而善也，好之真如好好色；发一念而恶也，恶之真如恶恶臭：则意无不诚，而心可正矣。然意之所发有善有恶，不有以明其善恶之分，亦将真妄错杂，虽欲诚之，不可得而诚矣。故欲诚其意者，必在于致知焉。致者，至也，如云‘丧致乎哀’之‘致’。《易》言‘知至至之’，‘知至’者，知也；‘至之’者，致也。‘致知’云者，非若后儒所谓充广其知识之谓也，致吾心之良知焉耳。良知者，孟子所谓‘是非之心，人皆有之’者也。是非之心，不待虑而知，不待学而能，是故谓之良知。是乃天命之性，吾心之本体，自然灵昭明觉者也。凡意念之发，吾心之良知无有不自知者。其善欤，惟吾心之良知自知之；其不善欤，亦惟吾心之良知自知之：是皆无所与于他人者也。故虽小人之为不善，既已无所不至，然其见君子，则必厌然掩其不善，而著其善者，是亦可以见其良知之有不容于自昧者也。今欲别善恶以诚其意，惟在致其良知之所知焉尔。何则？意念之发，吾心之良知既知其为善矣，使其不能诚有以好之，而复背而去之，则是以善为恶，而自昧其知善之良知矣。意念之所发，吾之良知既知其为不善矣，使其不能诚有以恶之，而复蹈而为之，则是以恶为善，而自昧其知恶之良知矣。若是，则虽曰知之，犹不知也，意其可得而诚乎！今于良知所知之善恶者，无不诚好而诚恶之，则不自欺其良知而意可诚也已。然欲致其良知，亦岂影响恍惚而悬空无实之谓乎？是必实有其事矣。故致知必在于格物。物者，事也，凡意之所发必有其事，意所在之事谓之物。格者，正也，正其不正以归于正之谓也。正其不正者，去恶之谓也。归于正者，为善之谓也。夫是之谓格。《书》言‘格于上下’，‘格于文祖’，‘格其非心’，格物之格实兼其义也。良知所知之善，虽诚欲好之矣，苟不即其意之所在之物而实有以为之，则是物有未格，而好之之意犹为未诚也。良知所知之恶，虽诚欲恶之矣，苟不即其意之所在之物而实有以去之，则是物有未格，而恶之之意犹为未诚也。今焉于其良知所知之善者，即其意之所在之物而实为之，无有乎不尽；于其良知所知之恶者，即其意之所在之物而实去之，无有乎不尽。然后物无不格，而吾良知之所知者无有亏缺障蔽，而得以极其至矣。夫然后吾心快然无复余憾而自慊矣；夫然后意之所发者，始无自欺而可以谓之诚矣。故曰：‘物格而后知至，知至而后意诚，意诚而后心正，心正而后身修。’盖其功夫条理虽有先后次序之可言，而其体之惟一，实无先后次序之可分。其条理功夫虽无先后次序之可分，而其用之惟精，固有纤毫不可得而缺焉者。此格致诚正之说，所以阐尧、舜之正传而为孔氏之心印也。”

德洪曰：《大学问》者，师门之教典也。学者初及门，必先以此意授，使人闻言之下即得此心之知，无出于民彝物则之中，致知之功，不外乎修齐治平之内。学者果能实地用功，一番听受，一番亲切。师常曰：“吾此意思有能直下承当，只此修为，直造圣域。参之经典，无不吻合，不必求之多闻多识之中也。”……《大学》之教，自孟氏而后，不得其传者几千年矣。赖良知之明，千载一日，复大明于今日。

（见《王阳明全集》第3卷，
民主与建设出版社2014年版，第708—713页。）

别诸生

绵绵圣学已千年，两字良知是口传。欲识浑沦无斧凿，须从规矩出方圆。不离日用常行内，直造先天未画前。握手临歧更可语？殷勤莫愧别离筵！

（见《王阳明全集》第3卷，
民主与建设出版社2014年版，第580页。）

《传习录》下　天泉桥悟道[1]

〈节选〉

丁亥年九月，先生起复征思、田。将命行时，德洪与汝中论学。汝中

① 篇名为本书作者加。

举先生教言曰：“无善无恶是心之体，有善有恶是意之动，知善知恶是良知，为善去恶是格物。”德洪曰：“此意如何？”汝中曰：“此恐未是究竟话头。若说心体是无善无恶，意亦是无善无恶的意，知亦是无善无恶的知，物是无善无恶的物矣。若说意有善恶，毕竟心体还有善恶在。”德洪曰：“心体是天命之性，原是无善无恶的。但人有习心，意念上见有善恶在，格、致、诚、正、修，此正是复那性体功夫。若原无善恶，功夫亦不消说矣。”是夕侍坐天泉桥，各举请正。先生曰：“我今将行，正要你们来讲破此意。二君之见正好相资为用，不可各执一边。我这里接人原有此二种：利根之人，直从本源上悟入。人心本体原是明莹无滞的，原是个未发之中。利根之人一悟本体，即是功夫，人己内外，一齐俱透了。其次不免有习心在，本体受蔽，故且教在意念上实落为善去恶。功夫熟后，渣滓去得尽时，本体亦明尽了。汝中之见，是我这里接利根人的；德洪之见，是我这里为其次立法的。二君相取为用，则中人上下皆可引入于道。若各执一边，眼前便有失人，便于道体各有未尽。”既而曰：“已后与朋友讲学，切不可失了我的宗旨：无善无恶是心之体，有善有恶是意之动，知善知恶的是良知，为善去恶是格物，只依我这话头随人指点，自没病痛。此原是彻上彻下功夫。利根之人，世亦难遇，本体功夫，一悟尽透。此颜子、明道所不敢承当，岂可轻易望人！人有习心，不教他在良知上实用为善去恶功夫，只去悬空想个本体，一切事为俱不着实，不过养成一个虚寂。此个病痛不是小小，不可不早说破。”是日德洪、汝中俱有省。

（见《王阳明全集》第1卷，

民主与建设出版社2014年版，第91页。）

四无之说与四有之说[①]

〈节选〉

时夫子将有两广之行，钱子谓曰："吾二人所见不同，何以同人？盖相与就正夫子？"晚坐天泉桥上，因各以所见请质。夫子曰："正要二子有此一问。吾教法原有此两种：四无之说，为上根人立教；四有之说，为中根以下人立教。上根之人，悟得无善无恶心体，便从无处立根基，意与知、物，皆从无生，一了百当，即本体便是工夫，易简直截，更无剩欠，顿悟之学也；中根以下之人，未尝悟得本体，未免在有善有恶上立根基，心与知、物，皆从有生，须用为善去恶工夫，随处对治，使之渐渐入悟，从有以归于无，复还本体，及其成功一也。世间上根人不易得，只得就中根以下人立教，通此一路。汝中所见，是接上根人教法；德洪所见，是接中根以下人教法。汝中所见，我久欲发，恐人信不及，徒增躐等之病，故含蓄到今。此是传心秘藏，颜子、明道所不敢言者。今既已说破，亦是天机该发泄时，岂容复秘？然此中不可执著。若执四无之见，不通得众人之意，只好接上根人，中根以下人无从接授；若执四有之见，认定意是有善有恶的，只好接中根以下人，上根人亦无从接授。但吾人凡心未了，虽已得悟，不妨随时用渐修工夫。不如此，不足以超凡入圣，所谓上乘兼修中下也。汝中此意，正好保任，不宜轻以示人，概而言之，反成漏泄。德洪却须进此一格，始为玄通。德洪资性沈毅，汝中资性明朗，故其所得，亦各因其所近。若能互相取益，使吾教法上下皆通，始为善学耳。"自此海内相传天泉证悟之论，道脉始归于一云。

（见束景南：《王阳明年谱长编》四，
上海古籍出版社 2017 年版，第 1880—1881 页。）

① 篇名为本书作者加。

秋日饮月岩新构别王侍御

湖山久系念，块处限形迹。遥望一水间，十年靡由即。军旅起衰废，驱驰岂遑息！前旌道回冈，取捷上畸侧。新构郁层椒，石门转深寂。是时霜始降，风凄群卉拆。壑静响江声，窗虚涵海色。夕阴下西岑，凉月穿东壁。观风此余情，抚景见高臆。匪从群公饯，何因得良觌？南徼方如毁，救焚敢辞亟！来归幸有期，终遂幽寻癖。

（见《王阳明全集》第 3 卷，

民主与建设出版社 2014 年版，第 582 页。）

御校场诗

绝顶秋深荒草平，昔人曾此驻倾城。干戈消尽名空在，日夜无穷潮自生。谷口岩云扬杀气，路边疏树列残兵。山僧似与人同兴，相趁攀萝认旧营。

（见束景南、查明昊辑编：《王阳明全集补编》，

上海古籍出版社 2016 年版，第 77 页。）

恭吊忠懿夫人[①]

夫人兴废蚤知几，堪叹山河已莫支。夜月星精归北斗，秋风环佩落西池。仲连蹈海心偏壮，德曜投山隐未迟。千古有谁长不死，可怜羞杀宋南儿。

（见束景南、查明昊辑编：《王阳明全集补编》，

上海古籍出版社 2016 年版，第 77 页。）

① 此诗与《王阳明全集》（新编本）题目不同。在《王阳明全集》（新编本）中题目为《恭吊忠毅夫人》。见《王阳明全集》新编本第 5 册，浙江古籍出版社 2011 年版，第 1705 页。

复过钓台

忆昔过钓台，驱驰正军旅。十年今始来，复以兵戈起。空山烟雾深，往迹如梦里。微雨林径滑，肺病双足胝。仰瞻台上云，俯濯台下水。人生何碌碌？高尚当如此。疮痍念同胞，至人匪为己。过门不遑入，忧劳岂得已！滔滔良自伤，果哉末难矣！

右正德己卯献俘行在，过钓台而弗及登。今兹复来，又以兵革之役，兼肺病足疮，徒顾瞻怅望而已。书此付桐庐尹沈元材刻置亭壁，聊以纪经行岁月云耳。嘉靖丁亥九月廿二日书，时从行进士钱德洪、王汝中、建德尹杨思臣及元材，凡四人。

（见《王阳明全集》第3卷，
民主与建设出版社2014年版，第582页。）

西安雨中诸生出候因寄德洪汝中并示书院诸生

几度西安道，江声暮雨时。机关鸥鸟破，踪迹水云疑。仗钺非吾事，传经愧尔师。天真石泉秀，新有鹿门期。

（见《王阳明全集》第3卷，
民主与建设出版社2014年版，第583页。）

德洪汝中方卜书院盛称天真之奇并寄及之

不踏天真路，依稀二十年。石门深竹径，苍峡泻云泉。泮壁环胥海，龟畴见宋田。文明原有象，卜筑岂无缘？

（见《王阳明全集》第3卷，
民主与建设出版社2014年版，第583页。）

方思道送西峰

西峰隐真境，微境临通衢。行役空屡屡，过眼被尘迷。青林外延望，中闼何由窥？方子岩廊器，兼已云霞姿；每逢泉石处，必刻棠陵诗。兹山秀常玉，之子囊中锥。群峰灏秋气，乔木含凉吹。此行非佳饯，谁为发幽奇？奈何眷清赏，局促牵至期。悠悠伤绝学，之子亦如斯。为君指周道，直往勿复疑！

（见《王阳明全集》第 3 卷，
民主与建设出版社 2014 年版，第 582 页。）

寄正宪男手墨二卷（五札）[①]

〈节选〉

书一

即日舟已过严滩。足疮尚未愈，然亦渐轻减矣。家中事凡百与魏廷豹相计议而行，读书敦行，是所至嘱！内外之防，须严门禁；一应宾客来往，依所留告示，不得少有更改。四官尤要戒饮博，专心理家事。保一谨实可托，不得听人哄诱，有所改动。我至前途，更有书报也。九月廿三日严州舟次，父字，付正宪收。老奶奶及二老奶奶处可多多拜上，说一路平安。

书五

汝近来学业所进吾不知，汝自量度而行，吾不阻汝，亦不强汝也。德洪、汝中及诸直谅高明，凡肯勉汝以德义，规汝以过失者，汝宜时时亲就。汝若能如鱼之于水，不能须臾而离，则不及人不为忧矣。吾平生讲学，只是“致良知”三字。仁，人心也；良知之诚爱恻怛处，便是仁，无诚爱恻怛之心，亦无良知可致矣。汝于此处，宜加猛省。家中凡事不暇一一细

① 此处只选用书一及书五部分内容。

及，汝果能敬守训戒，吾亦不必一一细及也。余姚诸叔父昆弟皆以吾言告之。

（见束景南、查明昊辑编：《王阳明全集补编》，

上海古籍出版社 2016 年版，第 241—243 页。）

长生

长生徒有慕，苦乏大药资。名山遍探历，悠悠鬓生丝。微躯一系念，去道日远而。中岁忽有觉，九还乃在兹。非炉亦非鼎，何坎复何离？本无终始究，宁有死生期？彼哉游方士，诡辞反增疑。纷然诸老翁，自传困多歧。乾坤由我在，安用他求为？千圣皆过影，良知乃吾师。

（见《王阳明全集》第 3 卷，民主与建设出版社 2014 年版，第 583 页。全集 4 卷年谱三，标明此诗写于丁亥九月过常山。见《王阳明全集》第 4 卷，民主与建设出版社 2014 年版，第 953 页。）

寄石潭二绝

仆兹行无所乐，乐与二公一会耳。得见闲斋，固已如见石潭矣。留不尽之兴于后期，岂谓乐不可极耶？闻尊恙已平复，必于不出见客，无乃太以界限自拘乎？奉次二绝，用发一笑，且以致不及请教之憾。

见说新居止隔山，肩舆晓出暮堪还。知公久已藩篱撤，何事深林尚闭关？

乘兴相寻涉万山，扁舟亦复及门还。莫将身病为心病，可是无关却有关。

（见《王阳明全集》第 3 卷，

民主与建设出版社 2014 年版，第 583 页。）

和理斋同年浩歌楼韵

长歌浩浩忽思休，拂枕山阿结小楼。吾道蹉跎中道止，苍生困苦一生忧。苏民曾作商家雨，适志重持渭水钩。歌罢一篇怀马子，不思怒后佐成周。

（见束景南、查明昊辑编：《王阳明全集补编》，
上海古籍出版社 2016 年版，第 77 页。）

南浦道中

南浦重来梦里行，当年锋镝尚心惊。旌旗不动山河影，鼓角犹传草木声。已喜闾阎多复业，独怜饥馑未宽征。迂疏何有甘棠惠，惭愧香灯父老迎！

（见《王阳明全集》第 3 卷，
民主与建设出版社 2014 年版，第 583 页。）

重登黄土脑

一上高原感慨重，千山落木正无穷。前途且与停西日，此地曾经拜北风。剑气晚横秋色净，兵声寒带暮江雄。水南多少流亡屋，尚诉征求杼轴空。

（见《王阳明全集》第 3 卷，
民主与建设出版社 2014 年版，第 584 页。）

过新溪驿[①]

犹记当年筑此城，广瑶湖寇正纵横。人今乐业皆安堵，我亦经过一驻兵。香火沿门惭老稚，壶浆远道及从行。峰山弩手疲劳甚，且放归农莫送迎。

① 在《王阳明年谱长编》四，第 1914 页，此诗题为阳明《诗录》《宿新城》，有后题："嘉靖丁亥十一月四日，有事两广，驻兵新城。此城予巡抚时所筑。峰山弩手，其始盖优恤之，以俟调发，其后渐苦于送迎之役，故诗及之。"

（见《王阳明全集》第 3 卷，
民主与建设出版社 2014 年版，第 584 页。）

梧山集序

〈节选〉

古人后世而不朽者三，立言其一焉，如公之盛德、丰功，赫赫在人耳目，立言其奚以为？虽然，余尝式公之德矣，佩公之勋伐猷为矣，且十数年世讲宗盟，得亲公之謦欬风仪，非朝伊夕矣。今公往集存，每披寻展读之，辄幸得所凭藉，以见公之生平，而况天下之大，四海之广，且疏及遥遥几百载后，未识公之面貌，又不获俎豆公之书，而竹帛有湮，史册无据，其何以美而传，爱而慕，使夫闻风生感，懦夫立，贪夫廉，重为功于名教哉？故集存是公之存也，即公之立朝风烈文章及其匡居志趣，亦一一与之并存也。闻公之先大人淡轩先生守宝庆时，有《楚游草》传世，诗坛纸贵久矣，得公集廓而大之，于焉经世而行远，后有作者，王氏其弁冕乎？余不才，不得政通人和之暇，相与造公堂，酹公墓而告焉，窃对公之遗集，幸公之盛德、丰功并立言而不朽之三俱矣，遂书之以为序。

（见束景南、查明昊辑编：《王阳明全集补编》，
上海古籍出版社 2016 年版，第 245 页。）

1528 年（明世宗嘉靖七年，戊子），57 岁

批立社学师耆老名呈

〈节选〉

看得教民成俗，莫先于学。然须诚爱恻怛，实有视民如子之心，乃能涵育薰陶，委曲开导，使之感发兴起；不然则是未信而劳其民，反以为厉己矣。

（见《王阳明全集》第 2 卷，

民主与建设出版社 2014 年版，第 467 页。）

田州石刻

田石平，田州宁民请如此；田水萦，田山迎府治新向。千万世，巩皇明。嘉靖岁，戊子春，新建伯，王守仁，勒此石，告后人。

（见束景南：《王阳明年谱长编》四，
上海古籍出版社 2017 年版，第 1951 页。）

破断藤峡

才看干羽格苗夷，忽见风雷起战旗。六月徂征非得已，一方流毒已多时。迁宾玉石分须早，聊庆云霓怨莫迟。嗟尔有司惩既往，好将恩信抚遗黎。

（见《王阳明全集》第 3 卷，
民主与建设出版社 2014 年版，第 584 页。）

平八寨

见说韩公破此蛮，貔貅十万骑连山。而今止用三千卒，遂尔收功一月间。岂是人谋能妙算？偶逢天助及师还。穷搜极讨非长计，须有恩威化梗顽。

（见《王阳明全集》第 3 卷，
民主与建设出版社 2014 年版，第 585 页。）

南宁二首

一驻南宁五月余，始因送远过僧庐。浮屠绝壁经残燹，井灶沿村见废墟。抚恤尚惭凋敝后，游观正及省耕初。近闻襁负归瑶僮，莫陋夷方不可居。

劳矣田人莫远迎，疮痍未定犬犹惊。燹余破屋须先缉，雨后荒畬莫废耕。归喜逃亡来负襁，贫怜孺绔缀旗旌。圣朝恩泽宽如海，甑鲋盆鱼纵尔生。

（见《王阳明全集》第 3 卷，

民主与建设出版社 2014 年版，第 585 页。）

往岁破桶冈宗舜祖世麟老宣慰实来督兵今兹思田之役乃随父致仕宣慰明辅来从事目击其父子孙三世皆以忠孝相承相尚也诗以嘉之

宣慰彭明辅，忠勤晚益敦。归师当五月，冒暑净蛮氛。九霄虽已老，报国意犹勤。五月冲炎暑，回军立战勋。爱尔彭宗舜，少年多战功。从亲心已孝，报国意尤忠。

（见《王阳明全集》第 3 卷，

民主与建设出版社 2014 年版，第 585 页。）

与何燕泉手札

某久卧山中，习成懒僻，平生故旧，音问皆疏。遥闻执事养高归郴，越东楚西，何因一话？烟水之涯，徒切瞻望而已。去岁复以兵革之役，扶病强出，殊乖始愿。正如野麋入市，投足摇首，皆成骇触。勿枉笺教，兼辱佳章，捧读洒然。盖安石东山之高，靖节柴桑之兴，执事兼而有之矣，仰叹可知。地方事苟幸平靖，伏枕已逾月，旬日后亦且具疏乞还。果遂所图，虽不获握手林泉，然郴岭之下，稽山之麓，聊复同此悠悠之怀也。使来，值湖兵正还，兼有计处地方之奏，冗冗乃尔久稽，又未能细语，临纸惘然，伏冀照亮。不具。六月四日，王守仁顿首，燕泉何老先生大人执事。余空。

（见束景南：《王阳明年谱长编》四，

上海古籍出版社 2017 年版，第 1975 页。）

南宁新建敷文书院记碑

嘉靖丙戌夏，官兵伐田，随与思恩，相比复煽，集军四省，汹汹连年。于是皇帝，忧悯元元，容有无辜，而死者乎？迺命新建伯、臣王守仁：曷往视师，勿以兵歼，其以德绥。迺班师撤旅，散其党翼，宣扬至仁，诞敷文德。凡乱之起，由学不明。人失其心，肆恶纵情。遂相侵暴，荐成叛逆。中上且然，而况夷狄？不教而杀，帝所不忍。孰近弗绳，而远能准。爰进诸生，爰辟讲室。决蔽启迷，云开日出。各悟本心，再从外得。厥风之动，翕然无远。诸夷感慕，如草斯偃。我则自威，帝不我殄。释干自缚，泣诉有泫。旬日来归，七万一千。濈濈道路，踊跃欢阗。放之还农，两省以安。昔有苗徂征，七旬来格。今未期月，而蛮夷率服。绥之斯来，速于邮传。舞干之化，何以加焉！明明天子，神武不杀。好生之德，上下迺格。神运无方，莫窥其迹。爰告思田，毋忘帝德。既勒山石，昭此赫赫；复识如此，俾知兹院之所始。

（见束景南、查明昊辑编：《王阳明全集补编》，
上海古籍出版社 2016 年版，第 251 页。）

行浔州府抚恤新民牌

〈节选〉

各官务要诚爱恻怛，视下民如己子，处民事如家事，使德泽垂于一方，名实施于四远，身荣功显，何所不可。如其苟且目前，虚文抵塞，欺上罔下，假公营私，非但明有人非，幽有鬼责，抑且物议不容。

（见《王阳明全集》第 3 卷，
民主与建设出版社 2014 年版，第 810 页。）

祭永顺宝靖土兵文

维湖广永顺、宝靖二司之土兵，多有物故于南宁诸处者。嘉靖七年六月十五日乙卯，钦差总制四省军务尚书左都御史新建伯王委南宁府知府蒋山卿等告于南宁府城隍之神，使号召诸物故者之魂魄，以牛二、羊四、豕四，祭而告之曰：

呜呼！诸湖兵壮士，伤哉！尔等皆勤国事而来死于兹土，山溪阻绝，不能一旦归见其父母妻子，旅魂飘飖于异城，无所依倚，呜呼痛哉！三年之间，两次调发，使尔络绎奔走于道途，不获顾其家室，竟死客乡，此我等上官之罪也。复何言哉！复何言哉！古者不得已而后用兵，先王不忍一夫不获其所，况忍群驱无辜之赤子而填之于沟壑？且兵之为患，非独锋镝死伤之酷而已也。所过之地，皆为荆棘；所住之处，遂成涂炭。民之毒苦，伤心惨目，可尽言乎？迩者思、田之役，予所以必欲招抚之者，非但以思、田之人无可剿之罪，于义在所当抚，亦正不欲无故而驱尔等于兵刃之下也。而尔等竟又以疾病物故于此，则岂非命耶？呜呼伤哉！人孰无死，岂必穷乡绝域能死人乎？今人不出户庭，或饮食伤多，或逸欲过节，医治不痊，亦死矣。今尔等之死，乃因驱驰国事，捍患御侮而死，盖得其死所矣。古人之固有愿以马革裹尸，不愿死于妇人女子之手者。若尔等之死，真无愧于马革裹尸之言矣。呜呼壮士！尔死何憾乎？

今尔等徒侣，皆已班师去矣。尔等游魂漂泊，正可随之西归。尔等尚知之乎？尔等其收尔游魂，敛尔精魄，驾风逐雾，随尔徒侣去归其乡。依尔祖宗之坟墓，以栖尔魂；享尔妻子之蒸尝，以庇尔后。尔等徒侣或有征调之役，则尔等尚鼓尔生前义勇之气，以阴助尔徒侣立功报国，为民除患。岂不生为壮烈之夫，而没为忠义之士也乎！

予因疾作，不能亲临祭所，一哭尔等，以舒予伤感之怀。临文凄怆，涕下沾臆。今委知府布告予衷，尔等有灵，尚知之乎？呜呼伤哉！

（见《王阳明全集》第3卷，

民主与建设出版社 2014 年版，第 706 页。）

牌行南宁府延师讲礼

〈节选〉

照得安上治民，莫善于礼，冠、婚、丧、祭诸仪，固宜家谕而户晓者，今皆废而不讲，欲求风俗之美，其可得乎？……为此牌仰南宁府官吏即便馆谷陈生于学舍，于各学诸生之中，选取有志习礼及年少质美者，相与讲解演习。自此诸生得于观感兴起，砥砺切磋，修之于其家，而被于里巷，达于乡村，则边徼之地，自此遂化为邹鲁之乡，亦不难矣。诸生讲习已有成效，该府仍要从厚措置礼币，以申酬谢。

（见《王阳明全集》第 2 卷，

民主与建设出版社 2014 年版，第 475 页。）

梦中绝句

此予十五岁时梦中所作。今拜伏波祠下，宛如梦中。兹行殆有不偶然者，因识其事于此。

卷甲归来马伏波，早年兵法鬓毛皤；云埋铜柱雷轰折，六字题诗尚不磨。①

谒伏波庙二首

四十年前梦里诗，此行天定岂人为！徂征敢倚风云阵，所过须同时雨师。尚喜远人知向望，却惭无术救疮痍。从来胜算归廊庙，耻说兵戈定四夷。

楼船金鼓宿乌蛮，鱼丽群舟夜上滩。月绕旌旗千嶂静，风传铃柝九溪寒。

① 此诗是四十年前谒伏波庙梦中所写，故地重游回忆起当年的情景，引出新作二首。

荒夷未必先声服，神武由来不杀难。想见虞廷新气象，两阶干羽五云端。

（见《王阳明全集》第 3 卷，

民主与建设出版社 2014 年版，第 584 页。）

祭南海文

天下之水，萃于南海。利济四方，涵濡万类。自有天地，厥功为大。今皇圣明，露降河清。我实受命，南荒以平。阴阳表里，维海效灵。乃陈牲帛，厥用告成。尚飨！

（见《王阳明全集》第 3 卷，

民主与建设出版社 2014 年版，第 707 页。）

行书良知说四绝示冯子仁

问君何事日憧憧？烦恼场中错用功。莫道圣问无口诀，良知两字是《参同》。

个个人心有仲尼，自将闻见苦遮迷。而今指与真头面，只是良知更莫疑。

人人自有定盘针，万化根源总在心。却笑从前颠倒见，枝枝叶叶外头寻。

无声无臭独知时，此是乾坤万有基。抛却自家无尽藏，沿门持钵效贫儿。

冯子仁问良知之说，旧尝有四绝，遂书赠之。阳明山人王守仁书，时嘉靖戊子九月望日也。①

（见束景南、查明昊辑编：《王阳明全集补编》，

上海古籍出版社 2016 年版，第 373 页。）

---

① 王阳明《行书良知说四绝示冯子仁》，内容与《王阳明全集》第 3 卷，第 579 页的《咏良知四首示诸生》内容基本相同，只是此处将原第二首“问君何事日憧憧？”放在第一首位置，“个个人心有仲尼”放在第二首位置。并加了书写说明、时间。

① 《书咏良知说四绝示冯子仁》手迹卷中，有王禔题名，张炳麟、马浮题跋。

《书咏良知说四绝示冯子仁》手迹①

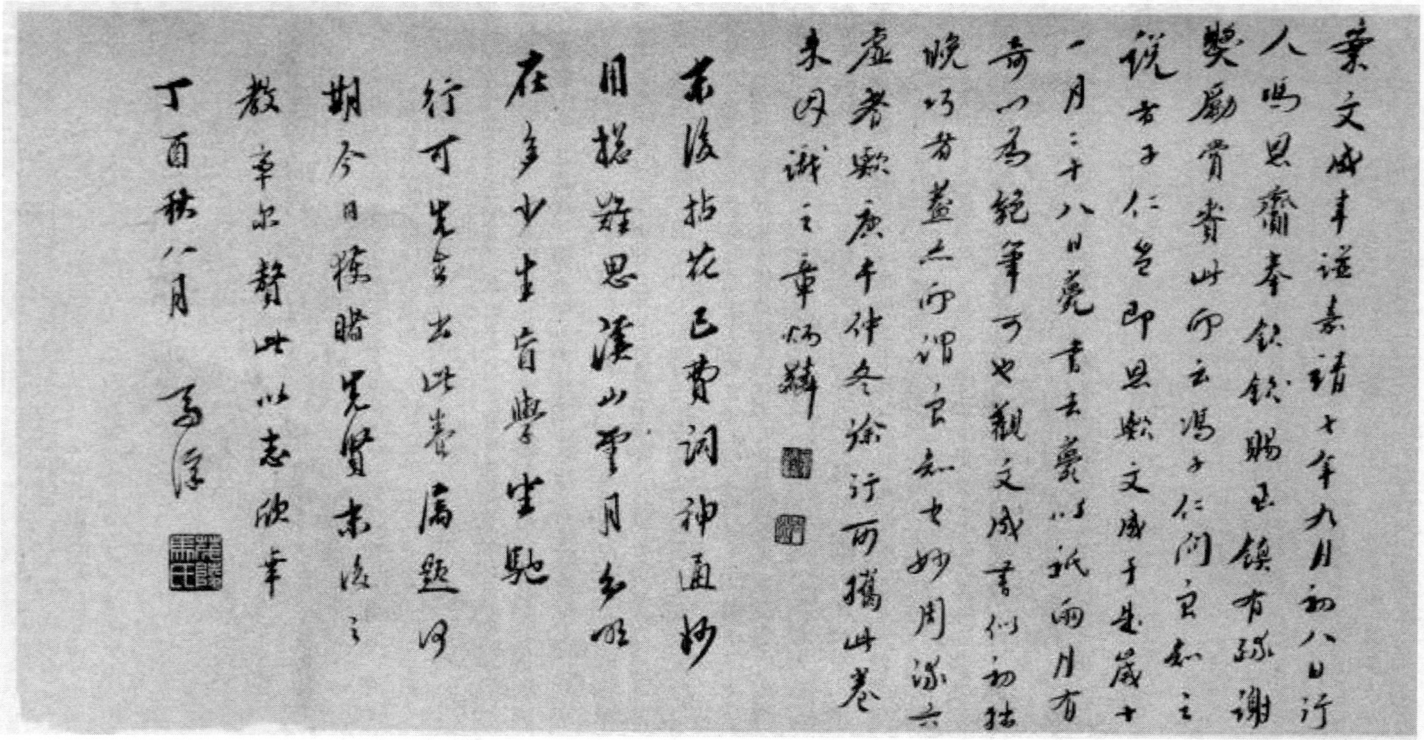

（见王程强编：《知行合一：王阳明咏良知手迹》，河南美术出版社 2016 年版，第 14—25 页。）

寄何燕泉书

兵冗中久缺裁候，乃数承使问，兼辱嘉仪，重之以珍集，其为感愧，何可言也！仆病卧且余四月，咳痢日甚，淹淹床席间，耳聋目眩，视听皆发。故珍集之颁，虽嘉逾拱璧之获，而精光透射，尚未敢遽一瞬目其间。候病疏得允，苟还余喘于田野，幸而平复，精神稍完，然后敢纳足玄圃之中，尽观天下之至宝，以一快平生，其时当别有请也。伏枕不尽谢私，伏冀照亮。

（见束景南：《王阳明年谱长编》四，
上海古籍出版社 2017 年版，第 2028—2029 页。）

祭六世祖广东参议性常府君文

于惟我祖，效节于高皇之世。肇禋兹土，岁久沦芜。无宁有司之不遑，实我子孙门祚衰微，弗克灵承显扬。盖冥迷昏隔者八九十年，言念怆恻，子孙之心，亦徒有之。

恭惟我祖晦迹长遁，迫而出仕，务尽其忠，岂曰有身没之祀？父死于忠，子殚其孝，各安其心，白刃不见，又知有一祀之荣乎？顾表扬忠孝，树之风声，实良有司修举国典，以宣流王化之盛美，我祖之烈，因以复彰。见人心之不泯，我子孙亦藉是获申其怆郁，永有无穷之休焉。及兹庙成，而末孙某适获来蒸，事若有不偶然者。我祖之道，其殆自兹而昌乎！

某承上命，来抚是方。上无补于君国，下无益于生民，循例省绩，实怀多惭。至于心之不敢以不自尽，则亦求无忝于我祖而已矣。承事之余，敢告不忘。以五世祖秘湖渔隐先生彦达府君配。尚飨！

（见《王阳明全集》第 3 卷，
民主与建设出版社 2014 年版，第 707 页。）

祭军牙六纛之神文

惟神秉扬神武，三军司命。今制度聿新，威灵丕振。伏惟仰镇国家，缉定祸乱，平服蛮夷，以永无穷之休。尚飨！

（见《王阳明全集》第3卷，
民主与建设出版社2014年版，第707页。）

谒增江祖祠

海上孤忠岁月深，旧壝荒落杳难寻。风声再树逢贤令，庙貌重新见古心。香火千年伤旅寄，烝尝两地叹商参。邻祠父老皆仁里，从此增城是故林。

（见束景南、查明昊辑编：《王阳明全集补编》，
上海古籍出版社2016年版，第78页。）

与提学副使萧鸣凤

予祖纲，洪武初为广东参议，往平潮乱，至增江，遇海寇，卒为所害。其子赴难，死之。旧尝有祠，想已久毁，可复建也。然询诸邑耆，皆无知者。乃檄知县朱道澜，即天妃庙址鼎建，祀纲及其子彦达。既竣事，守仁往诣。祀事毕，驻节数日，不忍去，召集诸生，讲论不辍，曰："吾祖寓此，而甘泉又平生交义兄弟，吾视增城，即故乡也。"乃题诗祠壁曰："海上孤忠岁月深，旧壝荒落杳难寻。风声再树逢贤令，庙貌重新见古心。香火千年伤旅寄，烝尝两地叹商参。邻祠父老皆仁里，从此增城是故林。"

（见束景南：《王阳明年谱长编》四，
上海古籍出版社2017年版，第2034页。）

题甘泉居

我闻甘泉居，近连菊坡麓。十年劳梦思，今来快心目。徘徊欲移家，山南尚堪屋。渴饮甘泉泉，饥餐菊坡菊。行看罗浮云，此心聊复足。

书泉翁壁

我祖死国事，肇禋在增城。荒祠幸新复，适来奉初蒸。亦有兄弟好，念言思一寻。苍苍蒹葭色，宛隔环瀛深。入门散图史，想见抱膝吟。贤郎敬父执，童仆意相亲。病躯不遑宿，留诗慰殷勤。落落千百载，人生几知音？道通著形迹，期无负初心！

（见《王阳明全集》第 3 卷，

民主与建设出版社 2014 年版，第 585 页。）

“此心光明，亦复何言？”[①]

十一月丁卯，先生卒于南安。是月二十五日，逾梅岭至南安。登舟时，南安推官门人周积来见。先生起坐，咳喘不已。徐言曰：“近来进学如何？”积以政对。遂问道体无恙。先生曰：“病势危亟，所未死者，元气耳。”积退而迎医诊药。廿八日晚泊，问：“何地？”侍者曰：“青龙铺。”明日，先生召积入。久之，开目视曰：“吾去矣！”积泣下，问“何遗言？”先生微哂曰：“此心光明，亦复何言？”顷之，瞑目而逝，二十九日辰时也。（时值公元 1529 年 1 月 9 日——本书作者注。）

（见《王阳明全集》第 4 卷，

民主与建设出版社 2014 年版，第 966 页。）

① 篇名为本书作者加。

补 录

续传习录

〈节选〉

钱德洪《传习录》后跋云："嘉靖戊子冬，德洪与王汝中奔师丧，至广信，讣告同门，约三年收录遗言。继后同门各以所记见遗。洪择其于问正者，合所私录，得若干条。"

（见束景南、查明昊辑编：《王阳明全集补编》，上海古籍出版社 2016 年版，第 331 页。）

耳目口鼻四肢，身也。非心，安能视听嗅食运动？心欲视听言动，无耳目口鼻四肢，亦不能。故无心则无身，无身则无心。但指其充塞处言之，谓之身；指其主宰处言之，谓之心；指心之发动处，谓之意；指意之灵明处，谓之知；指意之涉着处，谓之物。只是一件。意未有悬空的，必着事物，故诚欲意，则随意所在某事物而格之，去其人欲而归于天理，则良知之在此事者，无蔽而得致矣。

（见束景南、查明昊辑编：《王阳明全集补编》，上海古籍出版社 2016 年版，第 310 页。）

至善者，心之本体。本体上才过当些子，便是恶了。不是有一个善，却又有一个恶来相对也。故善恶只是一物。

（见束景南、查明昊辑编：《王阳明全集补编》，上海古籍出版社 2016 年版，第 313 页。）

问："'思无邪'一言，如何便盖得《三百篇》之义？"先生曰："岂特

《三百篇》，六经只此一言便可该贯。以至穷古今天下圣贤的话，‘思无邪’一言可以该贯。此外更有何说？此是一了百当的功夫。”

（见束景南、查明昊辑编：《王阳明全集补编》，上海古籍出版社 2016 年版，第 316 页。）

问：“乐是心之本体，不知遇大故于哀哭时，此乐还在否？”先生曰：“须是大哭一番了方乐，不哭便不乐矣。虽哭，此心安处，即是乐也，本体未尝有动。”

“古人为治，先养得人心和平，然后作乐。比如你在此歌诗，你的心气和平，听者自然悦怿兴起，只此便是元声之始。”

（见束景南、查明昊辑编：《王阳明全集补编》，上海古籍出版社 2016 年版，第 320 页。）

“从目所视，妍丑自别，不作一念，谓之明；从耳所听，清浊自别，不作一念，谓之聪；从心所思，是非自别，不作一念，谓之睿。”

（见束景南、查明昊辑编：《王阳明全集补编》，上海古籍出版社 2016 年版，第 329 页。）

记事

①

蟂矶孙夫人祠庙，有池，阳明经往游，题其柱云“思亲泪落吴江冷，望帝魂归蜀道难。”夜梦夫人来谢。

②

王文成少时题于忠肃祠一联云：“赤手挽银河，公自大名垂宇宙；青山埋白骨，我来何处吊英贤。”书法遒逸，杭人传为文成真笔。

（见《王阳明全集》新编本第 5 册，钱明编校，吴光覆校，浙江古籍出版社 2011 年版，第 1593 页。）

遗言录

①

先生曰：“感发兴起是诗，有所执持是礼。和顺于道德而理于义者，只是一统事。”又曰：“良知之纯一无间是仁，得宜曰义，条理曰礼，明辨曰智，笃实曰信，和顺是乐，妙用是神。总只是一个良知而已。”

（见《王阳明全集》新编本第 5 册，钱明编校，吴光覆校，浙江古籍出版社 2011 年版，第 1604 页。）

②

先生曰：“‘书不尽言，言不尽意’学者善观之可也。若泥文著句，拘拘解释，定要求个执定的道理，恐多不通。盖古人之言，惟示人知所向求而已。至于因所向求而有未明，当自体会方可，譬犹昔人不识月者，问月何在？有人以指向上示之，其人却不会月在天上，就执指以为月在是矣。及见人有捧笛吹者，却又曰月在是也。今人拘泥认理何以异？是故狮子啮人，狂狗逐块，最善喻。”

③

先生曰：“乐是心之本体。顺本体是善，逆本体是恶。如哀当其情，则哀得本体，亦是乐。”时一友在傍，问：“圣人本体不动，何得又有失之？”曰：

“吾解得四个字之义如此明白，怎的泥文若此？须仔细自去体认，当自见得。”

（见《王阳明全集》新编本第5册，钱明编校，吴光覆校，浙江古籍出版社2011年版，第1605页。）

稽山承语

①

问喜怒哀乐。师曰：“乐者心之本体也。得所乐则喜，反所乐则怒，失所乐则哀。不喜不怒不哀也时，此真乐也。”

（见《王阳明全集》新编本第5册，钱明编校，吴光覆校，浙江古籍出版社2011年版，第1610—1611页。）

②

古人琴瑟简编莫非是学，版筑鱼盐莫非作圣之地。且如歌诗一事，一歌之间直到圣人地位。若不解良知上用功，纵歌得尽如法度，亦只是歌工之悦人耳。若是良知在此歌，真是瞬息之间邪秽荡涤、渣滓消融，直与太虚同体，方是自慊之学。

（见《王阳明全集》新编本第5册，钱明编校，吴光覆校，浙江古籍出版社2011年版，第1612页。）

言行录辑要

①

即此一念观之，其与圣人何异？若能事事若是，即圣人矣。故阳明先生谓："所谓圣者，即金银之足色也，而大小不同者，亦其分两不同然耳。故曰伯夷圣之清，伊尹圣之任，柳下惠圣之和。而人皆可以为尧舜者，盖谓此也。"

②

魏师说给事论救南台诸公系狱，时隆往候之曰："公今系狱时，此心何如？"师说曰："亦是坚忍而已。凡遇患难须要坚忍，譬如烹饪硬物，火到方熟。虽圣人遇事亦如此，不然大舜圣人，岂不能即格顽父、嚣母、傲弟？然亦必须有许多坚忍节次，方得彼感格，以此知坚忍之功虽圣贤不可无也。"隆深以为然。后师说与隆会同志诸公，联辔道中，隆因话及此，为之叹赏。师说曰："此非予之言，阳明老先生之言也。"

③

阳明先生论动静二字不相离："天地之化非是动了又静，静了又动。动静合一，静只在动中。且如天地之化。春而夏而秋而冬，而生长收藏，无一息之停，此便是动处。或春或夏，或寒或暖，或生长收藏、开花结子、青红绿白，年年若是，不差晷刻，不差毫厘，此便是静的意思。今人不知，谓动了又静、静了又动者非是。"此说隆闻之彭伯荩，云："先生在广中时，其论若此。"

……

④

吴伯诗问阳明先生："寻常见美色，未有不生爱恋者，今欲去此念未得，如何？"先生曰："此不难，但未曾与著实思量其究竟耳。且如见美色妇人，心生爱恋时，便与思曰：'此人今日年少之时虽如此美，将来不免老了。既老，则齿脱、发白、面皱，人见齿脱、发白、面皱老妪，可生爱恋否？’又为思曰：‘此人不但如此而已，即老则不能免死，死则骨肉臭、腐虫出，又久则荡为灰土，但有白骨枯髅而已。人见臭腐枯骨，可复生爱恋否？’如此思之，久久见得，则自然有解脱处，不患其生爱恋矣。”

（见《王阳明全集》新编本第5册，钱明编校，吴光覆校，浙江古籍出版社2011年版，第1621—1622页。）

⑤

阳明先生寓辰州龙兴寺时，主僧有某者方学禅定，问先生。先生曰："禅家有杂、昏、惺、性四字，汝知之乎？"僧未对。先生曰："初学禅时，百念纷然杂兴，虽十年尘土之事，一时皆入心内，此之谓杂。思虑既多，莫或主宰，则一向昏了，此之谓昏。昏愦既久，稍稍渐知其非，兴一一磨去，此之谓惺。尘念既去，则自然里面生出光明，始复元性，此谓之性。"僧拜谢去。此说如何？

（见《王阳明全集》新编本第5册，钱明编校，吴光覆校，浙江古籍出版社2011年版，第1622页。）

⑥

予尝受学于阳明先生，获见虔州之教，聚童子数百而习以诗礼，洋洋乎雅颂威仪之隆也！窃叹人性之善，无不可教，患上之人未有以倡之耳。比官广德，躬率诸生及童子习礼于学，虽毁齿之童，周旋规矩，雍容可观，因益以自信。

（见《王阳明全集》新编本第5册，钱明编校，吴光覆校，浙江古籍出版社2011年版，第1624页。）

⑦

所论科举为累，正是世俗通病，先师所谓："人只被三年缠扰了一生"。盖秀才三年科举，举人三年会试，居官者三年考满朝觐，往往患得患失，戚戚然不能以终日。非卓有定志，以尊德乐义为事者，将不能免于此病矣。

（见《王阳明全集》新编本第 5 册，钱明编校，吴光覆校，浙江古籍出版社 2011 年版，第 1626 页。）

⑧

孟子道性善，正是《大学》明明德、《中庸》率性修道一派源流。性字从心从生，孩提知爱，及长知敬，何尝离得气质，别可求天地之性善乎？先师之训曰："恻隐之心，气质之性也。形色天性，通一无二。以尽性而言，性即是气；以践形而言，气即是性。"故一念齐明，则鬼神如在；一念昏纵，则禽兽不远。古人所以集义养气，复刚大以塞天地，正是非礼勿视听言动，而天下归仁，始为立三才之极。程子所谓善恶皆天理，只过不及便是恶。

（见《王阳明全集》新编本第 5 册，钱明编校，吴光覆校，浙江古籍出版社 2011 年版，第 1626—1627 页。）

⑨

大抵学莫大于立志。孔子言志学、志仁、志道、匹夫不可夺志，濂溪言"志伊尹之所志"，阳明先生言"志者人之命，命不续则人死"。病源学脉，端的不外乎此。

（见《王阳明全集》新编本第 5 册，钱明编校，吴光覆校，浙江古籍出版社 2011 年版，第 1628 页。）

⑩

来教云："先师谓：'良知是未发之中，此是骨髓入微处。若从此致之，便自能感而遂通，便自能物来顺应。''便自能'三字，先师提省人，免得临事揣摩，赚入义，袭科臼。"诚然诚然。"便自能"之说，其义有二。如曰视能明，便自能察五色；听能聪，便自能别五声：体用之义也。先师所谓"未发在已发之中"，而未尝别有未发者存，无前后内外，而浑然一体者也。如曰能食便自能饱，能饮便自能醉，是执事所主功夫效验之义。盖微有先后之差，而异乎体用一源者矣。

（见《王阳明全集》新编本第 5 册，钱明编校，吴光覆校，浙江古籍出版社 2011 年版，第 1629 页。）

⑪

康问阳明先生谓："郑卫之诗，原是孔子删去底，后儒狃于诗三百之句，遂将他删去的入在内面，恐亦是否？"先生曰："这却不是。郑卫之诗，原没有个不好的，只是晦庵先生解错了。如'一日不见，如隔三秋'，安知不是思朋友的与思君的？如何说他是淫诗？若如此说，则'关关雎鸠，在河之洲。窈窕淑女，君子好逑'，亦可把作淫诗了。大抵古人作诗，或思其君亲，或思其朋友，有借美人作咏者。如苏子瞻作赤壁赋曰：'美人兮，天一方'，岂是思美人的诗？有赋比兴，此盖比体也。"

（见《王阳明全集》新编本第 5 册，钱明编校，吴光覆校，浙江古籍出版社 2011 年版，第 1634 页。）

⑫

阳明在西湖灵隐寺讲学，一日及《中庸》，力诋晦翁之说，至于切齿拊膺。有一老僧在坐，问曰："公为秀才时，曾依朱说作文否？"阳明曰："此国家涉以取士者，安得不从？"曰："当时何不自用己说？"曰："若自用己说，则不得中式矣。"老僧笑曰："然则文公讲解，是公宝筏，苦海虽已渡，岂可便弃耶？"阳明默然，有惭色。予少时馆于金坛，有一老儒邹姓者，余姚人也，语予如此。予曰："是正谚所谓：'渡江念千声佛，到岸煮老僧吃者也'。"

（见《王阳明全集》新编本第5册，钱明编校，吴光覆校，浙江古籍出版社2011年版，第1636页。）

⑬

阳明先生曰："如猫捕鼠，如鸡伏卵，精神心思，凝聚融结而不复知有其他。"皆切至之训也。学者果能如是，可以进于道矣！

（见《王阳明全集》新编本第5册，钱明编校，吴光覆校，浙江古籍出版社2011年版，第1637页。）

⑭

近见黄泰泉云，曾亲见阳明说某人作祝寿文，不宜多用"兮"字。谓"兮"字是叹气哀辞。泰泉曰："何以言之？"曰："《楚辞》用此字极多，俱屈原发于愤怨之词也。"泰泉曰："然则《淇奥》之词亦有愤怨乎？何以亦多用'兮'也？"阳明不答。观此，阳明岂无一言差错及附会之说？

（见《王阳明全集》新编本第5册，钱明编校，吴光覆校，浙江古籍出版社2011年版，第1639页。）

⑮

盐官诗人董罗石，晚年弃旧学从阳明先生游，即所谓从吾道人者。一日，客为罗石召外仙，使童子持箕，俄运箕称洞宾降。题曰："鹤驭飘飘禹穴来，阳明夫子杏坛开。论心论性全无理，非老非儒小有才。投水屈原为孔子，欲将董氏作颜回。考亭地下如知得，拍手长歌笑几回。"罗石意真仙降也，言于阳明先生。先生曰："何人持箕？"罗石曰："童子蔡其潮，渠岂能作乎？"先生曰："可一见否？"罗石引蔡见之。先生亟称后才，诗必出渠手，蔡亦不辩。盖罗石晚进，道学非其本色。蔡或有所指授，特戏之耳。然诗于先生刺骨矣。后蔡弱冠登进士。

（见《王阳明全集》新编本第5册，钱明编校，吴光覆校，浙江古籍出版社2011年版，第1640页。）

⑯

伯修退，予问曰："学道还须要根器否？"曰："如何不要？根器即骨头也，有些骨头者方可学道。当时王阳明不知多少人在他门下，彼一见，知其软弱无用者，尽送与湛甘泉，且教之曰：'湛甘泉是大圣人，可去就学。'即甘泉亦自以为推己，而不知阳明实拨去不堪种草之人，寻好汉也。于时王龙溪少年任侠，日日在酒肆博场。王阳明偶见而异之，知其为大乘法器。然龙溪极厌薄讲良知者，绝不肯一会。阳明便日及闸弟子陆博、投壶、饮酒。龙溪笑曰：'你们讲学，酸腐之儒也，如何作此事？'答者曰：'我这里日日是如此，即王老师在家亦然，岂有此酸腐之话。'龙溪便惊异，求见阳明。阳明一会，龙溪即纳拜矣。阳明得此一人，便是见过于师，可以传授，其余皆土苴也，何用之有？"

（见《王阳明全集》新编本第5册，钱明编校，吴光覆校，浙江古籍出版社2011年版，第1641页。）

⑰

王阳明先生云："人之诗文，先取真意；譬如童子垂髫肃揖，自有佳致。若带假面伛偻，而装须，便令人生憎。"

（见《王阳明全集》新编本第 5 册，钱明编校，吴光覆校，浙江古籍出版社 2011 年版，第 1650 页。）

⑱

陵民报赛酬神，专演目连戏，谓父乐善好施，子取经救母。王阳明先生评《目连曲》曰："词华不似《西厢》艳，更比《西厢》孝义全。"亦神道设教意也。

（见《王阳明全集》新编本第 5 册，钱明编校，吴光覆校，浙江古籍出版社 2011 年版，第 1650—1651 页。）

⑲

弘正间，京师倡为词章之学，李、何擅其宗。阳明先师结为诗社，更相倡和，风动一时。炼意绘辞，寖登述作之坛，几入其髓。既而翻然悔之："以有限之精神，弊于无用之空谈，何异隋珠弹雀，其昧于轻重亦甚矣。纵欲立言为不朽之业，等而上之，更当有自立处。大丈夫出世一番，岂应泯泯若是而已乎？"社中人相与惜之："阳明子业几有成，中道而弃去，可谓志之无恒也。"先师闻而笑曰："诸君自以为有志矣，使学如韩、柳，不过为文人；词如李、杜，不过为诗人。果有志于心性之学，以颜、闵为期，当与共事，图为第一等德业。譬诸日月，终古常见，而景象常新。就论立言，亦须一一从圆明窍中流出，盖天盖地，始是大丈夫所为。傍人门户，比量揣拟，皆小技也。善《易》者不论《易》，诗到无言，始为诗之至。”

（见《王阳明全集》新编本第 5 册，钱明编校，
吴光覆校，浙江古籍出版社 2011 年版，第 1671—1672 页。）

⑳

东廓邹子瞿然曰：“予乌知礼乐！闻诸师曰：‘中和者礼乐之则也，戒慎者中和之功也，位育者中和之敷也。礼乐之用广矣、大矣，而一言以蔽曰中和’。”

（见《王阳明全集》新编本第 5 册，钱明编校，
吴光覆校，浙江古籍出版社 2011 年版，第 1676 页。）

像赞

钱氏会稽郡王像赞

有斐君子，追琢其章，为龙为光，何用不臧。有斐君子，绳其祖武，令仪令色，文武吉甫。有斐君子，小心翼翼，克开厥后，受天之福。阳明王华敬赞。

（见《王阳明全集》新编本第 5 册，钱明编校，
吴光覆校，浙江古籍出版社 2011 年版，第 1764 页。）

大学士鲫公像赞

鉴湖钓隐士，博学喜吟诗。佳句芬人齿，警联压众思。始为有司屈，终蒙圣主知。一朝赐及第，不怕状元迟。

（见《王阳明全集》新编本第 5 册，钱明编校，
吴光覆校，浙江古籍出版社 2011 年版，第 1764—1765 页。）

凤书公像赞

魁梧其貌，光霁其额，神怡气静，豁达其胸。乐兹土之厚，喜伊洛之

终。治家克勤克俭，居乡至正至公。萧东望族，永世无穷。

余姚王守仁。

（见《王阳明全集》新编本第 5 册，钱明编校，吴光覆校，浙江古籍出版社 2011 年版，第 1765 页。）

凤溪公像赞

其神昌，其气融，镬铄哉！是翁其德茂，其仁纯，得胡考之。宁如松、如栢、如冈、如陵。钦承帝泽，用荣尔身。

（见《王阳明全集》新编本第 5 册，钱明编校，吴光覆校，浙江古籍出版社 2011 年版，第 1766 页。）

文溥公像赞

公在颠沛流离之际，孝于亲，友于弟。惟身克勤，惟志克励。世业复兴，前光后裕。卓哉伟人！虽隐于山林，胜荣登乎甲第。

余姚阳明山人王守仁拜赞。

（见《王阳明全集》新编本第 5 册，钱明编校，吴光覆校，浙江古籍出版社 2011 年版，第 1766 页。）

濂溪夫子像略

金华宋濂曰："濂溪周子颜玉洁额，以下渐广，至颧而微收。然颐下丰腴，脩目末微耸，鬚疏朗微长。颊上稍有髯，三山帽后有带紫衣，褒袖缘以皂白，内服缘如之白裳，无缘舄赤袖而立，清明高远，不可测其端倪。"

阳明王守仁拜题。

（见《王阳明全集》新编本第 5 册，钱明编校，吴光覆校，浙江古籍出版社 2011 年版，第 1767 页。）

楹联

关帝祠联三首

天无二日，民无二王，已矣乎吾未之信，到终有憾三分鼎业；

义不可废，节不可夺，强哉矫至死不变，平生无愧一部春秋。

称皇呼帝号天尊，庙貌与恒河沙比数，尽忠诚而食厚报者，万年仅见关夫子；

贱霸崇王扶汉室，心胸与旸谷日争光，读《春秋》而明大义者，百世堪追孔圣人。

《春秋》得尼父之心，存当日称忠称义，尚属汉史未尽；

寿亭从昭烈之爵，任后世封帝封王，终于髯公无加。

（见《王阳明全集》新编本第 5 册，钱明编校，吴光覆校，浙江古籍出版社 2011 年版，第 1767—1768 页。）

楹联二

壮思风云，冲情云上；和光春霭，爽气秋高。

阳明山人。

（见《王阳明全集》新编本第 5 册，钱明编校，吴光覆校，浙江古籍出版社 2011 年版，第 1769 页。）

楹联三

绿树倚春天，五峰秀色；苍松驾白云，万壑烟云。

（见《王阳明全集》新编本第 5 册，钱明编校，吴光覆校，浙江古籍出版社 2011 年版，第 1769 页。）

楹联四

独惟方略过人远；激烈忠义世难能。

守仁。

（见《王阳明全集》新编本第 5 册，钱明编校，吴光覆校，浙江古籍出版社 2011 年版，第 1769 页。）

论歌诗

歌诗须会众齐声和歌者，以宣畅人心之和气也。凡我百姓，无论老幼，俱要熟读乡约诗，家常无事；父子兄弟，相与按法而歌，感动一家良心，稍镕大小邪念，莫切于此。若以歌诗为耻，何不思量：较之唱曲何如？今天下人未有不知唱曲者，何独不肯歌诗？昔日尧舜也，曾庚歌；孔子也，与人歌。大帝大圣，岂不可法？凡我百姓，肯依吾言者，便是良善人也。

（见《王阳明全集》新编本第5册，钱明编校，吴光覆校，浙江古籍出版社2011年版，第1875页。）

遗墨

居天子之广居，立天下之正位，行天下之大道；得志与民由之，不得志独行其道；富贵不能淫，贫贱不能移，威武不能屈，此之谓大丈夫。

阳明山人书。

（见《王阳明全集》新编本第5册，钱明编校，吴光覆校，浙江古籍出版社2011年版，第1875页。）

三悟跋

余少游金陵，偶遇僧人濬井，得石函焉！启而视之，乃《三悟》也。携归阅之（携之以归，细细读之），乃知永乐初国师姚广孝所著。劗勦靖难之师（广孝劝兴靖难之师），为《春秋》所不取，然其书包揽三才，为戡乱致治之金鍼，夫子所谓不以人废言也。余后平江右之乱（予也平江右之乱），（其后）深入岭南，所向克捷，滨海而止，以军国之重（虽以社稷之灵），此书实有赖焉！事成之后，遂深藏之。后之学者倘得是书，可疗迂腐之病，而更能以不杀为心，则可谓深得余心者已（后之学者能得是书，以不杀为心，则可谓深得余心者矣）。

姚江王守仁跋。

（见《王阳明全集》新编本第5册，钱明编校，
吴光覆校，浙江古籍出版社2011年版，第1884页。）

庭训录序

古人所有教其子者，不外于身心性情之德，人伦日用之常，后世文词以为功，机械以为智，巧利以为能，浮夸以为美，父以是为能训，子以是为善承，盖与古人之教，相背而驰矣。亦何怪人心之日坏，而风俗之日媮乎！吾友侍御杨君景瑞，独能以是训其子，亦庶几乎古人之意矣！为杨氏之子若孙者，果能沿是而进勉不已，虽为圣贤可也。君之子思元从予游，暇中持斯册来视，因为识数语归之。

（见《王阳明全集》新编本第5册，钱明编校，
吴光覆校，浙江古籍出版社2011年版，第1885页。）

后记

研究和撰写本书的缘起，还与2007年山东师范大学齐鲁文化研究中心和美国哈佛大学燕京学社联合召开的“儒家思孟学派国际学术研讨会”有关。为了筹备和参加这次国际学术研讨会，本人先后三次去哈佛燕京学社拜访时任燕京学社社长的杜维明先生，并在燕京学社图书馆查阅了有关“思孟学派”的历史文献。回校后用了两个多月的时间，写出《思孟学派与中国美学》，作为向大会提交的论文。此文得到国内外专家的首肯，发表在北京大学袁行霈主编的《国学研究》第二十一卷（北京大学出版社2008年版），收入哈佛大学燕京学社、山东师范大学齐鲁文化研究中心选编的《儒家思孟学派论集》（齐鲁书社2008年版）。在研究和撰写《思孟学派与中国美学》过程中，我发现王阳明的思想体系与思孟学派的理论一脉相承，并有所创新和发展。王阳明继承了思孟学派的心性之说，创建起一个独具特色的哲学美学心学体系。此后，如何认识王阳明，王阳明在世界文明史、中华文明史和中国文学史上处于何种地位、有些什么贡献和影响等问题一直萦绕在心头，并逐渐成为我的阅读和研究中心。2017年写出《王阳明：开启中国文艺复兴大门的思想家》一文，发表在同年《山东师范大学学报》第6期。本人将王阳明看作一位开启中国文艺复兴大门的思想家、哲学家、文学家。此后便开始着手《文艺复兴时代的王阳明》的系统全面整理与研究。2018年写出初稿。继之又不断地进行增删和补充。

本书在选用王阳明诗文和书法作品时，得到生活·读书·新知三联书店总编辑肖启明先生、民主与建设出版社社长李声孝先生、贵州大学出版社领导和《王阳明龙场遗墨》主编杨德俊先生、河南美术出版社许华伟先生、西泠印社出版社江兴祐先生和《王阳明法书集》编者计文渊先生的全力支持，得到浙江大学李咏吟先生和束景南先生真诚无私的帮助。束先生认真审阅校正了《王阳明文艺活动年表》初稿，纠正了十几处错、漏、不当的文字，并推荐给我他的新出的专著《王阳明年谱长编》（上海古籍出版社 2017 年版），供研究参照；2020 年 1 月 7 日束先生在给我的信中，又充分肯定了《王阳明：开启中国文艺复兴大门的思想家》对王阳明文艺活动的系统整理和研究，并提出了一些新的建设性意见。对校正、修订后的书稿文本中提出的“王阳明是开启中国文艺复兴大门的思想家”的中心命题予以赞许，认为这一观点与《阳明大传》中提出的观点共通互鉴。贵州大学出版社《龙场阳明文库》总主编、贵州修文阳明文献研究中心理事长、《王阳明龙场遗墨》主编杨德俊先生，在百忙中抽时间认真审阅了书稿，提出了很多宝贵的意见，指出书稿所选诗文和叙述中的时间、地点的错漏、颠倒和缺失之处。泰山学院周郢先生热情地提供了《泰山高诗碑》的历史文献与他亲自复印保存的现存于哈佛大学燕京图书馆的王阳明《题御帐》诗碑拓片。山东图书馆杜云虹博士帮助借阅王阳明在山东留下的历史文献。趵突泉杨国玉女士帮助实地查看王阳明游览趵突泉时撰写的诗碑。山东师范大学文学院中文系学生谭天舜、田鑫国先后多次去北京中国国家图书馆查阅复印王阳明的诗文书法绘画遗墨、去济宁曲阜实地考察。山东师范大学文艺学研究生田甜、孙娟娟全程帮助查阅历史文献、文稿打字、校对文字、调整格式。在修订稿中，田甜根据版式规范又将全书中的繁体字统一改为简体，张苗、孙晨星在最后给出版社的定稿过程中，又帮助认真对全书进行了校正和增删。研究生李可可自始至终认真仔细地对全书清样的文字、书法与所选用的原著对照校对，纠正、增补多处错漏文字，并对选用的书法作品处理方式，提出了宝贵的建议。刘蓓教授和研究生韩凌心在书名改动过程中几次帮助将书名汉译英。在此，一并致谢！

本书今天得以正式出版，特别应感谢人民出版社于青女士与贺畅编审的关照、支持与编辑周颖的辛劳和付出，感谢山东师范大学文学院领导和文艺学教研室诸位老师们的热情鼓励，鼎力相助。

李衍柱 于山东师范大学寓所

2018 年 10 月 18 日 初　稿

2019 年 7 月 6 日 二　稿

2020 年 1 月 10 日 三　稿

2020 年 1 月 28 日 四　稿

2020 年 9 月 15 日 修　订

2021 年 1 月 20 日 校　定

2021 年 7 月 24 日 校　对

统　　筹:贺　畅
责任编辑:周　颖
封面设计:武守友
责任校对:张红霞

图书在版编目(CIP)数据

文艺复兴时代的王阳明/李衍柱 编著. —北京:人民出版社,2021.10
(2022.9 重印)
ISBN 978-7-01-022614-9

Ⅰ.①文… Ⅱ.①李… Ⅲ.①王阳明(1472-1529)-人物研究
Ⅳ.①B248.21

中国版本图书馆 CIP 数据核字(2020)第 215074 号

文艺复兴时代的王阳明

WENYI FUXING SHIDAI DE WANG YANGMING

李衍柱　编著

人民出版社 出版发行
(100706　北京市东城区隆福寺街 99 号)

北京汇林印务有限公司印刷　新华书店经销

2021 年 10 月第 1 版　2022 年 9 月北京第 2 次印刷
开本:710 毫米×1000 毫米 1/16　印张:38　插页:2
字数:506 千字

ISBN 978-7-01-022614-9　定价:178.00 元

邮购地址 100706　北京市东城区隆福寺街 99 号
人民东方图书销售中心　电话 (010)65250042　65289539